KB075112

유연함의 힘

유연함의 힘
The Power of Flexing
유연함으로 쓰는 새로운 성장 공식

수잔 애쉬포드 지음 | 김정혜 옮김

상상스퀘어

일과 삶에서

성장 게임을 계속할 용기와

역량을 얻고자 하는

모두에게 이 책을 바칩니다

수잔 애쉬포드 Susan Ashford

수잔 애쉬포드는 노스웨스턴 대학교에서 조직 행동학 석사와 박사 학위를 받았고, 현재 미시간대학 로스경영대학원에서 조직행동학 교수로 재직 중이다. 다트머스대학 터크경영대학원에서 8년간 교수로 근무한 후 1991년 미시간대학 교수진에 합류했다. 1998년부터 2002년까지 로스스쿨 선임 부학장, 2007년부터 2010년까지 리더십 개발 프로그램 부학장, 2002년부터 2012년까지 E-MBA 프로그램의 교수진 이사, 2014년부터 2021년까지 관리·조직학과장을 역임했다.

〈경영학회저널 Academy of Management Journal〉의 부편집장을 역임하고, 현재는 편집위원회에서 활동 중이다. 2002년에는 학술, 교육 및 실무 개선에 관심이 있는 교수와 실무자로 구성된 전문가 협회인 전미경영학회 Academy of Management에서 상위 1% 학자에게 수여하는 펠로우로 선정되었다. 2017년에는 경영에 대한 탁월한 학술적 공헌을 인정받아 경력공로상을, 2020년에는 OB 부문 평생공로상을 수상했다.

애쉬포드는 셀프리더십, 적극성, 상향식 변화, 리더십 개발에 중점을 두고 사람들이 직장에서 효율적으로 일할 수 있는 방법을 교육하고 연구하는 데 열정을 쏟고 있다. 로스스쿨의 MBA 프로그램에서 협상 기술을 중점적으로 가르치고 있고, 여성 커리어 전문 기관인 인포럼Inforum의 최고 경영진 프로그램과 시카고의 선도적 여성 임원 프로그램에서도 강의하고 있다.

그녀의 연구는 전미경영학회가 발행하는 두 학술지 〈경영학회연구Academy of Management Review〉와 〈경영학회저널Academy of Management Journal〉뿐만 아니라 〈계간행정학Administrative Science Quarterly〉, 〈전략경영연구Strategic Management Journal〉, 〈응용심리학저널Journal of Applied Psychology〉 등에 실렸다. 〈하버드비즈니스리뷰Harvard Business Review〉 잡지와 블로그, 〈워싱턴포스트The Washington Post〉, 〈뉴욕매거진New York Magazine〉, 〈더 컨버세이션The Conversation〉에서는 관리자를 위한 조언으로 그녀의 연구를 추천했고, 긱 워커Gig worker에 관한 연구는 애덤 그랜트Adam Grant의 팟캐스트 〈워크라이프Work Life〉와 스튜어트 프리드먼Stewart D. Friedman의 팟캐스트 〈워크앤라이프The Work and Life〉에서 중요하게 언급되기도 했다.

김정혜

한양대학교 화학과를 졸업하고 상은리스주식회사에서 근무했다. 이후 미국 필라델피아커뮤니티칼리지 Community College of Philadelphia에서 비영어권 외국인을 대상으로 진행하는 SLP Second Language Program 과정을 수료하고 버지니아의 컬럼비아칼리지 Columbia College에서 유아교육을 공부했다. 현재 바른번역 소속 번역가로 활동 중이다. 옮긴 책으로는 《디자인 유어 라이프》, 《빈대는 어떻게 침대와 세상을 정복했는가》, 《우리는 왜 위험한 것에 끌리는가》, 《리더십은 누구의 것인가》, 《미래 사상가들에게 묻다》, 《인생의 중요한 순간에 다시 물어야 할 것들》, 《나폴레온 힐의 성공으로 가는 마법의 사다리》, 《원소의 세계사》, 《눈먼 자들의 경제》, 《화이트칼라의 범죄자들》, 《왜 그녀는 저런 물건을 돈 주고 살까?》, 《하버드 인텔리전스》, 《생각이 차이를 만든다》, 《위대한 성과의 법칙》, 《설득의 힘》 등이 있다.

왜 유연함의 기술이 필요한가

한 상황을 가정해 보자. 당신은 지난 20여 년간 성공적이고 널리 존경받는 조직을 이끌도록 누군가를 도왔다. 그런데 어느 날 갑자기 당신이 그 조직의 운전대를 통째로 넘겨받았다. 당신은 리더의 역할을 처음부터 다시 배워야 하는 처지가 되었다. 이제 어떻게 하겠는가?

매기 베일리스Maggie Bayless가 딱 이런 상황에 직면했다.[1] 설상가상 베일리스가 도전해야 하는 과제는 세 가지였고 모두 똑같이 위압적인 데다 '나쁜 일은 몰려온다.'라는 속담처럼 일과 삶에서 한꺼번에 닥쳐왔다. 베일리스는 자신이 공동으로 창업한 회사의 수뇌부에서 벌어진 커다란 변화 때문에 첫 번째 도전을 맞이했다. B2BBusiness-to-Business(기업과 기업 사이의 거래를 기반으로 한 사업 모델−옮긴이) 기반의 유명 교육 회사 징트레인Zing Train의 공동경영 파트너였던 베일리스는 자신의 일을 사랑했다. 회사도 나날이 번창했다. 고객과 직원이 계속 늘어나고 매출과 수익도 동반 성장했다. 그런데 최고경영자 중 한 사람인 베일리스에게는 희한한 버릇이 있었다. 자신이 관리해야 하는 직속 직원이 늘어나는 상황을 요리조리 피해 온 것이다. 베일리스는 웃으며 말했다.

"나는 직원을 채용할 때마다 공동경영 파트너인 스태스Stas에게 말했어요. '직원은 얼마든지 뽑아도 좋아요. 단 당신 직속이어야 해요.'"

베일리스의 제안은 성공적이었다. 하지만 모든 일에는 끝이 있게 마련이고 베일리스의 정돈된 삶을 뒤흔드는 사건이 발생했다. 스태스가 갑자기 은퇴를 선언한 것이다.

"스태스한테는 정말 좋은 일이었어요. 하지만 나한테도 좋은 일이었을까요? 갑자기 정신이 번쩍 들었죠. '이제 어쩌지. 모두 나한테 업무를 보고하게 됐잖아.'"

베일리스는 베테랑 경영자이자 뛰어난 조언가였다. 그는 이제껏 거래처의 리더들이 리더십 문제를 해결할 수 있도록 도움을 아끼지 않았다. 하지만 이제 상황이 달라졌다. 팀 전체가 베일리스만 바라보게 된 것이다. 리더들이 어려운 결정을 내리도록 중심을 잡아주고, 까다로운 고객 문제를 해결하도록 이끌어 주고, 구성원 간의 갈등을 조정하고, 자원을 공평하게 배분하고, 상충하는 여러 전략적 요구의 균형을 맞추는 모든 일이 온전히 베일리스의 손에 떨어졌다. 베일리스는 자신이 최고경영자로서 필요한 자질을 갖추었는지 회의가 들었다. 회사 창업 이후 처음 겪는 일이었다.

'지금의 리더십과 대인관계 기술만으로 새로운 역할을 해낼 수 있을까?'

회사 일만으로도 머리가 아픈데 사적으로도 두 가지 사건이 동시에 발생했다. 그중 하나는 충분히 예견한 일이었지만, 변화에 따른 스트레스는 어쩔 수 없었다. 막내딸이 타지의 대학에 진학하는 바람에 베일리스와 남편은 25년이 넘는 결혼 생활 중 처음으로 빈 둥지를 지키게 되었다. 또 다른 사건은 전혀 예상하지 못했던 터라 더욱 충격을 받았다. 베일리스는 건강에 심각한 문제가 생겨 응급 수술을 받았지만 이후 두 번이나 더 수술대에 올라야 했다. 장기적으로 봤을 때 합병증이 올 위험도 무시할 수 없었다. 이는 베일리스의 직무 능력을 저해할지도 몰랐다. 그는 회사, 가정, 건강에 닥친 삼중고를 해결하기 위해 리더와 개인으로서 효율Effectiveness을 발휘해야 했다. 베일리스는 두 가지 답을 찾아야 했다.

'다양한 분야에서 내가 새로운 능력을 개발할 수 있을까? 이토록 감정이 날뛰는 힘든 경험을 전화위복의 기회로 삼고, 나아가 개인적 성장을 위한 발판으로 만들 수 있을까?'

베일리스의 답은 많은 것을 좌우할 예정이었다. 먼저 자신에게 막대한 영향을 미칠 테고 가족, 동료, 고객도 영향을 받을 게 분명했다. 베일리스가 제 손으로 세운 회사는 물론이고 그에게 회사의 미래를 맡긴 직원들의 성공 여부도 그 대답에 좌우될 수밖에 없었다.

이는 매기 베일리스에게만 주어진 독특한 과제였다. 하지만 우리 역시 새로운 기술, 통찰, 능력을 발휘해야 하는 예상치 못한 상황에 직면한다. 거의 모든 사람이 베일리스처럼 갑자기 성장해야 하는 처지에 놓인다. 특히 미래를 예측하기 어려운 요즘 세상에서 예상치 못한 변화와 그로 인한 불안은 누구도 피할 수 없다. 힘든 일이 한꺼번에 몰려오는 상황이 어떤 것인지 모르는 사람은 없다. 이런데도 아무 준비를 하지 않는다면 이는 자신에 대한 직무 유기가 아닐까? 이 책에서 제안하는 유연함의 기술을 이용하라. 장담하건대 당신은 자신조차 몰랐던 모습과 능력에 눈뜰 것이다. 그리고 힘든 시기를 헤쳐 나갈 때 필요한 회복 탄력성도 키울 수 있다.

유연함의 기술을
배우러 오신 여러분, 환영합니다

이 책에는 매기 베일리스와 당신, 나 같은 보통 사람이 소프트 스킬^{Soft} Skill(대인관계, 인적자원관리, 팀 구축, 설득력 있는 의사소통 등에 필요한 기술을 총칭함 - 옮긴이)을 개발하기 위한 방법을 대거 수록했다. 우리에게는 감정을 관리하고 통제하는 기술, 탁월한 의사소통 기술, 효과적인 리더십, 적응력, 복잡한 문제를 해결하는 능력이 필요하다.

'소프트'라는 단어 때문에 이 능력들을 가볍게 여기지 마라. 이들은 대단히 중요하다. 세계적인 회계 및 컨설팅업체 딜로이트^{Deloitte}가 발표한 〈글로벌 인적자본 동향^{Global Human Capital Trends}〉 보고서도 이를 뒷받침해 준다. 응답자의 92%는 소프트 스킬을 직원 유지, 리더십, 의미 있는 문화를 위한 핵심 기술로 꼽았다. 우리가 비즈니스 세계에서 맞닥뜨린 도전을 극복하고 더 나은 리더가 되려면 이런 기술은 필수다. 비영리 단체, 교회, 지역 사회 조직, 가족 등 형태와 종류를 막론하고 모든 집단에서 마찬가지다. 우리에게 주어지는 원재료는 같다. 여기서 원재료란 살아가면서 마주하는 모든 경험을 말한다. 이 원재료로 무엇을 만들지는 자신에게 달렸다. 즉 소프트 스킬은 경험에서 배우고, 통찰력을 키우며, 지속적으로 자신을 개발하고 성장시키기 위한 모든 기술을 말한다. 그리고 유연함의 기술이 소프트 스킬을 체계적으로 익히도록 도와준다.

유연함의 기술은 당신이 일과 삶에서 더 효율적으로 살도록 안내한다. 즉, 개인에게도 효과적일 뿐 아니라 조직 구성원에게도 영향을 미치며, 누구든 더 효과적인 리더십을 발휘할 수 있도록 한다. 그 효과를 증명하는 기둥은 총 세 개다. 첫째, 유연함의 기술은 이제까지 내가 상호 작용해 온 학생, 차세대 리더, 고위 리더와의 경험에 토대를 두었다.[2] 둘째, 지금껏 사람들이 주도적으로 자신을 개발하도록 도와준 다양한 연구에 기반을 두었다. 마지막으로 나와 내 학생들이 존경하는 사람과 리더를 상대로 75건 이상의 인터뷰를 진행했다.

유연함의 기술은 삶의 효율을 높여주는 유일무이한 자기 계발법이라고 자부한다. 유연함의 기술에는 다른 자기 계발 기술과 확연히 구분되는 몇 가지 특징이 있다. 첫 번째 특징은 '자기 주도성'이다. 쉽게 말해 자신이 성장의 주인이라는 의미다. 당신은 언제, 어떻게, 왜 성공하고 싶은지 자율적으로 결정하고 학습이나 자기 계발 계획을 직접 수립한다. 이렇게 하면 누군가가 자신에게 기회를 제공해 주기만을 기다리지 않아도 된다.

두 번째 특징은 명칭에 있다. '유연함의 기술'이라는 이름에 걸맞게 우리는 각자의 욕구, 필요, 자원에 맞는 방식으로 성장할 수 있다. 직무, 상사와의 관계, 지역 사회의 단기 프로젝트, 자녀 양육, 결혼 생활, 종교 활동 등 어떤 상황에서든 유연함의 기술을 활용할 수 있다. 또한 시간에도 구애받지 않는다. 예를 들어 개인적으로 효율을 높이기 위해 유연함의 기술을 활용한 뒤 한동안 쉬고 원할 때 다시 시도해도 된다.

세 번째 특징은 '관리가 가능하다.'라는 점이다. 사람은 누구나 일상을 이용해 학습하고 성장할 수 있다. 하지만 대부분은 중요한 기술을 새로 개발하려면 거대한 프로젝트를 맡아야 한다고 생각한다. 이와 비슷한 이유로 대학원에 진학하는 사람도 있고 전문 분야를 공부하는 사람도 있다. 또 회사에서 잠재력이 큰 인재로 인정받아 해외 업무를 맡고 싶어 하는 사람도 있다. 그런 기회가 제 발로 찾아오기를 기다려야 할까?

앞서 말했듯 우리에게는 경험이라는 좋은 원재료가 있다. 원한다면 당장이라도 일상의 경험을 활용해 개인적인 기술을 개발할 수 있고, 유연함의 기술이 그 길을 열어준다. 애자일 개발방법론Agile Software Development(소프트웨어 개발법 중 하나. 큰 프로젝트를 짧은 주기로 나눠 신속하게 반복하고, 반복 주기를 계속해 나가며 기능을 하나씩 추가로 개발하는 방법-옮긴이)의 용어를 빌려 말하자면 유연함의 기술은 하나의 반복 주기인 '스프린트Sprint'이고, 육상에 비유하면 장거리 마라톤이 아니라 하나 이상의 단거리 경주를 반복하는 기법이다.[3]

마지막으로 유연함의 기술은 재미있다. 자기 계발은 무겁고 비장한 개념이 아니며 위압적이거나 고통스러운 과정도 아니다. 유연함의 기술은 '실험'이 핵심이다. 새로운 방식을 시도하고, 그 결과를 직접 확인한다. 실패와 실수를 더욱 긍정적으로 생각하고, 또 다른 무언가를 시도한다. 아무리 세상일을 알 수 없다고 해도 실험 하나가 삶을 송두리째 바꿀 확률은 거의 없다. 하지만 실험이 하나둘 축적되면 이야기가 달라진다. 당신은 평범한 삶에서 놀라운 성공의 밑거름이 되는 신선한 아이디어, 독창적인 문제 접근법, 참신한 기술을 손에 넣을 수 있다. 또한 유연함의 기술을 이용해 실험하는 내내 당신은 새로운 무언가를 시도하지 않았더라면 영원히 몰랐을 당신의 면면을 즐겁게 탐구할 수 있다.

이제까지 비즈니스 안팎에서 수많은 사람이 각자의 필요에 따라 유연함의 기술을 활용했다. 정규 경영학 석사Master of Business Administration, 이후 MBA 과정 학생들은 컨설팅 과제의 기본 얼개를 짜기 위해 유연함의 기술을 활용했다. 최고경영자Executive MBA 과정의 학생 수백 명은 주도적으로 리더십을 개발하기 위해 평생 활용할 전략으로써 유연함의 기술을 배웠다. 또 각자의 조직에서 이를 활용한 사람도 많다. 이렇듯 목표가 달라도 그들 중 상당수는 유연함의 기술이 개인과 리더로서 자신에게 미치는 영향에 관해 같은 결론에 도달했다. 유연함의 기술은 일상의 활동을 새로운 눈으로 바라보고 그것을 독창적으로 다루는 것에서 시작한다. 그들은 이것만으로도 유연함의 기술이 놀랄 만큼 유익하고 재미있으며 강력한 도구라는 사실을 인정했다.

유연함의 기술이 어떻게 작동하는지 쉽게 이해할 수 있는 좋은 방법이 있다. 매기 베일리스가 삼중고로 힘들어했던 때에 유연함의 기술을 어떻게 활용했는지 살펴보면 된다. 베일리스는 뉴노멀New Normal 이 침투한 새로운 일상에서 살아남고 성공하는 것을 최우선 과제로 삼았다. 베일리스는 이루고자 하는 구체적인 목표부터 설정했다. 그러기 위해 먼저 자신이 직면한 여러 문제를 파악한 후 어떻게 극복하고 싶은지 깊이 고민했다.

베일리스는 자신의 리더십에 두 가지 약점이 있음을 걱정했고 각각의 목표를 따로 정했다. 첫 번째로 주위 사람의 의견과 아이디어에 더욱 마음을 열고 적극적으로 수용하는 법을 배우기로 했다. 두 번째로는 스트레스 상황에서 즉각적인 반응을 통제하는 능력을 키우기로 했다. 또 예기치 못한 건강 문제로 생긴 지독한 스트레스를 포함해 개인적인 도전에 맞서기 위한 목표도 정했다. '마음챙김Mindfulness'과 '감사하기' 등 일상에서 할 수 있는 자기 훈련법을 개발하기로 했다.

물론 베일리스는 목표 달성이 힘들 거라는 사실을 알고 있었다. 하지만 목표를 수립하고 달성하려는 노력조차 하지 않으면 어떤 미래가 기다리고 있을지 뻔했다. 십중팔구 뭔가 부족한 사람이 될 터였다. 그렇기 때문에 우리는 유연함의 기술 첫 단계에서 유연성을 강화하기 위한 목표를 하나 이상 선택해야 한다.

일단 목표를 설정한 다음 어떻게 달성할지 결정해야 한다. 베일리스는 일상에서 구체적이고 다양한 행동을 시도해 보기로 했다. 일상적인 활동을 하는 동안 쉽게 시도해 볼 수 있고, 유연성을 강화하기 위한 목표를 하나 이상 성취할 수 있는 새로운 행동 말이다.

드디어 첫 번째 실험 기회가 찾아왔다. 회사가 오랫동안 총애하던 직원이 퇴사하겠다고 선언했다. 이는 리더로서 베일리스에게 닥친 도전이었고 몹시 두려워하던 상황이었다. 베일리스는 평소에도 나쁜 소식에 효과적으로 대응하지 못하는 편이었다. 게다가 이번에는 특수한 상황까지 겹쳐 더욱 험난한 가시밭길이 예상되었다. 물론 그 직원에게 문제가 있었다는 말은 아니다. 직원은 모든 일을 순리대로 처리했고, 적절한 시간을 두고 퇴사 의사를 통보했으며, 마지막 순간까지 직무에 최선을 다했다. 하지만 베일리스는 그 소식을 처음 들었을 때 불공평하다고 생각했고 억울하기까지 했다. 그 직원을 그토록 신뢰했는데 왜 하필 이때 등을 돌리는 걸까? 베일리스가 단독 리더로서 우뚝 서기까지 갈 길이 멀다는 사실은 공공연한 비밀이었다. 처음에는 뒤통수를 세게 맞은 기분이었다. 예전의 베일리스라면 부정과 분노의 나락으로 떨어질 법한 고통스러운 경험이었다.

하지만 새로운 베일리스는 달랐다. 그는 자신의 두 번째 목표를 상기했고 감정이 이끄는 대로 반응하는 대신 이 상황에 다르게 접근해야 한다고 생각했다. 베일리스는 신중하게 반응할 방법을 계획한 다음 행동으로 옮겼다. 그는 해당 직원의 후임을 신속하게 승진시키는 등의 즉각적인 반응을 의도적으로 자제해 보기로 했다. 감정적으로도 정신적으로도 한 걸음 물러나 조직의 인적자원 전략이라는 더 넓은 맥락에서 사안을 바라보았다. 또한 이 변화가 어떤 긍정적인 기회를 가져왔는지 포착하고, 이 기회를 잘 활용하기 위해 고민했다. 마침내 베일리스는 팀 전체와 머리를 맞대 해당 직책의 직무 기술서를 다시 작성하고, 퇴사 예정자가 업무를 인계하고 교육할 수 있도록 외부 인재를 신속히 영입하기로 했다.

유연함의 기술을 활용하려는 베일리스의 의도가 이 모든 변화를 이끌어 냈다. 이 변화는 놀라운 보상을 가져왔다. 베일리스는 자칫 재앙이 될 뻔했던 사건을 조직 내 인적자원 역량을 끌어올리는 기회로 바꾸어 놓았다.

베일리스는 여기서 그치지 않았다. 자신의 새로운 행동이 가져온 영향을 평가하기 시작했다. 새로운 행동이 긍정적인 영향을 미쳤는지, 부정적인 영향을 미쳤는지, 그것도 아니면 복합적인 영향을 미쳤는지 알아야 했기에 팀원을 비롯해 여러 사람에게 피드백을 요청했다. 그뿐 아니라 베일리스는 그동안의 경험에 어떤 의미가 숨어 있었는지 알아내기 위해 체계적으로 성찰하기 시작했다. 심지어 이 모든 과정에서 경험을 대하는 자신의 사고방식에도 깊이 관심을 기울였다. 실패할까 전전긍긍하거나, 기술을 처음 이용해 보면서 마치 전문가인 양 효과를 증명하려 안달하는 태도를 버렸다. 대신 이 일을 이용해 무엇이든 배우려는 태도를 유지하도록 자신을 채찍질했다. 마지막으로 자신의 최종 목표인 학습과 성장까지 가는 데 감정이 걸림돌이 되지 않도록 감정 조절에도 공을 들였다. 요컨대 자신의 감정을 관찰하고 이것이 어떤 감정인지 생각하며 통제하려 노력했다. 베일리스는 이렇게 유연함의 기술 여섯 단계를 우수한 성적으로 마쳤다. 여섯 단계는 '유연한 목표 설정', '실험 계획 수립과 실행', '피드백 수집', '체계적인 성찰', '마인드셋 관리', '감정 조절'이다.

가치 있는 모든 노력이 그렇듯 유연함의 기술이 인도하는 학습의 여정 역시 순탄하지는 않다. 난관에 봉착하는 경우도 다반사고 더러는 좌절도 경험한다. 하지만 매기 베일리스는 유연함의 기술을 이용해 일과 삶에서 긍정적이고 커다란 차이를 만들어 냈다. 현재 베일리스의 회사는 전성기를 누리고 있으며 베일리스의 리더십 기술도 물이 오를 대로 올랐다. 이 모든 것은 유연함의 기술 중 핵심인 실험과 성찰에서 얻은 통찰과 지식 덕분이었다.

나는 유연함의 기술에서 기본이 되는 여섯 가지 개념을 하나씩 설명하고 유연함의 기술이 어떻게 작동하는지 단계별로 설명할 예정이다. 또한 각계각층 사람들의 사례를 보여주며 유연함의 기술을 활용한 아이디어와 기법도 소개하려 한다. 이 책에는 개인적 효율과 리더십 기술을 개발하느라 애먹었던 신임 관리자, 경력의 정점에 올랐으면서도 지속해서 학습하고 더 나은 리더가 되기 위해 노력하는 최고경영자Chief Executive Officer, 이후 'CEO', 국제 위기에 대처하기 위한 전략을 개발하느라 엄청난 스트레스에 시달린 변호사 출신의 한 외교관, 발달장애 자녀를 키우면서 성장 고비에 직면했던 젊은 어머니, 미국 국방부를 위해 새 임무를 성공시키는 동시에 리더십을 발휘하는 방법을 다시 배워야 했던 실리콘밸리의 거물 등이 등장한다. 이들의 공통점은 무엇일까? 모두 자신의 효율을 높여야 하는 상황에 직면했고, 평생에 걸쳐 계속 학습해야 했다. 그리고 유연함의 기술로부터 도움을 받아 뭔가를 배우는 동시에 효율도 거머쥐었다.

두 마리 토끼를 잡아라

이 책의 목표는 성장 비법을 알려주는 것이다. 특히 개인적으로 성장하고 대인관계 능력을 키우는 데 더 도움이 될 것이다. 먼저 '개인 효율을 개발한다.'라는 말의 뜻부터 알아보자. 개인 효율을 개발하는 일은 고급 프로그래밍 언어로 코딩하고, 요리를 잘하고, 기계를 잘 만지고, 뜨개질을 잘하는 것과는 전혀 다른 개념이다. 코딩이나 요리와 같은 기술이 익히기 쉽다는 말은 아니지만, 비교적 간단명료한 데다 기술을 알려주는 책도 많다. 반면 자기 계발, 경청 기술 향상, 리더십 개발 등의 활동은 과학보다 예술에 가깝고, 소프트 스킬을 배우려면 요령도 필요하기 때문에 다른 기술보다 익히기 어렵다.

  왜 그럴까? 개인이나 대인관계의 효율은 타인이 주관적으로 평가하기 때문이다. 이는 타인의 관점을 수용하고 공감해야 한다는 사실을 시사한다. 그뿐 아니라 그런 효율은 상황에 따라 크게 달라지고, 내면과 외부 상황을 모두 민감하게 인식해야 한다. 다시 말해 당신 자신의 기분과 편견, 다른 사람의 요구와 가치관, 대인관계에 존재하는 힘의 역학, 조직 문화 등을 명민하게 이해해야 한다. 더욱이 개인 효율을 키우기 위한 거의 모든 노력은 리더가 되는 데도 도움이 된다.

개인 효율을 개발하기가 어려운 또 다른 이유는 용어 자체에서 알 수 있다. 이는 말 그대로 매우 '개인적'이기 때문이다. 새로운 무언가를 시도했다가 실패해 주변 사람에게서 부정적인 피드백을 받았다고 가정해 보자. 상처받지 않고, 부끄럽지 않고, 화나지 않을 사람이 몇이나 될까? 이는 한 번으로 끝나는 일회성 경험도 아니다. 효율적인 사람이 되기 위해 우리는 평생 배워야 한다. 새로운 교훈은 끊임없이 나타난다. 그리고 익숙하지 않은 환경에서 예전의 교훈을 다시 상기하거나 새로운 방식으로 적용할 필요도 있다.

마지막으로, 개인적 효율과 리더십 기술을 개발하는 데는 위험이 따른다. 경영자코치Executive Coach 제리 콜로나Jerry Colonna가 경고하듯 성장은 고통을 준다. 그렇기에 성장을 선택하는 사람이 그토록 적은 것이다.[4] 성장하려면 의식적으로 안전지대에서 벗어나야 한다. 그것도 한 번으로 그쳐서는 안 된다. 욕구단계설로 유명한 세계적인 심리학자 에이브러햄 매슬로Abraham Maslow의 말마따나 이를 반복해야 한다.[5] 안전지대에서 벗어나는 일은 두렵고 고통스러울지도 모르지만, 성장하고 싶다면 안전지대에 머물러서는 안 된다. IBMInternational Business Machines Corporation CEO인 버지니아 로메티Virginia M. Rometty의 말을 새겨듣자.

"성장과 편안함은 절대 공존할 수 없다. (…) 끊임없이 위험을 감수할 의지가 있는 사람과 조직만이 현재는 물론 미래에도 성공할 수 있다."[6]

성장 동기는 사람마다 다르다. 심리학계는 사람을 두 종류로 구분하곤 한다. 그런 양분법 중 하나로 사람들을 동기에 따라 '예방 지향형 Prevention Focus(현 상태에서 더 나빠지는 것을 경계하며 안전 지향적인 태도를 보이는 유형 – 옮긴이)'과 '향상 지향형 Promotion Focus(무언가를 개선하려는 관점에서 모든 일을 바라보는 유형 – 옮긴이)'으로 나눈다.[7]

내 큰오빠 스티브 Steve는 예방 지향형 인간이었고 직업을 선택하는 과정에서도 이런 성향이 고스란히 드러났다. 스티브는 자신의 가족과 그들이 누리는 혜택을 보호하고 손실을 피하려는 심리적 동기가 있었고, 이 동기가 그의 이력을 견인했다. 항공우주 분야에 종사하던 스티브는 회사가 자신의 업무를 외부 기관에 위탁하거나, 우리 아버지가 그랬던 것처럼 최신 지식으로 무장한 누군가에게 밀려날까 봐 전전긍긍했다. 스티브는 회사에서 자리를 지키기 위해 끊임없이 배우고 성장했다. 그의 전략은 제대로 통했다. 스티브는 대체 불가라는 평가를 받을 정도로 기술과 능력을 지속적으로 개선했고 끝까지 자리를 지키다가 은퇴했다. 경력 내내 한 우물만 파는 것은 오늘날 매우 보기 드문 성취다.

반면 내 큰딸 앨리 Allie는 모든 상황에서 자신이 무엇을 얻었는지 찾는 전형적인 향상 지향형의 성향을 보인다. 무엇보다 앨리는 자신의 정신과 성격에서 새로운 면을 끊임없이 탐구하고 싶어 했기 때문에 무언가를 배우는 행위를 사랑했다. 가령 어떤 병원에 근무했을 때 직원들에게 무료로 제공되는 정원 가꾸기나 감성지능 강좌에 등록했다. 또한 해부학을 더 공부하고 싶다는 이유로 자기 주머니를 털어 해부학 강좌도 들었다. 훗날에는 어떤 조제약 스타트업에서 품질관리자로 편안하고 행복한 직장 생활을 하면서도 프로그래밍 언어인 자바스크립트 JavaScript를 배웠다. 직무 연관성은 전혀 없었고 그동안 귀가 따갑게 들었던 프로그래밍 언어를 완벽히 습득할 수 있을지 궁금했을 뿐이었다.

아마 당신도 위의 두 성향 중 하나에 해당할 것이다. 당신의 성장 동기는 극도로 경쟁적인 이 세상에서 뒤처지지 않으려는 욕구에서 비롯하는가? 아니면 자신을 재창조해 새롭고 더 나은 사람으로 거듭나고 싶은 열정에서 비롯하는가? 물론 두 동기 모두 가치 있다. 앞으로 이 책에서 소개하는 사례가 증명하겠지만 평범한 일상의 어려움도 평생 한 번뿐인 극적인 경험도 성장 동기가 될 수 있다. 가령 2013년 보스턴 마라톤Boston Marathon 대회에서 사제 폭탄이 터졌을 때, 우연히 결승선에 서 있다가 다친 사람은 걷는 법을 다시 배워야 했다. 또는 불의의 교통사고로 예전의 직무 수행 능력을 잃을 수도 있다. 이렇듯 상황에 떠밀려 성장을 선택하는 것이 아니라 성장을 필수로 받아들여야 하는 사람도 있다.

존 호위츠Jon Horwitz가 그런 경우였다. 호위츠는 조직심리학자 짐Jim이 단독으로 소유하고 운영하는 회사에서 새로운 업무를 시작했다. 반년이 지난 어느 날 짐은 호위츠를 사무실로 불러 청천벽력 같은 소식을 전했다.

"나는 곧 프랑스 동부로 2주간 휴가를 떠날 생각이네. 지금까지 잘 해왔듯 내가 휴가를 가 있는 동안 회사를 부탁하네. 나는 앞으로 8년만 더 일하고 60살이 되면 은퇴할 계획이니 그때부터는 자네가 전적으로 회사를 맡아주면 좋겠네."

그 후 짐은 프랑스로 떠났고 안타깝게도 그곳에서 교통사고를 당해 다음 날 숨을 거두고 말았다. 그 바람에 호위츠는 곧장 회사를 운영해야 했다. 호위츠는 안간힘을 다해 버티다가 불현듯 자신의 처지를 깨달았다. 꿈에서도 생각하지 못한 경험의 소용돌이에 휩쓸린 것이다. 그는 성장하고 또 성장해야 했다. 심지어 신속하게 성장해야 했다.

오해하지 마라. 성장 동기를 얻기 위해 충격적인 외상이나 커다란 변화를 반드시 경험해야 하는 것은 아니다. 조직 구성원의 성장을 연구하는 학자들에 따르면 직무 수행, 상사의 지시 이행 등 일상적인 조직 생활 중에는 센스 메이킹 Sense Making(사람들이 경험에 의미를 부여하는 과정−옮긴이)이 일어나고 성장 동기도 이에 포함되어 있다고 한다.[8] 한편으로는 성장 자체가 목표가 되기도 한다. 가령 실제 당신의 모습과 주변에서 원하는 당신의 모습이 일치하지 않는다면, 그 격차를 메우고 싶다는 동기가 생긴다. 어떨 때는 존 호위츠처럼 환경이 변해 불편한 상황에 놓인 나머지 동기를 얻기도 한다. 혹은 롤 모델로 삼은 사람처럼 되고 싶다는 생각에 성장 과정이 촉발될 수도 있다. 요컨대 성장할 기회를 찾아야 한다는 사실만 기억한다면 우리는 언제 어디서든 성장할 수 있다. 그리고 한 가지 더, 동기가 무엇이든 유연함의 기술은 당신이 학습 목표를 이루는 데 유익한 도구가 되어준다.

'성장하다 Grow.'라는 동사는 '나이를 먹다 Growing Old.'처럼 '차츰 어떤 상태가 되어가다.'라는 의미를 포함한다. 이 책의 목적에서 보면 그 정의는 정확히 맞아떨어진다. 당신은 개인적으로 꿈꾸는 자아상도 있고, 일도 잘하고 싶으며, 세상에 영향력도 발휘하고 싶다. 나는 당신이 그런 사람으로 차츰 성장하는 방법을 알려주기 위해 이 책을 썼다. 그리고 그런 성장 과정에는 신중한 행동, 결과 검토, 성공과 실패에 관한 성찰, 그 과정에서 야기된 감정을 처리할 시간, 후속 행동 계획 수립 등이 필요하다. 이 모든 과정이 바로 유연함의 기술이다.

왜 유연함의 기술이 필요한가

나는 누구나 성장하고 더 효율적인 사람이 될 수 있다고 확신한다. 이는 지금까지의 내 경험이 증명해 준다. 나는 다트머스대학Dartmouth College 터크경영대학원Tuck School of Business에서 교수로 첫발을 떼고 처음 8년간 대인행동을 가르쳤다. MBA 2학년 학생의 인기 선택 과목이었던 그 수업에서 나는 학생들과 긴밀하게 상호 작용하면서 그들이 자신을 알아가는 과정을 가까이서 지켜보았다. 또한 그들이 사회로 나가 일을 시작할 때 각자의 우선순위 목록에 '지속적인 학습'이 들어가게 만들고자 노력했다.

그뿐 아니다. 나는 매우 독특한 컨설팅에 참여할 행운도 얻었다. 비공식적으로 '대인관계 훈련소Interpersonal Boot Camp'라고 불리는 프로그램에 교수진으로 참여한 것이다. 대인관계 훈련소는 개인적인 효율과 씨름하는 경영자를 위해 뉴햄프셔주의 어떤 숲속에서 3일간 개최되었다. 교수진이 경영진에게 제공했던 일련의 훈련 덕분에 최소 한 명은 새사람이 되었고 해고될 위험에서 벗어났다.

미시간대학University of Michigan 로스경영대학원Ross School of Business으로 옮긴 후에는 협상을 가르쳤다. 협상은 비즈니스의 필수 능력으로 영향력 발휘와 관계 구축부터 공감, 소통까지 사실상 모든 종류의 효과적인 개인 기술을 포함한다. 그런 다음에는 동 경영대학원의 수석 부학장Senior Associate Dean이 되었다. 이른바 지도자의 자리에 오른 것이다. 그동안 혼자 사무실을 쓰다가 갑자기 서로가 밀접하게 연결된 팀 관리 세상에 들어오게 되었다. 물리적인 환경이 바뀌니 개인 효율이 내가 추구해야 할 최우선 과제 중 하나가 되었다. 그리고 나 역시도 개인 효율과 대인관계 효율의 개선 필요성을 절감해 유연함의 기술을 활용하기 시작했다. 그런 노력이 헛되지 않아 나는 성장 가득한, 생산적인 4년을 보낼 수 있었다.

나는 생생한 교육 현장으로 복귀하고 싶어 학장실을 떠났고 다양한 프로그램에서 리더십을 가르치기 시작했다. 이로써 사람들이 리더 역할을 준비하도록 도와주는 일이 내 주 임무가 되었다. 무릇 리더는 광범위한 대인 기술을 사용할 줄 알아야 한다. 사고 과정, 경험, 편견, 선입견, 감정, 행동 등 그 사람의 모든 것이 그가 어떤 리더인가에 영향을 미친다. 또한 인생의 대부분이 그렇듯 리더십은 접촉 스포츠Contact Sport다. 당신이 리더십을 발휘하려면 상대가 필요하다. 이는 개인적 효율을 개발하지 않으면 리더로서 성공할 수 없다는 뜻이다.

나는 지금까지 사람들이 리더십을 개발하도록 도와주는 외길을 걸었다. 그들은 다양한 방식으로 리더십을 개발했고 덕분에 나는 네 가지 질문의 답을 찾을 수 있었다. 어떻게 하면 더 나은 자아상을 실현할 수 있을까? 왜 누군가는 성장을 포기할까? 평생 동안 성장하는 사람의 원동력과 비법은 무엇일까? 어떻게 하면 바쁘고 도전적인 삶의 한복판에서 최대한 성장할 수 있을까?

사람들이 리더로 성장할 수 있게 돕는 여정은 학자인 내게도 소중한 기회였다. 나는 그런 경험 덕에 사람들의 성장을 가속화하는 일련의 아이디어와 방법론을 정립했다. 조직의 일원이든 아니든, 리더십 능력을 키우고 싶든 효과적인 협업 능력을 키우고 싶든, 직무상 문제에 봉착했든 단지 더 성장하고 성공하고 싶어서든 모든 사람이 이를 위해 내가 찾아낸 아이디어와 방법론을 활용할 수 있다. 나는 이것을 '유연함의 기술'이라고 부른다. 개인적 효율을 높이는 과정은 복잡하다. 핵심은 복잡한 과정에서 유연함의 기술을 직접 사용하는 것이다. 그리고 개인적 효율을 높인다는 말은 성공에 필요한 모든 소프트 스킬을 익힌다는 뜻이다.

내 경험으로 봤을 때 이 책에 소개한 방법이 일과 삶에서 성공을 좌우하는 결정적인 변수다. 그리고 유연함의 기술은 누구나 쉽게 활용할 수 있다. 무언가를 목표로 삼아 개선하기 위해 노력하면 그걸로 끝이다. 나는 앞서 소개한 여러 경험에서 그런 접근법을 생각해 냈고 그중 몇 가지를 직접 연구했다. 하지만 이를 위한 모든 접근법을 하나로 묶는 촉매제는 따로 있다. 1장에서 알아보겠지만 그 모든 것을 가르쳐 주는 최고의 스승은 책이 아니라 바로 경험이다. 이 책의 저자인 나도 경험이 최고의 스승이라는 데는 이견이 없다. 어쨌든 이 책은 우리가 스스로, 최대한 성장하기 위해 경험을 활용하는 방법을 알려준다.

성장을 우선순위로 두어라

삶과 대인관계에서 효율적인 사람이 되면 많은 것이 달라진다. 공들여 만든 물건을 판매하고, 새 팀을 구성하고, 동료에게 동기를 부여하고, 원하는 친구를 사귀고, 배우자를 찾고, 당면한 문제를 해결하고, 변화에 적응하는 모든 일이 당신의 효율에 달려 있다. 이런데도 자기 성장의 주인으로서 책임을 지지 않는 사람이 많아 안타깝기만 하다. 그들은 자신에게 주어진 경주에서 맹목적으로 달릴 뿐이다. 물론 그 방식으로 학교에서 줄곧 우등생을 놓치지 않고 모두가 선망하는 회사에 입사할 수는 있다. 하지만 주변을 둘러보라. 대학을 졸업하는 순간 배움도 끝인 듯 생각하고 행동하는 사람이 많다. 이제까지 그들은 세상의 요구를 성실히 따르며 모든 조건을 충족해 왔다. 그런데 이제는 계속 성장할 길을 알려주는 지침이 없어 방황한다.

사실 학교라는 울타리를 벗어나는 순간 진정한 학습 여정이 시작된다. 그 순간부터 성장은 당신의 자발적이고 주도적인 활동이 된다. 건강한 식습관을 가지거나 규칙적으로 운동하는 것처럼 당신은 성장하기 위해 생각과 시간과 에너지를 아낌없이 투자하고 몰입해야 한다. 그런 노력 없이는 성장할 수 없고 성장하지 않는다면 당신의 삶과 경력은 정체될 수밖에 없다.

이를 누구보다 잘 아는 어떤 사람이 있다. 그를 '조던 제퍼스Jordan Jeffers'라고 부르자. 제퍼스는 대학원에서 화학공학을 전공했고 지금은 어떤 신소재 개발 회사에서 일하고 있다. 그는 대학원 시절 자신의 멘토였던 한 교수에게 이 교훈을 배웠다. 그 교수는 제퍼스 말고도 많은 학생의 멘토였는데 제퍼스는 그 교수의 멘토링 기법이 희한했다고 말한다. 그들 중 누구도 교수와 단둘이 대화하거나 수업 외 시간에 어울린 적이 없고, 그 교수가 학업이나 경력과 관련해 구체적으로 조언해준 적도 없었기 때문이다. 하지만 그 교수는 수업 안팎에서 일관되게 하나의 메시지를 강조했다.

"아무도 자네들을 도와줄 수 없네. 자네들이 자신의 스승이 되어 평생 가르쳐야 하네."

자립과 회복 탄력성을 강조하는 그 교수의 메시지는 명백하다. 자기 계발의 주인이 되어라. 결과를 말하자면 그 메시지는 제퍼스에게 필요했던 교훈이었다. 단기적으로는 그 덕에 제퍼스가 화학공학도로서 대학원 공부를 성공적으로 마칠 수 있었다. 이는 결코 작은 성취가 아니었다. 제퍼스의 동기는 총 60명이었는데 스물세 명만이 무사히 석사 학위를 취득했기 때문이다. 또한 그 교수의 메시지는 졸업 후에도 제퍼스에게 나침반이 되어주었다.

"대학원을 졸업한 뒤 2009년에 대침체기가 찾아왔고 어머니도 돌아가셨습니다. 극복해야 할 일이 많았어요. 아마 교수님의 가르침이 없었더라면 이겨낼 수 없었을 겁니다. 교수님은 누군가가 나를 위해 행동해 주기를 기다리지 말고 내가 무언가를 해야 한다고 생각하도록 가르쳐 주셨죠."

안타깝게도 성장의 토대가 되는 도전을 피하려는 사람이 많다. 이유는 쉽게 짐작할 수 있다. 변화를 많은 희생이 따르는 어려운 일이라고 생각하거나 변화 자체를 두려워하기 때문일 것이다. 로스경영대학원의 명예교수이자 조직 문화의 세계적인 권위자 로버트 퀸Robert Quinn은 이렇게 말했다.

"평화와 월급을 위해 입 다물고 죽은 듯이 있어라. 조직에 성장하라고 강요해 긁어 부스럼 만들지 마라. 그러면 조직도 당신에게 성장하라고 요구하지 않을 것이다."

베스트셀러 작가 앤 라모트Anne Lamott는 자전적 에세이에서 변화를 향한 거부감을 조용히 고백한다.

"동서고금을 관통하는 하나의 진실이 있다. 성장과 변화는… 늘 아프다. 그래서 나는 성장과 변화를 무조건 거부한다. 그런 아픔을 감수할 만큼 나는 바보가 아니다."

이 두 태도는 모두 크게 잘못되었다.[9] 성장은 생존과 성공을 위해 필요하다. 게다가 성장을 받아들이는 사람은 막대한 보상을 받는다. 이는 내 사견이 아니다. 자신이 성장한다고 생각할 때 긍정적인 효과를 얻는다는 사실을 증명한 연구가 있다. 자기 성장감은 경험에서 어떤 체계와 의미를 찾게 하고 자신에 관한 귀중한 정보를 제공하기 때문에 사회적 능력과 적응력을 높여주며 결과적으로 심리적 안녕을 강화한다.[10] 그뿐 아니다. 자기 성장감은 삶의 만족도와 자긍심을 높여주고, 우울감을 떨어뜨리며, 삶이 일관되었다고 느끼게 해 심리적 안녕을 더욱 강화한다. 특히 삶의 일관성을 확신하면 자신이 직면한 도전의 의미를 이해하고 나아가 그런 도전이 야기하는 스트레스를 관리할 수 있다는 자신감도 생긴다.[11]

대기업 종사자에게는 주도적 자기 계발이 덜 중요하다고 생각하지 마라. 예로부터 많은 조직은 자사의 필요를 충족하고 인재를 유치하고 보유하기 위해 직원 개발 프로그램을 제공해 왔다. 하지만 최근 기업들은 그런 프로그램에 확실히 덜 투자하고 있다. 그나마 직원 개발 프로그램에 투자하는 기업도 잠재력이 크다고 여기는 소수에게만 집중한다. 반대로 생각하면 그 소수에 들어가지 못한 구성원은 주도적으로 학습해야 하는 입장에 내몰린다. 경영자 코칭Executive Coaching과 리더십 개발 분야의 권위자 랄프 시몬Ralph Simone의 말을 들어봐도 이런 선택과 집중 현상은 거스를 수 없는 대세다.

"나는 자신을 개발하는 일차적인 책임이 구성원 각자에게 있다고 생각합니다. 조직이 이를 촉진해 줄 일부 자원을 제공할 수 있다면 금상첨화겠지요."

미시간대학 학생처 부처장 Vice President for Student Life인 로이스터 하퍼 Royster Harper도 시몬과 같은 의견이다. 하퍼는 자기 계발과 경력 개발을 극대화할 방법을 조언해 달라는 청을 받았을 때 이렇게 대답했다.

"책임감을 가져야 합니다. 당신의 발전에 당신보다 더 깊이 헌신하는 사람은 없어요. 사실상 누구도 그래야 할 의무가 없고요."

내 말을 오해하지 마라. 당신이 개인적으로 성장하든 말든 조직은 아무 상관 없다는 말이 아니다. 오히려 개인적인 성장은 조직과 대체로 깊이 얽혀 있다는 점을 밝힌 연구도 있다.[12] 조직은 우리가 어떻게 성장해야 하는지에 관한 각자의 생각에 영향을 미칠 뿐 아니라 성장을 측정하는 기준까지 결정한다. 또한 조직은 우리를 응원하고 독려함으로써 성장을 지지할 수도 있지만, 우리를 방해하고 의지를 꺾음으로써 성장하기 어렵게 만들 수도 있다.

나는 2장부터 7장까지 각 장에서 유연함의 기술이 제공하는 문제 접근법을 하나씩 해부하려 한다. 8장에서는 당신이 성장하기 위해 환경을 활용하는 법을, 9장에서는 다른 사람의 성장 여정을 도와주는 방법을 알아볼 예정이다. 그리고 10장과 11장에서는 우리에게 성장의 무대를 제공하는 제도적인 상황과 문화적 환경을 깊이 탐구하려 한다. 아울러 기업을 비롯해 다른 조직이 구성원을 어떻게 지원할 수 있는지에 관한 아이디어도 제시할 생각이다. 특히 이 두 장에서 소개하는 지침은 구성원의 성장을 독려하고자 하는 모든 리더와 건강하고 성장 지향적인 조직 문화를 구축할 책임이 있는 모든 사람에게 귀중한 자원이 될 것이다.

우리는 로이스터 하퍼에게 앞으로 무엇을 더 배우고 싶은지 물었다. 지금은 은퇴했지만 당시 하퍼는 미시간대학 학생처 부처장으로서 더 높은 자리를 향한 욕심은 없었을 것이다. 전체 경력을 놓고 봐도 부처장은 상당한 고위직이었다. 그런 사람에게 앞으로 더 배우고 싶은 것이 있었을까? 하퍼의 대답을 곰곰이 새기길 바란다. 하퍼가 자기 계발과 학습과 성장을 위해 어떻게 노력하는지 엿볼 수 있기 때문이다.

"나는 모든 것을 다른 사람의 관점에서 바라보고 싶어요. 그래서 요즘은 내 편견이 공감 능력에 어떤 영향을 미치는지 더 깊이 이해하려고 노력 중이죠. 앞으로도 그렇게 할 생각이고요. 또 나는 사람들의 이야기에 진심으로 귀를 기울이고 그들이 말하지 않는 내용까지 읽는 능력도 키우고 싶어요. 그들이 내게 정말로 바라는 게 뭔지, 그들이 정말로 알고자 하는 게 뭔지 찾고 싶어요."

하퍼의 대답은 유연함의 기술이 가진 장점을 하나도 빠짐없이 담아낸다. 남부럽지 않은 성공을 이루었지만 하퍼는 자신의 약점을 정직하게 진단했다. 하퍼는 자신에게 공감과 경청 능력이 부족하다고 생각해 지금도 그 부분을 보완하고자 열심히 고민 중이다. 아마 조만간 생각을 끝내고 행동에 나설 것이다. 하퍼가 그 문제를 해결하기 위해 몇 가지 실험을 계획하고, 실천으로 옮긴 다음, 이를 더 개선하기 위해 성찰하는 모습이 눈에 선하다. 나는 당신도 하퍼처럼 평생에 걸쳐 지속적인 성장 여정을 이어가길 바란다. 이 책을 선택했으니 당신은 이미 중요한 첫발을 뗐다. 이제부터는 이 책에 담긴 유연함의 기술에 담긴 비밀을 풀어가면서 그 여정을 계속하는 일만 남았다. 건승을 빈다.

차례

1장

경험은
가장 훌륭한 스승

유연한 사람만이 경험에서 배운다

자신을 공인된 과학자라고 생각하는 사람이 있다. 그는 고등학생 시절 생물, 화학, 물리를 좋아했고 대학원에 진학해 열정 넘치는 연구자이자 문제 해결사로 성장했다. 그런데 생명공학 분야의 스타트업에서 사회생활을 시작한 후 예상치 못한 난관에 부딪혔다. 비즈니스 리더로서 갖추어야 할 기술과 감수성이 충분하지 않다는 현실이 그를 가로막았다. 이제 이 사람을 '제프 파크스Jeff Parks'라고 부르겠다.

고전하는 많은 스타트업이 그렇듯 파크스의 회사도 벤처캐피털 투자 재원이 고갈되기 전에 서둘러 첫 제품을 출시하려고 필사적이었다. 당시 회사는 세 가지 제품을 동시에 개발하고 있었는데 파크스는 그 중 전망도 기대도 가장 낮은 제품 개발 팀을 이끌게 되었다. 제품은 합성 분자의 하나로 잘하면 의료계에 상당한 족적을 남길 가능성이 있었다. 파크스를 제외하고 팀원은 총 네 명이었고 하나같이 매우 똑똑했다. 하지만 안타깝게도 팀 안팎의 사정은 녹록지 않았다. 그들은 모두 사내에서 경험이 제일 부족한 데다 임상 실험을 진행하는 방법도 전혀 알지 못했다. 심지어 한 명은 대학에서 과학 근처에도 가본 적이 없었다. 게다가 파크스의 팀은 실험실 크기, 장비 수준, 예산에 이르기까지 모든 실무 팀 중에서 자원 상태가 최악이었다. 파크스가 이런 문제를 제기하자 CEO는 어깨를 으쓱하며 싫으면 관두라는 투로 말했다.

"좋아, 문제를 쉽게 해결할 방법이 있지. 자네 팀이 추진하는 프로젝트를 전면 백지화하고 다섯 명 모두 실업 급여를 신청하면 되겠군. 그게 좋겠나?"

CEO가 이렇게 나오니 파크스가 선택할 수 있는 길은 하나뿐이었다. 목마른 사람이 우물을 파듯 파크스는 리더가 되는 법을 스스로 터득하기로 했다. 즉, 자원은 부족하지만 팀원들이 목표를 달성하도록 동기를 부여하는 방법을 알아내야 했다. 이후 몇 달간 파크스와 팀은 외로운 전투를 계속했다. 무엇보다 파크스는 팀이 도전에 직면할 때마다 팀원들이 창의적으로 생각하도록 독려했다. 반드시 해야 하는 임상 실험의 수행 방법을 찾기 위해 구식 실험 장비의 용도를 변경했고, 수시로 브레인스토밍 회의를 열어 서로를 자극하면서 독창적인 해결책을 찾으려 기를 썼다. 가끔은 처음 시도하는 일도 외부의 도움을 전혀 받지 않고 서로를 격려하면서 직접 방법을 강구해야 했다. 어차피 사내 다른 직원들은 시간에 쫓기는 데다 더러는 전문 지식이 부족해서 유익한 지침과 피드백을 기대하기도 언감생심이었다. 이에 파크스의 팀은 각종 대학과 정부의 규제 기관에서 일하는 전문가를 비롯해 관련 지식이 풍부한 외부 정보원을 발굴해 정보 기반을 구축했다.

그 결과 파크스의 팀은 사내에서 가장 신속하게 제품을 출시했다. 덕분에 회사의 구세주 역할을 톡톡히 해냈고 덤으로 업계 전반의 동료에게서 폭넓게 찬사를 받았다. 오늘날 파크스는 당시의 경험이 경력을 넘어 인생까지 바꾸었다고 회고한다. 그리고 그 일을 맡기 전에는 자신이 팀 플레이어가 아니었다고 자평했다.

"예전의 나는 팀 단위로 일하는 것을 싫어하는 편이었습니다. 혼자 일할 때 더 좋은 성과를 낼 수 있다고 늘 생각했죠. 하지만 뜻하지 않게 팀의 리더가 되면서 나는 타인의 의견을 존중하는 법을 배웠습니다. 또 어떻게 하면 팀원 각자의 전문 지식을 활용해 더 많은 일을 할 수 있는지도 알게 되었습니다."

이런 경험은 제프 파크스에게만 국한되지 않는다. 일과 삶에서 그와 비슷한 경험을 하는 리더가 많다. 어떤 경우든 우리가 원하는 바는 하나다. 위대한 일을 해 세상에 의미 있고 긍정적인 영향을 미치는 것. 그러나 때로는 주변 상황이 우리의 발목을 잡는다. 파크스를 예로 들어보자. 그는 스타트업에서 팀의 리더가 되어 새롭고 가치 있는 무언가를 창조할 기회를 얻었다. 하지만 회사는 자원을 제공해 그에게 힘을 실어줄 수 있었음에도 뒷짐을 지고 구경만 했다. 그도 그럴 것이 회사가 보기에 파크스는 잠재력이 큰 인재가 아니었다. 그는 프로젝트 관리, 팀 구축법, 문제 해결 기술을 배운 적이 없었다. 그를 지지해 주는 동지나 조언을 해줄 멘토도 없었다. 본보기로 삼을 만한 롤 모델도 없었다. 그는 아무 준비 없이 갑자기 깊은 물속에 던져졌다.

이 경험은 그에게 엄청난 스트레스를 안겨준 동시에 도전 의욕을 자극하고 많은 교훈을 주었다. 마침내 파크스는 스스로 물속에서 빠져

나오는 법을 터득했을 뿐 아니라 그 과정을 겪으며 중요한 목표를 달성하는 사람으로 성장했다.

행동하면서 배워라

제프 파크스가 이루어 낸 여러 성취는 오늘날 리더십 개발 분야에서 불변의 진리로 통하는 무언가를 증명한다. 대다수의 리더는 리더십의 핵심 내용을 책상이 아닌 경험에서 얻는다. 이는 리더십에만 국한되지 않는다. 개인적 효율은 물론이고 대인관계 능력을 키우기 위한 복잡한 기술을 익히는 데도 언제나 경험이 정답이다.

30년이 넘도록 경영대학원에서 소프트 스킬을 가르친 개인적인 경험으로 봐도 명백한 사실이다. 학기 초 내 수업 시간에 볼 수 있는 흔한 풍경이 있다. 내가 경청의 기술을 소개하면 "에이, 그건 상식 중의 상식이죠!" 하며 끼어드는 학생이 꼭 있다. 더러는 조금 더 무례한 표현을 사용한다. 물론 이런 회의적인 비판자가 틀렸다는 말은 아니다. 소프트 스킬의 기본 원칙은 단순명료해서 누구나 쉽게 이해할 수 있다. 그러나 그런 원칙을 실천하는 일은 차원이 다른 문제다. 수업 중 역할극을 통해 그런 기술을 시도해 보면 학생들도 차이를 깨닫는다. 그리고 실제 업무 상황에서는 이를 더욱 실감한다.

그들은 소프트 스킬을 이해하기는 쉬워도 이를 잘 활용하기는 어렵다는 사실을 알게 된다. 결국 방법은 하나뿐이다. 일상에서 맞닥뜨리는 도전 상황에서 해당 기술을 직접 활용하는 것 외에는 방법이 없다.

그런 식의 경험은 불변의 진리나 상식 등을 살아 있는 구체적인 교훈으로 바꾸어 버린다. 그리고 그런 교훈은 머릿속 깊이 각인되어 도전 상황에 직면할 때마다 소환된다.

이런 식의 학습법을 가장 열성적으로 지지하는 집단이 리더십 개발 전문가다. 오죽하면 이른바 '70-20-10 법칙'이 그들의 단골 레퍼토리일까. 엄밀히 말하면 그것은 법칙이라기보다 경험에서 얻은 통찰이다. 이것과 맥을 같이하는 어떤 조사 결과도 있다. 큰 성공을 거둔 관리자에게 좋은 관리자가 되는 법을 어떻게 배웠는지 물었다. 조사 결과에 따르면 좋은 관리자가 되는 방법의 70%는 경험으로, 20%는 멘토나 동료 같은 사람에게서 배웠다고 한다. 반면 책이나 수업 등 책상에서 배운 방법은 겨우 10%에 불과했다.[1]

리더십 교육가들은 경험을 강조하는 70-20-10 법칙을 사랑한다. 더 나아가 차세대 리더를 육성하기 위해 새로운 방법을 개발하며 이 법칙을 이용하는 전문가도 많다. 한때 성장 잠재력이 큰 사원을 외부 리더십 개발 프로그램에 참여시켰던 조직도 이제는 더 쉽고 새로운 방법에 눈을 떴다. 미래의 리더에게 귀중한 교훈을 배울 수 있는 업무를 맡겨 직접 부딪치게 하는 방법이다.

그러나 이 접근법은 또 다른 숙제를 안겨준다. 의미 있는 교훈을 얻을 확률이 가장 큰 업무는 정확히 어떤 것일까? 리더십 연구가들은 이 질문의 답을 찾는 일을 자처했다. 그들은 학습을 극대화해 주는 고난도 High-Challenge 경험의 속성을 확인하고 입증하는 일에 착수했다. 사실 성장에 필요한 기술을 익히도록 가족, 지역 사회, 시민 단체, 종교 집단, 자선 조직 등 다양한 환경의 구성원에게 자극받는 경험도 이와 동일한 효과가 있다. 심지어 이는 문화를 초월해도 효과가 있다. 인도, 중국, 싱가포르 3개국에서 '학습 기회로 이어진 경험'을 조사한 연구 결과에 따르면 학습을 촉발한 경험은 모두 몇 가지 범주로 묶을 수 있었다.[2]

경험에서 무언가를 배우는 능력을 키우려면 어떻게 해야 할까. 처음 해야 할 일은 명백하다. 발전 가능성이 가장 큰 경험이 무엇인지를 찾아내야 한다. 리더십 연구가들은 도전 의욕을 크게 자극하고 학습 효과가 큰 경험은 여섯 가지 뚜렷한 특징을 보인다고 주장한다.

익숙하지 않은 책임을 떠안아라

팀 워크숍 개최, 업무상 중대한 변화, 대면 수업에서 비대면 수업으로의 전환, 신제품 출시 계획 수립 등 이제까지 해보지 않은 일은 무언가를 배울 수 있는 절호의 기회다. 당연한 말이지만 이때 당신은 주어진 역할을 수행하기 위해 필요한 기술과 지식을 배운다. 이게 다가 아니다. 새로 주어진 책임은 당신이 광범위한 기술을 개발할 확률도 높여준다.

처음 대면하는 상황을 다루어야 할 때 할 일은 거의 정해져 있다. 안전지대에서 벗어나 새로운 행동을 시도하고 다양한 방식으로 목표에 접근하라. 그런 다음 효과가 있다고 확인한 행동과 접근법을 당신의 도구함에 넣어라. 이것이 핵심이다. 익숙하지 않은 책임이 포함된 경험은 성장할 수 있는 커다란 기회가 된다.

변화를 주도하라

무언가를 깊이 알 수 있는 방법은 많다. 그중 오래전부터 많은 사람이 조언해 왔고 조직에서 중대한 변화를 이룬 수많은 리더가 효과를 장담하는 방법이 있다. '알고 싶은 대상에 변화를 주어라.' 이 관점에서 볼 때 조직 개편, 미개척 시장으로의 진출 등 변화를 주도해야 하는 상황은 좋은 학습 기회다.

변화에 성공하려면 몇 가지가 선행되어야 한다. 일단 현재 상태가 어떤지 면밀히 진단해야 한다. 그리고 어째서 이런 상태가 되었는지 철저히 조사해야 한다. 그 변화를 바라보는 구성원 각자의 반응을 살펴야 하며 그들이 변화를 지지하거나 지지하지 않는 심리적·정서적인 이유도 이해해야 한다. 더 나아가 당신이 어떻게 하면 그들에게 최대한 좋은 영향을 미칠 수 있을지도 알아내야 한다. 변화를 주도하는 일은 미래의 많은 리더가 맞닥뜨릴 가장 도전적인 상황이자 가장 많이 배울 수 있는 경험 중 하나다.

부담이 큰 일에 도전하라

모든 업무가 똑같이 중요하지는 않다. 어떤 업무는 위험과 보상 수준이 이례적일 만큼 클 뿐 아니라 조직 전체의 미래에 중대한 영향을 미칠지도 모른다. 또 어떤 업무는 가시성^{Visibility}('업무 가시성'은 해당 업무가 어떤 상황이고, 어디까지 진척되었으며, 문제점이 무엇인지를 파악할 수 있는 정도를 말함 – 옮긴이)이 특히 커서 리더에게 감시의 눈길이 집중된다. 리더는 업무의 성패에 따라 사후 비판의 제물이 될 수도 있고 쏟아지는 찬사 덕에 구름 위를 걸을 수도 있다.

제프 파크스가 스타트업에서 고전하며 수행했던 역할이 이런 직무에 해당한다. 불화와 논쟁에 잠식된 지역 사회 조직에서 비전 수립부터 목표 달성까지 전 단계를 이끄는 등의 일도 마찬가지다. 부담이 큰 도전은 당연히 정신을 집중하게 만들므로 당신은 그 일에 주의와 에너지를 오롯이 쏟게 된다. 궁극적으로 그 경험에서 많은 교훈을 얻을 가능성도 덩달아 커진다.

경계를 초월하라

경력이 많지 않은 사람에게 '부담이 큰 도전'이란 어떤 일일까. 아마 조직이나 제도, 전문성의 경계를 초월해서 일해야 하는 상황이 그중 하나일 것이다. 예를 들어보자. 당신은 중간관리자고 어떤 계획을 추진해야 한다. 고위 경영진의 지지는 물론이고 타 부서 동료들의 협조가 필요한 상황에서 그 계획을 성공시키려면 어떻게 해야 할까? 일단 당신이 조금도 권한을 행사할 수 없을뿐더러 당신의 계획에 반대할 이유가 있는 개인(혹은 집단)에게 영향을 미치는 법을 배워야 한다. 또한 이런 종류의 업무를 잘해내려면 의사소통이나 설득같이 당신만의 효과적인 도구도 개발해야 한다. 아울러 관련된 모든 집단의 구조적 복잡성과 미묘한 문화 차이를 능숙하게 다루어야 한다. 이처럼 경계를 초월해야 하는 일은 미래에 요긴하게 사용할 수 있는 기술을 익히고 지식을 습득할 수 있는 굉장한 무대일 확률이 크다. 이때 하는 모든 활동은 결과적으로 귀중한 자산이 된다.

다양한 사람과 협업하라

인종, 민족, 성별, 문화, 배경, 가치관, 관점이 다른 사람들과 함께 일해야 하는 상황에는 장단이 존재한다. 먼저 오해와 갈등이 생길 확률이 커질 수밖에 없다. 동시에 창조적인 아이디어를 교환하고 생산적인 발견으로 이어질 확률도 커진다. 하루가 다르게 복잡해지고 전 세계가 연결되며 문화 감수성이 중요해진 세상에서 인적 다양성을 품은 조직을 관리해야 하는 리더는 갈수록 늘어난다.

나는 1990년대 중반, 다양화된 세상에서 리더가 어떤 문제를 헤쳐 나가야 하는지 가까이서 지켜보았다. 당시 나는 미시간에 본사가 있는 어떤 회사에서 직원을 교육해 달라는 요청을 받았다. 그 회사는 세계 곳곳에 진출해 지사를 두었지만 정작 사내의 많은 관리자는 미국 중서부 지역에서조차 벗어난 적이 없었다. 회사는 우물 안 개구리 같은 관리자들이 해외 지사에서 근무할 때를 대비해 국제적인 사고방식과 감각을 키워주고자 팔을 걷어붙였다.

짐작한 대로 이는 교육하는 나나 교육을 받는 관리자 모두에게 힘든 도전이었다. 그들은 이제껏 거의 접해보지 못한 낯선 사고방식의 사람들을 이해하고 소통하며 함께 일하는 법을 배워야 했다. 또한 그들은 이 과정에서 삶과 세상에 관해 자신이 이미 확립한 가정을 되짚어 보고, 심지어는 몇몇 기존 가정에 의문을 품게 되었다. 결론적으로 그 시간은 오늘날 비즈니스 세계 안팎에서 수많은 리더가 맞닥뜨리는 것과 똑같은 뛰어난 학습 경험이었다. 예컨대 어떤 지역 사회에 이슬람교도가 꾸준히 유입된다면 어떻게 해야 할까? 비즈니스 리더는 물론이고 지역 사회 조직과 자원봉사자들도 이슬람교와 그 종교 특유의 예배 방식 그리고 독특한 식문화를 이해해야 한다. 적어도 이슬람권 사람들을 설득할 수 있는 방식으로 협상하는 법을 배워야 한다.

역경에 직면하라

배움과 성장의 토대가 되는 경험의 마지막 특징은 바로 '역경'이다. 잠재적 리더의 입장에서 보면 역경은 나머지 다섯 요소와는 확연히 결이 다르다. 아마 당장은 무관해 보여 피부에 와닿지 않기 때문일 것이다.

가령 2008년 세계 금융 위기나 2020년 코로나바이러스 대유행처럼 비즈니스 환경이 악화되었을 때 리더로서 총대를 메는 경우가 여기에 해당한다. 물론 이 외에도 여러 시나리오가 있다. 핵심 동료와의 껄끄럽거나 적대적인 관계, 당신보다 직책이 높은 데다 막대한 영향력까지 발휘하는 거물급 인사가 반대하는 프로젝트, 자원이 부족한 지역사회 조직 등을 이끌어야 하는 시나리오를 생각해 볼 수 있다. 이렇듯 역경의 모습은 다양하지만 공통점이 있다. 모든 역경은 사실상 당신의 패기를 시험하는 무대다. 당신이 이를 경험하며 성장 가능성에 눈뜬다면 다시없을 학습 기회가 된다.

내가 최고경영자Executive-Level 과정 학생을 대상으로 곧잘 하는 훈련이 있다. 삶의 궤적을 훑어보는 훈련인데 이 과정에서 그들 중 상당수는 눈이 번쩍 뜨이는 경험을 한다. 나는 그들에게 각자의 일과 삶에서 좋았던 때와 나빴던 때를 간략히 적어보라고 한다. 그런 다음 소규모로 조를 나누어 자신의 목록을 발표하게 하고, 당시 어떤 감정을 느꼈고 어떤 가치를 도출해 냈으며 어떤 교훈을 얻었는지 솔직하게 털어놓게 한다. 이 훈련의 결과는 매번 똑같다. 각 조직에서 한자리하는 그들은 모두 잘나갈 때가 아닌 바닥으로 추락했을 때 가장 핵심이 되는 교훈을 얻었다는 점을 깨닫는다.

이는 참으로 역설적이다. 우리는 인생의 대부분을 암울한 순간을 피하는 데 쏟으니 말이다. 진실을 하나 더 덧붙이자면 역경에 처한 당시에는 그 교훈을 눈치채지 못한다. 그러다가 역경을 이겨내거나 후에 다시 떠올렸을 때 비로소 그 일에서 얻은 교훈을 깨닫는다.[3]

인적자원 관리자들은 이처럼 구성원들에게 자기 계발을 촉발하게 하는 요소를 두루 갖춘 경험을 좋아한다. 그리고 많은 관리자는 그런 경험을 아는 것에 그치지 않고 잠재력이 큰 직원을 그런 경험에 노출시키려 열을 올린다. 하지만 안타깝게도 그들은 종종 그 과정에서 중요한 질문을 간과한다. 지금부터 그 질문이 무엇인지 알아보자.

경험은 언제나 훌륭한 스승인가

리더십 연구가들은 도전적인 경험이 어떻게 학습을 촉진하는지 보여주는 지식을 계속 축적해 왔다. 그들은 한발 더 나아가 자기 계발을 촉진하는 도전 경험과 리더 육성 사이에 얼마나 깊은 상관관계가 있는지 확인하기 위한 실험도 진행했다. 직장인을 대상으로 진행한 두 건의 연구에 집중해 보자. 두 연구 모두 2단계로 진행되었다. 연구가들은 참가자들이 도전에 초점을 맞추어 자신의 업무 경험을 점수로 매기게 했다. 그런 다음 연구가들은 제삼의 관찰자를 불러 각 참가자가 리더십 기술을 얼마나 개발했는지 점수를 매겨달라고 요청했다. 짐작하겠지만 제삼의 관찰자는 대개 참가자의 상사였다.

둘 중 한 연구는 코넬대학Cornell University에서 인적자원관리를 가르치는 리사 드래고니^{Lisa Dragoni}가, 다른 연구는 미시간대학 로스경영대학원 교수 스콧 데루^{Scott DeRue}와 애리조나대학^{University of Arizona} 경영대학원 교수 네드 웰먼^{Ned Wellman}이 공동으로 수행했다. 먼저 드래고니 연구부터 살펴보자. 드래고니는 두 가지 결과를 얻었다. 첫째, 두 점수 사이에 긍정적인 상관관계가 드러났다. 관리자는 '자신의 직무가 도전적이며 자기 계발을 촉진한다고 생각하는 사람'의 리더십 기술을 더 후하게 평가했다. 그렇다면 관리자는 참가자의 어떤 리더십 기술을 평가했을까? 포괄적인 비즈니스 지식과 통찰, 자신의 의견을 주장하기 위해 필요한 용기, 주변 사람들이 최선을 다하도록 유도하는 능력까지 리더십에는 다양하고 폭넓은 기술이 포함되었다. 둘째, 참가자들의 리더십 기술 점수는 경험의 양이 아니라 질에 따라 달랐다. 단순히 오랫동안 경험을 쌓은 것에 초점을 두지 않고 얼마나 도전적인 경험을 했느냐에 따라 리더십 기술 점수가 달라졌다.[4]

이제는 스콧 데루와 네드 웰먼의 공동 연구를 알아보자. 그들의 연구 결과는 드래고니가 알아낸 결과와 닮은 점도 다른 점도 있었다. 데루와 웰먼도 드래고니와 마찬가지로 매우 도전적인 직무는 '기술 개발'이라는 가시적이고 실질적인 결과를 가져다준다고 결론 내렸다. 하지만 그들은 한 가지를 경고했다. 그들은 도전 난이도가 최고일 때 긍정적 영향이 오히려 감소한다고 주장했다. 이는 도전 난이도가 일정 수준을 넘어서면 사람들이 이를 감당하기 어려워한다고 해석해도 무방해 보인다. 데루와 웰먼은 나름의 원인도 제시했는데 매우 도전적인 경험은 불안을 야기하기 때문에 주체를 학습에서 멀어지게 만들 수도 있다고 진단했다. 이 현상은 인지 능력과 비즈니스 능력보다는 대인 기술에서 훨씬 뚜렷하게 나타나는 듯했다. 데루와 웰먼은 "때로 도전은 성장을 촉진하는 대단한 축복이라 여길지 모르지만 실제로는 그 효과가 감소하는 지점이 있다."라고 말했다.[5]

데루와 웰먼이 과도한 도전의 부작용을 경고했지만 대부분의 리더십 전문가는 도전과 학습 사이에 긍정적인 관계가 성립된다고 믿는다. 특히 앞서 소개한 도전 의욕을 자극하는 특징을 더욱 완벽히 반영한 경험일수록 학습 가능성이 더 크다고 확신한다. 단, 행동 주체가 이 과정에서 무언가를 배우려는 동기를 가지고 있어야 한다는 선행 조건이 있다.

학습 동기가 어째서 선행 조건이 되어야 하는지 의아해하는 사람이 있을지도 모르겠다. 학습 동기야말로 인간의 기본적인 욕구가 아니냐고? 대부분의 사람이 리더십을 키우고 싶어 하니 그럴 수도 있겠다. 하지만 욕구는 단지 욕구일 뿐 새로운 경험을 학습의 발판으로 이용하겠다는 의지로 자연스럽게 전환되지는 않는다. 그렇기 때문에 동기가 필요하다.

예컨대 감당하기 벅차지만 커다란 보상이 기대되는 도전이 눈앞에 있다면 역량 격차를 메우고 싶다는 동기를 쉽게 품는다. 제프 파크스가 스타트업에서 겪은 경험이 확실한 사례다. 불편하거나 심지어 고통스럽다고 느끼는 상황에 직면했을 때도 학습이나 성장 동기를 품는다. 정상으로 돌아가기만 해도 큰 만족을 얻는 이런 상황에서는 부정적인 결과를 피하고 싶은 욕구가 학습과 성장에 필요한 동기를 부여하는 것이다.

도전과 학습 사이의 관계를 연구했던 대부분의 전문가는 학습 동기를 가졌다는 전제하에 매우 도전적인 경험을 하는 것이 수준 높은 리더십 기술을 개발하게 하는 좋은 방법이라고 입을 모은다. 솔직히 말하면 우리가 모두 아는 유일하고도 가장 좋은 방법이다. 학습 동기를 가진 사람이 매우 도전적인 직무를 맡으면 목표를 효과적으로 달성하는 능력과 리더십 기술을 동시에 연마할 수 있다.

스스로 리더십을 개발하라

위대한 리더를 육성하고 싶다면 해당 동기를 가진 사람을 한계치로 내몰고 시험하면서 도전적인 직무를 맡기면 될까? 아니, 그것만으로는 부족하다. 리더십 연구가들과 그들이 추천하는 리더십 개발 방법론은 이 문제의 절반만 해결할 수 있다. 그렇다면 나머지 절반은 무엇으로 채워야 할까? 부족한 절반에 답이 있다. 경험 자체는 아무것도 가르쳐주지 않는다. 그러므로 우리는 경험에서 배우려고 의식적으로 노력해야 한다. 그렇기 때문에 거의 똑같은 경험을 한 두 사람이 하늘과 땅만큼의 차이를 보이기도 한다.

　이것이야말로 이 책에서 소개하는 유연함의 기술의 핵심이다. 경험에서 남들보다 유독 많이 배우는 사람이 있다. 과연 그 비결은 무엇일까? 경험에서 더 많이 배우고 더 많은 통찰과 기술을 얻는 능력은 미래의 리더에게 필요한 자질이다. 또한 그런 능력은 일과 삶 양쪽에서 고도의 효과를 발휘하는 사람과 그렇지 못한 사람을 명확히 구분 짓는다. 애덤 브라이언트Adam Bryant는 〈뉴욕타임스New York Times〉의 일요판에서 '코너 오피스*Corner Office*'라는 칼럼을 오랫동안 담당했다. CEO나 임원의 사무실을 뜻하는 칼럼 제목에서 알 수 있듯 브라이언트는 매주 CEO를 인터뷰했으니 조직의 고위급 리더에 관한 한 세계 최고 전문가라고 해도 과언이 아니다. 그런 그가 꼽는 리더십의 핵심 중 하나가 바로 '학습을 향한 의지'다. 그는 이런 질문을 자주 받는다.

"CEO가 되려면 무엇을 해야 합니까? 조직의 맨 꼭대기로 올라가려면 어떻게 해야 하죠?"

이런 질문의 이면에는 코너 오피스, 즉 CEO의 전유물 같은 전망 좋은 사무실로 직행하는 확실한 길이 존재한다는 가정이 깔려 있다. 하지만 브라이언트는 그런 가정 자체를 뒤엎는 대답을 들려준다.

"누군가를 조직의 꼭대기로 올려 보내주는 확실한 경험 따위는 존재하지 않는다고 장담합니다. 오히려 CEO들이 자신의 경험을 최대한 활용해 왔다는 사실에 주목해야 합니다. CEO들의 공통점 중 하나는 어느 순간에 무슨 일을 하든 그 일에서 의미를 도출한다는 점입니다. 그들은 끊임없이 배웁니다."

오늘날 전문가 집단에서는 더 많은 사람이 브라이언트의 통찰에 공감하고 있다. 그들은 한목소리로 이렇게 강조한다.

"우리를 성장하고 발전하게 하는 핵심 원동력은 모든 경험에서 배우려는 자세다. 직무의 종류보다 이것이 더 중요하다."

이는 어떤 목표를 추구하든 마찬가지다. 조직에서 유능한 리더가 되고 싶을 때도, 지역 사회나 가족 그리고 인류 전체에 긍정적인 변화를 가져다주고 싶을 때도 그렇다. 서던캘리포니아대학University of Southern California, USC 경영대학원 명예교수 모건 맥콜 주니어Morgan W.

McCall Jr.는 2010년 리더십 개발에 관한 최근 자료를 검토한 뒤 이렇게 말했다.

이 증거는 사람들이 자신의 경험에서 적극적이고 주도적으로 배울 때 더 많이 성장한다는 사실을 설득력 있게 보여준다. (…) 조직이 학습 친화적인 환경과 상황을 조성하기 위해 얼마나 노력하든, 조직이 얼마나 많은 자원을 투입하고 지원하든 그 기회를 활용해 성장할지 말지는 각자가 선택할 몫이다.[6]

이 결론을 보고 약간 위축되는 사람이 있을지도 모르겠다. 단순히 무언가를 경험했다고 해서 반드시 성장하거나 배우지 못한다는 뜻이기 때문이다. 그러나 반대로 생각해 보면 이것은 각자가 막대한 자기 주도권과 힘을 가졌다는 뜻이기도 하다. 당신은 회사가 '잠재력 큰 재목'이라며 당신을 미래의 리더로 인정해 주기를 기다릴 필요가 없다. 또 도전적인 해외 근무나 부담도 보상도 큰 전사적 프로젝트를 맡겨주기를 바랄 필요도 없다.

그렇다면 우리는 성장하기 위해 무엇을 어떻게 해야 할까? 현재 무엇을 경험하는 중이든 그것을 활용해 스스로 성장하려고 노력하면 된다. 게다가 이것은 인생의 어느 시점에서든 시작할 수 있다. 진로를 고민하는 학생이든, 업무 요령을 터득하기 시작한 사회 초년생이든, 생전 처음 리더가 된 신임 관리자든, 심지어 경영자도 당장 시작할 수 있다. 시작이 반이라고 하지 않던가. 일단 시작하고 나면 당신은 일상의 경험을 활용해 업무 능력은 물론이고 개인적인 능력을 진일보시킬 기회와 힘을 갖게 된다. 이렇게 하려면 딱 하나만 있으면 된다. 배우고 싶다는 단호한 의지. 어떤 경험에서든 반드시 의미를 이끌어 내겠다는 굳은 의지다.

제프 파크스는 지원조차 거의 없는 환경에서 타고난 성격과 본능에 의지해 팀원을 돕는 한편 경험에서 의미를 도출하는 방법을 알아냈다. 누구나 파크스처럼 할 수 있다. 비빌 언덕 하나 없는 어려운 상황에서도 경험을 밑천 삼아 창업을 할 수도 있다. 도전을 발판 삼아 성장할 기회를 맞이하고서도 기회를 살리기는커녕 쩔쩔매는 사람이 수두룩하다. 파크스와 비슷한 상황에 처한다면 누구든 최소 한두 차례는 실패를 경험한다. 하지만 결과는 둘 중 하나다. 몇 년간 좌절이라는 어두운 터널을 지나 끝끝내 성공하는 사람. 한두 번 실패한 후 아예 포기하거나 자신의 역량을 증명할 또 다른 기회를 찾지 못하는 사람.

경험은 누구에게나 교훈을 주는 효과적인 학습 도구가 될 수 있다. 하지만 이를 운에 맡겨서는 안 된다. 우리는 무언가를 배우기 위해 더욱 주도적이고 적극적으로 행동해야 한다. 이것이 바로 유연함의 기술의 핵심이다.

마음챙김으로
경험 학습의 우등생이 되어라

경험에서 무언가를 배우려면 어떤 것부터 시작해야 할까? 마음챙김에 더욱 신경 써라. 자주 명상하라는 뜻이 아니다. 물론 명상을 자주 하는 것이 해로울 리도 없고 실제로 명상에 도움을 받은 사람도 많다. 그렇지만 나는 명상보다 마음챙김의 두 번째 방법에 초점을 맞추려 한다. 바로 경험의 순간에 깨어 있는 것이다. 정리해 보면 마음챙김은 지금 이 순간에 의도적이고 적극적으로 주의를 기울임으로써 각성하는 '인식Awareness'을 말한다. 쉽게 들릴지 몰라도 이런 식의 마음챙김은 생각보다 어렵다.

"내 마음인데 내가 챙기지 못한다고?"라고 반문할지도 모르겠다. 하지만 가끔은 마음을 챙기기가 정말 힘들다. 이것을 쉽게 확인하는 방법이 있다. 일상생활 중 현재 마음 상태가 어떤지 찬찬히 돌아보라. 아마 다양한 이유로 마음을 챙기지 못하고 있으리라. 때로는 미래 계획을 세우는 일에만 너무 매달리는 바람에 정작 현재에 초점을 맞추지 못할 수 있다. 또 어떨 때는 바로 직전의 상황이 머릿속에서 떠나지 않을 수도 있다. 심지어는 망령처럼 끈질기게 따라다니는 과거의 사건에 정신이 팔려 있을지도 모르겠다. 이 외에도 공상, 걱정, 소문, 추측, 잡다한 일상, 오늘의 뉴스처럼 지금 하는 일에 주의를 기울이지 못하게 만드는 요소는 널리고 널렸다.

세상은 우리의 주의를 흩트리는 것을 끊임없이 만들어 낸다. 지금 당신의 주머니나 가방 안에 있는 스마트폰이 대표적이다. 이런 것들 탓에 평생 별다른 생각 없이 기계처럼 살아가는 사람이 너무 많다. 가령 음식을 그저 삼킬 뿐 맛도 향도 식감도 음미하지 않는 사람이 얼마나 많은가. 운전대를 잡았을 때는 또 어떤가. 정신을 놓고 운전하는 사람이 어디 한둘인가. 주차를 하고 생각해 보니 그곳까지 어떻게 운전했고 도중에 무슨 일이 있었는지 기억하지 못하는 경우가 있지 않은가. 그뿐 아니다. 너무 바빠서 출장이든 개인 휴가든 아무 생각 없이 여행하는 사람도 있다. 아침에 숙소에서 일어났을 때 순간적으로 자신이 어디에 있고 그곳에 왜 있는지 기억나지 않은 적이 있지 않은가.

심지어 우리는 대인관계에서도 생각 없는 로봇처럼 반응할 때가 더러 있다. 하버드대학Harvard University의 심리학자 엘런 랭어Ellen J. Langer는 유명한 복사기 실험을 비롯해 일련의 재치 있는 실험에서 밝힌 결과를 책으로 엮었다. 랭어는 공용 복사기 앞에서 차례를 기다리는 줄에 끼어들며 "제가 복사를 해야 하는데 먼저 해도 될까요?"같이 황당할지라도 나름의 이유를 대면 상대가 차례를 양보해 줄 확률이 더 크다는 사실을 발견했다.[7] 내 동료 교수들은 영향력을 키우기 위한 자신들의 방법론에 랭어의 복사기 실험 결과를 한 축으로 사용한다. 예컨대 당신이 무언가를 부탁할 때 '왜냐하면'이라며 딱히 관련도 없는 이유를 덧붙인다고 가정하자. 그러면 상대는 무의식적으로 당신의 부탁이나 요청을 들어줄 확률이 높아진다.[8] 이는 '왜냐하면'이라는 단어가 마법을 부린다고밖에 볼 수 없다.

이 책은 당신이 방심 상태Mindlessness일 때 배울 기회를 놓치는, 일종의 학습 기회비용에 집중한다. 하지만 무심하게 행동하는 습관 때문에 치르는 대가는 학습 기회비용에 그치지 않는다. 이는 심하면 신체적 위험으로, 더 나아가 죽음으로 이어질 수도 있다. 그 안타까운 사례가 있다. 미시간대학 로스경영대학원에서 건물을 신축하던 중 현장에서 참극이 벌어졌다. 노동자들은 매일 작업이 끝나면 승강기를 타고 맨 꼭대기 층까지 올라간 다음 지붕으로 나가서 승강기를 고정했다. 이튿날 아침 작업이 시작되면 한 노동자가 지붕까지 걸어 올라가 승강기의 잠금장치를 푼 다음 한 층을 걸어 내려온다. 그리고 승강기에 올라타 작동시킨다. 그런데 하루는 어떤 노동자가 뭐에 홀렸는지 한 층이 아니라 두 층을 걸어 내려왔다. 그러고는 습관적으로 승강기 문을 열어 발을 내디뎠고 텅 빈 수직 통로로 추락해 숨졌다. 방심이 목숨을 앗아간 것이다.

살다 보면 경험 학습을 더욱 어렵게 만드는 방해 요소를 많이 만난다. 대부분의 직장인, 특히 자신이 미래의 리더라고 생각하는 사람은 분초를 쪼개 쓸 만큼 매우 바쁘다. 그들은 회의에 연달아 참석하느라 종종걸음 치고, 전화와 문자 메시지와 이메일의 융단 폭격을 맞느라 스마트폰에서 손을 떼지 못한다. 또 매일 다양한 개인, 집단과 상호 작용하는 것도 모자라 직원 업무평가와 예산 문제부터 거시적인 시야가 필요한 전략적 도전에 이르기까지 수많은 사안에 포위된다. 그리하여 개인적인 일을 깊이 고민할 시간이 없다고 생각한다.

기업의 관리자만 매일 고군분투하는 것은 아니다. 비영리 부문, 건강관리 분야, 교육계 종사자는 물론이고 자원봉사자와 공익 활동가, 심지어 예술가와 무대 공연자도 마찬가지다. 경험 학습의 측면에서 보면 그들은 자녀를 양육하면서 부업을 하고, 지역 사회 위원회에서 활동하며, 새로운 비영리 활동을 계획하는 젊은 부모와 다를 바가 없다. 그들도 사전 준비와 사후 검토는 고사하고 밥 먹을 시간조차 거의 없이 이 역할에서 저 역할로, 이 회의에서 저 회의로 옮겨 다니느라 파김치가 될 확률이 크다. 당연히 그들에게도 경험에 주의를 기울이고 마음을 챙겨 학습 능력을 키우는 일이 지극히 중요하다. 하지만 그러기란 쉽지 않다. 분야를 막론하고 오늘날 우리는 대부분 "일어나 일하라$^{Rise\ and\ Grind}$."라는 무언의 구호를 외치는 허슬 문화^{Hustle} ^{Culture}(열정을 좇아 열심히 일하는 것을 미덕으로 여기는 문화 – 옮긴이)의 포로가 되었다. 매 순간 무언가 배우기 위해서는 약간 속도를 늦추고 주의를 기울여야 한다. 하지만 우리는 눈을 뜬 순간부터 온종일 일의 노예로 살아간다.[9]

경영학의 거장 제임스 로어$^{James\ E.\ Loehr}$와 토니 슈워츠$^{Tony\ Schwartz}$는 위대한 운동선수는 훈련에 많은 시간을 쏟는 반면 실제 경기를 뛰는 시간은 적다고 말한다. 자녀를 수영이나 육상 경기에 내보낸 적이 있는 부모라면 로어와 슈워츠의 통찰에 고개를 절로 끄덕일 것이다. 운동선수들은 때로 겨우 몇 초간 시합을 치르기 위해 훈련 기간 내내 비지땀을 흘린다. 한편 로어와 슈워츠가 운동선수들과 정반대라고 꼬집은 집단이 있다. 바로 경영자 집단이다.

"경영진은 훈련에 단 1초도 쓰지 않고 실제 경쟁에만 모든 시간을 쏟습니다. 그들이 쳇바퀴를 돌리는 다람쥐처럼 똑같은 문제를 되풀이한다고 해도 놀라운 일은 아닙니다."[10]

나는 지역 사회 활동 등에 매진하느라 만성 피로에 시달리는 부모도 경영자와 판박이라고 말하고 싶다. 모든 현실을 고려해 보면 70-20-10 법칙을 향한 시각도 약간 달라지게 마련이다. 도전적인 업무를 수행할 때 아무 생각 없이 기계적으로 행동한다면? 경험을 성장의 원천으로 바꾸기 위해 체계적인 계획을 세우지 않고 그저 운에 맡긴다면? 이는 학습의 70%를 포기한다는 뜻이다. 무려 70%다. 그토록 막대한 자원을 낭비해도 되는 사람은 세상에 없다.

리더십이나 개인적 효율은 경험이라는 토양에서 싹트고 발달한다.

최근에는 리더십이 저절로 발달하지 않는다는 생각이 퍼지고 있으며, 저절로 발달했다면 우연일 가능성이 높다.[11] 하지만 걱정하지 마라. 학습을 체계화하면 되니까. 이 책에서 소개하는 유연함의 기술이 경험을 이용해 체계적으로 학습하도록 지름길을 열어줄 것이다.

2장부터 7장까지 각 장에서는 유연함의 기술의 활용법을 하나씩 해부해 볼 예정이다. 나는 당신이 이 방법을 발판 삼아 계속해서 성장하리라고 장담한다. 지금까지는 교육 프로그램에 참가하거나 운 좋게 멘토를 만나 간헐적으로 성장했다면 이제 성장은 우리의 삶에서 더는 특별 행사가 아니다. 성장 자체는 습관이 될 수 있다. 이 책에서 소개하는 여섯 가지 기술은 직무 수행 능력과 리더십 기술을 최대한 개발하기 위한 비장의 무기로써 손색이 없다.

유연함의 기술은 조직을 기존 문화에서 탈피하게 하는 데에도 도움을 준다. 단 조직이 유연함의 기술을 널리 사용하고 일관성 있게 구현해야 한다. 이렇게 한다면 '성장은 특별한 사건이 아니라 일상의 일부여야 한다.'라는 사고방식이 조직에 정착될 수 있다. 조지아주 애틀랜타에 위치한 모어하우스대학Morehouse College의 총장 데이비드 앤서니 토마스David Anthony Thomas가 조직 문화의 중요성을 강조할 때 자주 하는 말을 새겨들어도 좋을 듯하다.

"토양이 중요하다."

조직이 구성원들에게 자기 계발에 투자하도록 권하고 다양한 자기 계발 도구를 제공할 때 모든 팀은 크게 성장할 수 있다.[12] 마지막으로 한 가지 더, 조직이 비옥한 토양을 제공하면 그 구성원만 수혜를 입는 것은 아니다. 11장에서 자세히 다루겠지만 더 다양한 분야에서 진취성

과 주도성을 발휘하는 리더를 너 많이 길러낼 테니 결과적으로 조직도
막대한 혜택을 누리게 된다.

| 2장 |

학습을 부르는
마인드셋

경험은 학습의 어머니다

모든 것은 그의 선택이었다. 더그 에반스Doug Evans는 유능한 공연제작자Performing Arts Administrator로 과거에는 주 정부에서 일한 경험도 있었다. 그런 그가 어느 날 갑자기 집과 가족 그리고 자신이 잘 아는 문화에서 거리로 1만 2800km, 비행기로 12시간 떨어진 머나먼 외국에 뚝 떨어진 신세가 되었다. 그곳은 바로 중국이었다. 이는 전적으로 에반스의 선택이었다. 그는 중국의 25개 남짓한 도시를 순회하며 공연하자는 제의를 받고 이를 수락했다.

에반스는 공연계라면 손바닥 보듯 훤히 알았다. 그리고 중국 관객에게 훌륭한 공연을 보여주기 위해 필요한 모든 기술을 갖추었다. 하지만 문제는 다른 데서 터졌다. 그는 아시아에서 일한 경험이 없었고 중국어는 단 한마디도 몰랐다. 심지어 중국의 독특한 관습에 관해서도 최소한의 정보만 받았을 뿐이었다. 그런 상태로 베이징에 도착해 보니 그제야 모든 것이 실감 나기 시작했다. 현실은 에반스를 완전히 압도하고 있었다.

어지간한 사람은 심리적 압박에 쉽게 굴복했을지도 모른다. 또한 스트레스가 머리끝까지 치솟고, 자칫 가까이하기 힘든 최악의 상사가 되기에 십상이다. 하지만 에반스는 달랐다. 그는 자신에게 선택권이 있다는 사실을 잘 알고 있었다. 그는 발상의 전환을 좋아했다. 그가 즐겨 사용하는 기법 중 하나는 스트레스가 많이 따르는 경험을 '모험'으로 정의하는 것이었다. 가령 어려움에 처했을 때 에반스의 마음속에서 이런 목소리가 속삭인다.

'이건 크게 성장할 기회야. 불가능해 보이는 일조차도 경험해 보면 놀랄 만큼 성장할 수 있어.'

생전 처음 하는 일을 요청받을 때 에반스가 곧잘 쓰는 방법도 있다. 자신에게 이렇게 묻는 것이다.

"어려워 봤자 얼마나 어렵겠어?"

"왜 안 되는데?"

에반스는 특히 두 번째 질문이 대인관계에서도 강력한 도구라고 생각한다. 이는 그가 예전에 몸으로 직접 부딪쳐 깨친 교훈이다. 아주 오래전 그는 미국 북동부의 코네티컷주 정부에서 일할 기회가 있었다. 코네티컷 주도州都인 하트퍼드에 위치한 공연 예술 센터를 정상화하는 일이었고 그가 생애 처음으로 맡은 중요한 임무였다. 매년 수백만 달러의 예산을 소요한 센터는 재정 상태가 엉망이었고 직원들의 사기도 바닥이었다.

"당시 나는 고작 스물일곱 살이었고 무슨 일부터 해야 할지 짐작조차 할 수 없었어요. 그저 직감을 믿고 나아갈 수밖에 없었죠. 최대한 많은 자료를 찾아냈고 무엇이 이 프로젝트에 효과적일지 알아내려 최선을 다했습니다."

에반스가 일을 하는 동안 관료들이 그의 사방을 둘러쌌다. 그들은 경험도 많았고 똑똑하기까지 했다. 또한 정부 기관들을 운영하기 위해 필요한 각종 절차와 규약에 통달했고 내부 정치에도 도사였다. 반면 에반스는 생각조차 해본 적이 없는 일을 맡았기에 맨땅에 헤딩하는 신세였다. 에반스는 타당하다고 생각한 이런저런 아이디어를 제안했다. 하지만 그의 아이디어는 정부 기관의 전통적인 업무와 접점이 하나도 없었다. 관료 집단이 당시 그의 아이디어를 얼마나 생뚱맞게 생각했을지 쉽게 짐작이 된다. 그의 아이디어에는 부정적인 대답이 돌아오기 일쑤였다.

"왜 안 되는 겁니까?"

에반스는 반문했다. 하지만 관료들은 단 한 번도 정확한 이유를 대지 못하고 얼버무렸다.

"굳이 이유가 필요하다면 우리가 이제까지 그런 식으로 일하지 않아서라고 해두죠."

오늘날 에반스는 그 경험을 이렇게 말한다.

"그들은 무심코 본심을 드러냈습니다. 그 대답을 듣는 순간 나는 곧바로 알아차렸죠. 내가 그렇게 할 수 없다는 게 아니라 이제까지 아무도 그런 식으로 시도하지 않았다는 뜻이라는 걸 말입니다."

결론부터 말하면 에반스는 순수한 실험 정신과 끈기를 발휘해 센터를 회생시켰다. 에반스는 그 센터를 포함한 하트퍼드에서의 모든 경험을 통해 "왜 안 되는데?"라는 질문이 가진 놀라운 힘을 명확히 깨달았다. 그 질문은 불가능해 보이는 문제에 기꺼이 도전하고, 문제 상황을 '모험'으로 재구성하는 토대가 되었다. 그리고 이 태도는 많은 세월이 흐른 뒤 중국에서도 의연하게 대처하게 하는 원동력이 되었으며, 자신의 평판과 경력과 냉철한 분별력을 온전히 지켜내는 든든한 방패가 되었다.

경영자코치들이 금과옥조로 여기는 규칙들이 있다. '지금 당신이 보는 것은 어떤 창으로 들여다보는가에 따라 달라진다.'도 그중 하나다. 우리는 세상을 편견 없이, 공정한 눈으로 바라보지 못한다. 오히려 특정한 창, 다시 말해 특정한 틀을 이용해 바라본다. 문제는 그런 틀이 세상을 이해하는 데 영향을 미친다는 점이다. 사람이든 상황이든 그 상황을 향한 자신의 반응이든 우리가 어떤 틀을 짜는가에 따라 그것을 향한 인식과 판단 자체가 크게 달라진다. 우리의 기대, 가정, 편견 등은 무엇을 보고 어디에 관심을 기울이며 어떻게 반응할지를 좌지우지한다. 이 모든 사실을 종합해 볼 때 결론은 명백하다. 상황을 어떻게 구조화하는가가 관건이다.

무언가를 구조화하는 프레이밍Framing이 얼마나 강력한지는 널리 알려져 있다. 프레이밍의 힘을 가장 명확히 확인하는 쉬운 방법이 있다. 사람들이 주변 상황에 어떤 프레임을 씌우는지, 그것이 우리에게 어떤 영향을 미치는지 살펴보면 된다. 정치인과 리더도 프레이밍 전략을 사용하지만 나는 마케터야말로 프레이밍의 달인이라고 생각한다. 그들의 최대 관심사는 우리에게 무언가를 파는 것이고, 그들의 지상 과제는 우리가 세상을 바라보는 방식을 구조화하는 일이다.

실제로 그들이 창조한 프레임을 거치면 모든 것이 희한하게 새 옷을 입는다. 술이 좋은 예다. 오늘날 우리는 술을 즐거움과 동일시한다. 그 이미지를 연상시키는 메시지를 만들기 위해 투입된 돈 덕이다. 더러는 어휘 선택 같은 아주 단순한 무언가를 이용하기도 한다. 가령 소비자는 다진 쇠고기를 고를 때 지방 함량이 5%인 상품보다 살코기 함량이 95%인 상품을 선호한다. 또한 피임 실패율 5%인 콘돔보다 피임 성공률 95%인 콘돔을 구매하고 사용한다. 당연히 두 사례 모두 제품은 동일하다. 그저 프레임을 달리했을 뿐이다.

우리는 프레이밍의 대상인 동시에 이 기법을 사용하는 주체이기도 하다. 다행스럽게도 우리는 어느 정도 주도성을 가지고 자신의 경험을 프레이밍할 수 있다. 그리고 이는 다시 우리의 생각과 감정과 행동에 영향을 미친다. 더그 에반스가 특정 경험에 '모험'이라는 프레임을 씌웠을 때 당시 그가 진행한 일의 모든 측면에 그 프레임이 적용되었다. 이처럼 경험에 접근하고 생각하는 방식은 다시 생각, 감정, 행동 방식에 영향을 준다. 또한 그 경험에서 어떤 것을 얻고 어떤 것을 놓칠지도 좌우한다.

때로 당신이 경험을 프레이밍하는 방식은 당신의 마음속 수다에 뿌리를 둔다. 우리 집 막내 매디^{Maddy}의 사례를 보자. 어릴 적 매디는 스키를 좋아하지 않았다. 그런데 남편과 큰딸 앨리는 스키라면 자다가도 벌떡 일어날 정도의 스키광이었다. 우리 가족은 여건이 갖추어지는 대로 스키장을 찾았고 매디는 도살장에 끌려가는 소처럼 마지못해 따라왔다.

정확히 말하면 매디는 스키가 아닌 리프트를 싫어했다. 더 정확히 말하면 매디는 여섯 살 때 리프트에서 내리다가 넘어질까 봐 몹시 무서워했다. 그 두려움이 얼마나 컸는지 매디는 리프트를 타고 올라가는 내내 같은 말을 되풀이했다.

"난 넘어질 거야! 난 넘어질 거야!"

리프트에서 내리기 직전까지도 매디는 그 주문을 계속 외웠고 아니나 다를까 거의 매번 넘어지곤 했다. 이런 일이 몇 차례 반복되자 내가 매디를 조용히 달랬다.

"매디, '잘 내릴 수 있다! 잘 내릴 수 있다!' 하고 주문을 외우면 어떻겠니? 그런 다음 어떻게 되는지 두고 보자꾸나."

매디는 다음번 리프트를 타고 올라가는 내내 그 주문을 되뇌었고 마침내 넘어지지 않고 착지했다. 당신이 어떤 경험, 특히 도전적인 경험에 부여하는 프레임은 그 경험을 규정한다. 매디가 혼잣말로 되뇌던 주문을 바꾸고 경험에 다른 프레임을 씌우자 어떻게 되었는지 보라. 경험 자체가 변했다. 그 후에도 매디는 가끔 넘어졌지만 요령이 없어서 그렇게 되었다고 생각하지 않았다. 오히려 엉덩방아를 찧는 경험을 성장 과정으로 받아들였다. 매디의 사례가 보여주듯 우리는 원하기만 하면 언제든 경험에 덧씌울 프레임을 교체할 수 있다.

로스경영대학원의 교수이자 긍정조직학Positive Organizational Scholarship, POS의 세계적인 권위자 제인 더튼Jane Dutton은 전략적인 의사 결정권자가 자신이 직면한 상황을 어떤 식으로 프레이밍하는지 연구한다. 역설적이게도 더튼은 2020년 미시간주 정부가 코로나바이러스 확산을 막기 위해 봉쇄령을 내렸을 때 비슷한 선택 상황에 봉착했다. 당시 더튼은 수강생이 70명인 대규모 강의를 맡았는데 방역 수칙에 따라 대면 수업을 비대면으로 전환해야 했다. 더튼 역시 처음에는 보통 사람과 다르지 않은 반응을 보였다.

"이럴 수가! 비대면으로 수업을 해야 하다니. 정말 미치겠어."

그러던 어느 날 더튼은 생각의 프레임을 바꾸기로 마음먹었다.

'내가 우리 대학원과 학생들에게 기여한다고 생각하자.'

이렇게 프레임을 바꾸자 거짓말처럼 모든 것이 달라졌다. 그에 따른 정신적 변화도 일어났다. 지금껏 더튼은 새로운 환경에 직면한 자신에게 모든 관심의 초점을 맞추어 해결책을 찾기 위해 골몰했다. 하지만 이제는 비대면 수업으로 전환되는 바람에 실망하고 불안해하는 학생들에게 관심의 초점을 옮기게 되었다. 더튼은 '어떻게 하면 학생들에게 도움을 줄 수 있을까? 학생들에게 적응력과 강인함의 본보기를 보이려면 어떻게 해야 할까?'라고 자문하기 시작했다. 이런 식으로 사고의 프레임을 바꾸자 마음을 짓누르던 부담이 봄눈 녹듯 한순간에 사라졌고 홀가분한 마음으로 새로운 환경에 어울리는 다양한 교수법을 시도할 수 있었다.

경험을 이해하는 두 가지 시선

경험을 프레이밍할 때 가장 널리 사용하는 방법이 있다. 나는 이것을 '성과 증명 마인드셋Performance-Prove Mindset'이라고 부른다. 당신은 도전 상황을 마주했을 때 어떤 태도를 취하는가? 십중팔구 본인의 능력과 기술을 자신은 물론 주변에까지 증명하려는 목표를 가지고 행동한다.

이는 대부분의 비즈니스 상황에서 볼 수 있는 지극히 자연스러운 태도다. 게다가 당신이 현재 위치에 도달하기까지 그 마인드셋이 원동력이 되어주었을 확률이 크다.

그런데 앞으로는 어떨까? 그 마인드셋에 의지해 지금부터 가고자하는 곳까지 갈 수 있을까? 그럴 가능성은 적다고 본다. 오히려 가끔은 역풍을 맞을 각오를 해야 한다. 차차 알아보겠지만 한 연구에서는 성과 증명 마인드셋에 치명적인 약점이 있다는 사실을 발견했다. 성과 증명 마인드셋을 지닌 사람은 실패가 예상되는 상황을 피하고 자신의 능력과 성과를 증명하는 일에만 지나치게 집중한다. 이것은 때때로 성과를 강화하기보다 성과를 갉아먹는다는 문제가 있다.

학습 측면에서는 더 심각한 부작용이 있다. 성과 증명 마인드셋은 학습을 촉진하기는커녕 오히려 학습에 도움이 되지 않는다. 우리가 단기적인 성공을 이루고, 주변과 자신에게 리더십 기술과 개인적 효율을 각인하는 일에 오롯이 집중한다고 가정해 보자. 이 사람에게는 학습, 성장, 기술 개발이 들어설 자리가 없다. 되레 그런 일을 가능하게 하는 많은 행동을 피할 뿐이다. 반면 더그 에반스처럼 경험을 모험으로 규정하면 어떻게 될까? 질문하지 않고, 정보를 찾지 않고, 무지를 숨기고, 피드백을 거부할까? 아니다. 오히려 적극적으로 질문하고, 정보를 찾고, 무지를 드러내며, 피드백을 구할 것이다. 이런 행동이야말로 우리가 성장할 수 있는 기회와 힘을 준다.

오늘날 비즈니스 업계를 생각하면 무척이나 안타깝다. 성과 증명 마인드셋이 그 세계를 지배하는 바람에 대부분의 사람은 새로운 도전과 마주했을 때 거의 자동으로 그것을 피하려 한다. 그리고 경험에서 무언가를 배울 기회를 날려버린다. 일에서 좋은 성과를 내고 싶은 마음은 모두가 똑같다. 그렇지만 성과 증명 마인드셋은 자신이 얼마나 잘난 사람인지 주변에 증명해 보이고 싶어 하는 욕심 그 이상도 이하도 아니다. 능력을 증명하는 일에만 온전히 집중하면 장기적으로 자신에게 도움이 될 행동은 철저히 뒷전으로 밀려날지도 모른다. 예컨대 회사에서 발표한 후 멍청해 보이고 싶지 않다는 이유로 질문을 피한다. 또한 부정적인 메시지를 듣기 고통스러우니 피드백을 요청하지도 않는다. 이런 근시안적인 행동의 결과는 뻔하다. 시련이 닥쳤을 때 적응하고 극복하는 능력을 점차 잃게 된다.

이제 우리는 성과 증명 마인드셋을 향한 집착을 끊어내야 한다. 그래야 미래에 도전 기회를 만났을 때 적절히 프레이밍할 수 있다. 나는 학습과 자기 계발의 렌즈 너머로 경험을 바라본다는 의미에서 '학습 마인드셋Learning Mindset'이라고 부른다. 유연함의 기술에서 학습 성향은 무엇보다 중요하다. 나머지 다섯 기술의 성패가 이 마인드셋에 달려 있기 때문이다.

스탠퍼드대학Stanford University의 심리학자 캐롤 드웩Carol S. Dweck은 인식의 프레임이 학습과 성장 능력에 미치는 영향력을 30년 넘게 연구해 왔다.[1] 특히 드웩은 사람들이 자신의 능력을 어떻게 정의하는가에 집중한다. 지능, 과제 수행력, 협상력, 리더십 등의 능력을 두고 사람들의 관점은 두 갈래로 나뉜다. 첫 번째 부류는 자신의 능력을 고정적이고 확정된 자질이라고 생각한다. 이는 '고정형 사고방식'이라고도 부르는데 이 안에는 '개인은 특정 능력을 타고나거나 그렇지 않거나, 둘 중 하나다.'라는 양분법적 사고가 담겨 있다. 고정형 사고방식의 반대편에는 '성장형 사고방식'이 있다. 이는 일종의 열린 결말로 사람들이 자신의 능력을 '가변적이며 충분히 개발할 수 있다.'라고 생각한다는 뜻이다.

드웩은 어린아이부터 경제 활동을 하는 성인까지 다양한 연령층을 대상으로 연구했다. 그리고 연구 결과에 의거해 자신이 고정형 사고방식과 성장형 사고방식 사이의 어디에 위치하는가가 많은 것을 결정한다고 주장한다. 경험을 이용해 학습하고 성장하는 능력은 정말 중요하다. 그렇기 때문에 나는 이 능력을 키우는 것부터 유연함의 기술을 시작한다.

당신이 자신의 능력을 어떤 식으로 생각하는가는 특정한 방향성을 만들어 낸다. 그리고 그 방향성은 당신이 현재의 업무 상황을 어떻게 생각하고 이 상황에서 무엇을 어떻게 할지에 영향을 미친다. 가령 능력을 고정된 자질이라고 믿는 사람은 해당 능력이 뛰어나다는 사실을 증명하기 위해 모든 노력과 관심을 집중하는 경향이 있다. 즉 자신이 직면한 상황을 성과 증명 마인드셋으로 바라본다. 따라서 능력, 심지어 기초 지능이 고정불변하다고 믿는다면 당신이 모든 상황에 어떻게 반응할지 이미 결정되어 있다고 봐야 한다. 당신은 어떤 상황이 일어나든 이를 해결할 수 있다는 것을 증명해야 한다. 따라서 강박증이 생기게 마련이다. 그래야 똑똑하다는 평가를 받을 테니 말이다. 이런 성향이 약간 변형되어 발현되는 경우도 있다. 모든 상황에서 어떤 대가를 치르더라도 실패를 피하는 일에만 집중하기도 한다.

이제까지 살펴본 성과 증명 마인드셋을 간략히 정리해 보자. 이런 태도를 지닌 사람은 자신의 지성과 능력과 기술을 최고의 가치라고 생각한다. 따라서 직무에서 누구보다 큰 성과를 내고 자기 사전에 실패란 없다는 사실을 증명하려 갖은 애를 쓴다. 또한 자신이 얼마나 유능한지 입증하는 동시에 주변의 누구도 자신의 실력을 의심하지 못하게 만들려고 최선을 다한다.[2]

성과 증명 마인드셋의 정반대에 있는 마인드셋은 당연히 능력을 바라보는 관점이 근본적으로 다르다. 그리고 이 관점이야말로 인간이 가진 능력의 본질에 더 가깝다는 연구 결과도 있다. 인간의 능력은 가변적이라는 믿음이 그 주인공이다. 쉽게 말해 능력은 경험, 훈련, 성찰, 학습 등을 통해 발달할 수 있다. 실제로 고정된 능력은 극히 드물고 이런 능력이 존재한다 해도 예외적인 경우다. 가령 수학이나 글쓰기 같은 경우 유독 뛰어난 극소수를 제외한 대부분은 평균 수준의 능력을 보유한다. 하지만 그 능력은 고정적이지 않아서 노력 여하에 따라 더 발달할 수도 있다. 특히 개인적 효율의 영역에서는 더욱 그렇다. 효율을 키우기 위한 기술은 배울 수 있고 이 책이 집중 조명하는 여섯 가지 유연함의 기술이 그 여정을 돕는다.

학습 마인드셋을 지닌 사람과 성과 증명에 매달리는 사람은 상황을 바라보는 태도부터 다르다. 그들은 모든 상황에서 잠재되어 있는 학습의 기회를 찾으려 한다. 학습 성향의 사람은 장기간에 걸쳐 자신의 기술을 발달시키고 늘 과거의 자신보다 더 나아지려고 노력한다.

이 말을 오해하지 않길 바란다. 학습 마인드셋을 가진 사람은 당장 큰 성과를 내는 데 관심 없다는 뜻은 아니다. 세상에 어느 누가 큰 성과에 관심이 없을까. 단지 그들은 어떤 상황을 경험할 때 성장과 능력 향상에 관심의 초점을 맞출 뿐이다. 다시 말해 그들은 해당 상황에서 무엇을 배울 수 있을지에 관심이 있다. 그러므로 학습 마인드셋은 실제 학습과 기술 개발로 이어지는 행동을 촉발한다. 자연스레 질문을 하고, 새로운 무언가를 시도하고, 가정에 이의를 제기하고, 주변에 도움과 조언을 구하게 되는 것이다. 그리고 이런 모든 행동은 유연성을 발휘하기 위해 필요하다.

두 마인드셋의 명칭에 속지 마라. 한쪽에는 '성과'라는 단어가 떡하니 들어 있는데 다른 하나는 그렇지 않다고 해서 성과와 무관하다는 뜻이 아니다. 내가 이 책을 집필하기 위해 인터뷰했던 모든 사람은 일과 삶에서 좋은 성과를 내고, 성취하며, 발전하고 싶어 했다. 그러한 마음은 우리와 다르지 않았다. 정리하자면 마인드셋은 결과물인 성과 자체가 아니라 일과 삶에서 성과를 어떻게 만들어 내는가 하는 태도에 가깝다. 성과 증명 마인드셋은 무언가를 수행할 때 이를 악물고 맹렬한 기세로 달려드는 태도를 말한다. 사람들은 가끔 두려움 때문에 그런 마인드셋을 선택한다. 반면 학습 마인드셋을 가진 사람은 부담을 덜 가지고, 덜 불안해하며, 더 자유롭고 자신감이 넘친다. 그리고 더 자기 주도적으로 행동한다.

학습과 성취와 대인관계는 마음먹기에 달렸다

지금부터 성과 증명 마인드셋과 학습 마인드셋의 본질을 철저히 해부해 보자. 아울러 마인드셋이 학습에 어떤 영향을 미치는지도 자세히 알아보자. 이 숙제를 한꺼번에 해결해 주는 좋은 사례가 있다. 주인공은 내 둘째 딸 해나Hannah다. 해나는 명문대를 졸업한 뒤 비영리 교육 봉사 단체로 유명한 티치포아메리카Teach for America, TFA에 합류했다. 티치포아메리카는 교육 불평등을 해소하고자 대학 졸업생을 엄선해 2년간 교육 소외 지역의 학교에서 학생들을 가르치도록 교육하고 훈련한다. 티치포아메리카에 참여하는 봉사자의 목적은 교육 분야에서 경력을 쌓는 것이 아니다. 그들은 그저 사람들을 돕고 세상을 바꾸려 할 뿐이다. 해나는 졸업 직후인 7월 티치포아메리카에서 활동을 시작했고 그해 12월 겨울 방학을 맞아 가족이 기다리는 집으로 돌아왔다. 집에 돌아온 이튿날 해나는 이렇게 말했다.

"개학 첫 주에 중요한 일이 있어요. 우리 학교에서 가장 경험이 많은 선생님 두 분이 제 수업을 온종일 참관할 거예요."

해나는 그 평가에 많은 것이 걸려 있어 부담이 된다고 말했다. 또 이는 티치포아메리카의 모든 교사가 반드시 거쳐야 하는 통과의례라고도 했다. 여하튼 대부분 초보 교사인 그들에게 쉬운 도전은 아니었다. 이런 부담스러운 평가를 앞두고 있으니 해나가 앞으로 어떻게 행동할지 충분히 짐작할 수 있었다. 오랜만에 가족과 친구들을 만나 즐거운 시간을 보내면서도 해나는 머릿속이 복잡했다.

평가를 향한 해나의 마인드셋이 겨울방학 내내 해나의 생각과 기분과 행동에 커다란 영향을 미칠 터였다. 먼저 해나가 성과 증명 마인드셋을 취한다고 가정해 보자. 해나는 자신을 심사할 평가자들을 잠재적인 위협자라고 인식할 확률이 크다. 악순환이 시작되는 순간이다. 이러면 해나는 불안의 포로가 될 수밖에 없고 자신이 유능한 교사를 넘어 이제까지 그 학교에서 봉사한 최우수 티치포아메리카 교사 중 한 명이라는 사실을 증명하고 싶어지리라. 해나는 평가자들이 탄복할 만한 특별 수업을 준비하느라 많은 시간을 쏟을 게 확실하다. 그리고 운명의 날이 되면 배 속에서 나비가 수천 마리 퍼덕이는 듯한 엄청난 불안과 초조함에 시달릴 것이다. 지난 몇 주간 열심히 준비하면서 이 평가에 무엇이 달려 있는지를 곱씹었을 테니 말이다.

이번에는 학습 마인드셋을 선택하는 시나리오를 생각해 보자. 첫째, 해나는 조만간 맞이할 운명의 그날을 위협이 아니라 기회로 생각할 수 있다. 아무튼 해나는 그 학교에서 가장 경험 많은 교사들에게 평가받을 예정이다. 그들은 해나에게 피드백을 줄 것이고 이는 해나가 교사로서의 역량을 발달시키기 위해 사용할 수 있는 귀중한 통찰을 제공할 확률이 크다. 또한 불안도 확실히 줄어든다. 물론 학습 마인드셋을 취해도 수업을 열심히 준비하고 좋은 평가를 받기 위해 노력하겠지만 2주간 꼬박 그 일에만 매달릴 리가 없다. 마지막으로 덜 불안한 만큼 평가 시간에 더 자신 있는 모습을 보여줄 수 있다. 학생들과 더욱 자연스럽고 여유 있게 상호 작용할 뿐 아니라 좋은 성과를 내야만 한다는 생각 탓에 불안해 하지 않으니 문제가 발생해도 얼어붙지 않고 편안하게 대처하리라.

뭐니 뭐니 해도 학습 마인드셋을 선택했을 때 해나는 진짜로 배울 확률이 현저히 커진다. 이는 학습 마인드셋이 주는 가장 중요한 보상이다. 학습에 초점을 맞추면 자신의 기존 지식을 증명하는 일보다 지식 창고를 불리는 데에 더욱 집중하게 마련이다. 따라서 해나는 행여 평가자들에게 부정적 피드백을 받아도 화를 내거나 방어적으로 반응하는 대신 이를 적극 수용할 것이다. 이게 다가 아니다. 해나는 교사로서 수업 역량을 높이기 위해 피드백을 더 잘 활용할 수 있다. 이전 시나리오보다 이 상황이 현실과 더 가깝기 때문이다. 세상에 어떤 교사가 일반 수업을 꼬박 2주간 준비한단 말인가. 이는 지극히 비현실적이다.

해나의 사례가 보여주듯 학습 마인드셋을 취한다면 장기적으로는 물론이고 단기간에 더 큰 성과를 얻을 수 있다. 반면 당신이 얼마나 뛰어난지 증명하는 데에만 몰두한다면 역효과를 불러일으킬 수 있다. 우리는 지나친 욕심이 화를 부른다는 사실을 인지해야 한다. 능력을 증명하려 너무 열심히 노력하는 것은 외려 그 능력을 최악으로 떨어뜨리는 경향이 있다.[3]

데이터가 이를 확실하게 뒷받침해 준다. 캘리포니아대학 버클리캠퍼스University of California, Berkeley의 사회심리학자 로라 크레이Laura Kray와 동 대학 리버사이드캠퍼스University of California, Riverside의 심리학자 마이클 하셀훈Michael Haselhuhn은 성과 증명 마인드셋과 학습 마인드셋에 관해 흥미로운 연구를 진행했다. MBA 학생들이 협상 수업의 일환으로 모의 협상을 준비할 때 두 성향이 학생들에게 미치는 효과를 시험했다. 크레이와 하셀훈은 각자의 성향이 모의 협상을 향한 열의에는 전혀 영향을 미치지 못했지만 성과에서 우열이 드러났다고 말한다. 짐작하겠지만 학습 마인드셋을 가진 학생들의 승리였다. 학습 마인드셋을 가진 학생들은 다양한 모의 협상 환경에서는 물론이고 협상 과목 자체에서도 두각을 보였다. 왜일까? 크레이와 하셀훈은 학습 마인드셋을 가진 학생들이 끈기도 더 강했고, 좌절과 실패에 대처하는 능력도 더 뛰어났기 때문이라고 결론 내렸다.[4]

크레이와 하셀훈의 연구와 같은 결론을 도출한 연구가 또 있다. 그 연구에 따르면 성과 증명 마인드셋을 가진 사람은 성과를 내야 하는 상황에 놓이는 것만으로 더 불안해하고 자신감도 더 잃는다고 전한다. 심지어는 이 마인드셋이 성과를 내는 데 도움이 된 경우에도 그 효과는 매우 미미했다. 반면 학습 마인드셋을 가진 사람은 불안을 느끼는 정도가 눈에 띄게 낮고 학습과 성과 수준이 훨씬 높았다. 이들의 성과는 성과 증명 마인드셋을 가지고 있고 실패 회피 경향마저 강한 사람의 성과 수준과 비교할 때 확연히 두드러진다. 이렇게 보았을 때 실패를 피하려는 노력은 값비싼 대가를 부르는 자충수다. 불안이 고조되고, 자신감이 낮아지며, 성과의 질마저 떨어지는 삼중고의 상황을 야기하는 것이다. '여우 피하려다 호랑이 만난다.'라는 속담처럼 실패 하나를 피하려는 마음이 더 많은 실패를 불러온다.

여기서 분명히 짚고 넘어가야 할 중요한 사실이 하나 있다. 이제까지 소개한 모든 연구에서 피험자의 성과는 본인이 아니라 다른 누군가가 평가했다는 점에 주목하자. 이는 무엇을 의미할까? 실패를 피하는 데에만 급급한 사람의 성과가 낮은 현상은 객관적인 사실이라고 봐도 무방할 듯하다.

그러거나 말거나 결론은 하나다. 마인드셋이 중요하다. 만약 곧 다가올 경험을 성과 증명 마인드셋이라는 프레임에 끼워 생각한다면 당신이 그 경험에서 무언가를 배울 가능성은 줄어든다. 게다가 '성과 증명'이라는 말이 무색하게 아마 성과 수준까지 떨어질 것이다.

이런 결론을 일반화할 때 주의할 점이 있다. 연구 결과의 타당성과 신뢰성을 검증하는 기법인 메타분석Meta-Analysis을 실시한 연구가들이 이 결론에 큰 영향을 미치는 두 가지 조건을 찾았다. 첫째, 성과 증명 마인드셋은 복잡한 과제를 수행할 때 학습과 성과를 저해하는 경향이 있지만 상대적으로 단순한 일상 과제에서는 그런 경향이 나타나지 않는다. 둘째, 주변 환경이 서서히 변하고 상황도 그에 발맞추어 순탄하게 흘러갈 때는 성과 증명 마인드셋을 가진 사람과 학습 마인드셋을 가진 사람의 성과 수준에 차이가 없다. 이제 이 두 가지 조건을 결합해보자. 환경이 급격히 변하는 상황이 아닌 단순 도전에서는 양쪽 마인드셋 모두가 상당히 효과적으로 작용했다.

하지만 현실은 그렇지 못하다. 대체로 오늘날 우리가 씨름 중인 도전 상황은 복잡하고 빨리 움직인다. 그리고 경력이 쌓일수록, 기업 내에서 높은 자리에 올라갈수록 성과 증명 마인드셋이 문제를 일으킬 소지가 다분하다. 세상일이 다 그렇듯 힘들고 새로운 도전을 할 때 실수를 저지르고, 난관에 부딪혀 좌절하며, 실패하는 것은 지극히 자연스럽다. 바로 이런 상황에서 성과를 증명하는 데에 집착하는 사람과 학습을 추구하는 사람은 극명한 차이를 보인다. 성과 증명 마인드셋을 고수하는 사람은 이런 상황에서 무너지는 경향을 보인다. 실패할지도 모른다는 두려움과 불안 때문에 얼어붙은 나머지 때로 노력을 중단하고, 개선법에 관한 정보를 받아들이지 않으며, 자신이 직면한 상황에서 아예 발을 빼고 만다.[5] 반면 학습 마인드셋을 선택한 사람은 오히려 물 만난 물고기가 된다. 그런 환경일수록 배로 노력하고, 상황을 개선할 방법을 적극적으로 찾으며, 여러 어려움이 닥쳐도 노력을 멈추지 않는다.

메타분석이 가져온 이런 결과는 마인드셋이 중요하다는 추가 증거를 제시한다. 학습 마인드셋은 말 그대로 학습을 강화하는 동시에 불안을 다스리고 성과를 내도록 북돋는다. 그리고 학습 마인드셋을 가진 사람은 두 성향의 이점만을 최대한 취할 수 있다. 즉 그들은 당장 훌륭한 성과를 이룰 뿐 아니라 가까운 미래에, 더 나아가 장기적으로 훨씬 큰 성취를 이루게 해줄 새로운 기술을 개발하며 지식 창고마저 가득 채운다.

마인드셋은 주변 사람과 상호 작용하는 방식에도 영향을 준다. 메건 퍼먼Megan Furman이 훌륭한 사례를 보여준다. 퍼먼은 일을 시작하고 얼마 지나지 않아 미국 국방부에서 사용할 소프트웨어 프로그램을 개발하는 IT 스타트업에서 중요한 직책을 맡았다. 당시에도 퍼먼은 이미 '해결사'라고 불리고 있었다. 조직이 무리한 프로젝트를 강행할 때마다 믿고 맡길 수 있는 사람 말이다. 퍼먼은 해외 주둔 미군이 사용할 필수 소프트웨어 패키지 개발과 구현을 총괄하게 되었다. 퍼먼은 소프트웨어 개발자와 기술자를 합쳐 무려 75명으로 이루어진 팀은 물론 서비스 팀까지 관리해야 했다. 게다가 서비스 팀은 이미 현장에 파견한 서비스 담당자들을 일일이 방문해 새 소프트웨어를 효과적으로 구현하는 방법을 가르칠 예정이었다.

퍼먼은 그 프로젝트를 맡으면서 성과 증명 마인드셋이 활성화되었다. 젊은 관리자였으니 이번 기회에 자신의 리더십을 증명해 보이고 싶었을 것이다. 하지만 그 자체로도 중압감이 상당한 프로젝트를 추진하면서 성과 증명 마인드셋을 활성화하는 것은 압박감만 가중하는 제 발등 찍기였다. 퍼먼도 후에 이를 인정했다. 퍼먼은 프로젝트의 모든 사항을 통제하고 싶다는 열망의 포로가 되었다. 그다음 이야기는 말하지 않아도 짐작할 수 있다. 퍼먼은 직원들이 주도적으로 일하고 창조적으로 해결책을 생각해 내도록 격려하기보다 세세한 부분까지 간섭했다. 그런 세세한 관리를 포함해 2년 동안 강행군을 하자 퍼먼은 극도의 불안과 탈진에 시달리게 되었다. 요르단에 주둔하는 미군 기지에 있었을 때 퍼먼은 직무의 중압감에 압도되고 말았다. 퍼먼은 정신이 혼미해졌고 충동적으로 화장실에 몸을 숨겼다. 이 사건은 일종의 경고음이었다. 퍼먼은 자신을 옥죄는 압박감의 수위를 낮춰야 했다.

어쨌든 퍼먼은 모든 도전을 이겨내고 임무를 성공시켰다. 자신의 팀이 국방의 최전선에 있는 군인들에게 값진 지원을 했다는 사실에 커다란 자부심도 느꼈다. 개인적인 소득도 있었다. 퍼먼은 그 경험을 통해 성과 증명에서 학습으로의 마인드셋 전환이 얼마나 중요한지 몸소 깨달았다. 덕분에 퍼먼은 미국 정부와 국방부를 지원하는 대규모 팀을 연달아 이끌었고 지금도 그때의 깨달음을 효과적으로 활용하는 중이다. 이전에는 팀이 특정 도전에 직면하면 퍼먼이 해결사라는 명성대로 혼자서 모든 일을 해결했다. 하지만 학습 마인드셋에 더욱 익숙해지니 구성원들에게 각자 접근법을 제안하라고 요청하기가 편해졌다. 게다가 성과 증명 마인드셋에 사로잡혔을 때 퍼먼은 주변에 자신의 능력을 증명하는 일에만 업무의 초점을 맞추었다. 하지만 이제는 주변 사람들에게서 배우려 노력한다.

마인드셋은 선택할 수 있다

두 가지 상반된 마인드셋의 본질은 이쯤 설명해 두자. 당신은 어떤 성향이 더 강한가? 대부분의 사람은 부모, 학교 교육, 업무 경험에 이르기까지 많은 요인의 영향을 받아 학습 마인드셋과 성과 증명 마인드셋 중 하나를 선택하려고 한다. 그리고 그런 마인드셋이 모든 상황에서 자동 발현되는 기본 반응으로 굳는다.

하지만 걱정하지 않아도 된다. 당신이 어떤 마인드셋을 주 성향으로 선택하든 그것은 고정불변이 아니다. 당신은 언제든 마인드셋을 바꿀 수 있다. 심리학자들은 피험자에게 일시적인 마인드셋을 갖도록 유도하고 어떤 효과를 낳는지 증명해 왔다. 이는 무슨 뜻일까? 현실에서도 마인드셋을 바꿀 수 있다는 사실을 시사한다. 유연함의 기술을 활용하려면 특정 상황마다 마인드셋을 유연하게 바꿀 수 있어야 한다. 유연성을 강화하는 첫 단계는 곧 다가올 경험을 어떻게 생각하는지 명확히 분석하는 일에서 시작한다. 곧 다가올 경험이 당신의 약점을 들추어내는 시험이라고 생각하는가? 아니면 최선을 다하고 새로운 무언가를 배울 기회라고 생각하는가? 이것을 명확히 분석하면 유연함의 기술을 활용해 학습 성향으로 마인드셋을 전환할 수 있다. 방법은 어렵지 않다. 그 경험에 잠재된 학습 가능성과 새로운 아이디어에 마음을 열고 그것을 유지하는 것이 얼마나 중요한지만 상기하면 된다.

일단 첫 시도에서 만족스러운 결과를 얻으면 미래의 사건을 대비하여 바꾼 마인드셋을 계속 유지하고 싶어 할지도 모르겠다. 그리고 긍정적인 경험이 축적될수록 새로운 마인드셋은 목표 상황을 바라보는 습관적인 사고방식이 된다. 지금부터 그 사례를 알아보자.

카린 스타워키Karin Stawarky는 경영자코치로 변신하기 전 세계적인 전략컨설팅업체 모니터Monitor에서 파트너로, 어떤 기업에서는 경영자로 재직했다. 스타워키는 다양한 리더십을 경험하며 자신의 영향력이 마인드셋에 크게 좌우된다는 사실을 깨달았다. 스타워키의 업무 능력은 언제나 최고였고 주변에서도 호평 일색이었다. 사실을 이해하는 능력이 탁월할 뿐 아니라 자신감 넘치고 침착하며 매사 똑 부러진 사람이라고 칭찬이 자자했다. 그런데 하루는 동료에게 뜻밖의 이야기를 들었다. 그것은 스타워키가 무언가를 깨닫는 계기가 되었다. 스타워키의 마인드셋은 그의 능력을 갉아먹고 있었다. 특히 발표를 할 때 그런 현상이 두드러졌다. 스타워키의 동료가 했던 말을 직접 들어보자.

"당신은 발표할 때 무심코 다른 인격을 표출합니다. 물론 그때도 당신은 아주 똑똑하죠. 하지만 그런 모습은 확실히 당신에게서 거리감을 느끼게 만듭니다. 또 다른 스타워키를 보는 기분이죠. 나는 당신의 그런 모습에 영 적응이 안 됩니다. 당신이 가진 따뜻함, 공감 능력, 전염성 강한 웃음이 흔적조차 없어지거든요."

스타워키는 동료의 피드백을 흘려듣지 않았다. 그리고 곰곰이 생각해 보니 이제껏 깨닫지 못한 무언가를 이해하게 되었다. 고객들에게 유익한 정보를 제공하는 일에만 신경을 쓰느라 중요한 목표를 잊었던 것이다. 아무리 유익한 정보를 제공한들 그들이 그 정보를 활용해 무언가를 하고 싶은 마음이 들지 않으면 아무 소용 없지 않은가. 그들이 해당 정보를 각자의 상황과 연결하도록 도와주어야 했는데 그 일을 간과하고 말았다.

어째서 스타워키는 그토록 중요한 목표를 잊었을까? 스타워키도 비즈니스 세계의 흔한 고질병에 걸렸기 때문이다. 이 세계의 사람들은 능력이 부족하다는 인상을 주는 것을 두려워한다. 정작 자신은 깨닫지 못했지만 그 두려움은 스타워키를 끈질기게 괴롭혔다. 스타워키는 동료의 피드백을 듣고서야 두려움의 정체와 폐해를 알게 되었다. 그도 그럴 것이 스타워키는 부지불식간 그 두려움에 깊이 사로잡혀서 자신의 성과를 제 손으로 갉아먹지 않았나. 그는 고객에게 신뢰를 얻기 위해 자신의 지성과 지식을 뽐내는 데에만 열중했을 뿐 그들과 사람 대 사람 그리고 정서적으로 연결되어야 한다는 점을 무시했다. 요컨대 스타워키는 성과 증명에 초점을 맞추는 바람에 진짜 탁월한 성과를 거둘 기회를 스스로 차버렸다. 진짜 탁월한 성과를 거두려면 스타워키는 완전히 자신다워져야 했다.

스타워키는 상황에 몰입하는 방식을 바꾸기 위한 단계별 노력을 시작했다. 특히 고객 참여Client Engagement(기업이나 브랜드가 고객과 직접적이고 의미 있는 관계를 구축하고 유지하기 위해 하는 모든 활동-옮긴이)를 바라보는 마인드셋을 바꾸기 위해 의식적으로 노력했다. 돌이켜 보니 계획 수립 과정에서부터 단추를 잘못 끼웠다는 사실이 드러났다. '고객에게 내가 똑똑하고 지식이 풍부하다는 것을 증명하려면 어떻게 해야 할까?'라는 문제에 무의식적으로 집중한 게 화근이었다. 일단 문제를 진단하자 해결책도 떠올랐다. '이번 고객이 일과 삶에서 직면한 도전을 잘 이해하고 효과적인 대처법을 찾도록 도와주려면 어떻게 해야 할까?'라는 방향으로 의식의 프레임을 바꾸어야 했다. 다시 말해 스타워키는 성과 증명 마인드셋에서 학습 마인드셋으로 태도를 바꾸기 위해 의도적으로 노력했다.

스타워키는 이내 자신이 가진 최고의 무기이자 강점이 무엇인지 깨달았다. 바로 '훌륭한 질문을 하는 것'이었다. 스타워키는 이런 식으로 고객과의 회의를 재정립했고, 이 관점을 토대로 열린 마음으로 더 많이 질문하자 통찰력까지 키우게 되었다. 그러다 보니 자신이 어떻게 해야 하는지가 더 분명해졌다. 말을 약간 줄이는 대신 훨씬 많이 경청하고 더 호기심을 갖는다. 그리고 고객의 발언과 질문 이면에 깔린 근본적인 메시지를 깊이 생각한다. 마지막으로 스타워키가 제안한 핵심 내용을 고객이 유용하다고 생각하는지 현장에서 직접 피드백을 요청한다.

우리가 마인드셋을 바꾸도록 자극하는 요인은 다양하다. 스타워키에게는 동료의 피드백이 자극제가 되었다. 반면 매우 도전적인 경험에 직면했을 때 두려운 나머지 마인드셋을 바꾸는 사람도 있다. 1장에서 확인한 두 가지 내용을 소환해 보자. 첫째, 우리는 학습과 성장에 도움을 주는 경험의 여섯 가지 특성을 알아보았다. 부담이 크고, 대인관계와 문화의 경계를 초월하고, 변화를 만들고 촉진하는 도전이 이에 포함된다. 우리는 이런 특성을 품은 도전을 맞닥뜨렸을 때 더 익숙한 성과 증명 마인드셋에 의존하기 쉽지만 역설적이게도 이런 상황일수록 학습 마인드셋을 선택해야 한다. 학습 마인드셋에는 특별한 보상이 따르기 때문이다.

또한 우리는 1장에서 리사 드래고니와 동료들이 리더십 기술을 개발하기 위해 노력하는 젊은 직장인들을 대상으로 진행한 연구도 알아보았다. 연구진은 200명이 넘는 직장인을 조사했고, 그 결과 그들의 관리자는 위의 특성들을 더 많이 포함해 자신의 직무를 설명한 직원을 리더십과 역량 면에서 더 후하게 평가했다. 여기서 우리는 결론을 하나 도출할 수 있다. 좋은 평가를 받은 젊은 관리자는 직무상 도전 과제를 마주했을 때 상사에게 유능하다는 인상을 줄 만한 자질을 스스로 끌어내 발휘했다.

더불어 드래고니는 마인드셋과 관련해 중요한 두 가지 결과를 얻었다. 첫째, 학습 마인드셋을 선택한 사람은 성과 증명 마인드셋을 선택한 사람보다 도전적인 직무를 수행한 경험이 훨씬 풍부했다. 이는 학습 성향이 강한 사람은 최고의 학습 기회를 제공하는 상황에 노출되는 빈도가 더 높다는 사실을 의미한다. 둘째, 학습 마인드셋을 선택한 사람은 도전적인 상황을 경험한 뒤 더욱 유능한 리더로 평가받았다. 즉, 주변 사람들이 명확히 인지할 정도로 학습 마인드셋이 리더십 향상에 일조한 것이다.[6]

본인의 의지와는 상관없이 학습 마인드셋을 선택하기 힘든 상황도 있다. 메건 퍼먼이 미국 국방부를 위해 소프트웨어를 개발하고 관리했을 당시 상황이 딱 그랬다. 메건은 회사가 얼마나 위태로운 상황인지 끊임없이 인식할 수밖에 없었다. 상사들은 걸핏하면 전화를 해서 일정을 엄수해야 한다고 다그쳤을 뿐 아니라 크건 작건 차질이 생기면 불쾌한 심기를 여과 없이 표출했다. 이런 환경이 퍼먼에게 어떤 영향을 미쳤을지 상상되지 않는가?

퍼먼은 모든 일을 계획대로 진행 중이라는 사실을 증명해야 했다. 압박감 때문에 정보를 효과적으로 처리하기도 시의적절한 도움을 요청하기도 어려웠을 것이다. 문제는 여기서 그치지 않았다. 더욱 개방적이고 포용적으로 행동해야 하는 상황에서 외려 퍼먼은 정반대로 해야 한다는 부담을 크게 느꼈다. 이런 불통의 자세는 결과적으로 본인에게도 팀에게도 별로 도움이 되지 않았다.

당시 퍼먼은 압박감과 부담이 크고 실수와 실패를 용납하지 않는 환경에 둘러싸였다. 누구라도 이런 환경에 놓이면 자석에 들러붙는 쇠붙이처럼 성과 증명 마인드셋에 저절로 끌려가게 된다. 그런데도 퍼먼은 성과 중심의 조직 문화에서 학습 지향적인 사람이 되려고 노력했다. 그렇게 청개구리같이 행동하면서 얼마나 마음고생을 했는지 퍼먼은 인터뷰 중에 감정을 숨기지 못했다. 당시의 경험을 설명할 때는 너무 긴장한 나머지 온몸이 뻣뻣해졌고, 얼굴은 약간 상기되었으며, 책상 위의 물건을 아무거나 잡아 꽉 쥐었다. 반면 현재 직무와 학습 마인드셋을 설명할 때는 온몸에서 긴장이 썰물처럼 빠져나간 듯했다.

"이보다 더 짜릿할 수 있을까요? 동료들에게서 수용하고 배울 점이 정말 많아요. 그리고 나는 그런 학습 상황에서 최고의 리더가 되죠."

오해하지 마라. 일에서, 특히 리더십 기술을 배우려 노력할 때만 학습 마인드셋이 유익하다는 말이 절대 아니다. 학습 마인드셋은 개인의 삶에서도 매우 유익한 도구다. 지금은 기업에 성장 비법을 조언하는 일이 주 업무인 금융 전문가 리사 샬렛Lisa Shalett은 열다섯 살 때 우연히 학습 마인드셋을 길렀다. 그 성향은 지금까지 샬렛의 인생에 깊은 영향을 미치고 있다. 샬렛은 어떤 대회에 참가했다가 입상했고 국제 교환학생 프로그램을 운영하는 조직의 후원을 받아 일본에서 공부할 기회를 얻었다. 샬렛은 3개월간 일본의 한 가정에서 홈스테이를 하게 되었다.

샬렛은 일본어를 단 한마디도 할 줄 몰랐고 주인집 가족은 영어를 전혀 할 줄 몰랐다. 언어 문제 말고도 샬렛을 새로운 환경에 적응하기 어렵게 만드는 사소한 일이 많았다. 가령 샬렛은 일본인이 즐겨 먹는 생선에 알레르기가 있고, 그곳에서 만난 거의 모든 사람보다 키가 컸다. 그뿐 아니다. 식당에서 음식을 주문하거나 목욕물 온도를 맞추기 위해 수도꼭지를 돌리는 것처럼 언뜻 단순해 보이는 일조차도 결국 복잡하게 꼬여버리는 경우가 비일비재했다.

이방인으로서 낯선 환경에 적응해야 했던 샬렛에게 학습 마인드셋은 다양한 선택지 중 하나가 아니었다. 샬렛은 아기처럼 하나부터 열까지 새로운 모든 것을 배워야 했고 이미 안다고 생각했던 많은 것도 다시 배워야 했다. 게다가 겸손 같은 예의범절도 몸에 익혀야 했으며 실수는 물론이고 바보처럼 보일 위험을 기꺼이 감수하려는 의지도 키워야 했다. 당연했다. 새로운 세상에서는 뭐든 시도하지 않으면 아무것도 배울 수 없으니 말이다. 샬렛은 당시의 경험을 지속적인 자기 개선, 개발과 연결해 이렇게 말한다.

"나는 자신을 꾸준히 개선하고 개발하려는 노력이 중요하다고 믿어요. 지금 돌아보면 이런 믿음은 일본에서 형성되었고 이 믿음 덕에 나는 그때부터 일과 삶에서 배우는 일을 한시도 게을리하지 않았어요. 크건 작건 모든 경험은 잠재적 학습 기회예요."

새로운 직장에 가거나 새 직무를 맡은 상황도 기존의 마인드셋을 바꿔야 한다고 깨닫는 계기가 될 수 있다. 예수회Society of Jesus 목사인 데이비드 맥컬럼David McCallum은 2016년 뉴욕주 시러큐스에 위치한 르모인대학Le Moyne College 매든경영대학원Madden School of Business의 학장으로 깜짝 임명되었다. 그를 학장으로 영입하기 위해 대학 총장과 교무처장 그리고 매든경영대학원의 주요 기부자까지 직접 팔을 걷어붙였다. 맥컬럼은 제의를 받았을 때 쉽게 결정을 내리지 못했다.

"나는 경영학과 정량적 분석에는 문외한입니다. 내 전문 분야는 성인 학습과 리더십이죠. 그래서 '경영대학원 학장이라는 역할에 관해 나는 무엇을 알고 있을까?'라고 자문했습니다. 또 한편으로 내가 수년간 리더십을 주제로 꾸준히 강연하고 글을 써왔다는 사실을 곰곰이 되새겨 보았죠. 그러자 상황이 명쾌하게 이해되더군요. 한 단계 성장하고 리더가 될 기회였습니다. 만약 이 도전을 받아들이지 않는다면 그간의 경험은 실제 리더십 현장에 뿌리내리지 못하고 순전히 이론으로만 영원히 머물 운명이었습니다. 이렇게 생각하니 선택하기 어렵지 않았습니다. 이 도전을 거절한다면 내 성격상 무덤에 들어가는 순간까지 후회할 테니까요. 그럴 바에는 차라리 도전해 보자는 생각이 들더군요."

맥컬럼은 제의를 수락했고 2년간 강도 높은 도전적 학습Stretch Learning에 돌입했다. 이것은 1장에서 소개한 학습법이다. 도전 난이도가 높은 경험에서 학습하는 것 말이다. 결과를 말하자면 그가 새로운 직무를 '학습의 기회'라고 프레이밍한 것이 신의 한 수였다. 사실 그는 매 순간 직감에 의지해 행동하는 유형이었기 때문이다.

"배움의 나날이었습니다. 나는 각종 기술을 배웠고, 경영대학원 교육 프로그램을 관리하는 방법도 배웠죠. 심지어 나 자신에 관해서도 많이 배웠습니다."

스키장 리프트에서 내리다가 넘어질까 걱정한 것이 더 자주 넘어지는 원인이 되었던 내 막내딸처럼 맥컬럼에게도 실패와 헛발질의 시간이 있었다. 하지만 그는 무너지지 않았다. 오히려 그런 실패를 보란 듯이 극복했는데 자신을 이렇게 만든 일등 공신은 단연 그의 마인드셋이었다.

"그 일을 시작하면서 목표를 세우고 마음을 굳게 먹었습니다. 행여 실패하더라도 마음에 담아두지 않겠다고 다짐했죠. 또한 책임을 회피하지 않고 최대한 빨리 교훈을 습득할 생각이었습니다."

심지어 맥컬럼은 자신의 안전지대를 벗어나 도전의 기회를 일부러 찾는 수준까지 나아갔다.

"무심코 몸을 사리며 안전지대로 돌아간 적도 있었어요. 그럴 때마다 나는 내 목덜미를 붙잡고 안전지대에서 끌어냈습니다. 지속적인 학습만이 내가 가야 하는 길이라는 믿음을 한순간도 놓지 않았습니다."

경력 내내 새 직무에 끊임없이 도전하는 사람도 있다. 편의상 그를 '제이콥Jacob'이라고 부르자. 사회사업 분야에서 활동하는 제이콥은 자신의 일을 이렇게 설명한다.

"어떤 조직에서든 기업가로서 내가 근무 첫날과 마지막 날에 하는 일은 똑같습니다. 나는 언제나 그 조직의 창업자이자 궁극의 리더라는 말입니다. 이는 내가 새로운 직무를 맡아도 수직이든 수평이든 조직 내부에서 이동할 필요가 없다는 뜻입니다. 그렇지만 나는 매년 내 직무를 사실상 근본적으로 변화시킬 필요가 있다는 점을 깨달았어요. 조직 자체가 해마다 변하니 당연합니다. 무언가가 작년에 효과적이었다고 해서 올해나 내년에도 그럴 거라고 예단해서는 절대 안 됩니다. 그래서 나는 팀원들과 상황을 자주 점검하고 피드백을 구하며 내가 무엇을 어떻게 해주길 바라는지 직접 물어야 하죠. 이것은 사실상 직장이나 업무가 끊임없이 변하는 경우와 같다고 보시면 됩니다. 그리고 새 직장이나 새 업무에 적응할 때처럼 나는 많이 배워야 합니다."

마인드셋은 어떻게 바꿀 수 있을까

마인드셋은 어떻게 바꿀 수 있을까. 학습 마인드셋이 주는 보상과 장점을 강조해 그것을 선택하게 하면 된다고? 이는 물론 좋은 방법이지만 완벽하지는 않다. 여기에는 보완해야 하는 점들이 있다. 습관으로 굳은 마인드셋을 버리고 새로운 마인드셋으로 바꾸려면 정확히 무엇을 어떻게 해야 할까?

일단 자신과의 내적 대화에 집중해 보자. 당신이 매일 마음속으로 말하는 목소리를 의도적으로 바꾸면 마인드셋도 달라질 수 있다. 앞서 소개했던 경영자코치 카린 스타워키를 예로 들어보자. 예전에는 못 말리는 완벽주의자였던 스타워키는 동료에게 피드백을 들은 뒤 완벽주의 성향을 극복하고 싶어졌다. 왜 그랬을까? 두 가지 이유가 있었다. 완벽주의 성향이 성과 증명 마인드셋을 강화했을 뿐 아니라 새로운 아이디어와 해결법을 적극적으로 받아들이지 못하게 만드는 주범이었기 때문이다. 탈완벽주의 노선을 선택한 스타워키는 시간이 흐를수록 새로운 무언가를 시도하기가 한결 편해졌다. 그런데도 이따금 완벽주의를 향한 목마름이 불쑥 고개를 드는 것은 어쩔 수 없었다.

스타워키는 충동을 억제하기 위한 나름의 비책을 찾았다. 내적 목소리를 바꾸기 위해 자기 주문을 외우기 시작한 것이다. 주문을 많이 욀수록 믿음이 강해졌다.

'나는 완벽하지 않아. 나는 내가 불완전하다는 사실을 인정해. 나는 여전히 진행형이야.'

가끔은 이 주문을 크게 소리 내어 말하기도 했다.

"주문은 세상을 다른 관점으로 보라고 내 마음을 깨우는 알람 같은 거예요. 내가 자신을 어떻게 억압하고 있고 내가 누구인가를 다른 렌즈로 보았으면 좋겠어요."

스타워키는 내적 목소리를 바꾸면 장기적으로 다른 장점도 있다고 주장한다. 정체성 전환은 자칫 내상을 일으킬 수도 있는데 이때 내적 목소리가 도움이 된다. 또 당신이 자신에게 어떻게 말하는가는 자아관 자체는 물론이고 장기적으로 당신이 어떤 사람인가에도 영향을 미친다. 스타워키의 설명을 들어보자.

"당신이 자신을 무언가의 달인이자 전문가로 생각한다고 가정해 보죠. 아마 당신의 정체성은 바로 그 전문성에 뿌리를 두고 있을 거예요. 그런데 갑자기 전문 영역과 전혀 관련 없는 새로운 기술을 개발해야 하고 새로운 행동을 취해야 하는 상황이 오면 어떻게 될까요? 변해야 한다는 상황이 당신의 정체성에 위협이 될 수 있어요. 그러면 자신이 표류 중인 배가 된 것 같아 불안해질지도 모르죠."

정체성 변화에 관한 어떤 연구는 업무 변화, 트라우마 등이 종종 '분리 단계Separation Stage'를 촉발한다고 강조한다. 그리고 분리 단계는 '경계 단계Liminal Stage'라고도 하는 중간 단계로 이어진다. 사람들은 이때 잠재적인 자아를 탐색하는 한편 스타워키의 말처럼 자신이 표류하는 배가 된 듯한 기분을 경험한다고 역설한다. 하지만 우리는 스타워키의 다음 말에 주목해야 한다.

"당신은 더욱 포괄적인 정체성을 정립할 필요가 있어요. 특정 역할이나 직무에 깊이 연결되지 않은 정체성 말이에요. 그런 정체성이 확립되면 변화를 마주했을 때 저항감이 현저히 줄어들 거예요."

스타워키는 연구가들이 바람직하고 궁극적인 정체성 변화라고 규정한 상태를 정확히 짚어낸다. 바로 일관된 자아감을 제공하고 성장 가능성을 허용하는 새로운 정체성을 내면화한 상태다. 스타워키는 "나도 그런 정체성을 확립하려고 노력할 뿐 아니라 고객들도 그렇게 하도록 돕고 있어요."라고 말을 맺었다.

성과 증명 마인드셋에서 학습 마인드셋으로 옮겨 가기 위해 사용할 수 있는 또 다른 방법이 있다. 자신을 깊이 연민하라. 학습 마인드셋은 좌절이나 실패에 직면했을 때 특히 중요한 역할을 한다. 그런 상황일수록 성과 증명 마인드셋의 제물이 되지 않으려면 무엇보다 자신에게 친절하고 관대해져야 한다. 구체적으로 무엇을 어떻게 해야 할까? 지금의 난관이 무언가를 배우고 성장할 기회라는 사실을 상기하고, 예전에 넘어졌다가 다시 일어난 경험을 떠올리면 된다.[7]

한 연구에서는 '자기 연민Self-Compassion'이 학습과 성장에 도움이 된다는 증거를 제시한다. 자기 연민이라는 감정에 집중하도록 유도된 참가자들은 현 상황에 긍정적으로 적응 중이라고 해석할 수 있는 다양한 태도와 행동을 보였다. 그중 몇 가지만 알아보자. 우선 그들은 약점을 극복하는 자신의 능력을 강하게 신뢰하게 되었다. 또한 최근 저지른 도덕적 일탈 행위에 어떤 식으로든 조치를 취하고 이를 되풀이하지 않겠다는 강한 의지를 보였다. 마지막으로 그들은 처음의 실패를 경험한 후 어려운 시험에 더욱 열심히 대비하려는 각오를 다졌다. 아울러 이 연구를 진행한 연구가들은 자신에게 관대하게 행동했던 순간을 떠올리거나 자신을 연민했던 경험을 글로 기록하는 단순한 활동도 매우 효과적이라고 주장한다.[8] 이제 우리는 자신에게 자기 계발과 성장과 학습의 동기를 심어주려면 채찍과 당근 중 무엇이 나은지 고민하지 않아도 된다. 자신의 결점과 실패를 심판하거나 비난하기보다 연민하도록 자신을 독려하라.

단, 여기서 말하는 자기 연민의 뜻을 오해하지는 마라. 피할 수 있는 실수나 실패를 저지른 자신에게 면죄부를 주라는 말이 아니다. 미래에 신중하게 대비할 필요가 없다는 뜻도 아니다. 물론 큰 성과를 갈망하는 것은 당연하고, 갈망할 가치가 있다. 그러나 그런 성과를 달성하기 위해 어떤 마인드셋으로 준비하는가는 중요한 문제다. 학습 마인드셋은 불안을 누그러뜨리고 자신감을 끌어올리며 더욱 개방적이고 적극적으로 무언가를 탐색하게 만든다. 고로 학습 마인드셋을 갖는 것은 경험에서 배우고 성장하는 지름길이다.

이렇게 볼 때 큰 성과를 향한 열망과 자기 연민의 태도는 절대로 모순된 개념이 아니다. 심지어 학습 성향이 강한 사람일수록 미래 활동을 구상할 때 더 구체적이고 도전적인 학습 목표를 추구할 확률이 크다는 연구 결과도 있다. 요컨대 학습 마인드셋과 뛰어난 성과는 공존할 수 있으며, 상호 보완적인 개념이다.[9]

학습 마인드셋을 가지는 것이야말로 유연함의 기술의 기본이다. 그런 만큼 매우 중요하다. 첫 단추를 잘못 끼운다고 생각해 보라. 현 상황에서 무엇이 필요한지 확인하는 능력, 즉 기존의 행동을 포기하고 새로운 행동을 받아들이는 능력은 유연성의 대표 특징이다. 이런 일을 효과적으로 하려면 두 가지 선행 조건이 있다. 그 상황에서 당신이 반드시 배워야 하는 교훈과 주변의 피드백을 열린 마음으로 수용하고, 이 태도를 유지할 수 있어야 한다. 아울러 모르는 무언가가 있을 때는 기꺼이 인정하고, 실수를 순순히 시인하며, 시행착오를 거쳐 학습하려는 의지가 필요하다. 당연한 말이지만 더그 에반스처럼 스트레스를 안겨주는 복잡한 문제를 모험으로 생각할 수 있다면 그것도 도움이 된다. 새로운 기술을 배우고 그런 학습을 기반으로 하여 모든 상황을 성장의 기회라고 생각하라. 이런 태도와 행동은 학습 마인드셋이 전제되었을 때 한결 편히 수행할 수 있다. 우리가 인터뷰했던 어떤 대학의 부총장이 이를 멋지게 표현했다.

"배움을 추구하는 학습자의 자세를 유지하는 것이 핵심입니다. 배움은 학교 교육으로 끝나지 않습니다. 학교를 떠나서도 배움을 갈구하는, 영원한 학생이 되어야 합니다. 성급하게 결론을 도출하고 마음의 문을 닫는 대신 언제나 호기심을 유지하고 배울 준비가 되어 있어야 한다는 뜻이지요."

이제 우리는 이런 개방성, 실험 정신, 탐색적 태도를 일과 삶에서의 만족감과 효율을 높여줄 통찰과 행동으로 전환해야 한다. 걱정하지 마라. 우리에게는 뛰어난 도우미가 있지 않은가. 유연함의 기술은 그럴 때 사용할 수 있는 구체적인 몇몇 기법을 알려준다. 3장부터 기법을 하나씩 해부해 보자.

3장

성과와 성장,
두 마리 토끼를 모두 잡는 법

유연성 강화 목표에 학습 초점을 맞춰라

오늘날 우리는 블랙홀의 한복판에 있다고 해도 과언이 아니다. 업무에 서든 삶에서든 세상은 우리의 모든 것을 빨아들이는 복잡한 도전으로 가득하다. 당신도 별반 다르지 않을 것이다. 당장 급한 사안을 해결하는 것만으로도 머리가 꽉 차 과부하에 걸린다. 상사가 지시한 힘든 업무를 완수하고, 지역 사회 단체를 도와 활동 계획을 수립하고, 예산 내에서 살림을 꾸려나가는 등 이런저런 일들에 치이다 보면 자기 계발은 뒷전으로 밀리기에 십상이다. 이렇게 볼 때 일상 과제를 해결하는 동시에 자기를 개발할 정신적·정서적 자원을 찾는 일은 선택이 아니라 필수다. 그런 자원은 어떻게 찾아야 할까?

유연함의 기술이 내미는 손을 잡으면 된다. 개인적 효율을 키우기 위해 설정한 목표는 우리가 매일 해야 하는 일을 완수하려고 애쓸 때조차도 자기 계발에 초점을 맞추게 해준다. 어려운 상황에 처했을 때도 필수 과제와 자기 계발 모두에 집중하기 위해 유연성을 발휘하는 일은 매우 중요하다. 도전, 변화, 잠재적 성장의 기회가 찾아왔을 때 유연성 강화라는 목표를 세워라. 그러면 그 경험을 더욱 효과적으로 활용해 성과와 성장이라는 두 마리 토끼를 다 잡을 수 있다.

어떤 소비재 기업의 인적자원 고위 관리자가 있다. 그를 '사이먼 비엘Simon Biel'이라고 부르자. 비엘은 언젠가 새로운 중책을 맡았을 때 그것을 업무적 성취와 개인적 성장을 한꺼번에 달성하기 위한 기회로 삼았다. 비엘은 사내 혁신을 주도하는 새로운 직책을 설계하고 적임자를 찾는 인사위원회를 이끌게 되었다. 회사 전반에서 고위 관리자들이 참여하는 위원회에는 상당한 권한이 주어졌다. 또한 위원회가 최종적으로 이루어야 하는 구체적인 결과물인 '내용 중심 목표Content Goal'가 명확했고, 업무 가시성이 컸으며, 다양한 부서와 반드시 협업해야 했다. 요컨대 그 일은 비엘에게 성장의 토양이 될 확률이 컸고 유연성도 키울 완벽한 기회였다.

위원회의 첫 회의가 머지않은 어느 날, 비엘은 친한 동료와 이야기를 나누다가 뜻밖의 말을 들었다. 동료는 비엘의 위원회에 참여할 예정인 한 위원과 최근 대화를 나누었는데 그 위원이 비엘과 일하게 되어 약간 걱정하더라고 전했다. 비엘은 영문을 몰라 물었다.

"걱정할 게 뭐가 있죠?"

"어, 그러니까 그 사람도 당신이 때에 따라서는 철옹성 같다는 말을 들은 모양이더라고요. 사실은 모두가 당신을 그렇게 생각해요."

사람들이 자신을 어떻게 생각하는지 들으니 썩 유쾌하지는 않았다. 하지만 감정은 중요하지 않았다. 비엘은 자신이 몸담은 조직의 성격,

내가 동료들과 어떤 관계를 맺고 싶은지, 이 두 가지를 최우선으로 고려해야 했다. '철옹성'이라는 말에는 '냉담하고, 사람들이 다가가기 힘든 철벽을 세운다.'라는 뜻이 함축되어 있었다. 심지어는 그를 공격적이라고 생각할 수도 있었다. 그의 회사는 동료 의식과 협력을 매우 중시하는 곳이었다. 인사위원회가 정식으로 출범하면 어떤 상황이 벌어질지 훤히 그려졌다. 강도 높고, 힘들며, 부담스러운 일이 속전속결로 진행될 터였다.

비엘은 자신이 조금 더 친근한 사람이 될 수 있는 절호의 기회라고 생각했다. 그는 인사위원회에서 개인적인 유연성 강화 목표를 정했다. 동료들이 쉽게 다가올 수 있는 친근하고 사교적인 사람이 되자.

이렇게 비엘이 인사위원회에서 양면으로 달성해야 하는 두 가지 목표가 정해졌다. 신설 직책을 훌륭하게 수행할 후보군을 선정하는 내용 중심 목표와, 친근한 사람이 되자는 유연성 강화 목표. 이처럼 두 번째 유연함의 기술은 곧 다가올 경험에서 달성할 2차 목표를 수립하는 것이다.

유연성 강화 목표는 당신이 개선하고 성장시키고자 하는 영역에서 시작된다. 많은 사람은 피드백처럼 유연함의 기술을 활용하는 계기가 되었던 특정 경험을 유연성 강화 목표로 삼는다. 더 나아지고 싶다는 일반적인 성장 욕구 때문에 유연성 강화 훈련을 시작한 사람도 있겠지만, 이제부터는 더 구체적인 유연성 강화 목표를 설정해야 한다. 유연성 강화 목표를 무엇으로 삼건 중요한 점은 다가올 경험과 관련해 목표를 세우고, 목표를 달성하기 위해 노력하는 것이다. 심리학자들은 목표 설정이 행동을 촉진하는 효과가 있다고 말한다.[1] 자신이 원하는 것을 결정하고 나면 목표를 달성하기 위해 구체적인 행동에 나설 가능성이 훨씬 높아진다.

유연함의 기술은 당신이 성장의 시작부터 끝까지 주인이 되도록 길을 안내한다. 그리고 그 여정에서는 목적지를 정하는 일이 중요하다.

유연성 강화 목표란 무엇인가

유연성 강화 목표는 한마디로 북극성이다. 어떤 일에 도전하든 그 경험에서 교훈을 얻게 하므로 자기 계발에 계속 초점을 맞추게 된다. 조직에 발을 담가본 사람에게 '목표'의 정의를 물어보면 막힘없이 대답할 것이다. 그러나 유연성 강화 목표는 그런 목표와 약간 다르다. 대부분의 기업은 목표에서 시작해 목표에서 끝난다고 해도 과언이 아니다. 기업 내 관리자에게는 달성해야 하는 분기별 목표가 있고, 그 목표는 다시 주별 그리고 일별 목표로 세분된다. 오죽하면 '목표 설정은 큰 성과를 달성하기 위한 조직의 중요한 도구 중 하나'임을 입증하는 연구도 다수 있다. 지난 수십 년간 발표된 연구 결과를 보면 상사가 '매출 30% 증대', '연내 6개 신제품 출시'같이 성취해야 하는 도전적이고 구체적인 목표를 설정하면 "최선을 다하자."라는 구호를 외칠 때보다 훨씬 많은 일을 성취할 수 있다고 한다.

오늘날에는 관리자가 스마트^{SMART} 목표를 설정해야 한다는 말이 사회 통념이 되었다. 스마트는 '구체적^{Specific}', '측정 가능한^{Measurable}',

'달성 가능한Attainable', '현실적Realistic', '명확한 기간Time-Bound'의 준말이다.[2] 유연성 강화 목표는 기업의 관리자가 정하는 스마트 목표와는 근본적으로 다르다. 물론 유연성 강화 목표 내에 스마트 목표의 일부 요소가 포함될 수는 있다. 하지만 유연성 강화 목표는 스마트 목표와 차별화되는 중요하고 독특한 여러 특징이 있다.

첫째, 유연성 강화 목표는 자신이 직접 정한다. 이 특징만 놓고 보면 유연성 강화 목표는 기업의 목표보다 새해 결심 같은 형태에 더 가깝다. 물론 전형적인 개인의 소망이라기보다 직무에 기반을 둔 목표일 수 있고, 실제로도 가끔은 그렇다.

둘째, 유연성 강화 목표는 성취가 아니라 학습과 관련 있다. 아마 당신도 '새로운 코딩 언어를 배운다.'라든가 '까다로운 신규 고객을 확보한다.'라는 목표를 세워보았을 것이다. 이런 목표는 유연성 지향적이라기보다 성취 지향적이다. 또는 당신의 개인적인 목표가 조직에서 부여한 목표와 중복될 수도 있다. 유연함의 기술은 당신이 일터, 가정, 지역 사회 조직에서 무언가를 성취하는 동시에 개인적으로도 무언가를 배울 수 있다는 전제에 뿌리를 둔다. 다시 말해 유연성 강화 목표는 구체적인 직무나 그 직무를 수행하는 더 나은 방법과 관련해 배워야 하는 것은 전혀 고려하지 않는다. 유연성 강화 목표는 당신 자신, 더 나아가 당신의 개인적 변화와 성장을 위해 배워야 하는 무언가와 관련이 있다. 동네 아저씨같이 친근한 사람이 되고 싶다는 비엘의 목표가 좋은 예시라고 할 수 있다.

나는 경영자를 대상으로 워크숍을 개최했을 때 유연성 강화 목표를 이렇게 설명하곤 한다.

"당신이 반려견의 눈에 비치는 모습처럼 되려면 무엇을 어떻게 해야 할까요?"

반려견은 자신의 주인을 모든 면에서 완벽하게 생각하며 흠모의 눈길로 쳐다본다. 유연성 강화 목표를 세운다는 말은 완벽하지 못한 당신의 여러 측면을 인정하고 그중 하나를 집중적으로 개선하겠다는 뜻이다.

자기 설정 학습 목표를 비중 있게 다룬 경영 서적도, 심리학 연구도 없다. 경영학계는 스스로 성취 목표를 설정하는 것이 회사가 목표를 설정해 주는 것보다 나은지, 그런 성취 목표가 어떤 식으로든 동기를 부여하는지를 밝히는 데 주력한다. 이유는 뻔하다. 그들의 최대 관심사는 직무 성과 향상일 테니 말이다.[3] 심리학자들도 성취 목표를 중점으로 연구한다는 점에서 경영학자들과 대동소이하다. 최근까지도 경영학과 심리학에서는 자기 설정 학습 목표의 작동 원리를 면밀히 파헤치는 연구를 철저히 외면해 왔다. 하지만 유연함의 기술은 그런 작동 원리에 주안점을 둔다.

최근에는 학습 목표의 중요성에 주목하는 연구가가 하나둘 등장하기 시작했다. 직무가 단순할 때는 구체적이고 도전적인 성취 목표를 설정하면 목표가 바로 동기가 되어준다. 그렇다면 복잡한 직무는 어떨까? 다수의 연구 결과를 보면 직무가 복잡할 때는 학습 목표를 정하는 방법이 수행 능력과 성과를 크게 높이는 비결이라고 한다. 심지어 한 연구에서는 직무 수행 능력과 성과를 끌어올리기 위해 최소 여섯 가지 이상 전략과 학습 목표를 세우라고 권한다.[4]

환상을 목표로 전환하라

개인적인 목표를 설정하고 추구하는 일은 고대 모험 서사부터 현대 소설에 이르기까지 문학 작품의 소재로 사랑받아 왔다. 반면 심리학계는 겨우 최근 들어서야 사람들이 왜 목표를 설정하고 어떻게 목표를 선택하는지 연구하기 시작했다. 때로는 우리가 꿈꾸는 미래, 즉 환상이 목표로 둔갑한다. 가령 용감하거나 개방적이거나 강인하거나 커다란 영향력을 발휘하는 사람이 되고자 하는 희망이 목표라는 형태로 구체화된다. 이런 유형의 목표는 무언가를 향해 나아가고자 하는 욕구가 견인한다. 반면 현재의 고통에서 탄생하는 목표도 있다. 용감함, 개방성, 힘, 영향력 같은 특정 성격이 결핍되었을 때 고통을 느끼고 그것을 채우는 것이 목표가 된다는 이야기다.[5]

목표는 계층적이다. '좋은 사람이 되고 싶다.', '가족이나 이웃에 헌신하고 싶다.'처럼 가치관에 기반하는 상위 목표가 있는가 하면 '직장 동료와의 관계를 개선하고 싶다.', '이웃을 더 많이 도와주고 싶다.' 같은 하위 목표도 있다.[6] '계층'이라는 말에서 유추할 수 있듯 하위 목표는 상위 목표를 달성하기 위한 수단이라고 볼 수 있다. 사이먼 비엘을 예로 들면 쉽게 이해할 수 있다. 그는 사내에서 친근한 사람이 되겠다는 상위 목표를 세웠다. 그 목표는 "철옹성 같다."라는 말을 들었을 때 경험한 현재의 고통에서 시작되었다.

우리가 미래에 관한 환상을 토대로 선택하는 '희망 목표Aspirational Goals'는 경영자가 회사와 팀을 위해 설정하는 '영감 비전Inspirational Visions'과 비슷한 측면이 있다. 그런 경영자의 대표 주자로 손색이 없는 사람이 있다. 미시간주 앤아버에 본사를 둔 식품기업 징거맨스커뮤니티오브비즈니스Zingerman's Community of Business, ZcoB, 이후 '징거맨스'의 CEO 이자 리더십 서적 저자인 아리 웨인즈웨이그Ari Weinzweig이다.[7] 웨인즈웨이그가 파트너들, 경영진과 합세해 징거맨스를 성공적인 식품기업으로 키운 비결은 설립 초기부터 몇 년 단위의 장기 목표를 주기적으로 시각화한 덕분이었다.

그들은 몇 년 후의 회사 모습을 그림처럼 생생하고 상세하게 묘사했다. 웨인즈웨이그는 미래를 시각화하고 글로 표현하면 놀라운 일이 벌어진다고 확신했다. 그래서 본인은 물론 징거맨스의 경영진은 시각화한 비전을 기반으로 한 목표를 열렬히 지지했다. 그들은 창립 초창기부터 장기 비전을 지속적으로 설계했고 이루고자 하는 목표를 가능한 한 상세히 설명했다. 특히 인종과 민족의 다양성을 고려하고 지역 사회에 교육과 건강 프로그램을 지원하는 등 공익 원칙에 의거한 지역 사회 기반의 소상공인 집단을 출범한다는 청사진도 그중 하나였다.

현재 그들이 세운 비전은 대부분 실현되었다. 웨인즈웨이그는 이처럼 비전을 세세하고 구체적으로 제시하는 관행이 징거맨스가 지금껏 이룬 모든 성취의 핵심이라고 생각한다. 오늘날 징거맨스에서는 새로운 프로젝트를 시작할 때 지위 고하를 막론하고 가장 먼저 자신이 만들고 싶은 미래를 구체화해야 한다. 웨인즈웨이그가 청년들에게 들려주는 조언에 징거맨스의 철학이 잘 드러난다.

"자신이 바라는 미래를 생생하게 표현하지 못하면 그 꿈은 이루어지지 않습니다."

아리 웨인즈웨이그의 이 말에는 세상의 어떤 이치가 정확히 담겨 있다. 진정으로 변하고 싶다면 자신이 바라는 미래를 상상하는 것이 성패를 좌우한다. 그리고 웨인즈웨이그는 이 조언에 한마디를 더 덧붙이고 싶을 것 같다. "그 미래를 글로 적어 생명력을 불어넣어라." 그런데 이때 주의할 점이 있다. 어떤 표현을 사용하는지가 매우 중요하다. 상상력과 연상 작용을 자극하는 표현일수록, 상상하는 미래의 이미지가 생생할수록 설득력도 커진다.

비전을 현실로 만들려면 영감을 고취해야 한다. 집을 지어본 사람이라면 무채색의 비전과 생생하게 그린 비전의 차이를 안다. 이는 흑백의 단조로운 주택 평면도와 컴퓨터 그래픽을 이용해 입체로 보여주는 컬러 설계도의 차이와 비슷하다. 흑백 평면도는 기본 데이터를 제공할 뿐이지만 입체 컬러 설계도는 완공된 주택을 향한 깊은 열망을 불러일으킨다. 그리고 이런 열망은 커다란 동기가 된다. 최고의 기업 리더는 어떤 비전을 수립해야 하는지 잘 알고 그런 비전을 수립하는 데 달인이다. 비전은 당연히 긍정적이어야 한다. 또 자신이 만들고 싶은 회사가 어떤 모습인지 구체적으로 설명해야 한다.

펜실베이니아대학University of Pennsylvania 와튼경영대학원Wharton School 의 앤드루 카튼Andrew Carton 교수는 이 통찰에 토대를 두는 몇몇 연구를 주도했다.[8] 카튼은 마이크로소프트Microsoft의 '모든 가정에 컴퓨터를A Computer in Every Home.'같이 이미지 중심 언어로 표현한 비전과 전 세계 어느 기업에서나 볼 수 있는 '탁월함을 추구하다Aiming for Excellence.' 같은 추상적 표현을 사용한 비전이 사뭇 다른 반응을 이끌어 낸다고 생각한다. 또한 카튼 일행은 일련의 연구에서 조금 더 미묘한 차이를 발견했다. 그중 한 실험을 예로 들어보자. 연구가들은 피험자를 두 집단으로 나누어 그들에게 품질 좋은 장난감을 만들라고 요청하면서 각각 다른 비전을 제시했다. 한쪽 집단에서는 비전을 생생하게 설명했다.

"순진한 아이들이 웃고, 자식을 지극히 사랑하는 부모들이 미소 지을 만한 완벽한 장난감을 만듭니다."

다른 한쪽 집단에서는 그 회사의 핵심 가치인 품질에 관한 메시지를 담았지만 이미지 연상 효과는 부족한 비전을 제시했다.

"고객 모두가 만족할 수 있는 완벽한 장난감을 만듭니다."

연구가들은 7세~12세 표본 어린이 집단에게 장난감을 보여주었고 명확한 비전에 근거해서 만든 장난감이 더 좋은 평가를 받았다.

생동감 있는 이미지와 생생한 표현은 개인적인 유연성 강화 목표를 세울 때도 비슷한 효과를 낸다. 다국적 차량용 전자부품 공급업체 비스티온Visteon의 최고정보책임자Chief Information Officer, CIO 라만 메타 Raman Mehta가 좋은 사례다. 메타는 자신과 개인적인 친분이 있는 여러 롤 모델을 관찰하며 목표를 수립한다. 성장 목표를 정할 때 메타가 어떻게 하는지 직접 들어보자.

"내가 원하는 롤 모델의 조건은 두 가지입니다. 첫째는 내가 그 사람을 믿어야 하고, 둘째는 그가 놀랄 만큼 진실한 사람이어야 하죠. 그런 사람을 찾은 다음에는 그들을 면밀히 관찰합니다. 그들이 삶을 어떻게 꾸려가고, 팀을 어떻게 이끌며, 조직을 어떻게 관리하는지 눈여겨보죠. 그들을 예의 주시하면서 배우려고 노력합니다. 또 아이디어가 떠오르면 그들과 상의하고 멘토로서 의지합니다. 그들을 보면 이런 생각이 들죠. '저 사람처럼 되면 좋겠어. 저 사람 같은 리더가 되면 괜찮을 것 같아. 저 사람 같은 리더가 되면 내 삶이 만족스러울 것 같아.'"

이런 방법으로 직접 만드는 미래 자아상은 자신에게 동기를 부여하는 힘이 있다.

비슷한 사례가 또 있다. 이번 주인공은 운동선수의 경기력을 높이고 체력 회복을 돕는 운동용품으로 유명한 미션 애슬릿케어Mission Athletecare의 창업자 조쉬 쇼Josh Shaw다. 2017년까지 미션 애슬릿케어의 CEO를 지낸 쇼는 효율적인 리더가 되자는 비전을 구축하면서 본보기로 삼은 사람이 있었다. 미션 애슬릿케어의 현 CEO였다. 그는 전체 직원 5명, 회사 가치 400만 달러에 불과했던 구멍가게를 총 직원 500명에 2억 달러의 가치가 있는 강소기업으로 키워 증권거래소에 상장했다. 쇼는 이 과정을 면밀히 지켜보았다.

"나는 그 과정을 시작부터 끝까지 직접 목격했고 결국 많은 목표가 생겼습니다. 모든 목표의 토대는 하나였죠. '무슨 일에서건 절제력을 발휘하고 폭넓게 생각하자.' 나는 그 경험에서 마음만 굳게 먹으면 세상에 불가능할 일이 없다는 영감을 받았습니다."

이렇듯 메타와 쇼는 다른 사람을 관찰함으로써 희망 목표를 결정했다. 솔직히 말하자면 타인의 행동에 근간이 되는 목표를 추론해서 그것을 자신의 목표로 설정하는 방법은 목표 설정법 중에서도 일반적 방법이다. 나도 예외가 아니다. 강한 영향력을 발휘하거나 경청을 잘하는 사람을 보면 부러운 나머지 따라 하고 싶다는 생각이 절로 든다. 심지어 과학계는 목표가 널리 퍼지는 이런 현상을 지칭하는 용어까지 만들었다. 바로 '목표 전염Goal Contagion'이다. 자신의 유연성 강화 목표를 설정하는 일은 만만찮은 도전이지만 목표 전염이 그것을 가능하게 해준다.[9]

물론 롤 모델이 없어도 목표를 설정할 수 있다. 조지타운대학George-town University의 로라 모건 로버츠Laura Morgan Roberts는 미시간대학의 몇 몇 교수와 함께 자신의 내면에서 롤 모델을 찾는 독특한 훈련법을 개발했다. 그들은 그 훈련법을 '최상의 자아 재발견Reflected Best Self, RBS'이라고 명명했다.[10] 최상의 자아를 재발견하기 위해서는 먼저 주변 사람들에게 당신의 가장 멋진 모습이 무엇인지 알려달라고 요청해야 한다. 이 훈련법을 '최상의 자아 재발견'이라고 부르는 이유도 여기에 있다. 이렇게 하면 당신은 현재 가지고 있는 강점을 확인할 수 있고 이런 강점은 미래의 성장 계획을 세울 때 토대로 삼을 만한 좋은 자원이 된다. 재발견된 최상의 자아는 대담한 성장을 열망하게 만드는 촉매제가 될 뿐 아니라 성장을 이루기 위한 방향도 제시한다. 더욱이 이 모든 과정은 이미 보유하고 있는 능력과 자질을 기본으로 한다.

당신은 이런 비전에서 자신이 추구할 고차원 목표의 원천이 되는 아이디어를 얻을 수 있다. 상위 목표를 수립한 다음에는 그 목표를 조금 더 구체적인 저차원적 목표로 바꿔야 한다. 그리고 이를 저차원 목표로 바꾸기 전에 한 가지 더 고려할 점이 있다.

현재의 고통을
목표로 승화시켜라

희망 목표가 미래를 향한 환상에서 시작되었다면 '회피성 목표Aversive Goals'는 우리가 현재 느끼는 고통에서 파생한다. 이런 사례는 아주 많다. 심각한 우울증을 앓던 딸이 고통에서 벗어나려 자해를 시도했다는 사실을 알게 되면 부모는 딸에게 더욱 관심을 기울이고 싶어지게 마련이다. 회사에서 처음 360도 피드백을 시행했을 때 팀원들이 자신을 좀생이 리더라고 생각한다는 사실을 알게 되어 당혹감에 빠지는 관리자도 있다. 하지만 그 피드백 덕에 팀원 각자에게 더 많은 재량권을 주자는 목표를 세운다. 한 동료와 오래전에 해결해야 하는 사안이 있었음에도 자칫 큰 불화로 이어질까 두려워한 나머지 대화를 미뤄오던 어떤 부장은 어려운 대화를 피하는 자신의 습관이 부메랑이 되어 돌아왔다는 사실을 깨닫는다. 그래서 이제부터는 조금 더 용감하고 솔직해지자는 목표를 선택한다.

더러는 신체의 아픔도 목표를 수립하게 하는 요인이 된다. 완벽주의 성향이 강했던 크리스 마르셀 머치슨Chris Marcell Murchison이 이 경우에 해당한다. 캘리포니아에 본사를 둔 사회 혁신 조직으로 청소년과 청년의 신체적·정신적 건강 증진을 위한 과학기술 개발에 주력하는 호프랩HopeLab에서 직원개발·문화 담당 부사장Vice President for Staff Development and Culture으로 재직할 당시의 일이다. 머치슨은 자신의 완벽주의 성향이 양날의 검이라고 생각했다. 좋을 때는 그것이 혁신과 창의성으로 이어졌다. 하지만 일진이 사나운 날이면 그는 완벽주의 성향을 다스리지 못해 세부 사항에 집착했고 자신과 주변의 모든 사람에게 무리한 기준을 강요하곤 했다.

머치슨은 수면 중에 이를 가는 버릇 때문에 힘들어하다가 어느 날 치과를 찾았다. 의사는 머치슨에게 수면 중 이갈이를 완화해 준다며 구강보호기를 권했다. 머치슨은 자신의 완벽주의 성향이 진짜 문제가 되었다는 사실을 깨달았고 달라지기로 했다. 그는 모든 일에 완벽을 강요하기보다 조금 더 관대해지자는 목표를 설정했다.[11]

심리적이든 신체적이든 고통에서 목표를 찾으면 자신은 물론 주변에 안겨주는 고통을 줄이기 위해 변화를 모색한다. 이러한 이유로 미래 경험에서 이루고 싶은 구체적인 목표를 수립한다면 고통은 성장을 촉발하는 강력한 자극제가 된다.

희망과 고통을
하나의 목표에 담아내다

가끔 우리는 열망과 고통 회피에서 시작된 유연성 강화 목표에 끌린다. 더 나은 미래를 향한 환상과 현재의 고통에서 벗어나고픈 욕구를 모두 반영한 목표 말이다. 한 연구가 증명하듯 이런 혼합형 목표는 매우 열정적이고 지속적인 노력을 유발한다. 현재의 부정적인 측면에 집중하는 동시에 미래를 긍정적이고 환상적으로 그리는 사람은 변화에 방점을 둔 목표를 달성하기 위해 최선을 다하는 경향을 보인다. 그러나 그런 노력이 저절로 목표 지향적인 행동으로 전환되지는 않는다. 목표를 이루기 위한 실천 계획을 수립하는 경우에만 그렇게 될 수 있다. 이 내용은 4장에서 자세히 알아보자.[12]

오늘날 로스경영대학원에서 관리·조직학을 가르치는 부교수 린드레드 그리어Lindred Greer는 언젠가 새로운 직책을 맡으면서 처음으로 리더가 되었다. 동 대학원 생어리더십센터Sanger Leadership Center의 센터장이 된 것이다. 새로운 도전에 직면한 그리어는 '열망'과 '고통 회피'라는 두 가지 동기가 쌍으로 이끌어 주는 목표가 무엇인지 제대로 보여주었다. 먼저 그리어는 예전 직장에서 영향력의 진수를 보여준 한 여성 동료를 멘토로 선택했고, 그 멘토의 인상적인 모습을 자신의 것으로 만든 미래를 상상했다. 특히 그리어는 그 멘토가 고위급 회의에서 어떻게 존재감을 드러냈는지에 주목했다. 그는 다른 참석자가 발언하는 동안 아무 말도 하지 않은 채 경청하고 자신의 차례가 되면 차분하게 한마디를 했는데 그것이 대화의 전체 분위기를 단박에 바꿔놓았다.

"그 동료 같은 의사소통 능력을 갖추는 게 내 인생 목표예요. 감정을 드러내서도, 큰소리를 내서도, 말을 너무 많이 해서도 안 되죠. 당연히 말실수를 해서도 안 되고요. 상황이나 이치에 맞지 않는 말은 입 밖에 내지 말아야 해요."

또한 그리어의 목표는 자신의 고통에서 비롯하기도 했다. 그 고통은 동료들의 피드백에서 시작되었다. 동료들은 그리어가 감정을 지나치게 드러낸다면서 상황에 따라 그 모습이 나약하거나 두려워하는 인상을 준다고 했다. 그리어는 리더가 되었으니 그 문제를 극복하기로 단단히 결심했다. 그리어는 가능한 한 최고의 리더가 되기 위해 말은 물론 신체 언어를 이용한 감정 표현에도 각별히 신경을 쓰자는 목표를 정했다. 결과적으로 그리어는 열망과 고통 회피라는 두 가지 동기를 결합한 목표를 발판으로 직무와 대인관계 양쪽에서 비상했다. 그리어가 센터장이 되고 1년이 지난 후 생어리더십센터는 강력한 추진력을 발휘했다. 그리고 그리어는 팀원들과 굉장히 좋은 관계를 유지했다고 자부한다.

재무분석가Financial Analyst인 마크 잉그램Marc Ingram도 열망과 고통 회피를 혼합한 목표를 설정해 커다란 성과를 이루었다. 잉그램은 대형 공립학교의 시스템을 위해 일했을 당시 자신의 경력이 담보 상태에 빠졌다고 생각했다. 최고재무책임자Chief Financial Officer, 이후 'CFO'인 상사에게서 충격적인 말을 들은 탓이었다. 잉그램이 리더보다는 실행가Doer처럼 보인다는 게 아닌가.

어떻게든 실행가 이미지를 벗어야 했던 잉그램은 양면 전략으로 변신 과정을 수립했다. 먼저 CFO인 자신의 상사를 롤 모델로 삼았다. 또한 단기 리더십 개발 프로그램에 참여했다. 두 전략 모두 주효했다. 특히 잉그램은 리더십 프로그램 덕분에 리더로서의 미래 자아상을 정립했을 뿐 아니라 리더십 기술이 부족한 나머지 자신이 사내에서 어떤 부정적인 영향을 미쳤는지 정확히 이해했다. 요컨대 열망과 고통 회피가 결합된 목표는 그에게 효과적인 학습 동기가 되었다. 심지어 잉그램은 새로 습득한 리더십 기술을 발판 삼아 완전한 새 출발을 꿈꾸며 둥지를 옮겼다.

유연성 강화 목표는 유연하다

유연성 강화 목표는 여러 얼굴을 갖는다. 첫 번째 얼굴은 단순하고 직접적이다. 그렇다고 이를 쉽게 성취할 수 있다는 말은 아니다. 그저 이해하기 쉽다는 뜻이다. 붙임성 좋은 사람이 되자는 사이먼 비엘의 목표와 완벽주의 성향을 줄이겠다는 크리스 머친슨의 목표가 좋은 예다.

이에 반해 상당히 구체적인 목표도 있을 수 있다. 2장에서 소개했던 제인 더튼을 기억하는가? 잠시 기억을 더듬어 보자. 로스경영대학원 교수인 더튼에게는 외적 문제와 내적 문제가 있었다. 우선 그는 코로나바이러스가 퍼진 바람에 수업을 비대면으로 전환해야 했다. 처음에는 그 변화에 반감도 생기고 두려웠다. 하지만 마인드셋을 바꾸어 변화를 성장의 기회로 받아들였다.

한편 더튼은 감정을 경험하고 표현할 때 강도 조절에 애를 먹었다. 더튼은 이런 성격이 대인관계에서 문제의 빌미가 된다고 판단해 유연성 강화 목표를 설정했다. 더튼은 '모 아니면 도'로 감정의 중간 지대가 없었다. 열정적일 때는 말 그대로 모든 열정을 불태웠고 부정적일 때는 한없이 부정적이었다. 지난 몇 년의 경험에서 더튼은 자신의 강렬한 감정이 어떤 문제를 불러오는지 깨달았다. 주변에 위압감을 주는 수준을 넘어 때로는 그들의 입에 재갈을 물리는 지경까지 가기도 했다. 더튼은 자신 때문에 주변 사람들이 두려워한 나머지 의견조차 제시하지 못하는 모습을 보는 것이 고통스러웠다. 이에 더튼은 현재의 고통과 자신이 가장 원하는 미래의 자아상을 결합해 구체적인 유연성 강화 목표를 설정했다. 감정 표현을 자제해서 주변 사람들이 주눅 들지 않게 하자.

마지막으로 비교적 복잡하고 미묘한 뉘앙스가 포함된 유연성 강화 목표도 있다. 리더처럼 보이고 싶다던 마크 잉그램의 목표가 그중 하나다. 리더라는 인상을 주기 위해 필요한 자질은 무엇일까? 쉽게 결론 낼 수 없는 복잡한 사안이다. 그 자질이 무엇인지 직접 알아내야 했던 잉그램은 조직 내에서 좋은 리더라고 평가받는 사람들을 살

샅이 관찰했다. 그들의 두드러진 특성과 행동을 구체적으로 확인하기 위해서였다. 이렇게 리더라는 역할이 무엇인지를 학습하려고 노력하기 시작하면서 잉그램은 유연성 강화 목표를 정했다. 팀 구성원과 상호 작용할 때 세부 사항을 통제하려는 집착을 내려놓고 큰 그림에 집중하자.

앤더스 존스Anders Jones는 '패시트웰스Facet Wealth'라는 핀테크Fin-tech('금융Financial'과 '기술Technology'의 합성어로 모바일을 이용한 결제, 송금, 자산 관리, 크라우드 펀딩Crowd Funding 등 금융과 IT가 융합된 산업 - 옮긴이) 기업의 공동 창업자이자 CEO다. 존스는 학생들을 가르치는 경영대학원 교수이자 생어리더십센터의 센터장인 린드레드 그리어와 공통점이 있다. 둘은 젊고, 성공한 전문가이면서, 비슷한 딜레마에 봉착했다. 그리어는 새로 이직한 대학에서 생전 처음으로 직원들을 관리하는 리더가 됐고, 존스는 자신보다 나이도 경험도 많은 사람들로 구성된 스타트업의 CEO다. 전문 분야는 달라도 그리어와 존스가 풀어야 하는 숙제는 같다. 힘과 권한을 행사하면서 구성원들이 의견을 마음껏 표현하도록 개방적인 환경을 조성해야 한다. 즉 이 둘 사이에서 균형을 잡아야 했다. 존스는 그 도전을 이렇게 표현한다.

"핀테크 업무 경험이 없는 서른두 살의 내가 한참 연장자인 데다 경험도 많은 사람들을 관리한다는 게 가당키나 한가요?"

그의 유연성 강화 목표는 두 갈래다. 첫째, 겸손해지자. 둘째, 지위와 나이와 경험을 떠나 모두가 총괄 관리자를 원한다는 사실을 받아들이자. 다시 말해 그는 주변의 아이디어를 존중하고, 적극적으로 수용하는 동시에 무언가를 지시하고, 결정할 때는 단호한 리더가 되고 싶었다. 그는 이런 식으로 균형을 맞추어 문제에 접근한다면 노련한 직원들을 최대한 활용할 수 있을 거라고 믿었다.

그리어는 자신이 직면한 도전을 존스와 다른 식으로 정의한다. 미국 대학에 부임하기 전 네덜란드의 두 대학 강단에 섰던 그리어는 각 나라의 독특한 문화에 관해 이렇게 말했다.

"네덜란드에서 호감을 사려면 언제나 자신을 낮추어야 하고 성공의 냄새를 풍겨서는 절대 안 돼요. 또 목소리는 밝고 경쾌해야 하죠."

하지만 미국 대학으로 자리를 옮기면서 그리어는 태도의 균형을 다시 잡아야 했다. 그리어는 네덜란드에서처럼 자신을 낮춤으로써 리더와 사람들 간의 거리를 관리하고픈 충동을 느끼지만 힘과 권한을 행사할 필요가 있다는 점을 인지했다.

요컨대 그리어와 존스의 최종 목적지는 동일하다. 단기간 내 효과적인 리더십을 개발하고 장기적으로는 개인적인 기술과 능력을 향상해야 한다. 이를 위해 둘은 복잡한 상황에서 균형을 잡는 기술을 필수로 하는 유연성 강화 목표를 추구했다. 또 어떻게 하면 다양한 리더의 특성과 자질을 이상적으로 배합할 수 있는지도 알아내야 했다.

사례로 알아보는
보편적인 유연성 강화 목표

지난 수년간 나와 동료들은 각계각층의 리더와 각자의 유연성 강화 목표에 관해 많은 이야기를 나누었다. 그리고 사람들이 유연성 강화 목표를 수립하도록 도와주고자 일련의 워크숍도 개최했다. 실제로 우리 워크숍에서 유연성 강화 목표를 찾은 사람도 많다. 그렇다면 유연성 강화 목표를 쉽게 도출하는 방법이 있을까? 나는 머릿속에 제일 먼저 떠오르는 생각이 앞으로 추구해야 할 목표일 확률이 크다고 생각한다. 대부분의 사람은 자신의 문제가 무엇이고 무엇을 개선해야 하는지 잘 안다. 그런 잠재적 개선점은 삶에서 이미 모습을 드러냈을 뿐 아니라 비판이나 피드백 같은 주변의 명확한 반응이나 무언의 반응 속에서 확실하게 인지하게 되기 때문이다.

나는 한 학기 동안 100명이 넘는 학생들을 대상으로 유연성 강화 목표를 조사했고 그 목표들을 몇 가지 범주로 묶을 수 있었다. 그들은 로스경영대학원의 주말 MBA 프로그램에서 리더십 과목을 수강했다. 나는 학생들에게 유연함의 기술을 모두 가르친 후에 본격적인 실험을 시작했다. 나는 그들에게 가까운 미래에 겪을 중요한 경험들 중 한 가지를 선택하게 하고 그 경험에서 추구할 자기 계발 목표를 설정하라고 요청했다.

학생들이 선택한 미래의 경험은 정말 다양했다. '난관에 부딪힌 수업 과제를 효과적으로 해결하고 싶다.', '새로운 팀에서 리더가 되고 싶다.', '직장 동료와의 불편한 관계를 개선하고 싶다.' 등 말 그대로 각양각색이었다. 학생들이 선택한 자기 계발 목표도 이에 못지않게 다양했다. 목표는 총 85개였는데 나는 그것들을 공통분모에 따라 몇 가지 범주로 나누었다. 그들 사이에서 꼽은 가장 보편적인 목표를 다음 장에 표로 간략히 정리했는데 이는 더욱 효율적인 리더를 꿈꾸는 젊은 직장인의 주된 관심사와 걱정을 대략 보여준다.

학생들이 선택한 유연성 강화 목표와 비율

목표 내역	비율(%)
발표 기술 개발	14
대인관계 관리 기술 개발	13
직속 직원에게 더 많은 권한 부여하기	9
영향력 키우기	9
더 나은 과제 관리 기술 개발 (주의가 산만해지기 전에 업무 끝내기 등)	8
명확한 의사 표현	7
새로운 관점을 수용하고 주변에 개방적인 태도 유지하기	7
어렵고 껄끄러운 사람을 상대하는 법 배우기	6
감정 조절력 개발 (자기비판 줄이기, 더 긍정적인 태도 갖기 등)	6
의사소통 능력 개선	5
다른 사람이 야기한 도전과 피드백에 방어적으로 반응하지 않기	5
사교성 키우기	3.5
새로운 역할에서 확실한 입지 다지기	3.5
경청 기술 개발	3.5

학생들이 선택한 목표는 다양해 보이지만 몇몇 범주로 나뉜다. 첫 번째 범주는 '내가 직접적인 권한을 행사할 수 없는 사람에게 영향을 미치는 방법을 배우고 싶다.'라는 열망과 관련 있다. 이 범주로 분류되는 목표는 전체 목표 중 28%를 차지한다. 두 번째로 보편적이었던 범주는 '발표 능력과 의사소통 기술 향상'이었는데 전체 목표의 23%가

여기에 속했다. 이 외에도 인기 있는 목표 범주로 '직속 직원에게 힘과 권한을 실어주는 관계를 구축하는 방법', '껄끄러운 대인관계나 대인관계의 도전적인 문제를 다루는 일', '업무를 잘 관리하는 방법' 등이 있었다. 이런 모든 희망은 유연성 강화 목표로 삼기에 충분히 가치가 있다. 또한 학생들이 자신의 목표를 달성하기 위해 노력한다는 전제하에 목표 자체가 그들에게 든든한 아군이 되어줄 확률도 크다.

개중에는 가치 있는 유연성 강화 목표가 무엇인지 찾기 어려워한 학생도 있었다. 심지어 미래의 경험 내용에 너무 연연한 나머지 한 발짝 물러나 "미래에 나의 효율을 높이기 위해 이번 경험에서 어떤 대인 기술을 연마할 수 있을까?"라는 질문조차 못 하는 학생도 더러 있었다. 예를 들어 당신이 직원 워크숍을 전적으로 준비하고 관리하게 되었다고 가정하자. 사실 이것은 중대한 내용 중심 목표다. 당신은 이 일을 하는 동시에 개인적으로 어떤 점을 성장시킬 수 있을까? 내용 중심 목표와 개인적인 유연성 강화 목표를 구분한 다음 두 가지 목표를 한꺼번에 다루는 법을 알아내는 것은 유연함의 기술을 이용할 때 필요하다.

반면 목표가 너무 많은 학생도 간혹 눈에 띄었다. 도전적인 새로운 경험을 할 때는 선택과 집중이 관건이다. 집중할 목표는 하나일 때 가장 좋고 많아도 두 개를 넘기지 않아야 한다. 둘 이상은 과유불급이다. 다섯 가지 목표를 선택한 몇몇 학생처럼 여러 목표를 동시에 추구한다면 주의가 흐트러져 어디에도 집중하지 못할 확률이 크다. 결국 생산적으로 사용할 수 있었던 시간과 에너지를 낭비하게 된다.

너무 모호해서 유연성 강화 목표로 삼기에 가치가 없는 것들도 있었다. 예컨대 한 학생은 새로운 환경에서 낯선 사람을 대하는 대인관계 기술을 개발하겠다고 목표를 정했다. 이는 인생 목표로써 추구할 가치가 있다. 하지만 유연성 강화 목표라면 이야기가 달라진다. 가치 있는 유연성 강화 목표는 특정 사람이 포함된 특정 환경에서 개발하려는 구체적인 기술을 담아야 한다. 그런데 위의 목표에서는 그 기술이 무엇인지 거의 드러나지 않는다. 단언컨대 위의 목표는 생각보다 별로 유익하지 않다.

이 목표를 더 구체적으로 표현하려면 어떻게 해야 할까? 정확히 어떤 대인관계 기술을 얻고 싶고 이를 위해 언제 집중할지를 정해야 한다. 예를 들면 '마케팅 아이디어를 발표할 때 제조 부문 사람들의 말에 더욱 귀를 기울인다.'라는 식으로 재구성하면 된다. 이렇게 구체적인 목표를 수립하면 그 학생이 언제 무엇을 해야 하는지 명백해진다. 그 학생은 제조 부문 사람들과 마케팅 아이디어 회의를 할 때 경청 기술을 개발하기 위해 노력할 것이다. 잊지 말자. 구체성은 목표를 훨씬 유용하게 만들어 준다.

반면 일부 학생은 지나치게 구체적인 목표를 수립했다. 이런 목표는 자신이 개발하고 싶은 기술이 아니라 전술을 설명한 것에 지나지 않는다. 일례로 한 학생은 '처음 만나는 모든 사람의 이름을 정확히 기억하기'를 자신의 목표라고 말했다. 그 학생의 진짜 목표가 무엇인지는 짐작이 된다. 대인관계 기술 개발이다. 그렇다면 그 목표를 더욱 효과적으로 설명하려면 어떻게 재구성할 수 있을까? '처음 만나는 사람에게서 신뢰를 얻고 싶다.', '조직에서 진실한 관계를 구축해 영향력을 키우고 싶다.', '동료들과 더욱 친밀하고 돈독한 관계를 구축하고 싶다.' 정도면 충분해 보인다. 사람의 이름을 잘 기억한다면 이는 당연히 대인관계에서 요긴한 전술이 된다. 하지만 그건 말 그대로 전술이지 절대 목표가 아니다.

목표가 충분히 구체적인지 혹은 지나치게 구체적인지 어떻게 확인할 수 있을까? 쉽고도 좋은 방법이 있다. 먼저 목표가 충분히 구체적인지 알고 싶다면 '내 목표 선언문 그대로 누군가에게 달성하라고 한다면 그 사람은 무엇을 어떻게 해야 하는지 이해할 수 있을까?'라고 자문하라. 반대로 목표가 지나치게 구체적인지 알고 싶을 때는 '내 목표 선언문의 내용을 달성한다면 정말로 원하는 능력을 얻을 수 있을까?'라고 자문하라. 둘 중 어느 하나라도 부정적인 대답이 나온다면 적절한 목표를 세우도록 더 노력하라.

목표를 더 세밀하게
조정하라

목표를 설정했다면 다음 단계로 넘어가자. 이번에는 두 가지 일을 해야 한다. 첫째, 목표 설명 방식을 점검하라. 세계적인 심리학자이자 작가이며 동기 부여와 의사소통 분야의 권위자인 하이디 그랜트 할버슨 Heidi Grant Halverson은 '향상하다', '더 잘하다', '성장하다' 등 개선 과정을 포함하고 있는 문구를 사용해 목표를 기술하라고 제안한다.[13] 사이먼 비엘은 사교성을 키우고 싶어 했고, 크리스 머치슨은 완벽주의 성향을 고치고 싶어 했으며, 린드레드 그리어와 앤더스 존스는 단호한 리더십과 자율성 인정 사이에서 균형을 맞추는 법을 배우고 싶어 했다. 당신은 어떤가? 경청 기술을 개발하고 싶은가? 이처럼 개선 과정을 중심으로 표현된 목표는 동기와 추진력을 부여하는 효과가 있다. 또한 우리가 성장 마인드셋Growth Mindset을 유지할 때도 도움이 된다. 이것이야말로 유연성 강화의 핵심이다. 우리는 언제나 무언가를 더 잘할 수 있다.

반대로 목표를 표현할 때 피해야 하는 문구도 있다. '잘하다', '최고가 되다'처럼 구체적인 최종 상태를 설명하는 문구다. 이런 문구는 성과 증명 마인드셋으로 이어지기 쉽다. 또한 과거의 자신보다 더 나은 사람이 되려고 애쓰는 대신 다른 사람과 비교하도록 부추긴다. 그리고 이제는 다들 짐작하겠지만 이런 두 가지 태도는 배우고 성장하는 능력을 강화하기는커녕 저해한다.

둘째, 최종 목적지보다 여정의 측면에서 목표를 표현하라. 한 연구 결과를 보면 '목표를 향해 나아가는 과정이라고 생각할수록 그 목표를 계속 추구할 가능성이 커진다.'라고 한다. 심지어 그 과정 초기에 이미 약간의 성과를 냈더라도 고삐를 늦추지 않을 수 있다. 연구가들은 '몸무게 5kg 감량'처럼 최종 상태가 한정된 여러 목표를 대상으로 실험을 했다. 그러자 흥미로운 결과가 나왔다. 목표를 과정이라고 표현하든 최종 상태라고 표현하든 초기에는 노력의 강도에 전혀 차이가 없었다. 하지만 목표를 하나의 여정처럼 생각할 경우 사람들은 목표를 달성하기 위한 행동을 지속했다.[14] 심지어 체중 감량의 경우 목표를 끝이 아닌 하나의 과정이라고 생각했던 사람들은 목표를 달성한 후에도 건강한 행동을 이어갈 확률이 더 컸다. 이것은 어떻게 설명할 수 있을까?

그들은 목표 자체를 하나의 과정이라고 표현함으로써 도중에 겪는 성공과 실패를 포함한 학습 과정을 전체적인 맥락으로 바라보았고, 이는 결국 전반적인 성장에 대한 만족감으로 발현되었다.

헌신이 차이를 만든다

헌신은 '목표를 달성하려는 결의에 찬 투지', '그 과정에 노력을 아끼지 않겠다는 굳은 의지', '목표를 이루기 위한 열정적이고 부단한 노력' 등을 의미한다. 실제로 유연성 강화 목표를 추구하는 과정에서 헌신이 가장 중요한 요소라는 점을 증명한 연구도 있다.[15] 흔히 경험이 최고의 스승이라고 말한다. 하지만 경험에는 부정적인 면도 있다. 주의를 분산하는 수많은 요소도 양산한다. 목표를 달성하는 과정에서 불가피하게 생기는 복잡한 여러 사안, 환경 때문에 일어난 새로운 요구, 과제를 수행하는 팀 내부에서 불거지는 대인 갈등이 대표적이다. 이 외에도 당신의 주의를 분산하는 요소는 차고 넘친다. 하지만 다행히도 집중력을 유지하게 하는 방법이 있다. 당신이 헌신하고자 하는 학습 목표를 경험에 결합하는 것이다.

이것은 우리에게 숙제를 하나 안겨준다. 어떻게 하면 목표를 달성하기 위해 헌신할 수 있을까? 몇 가지 방법이 있다. 첫째, 당신이 그 사안에 왜 신경을 쓰는지 상기하라. 그리고 유연성 강화 목표를 선택하도록 만들었던 동기를 생각해 보라. 또 더 나아진 미래의 당신이 어떤 모습인지 가만히 떠올려 보고 현재 당신이 느끼는 고통을 면밀히 살펴보라. 마지막으로 당신이 목표를 성취했다고 가정하고 그것이 자신은 물론 팀, 가족, 조직, 지역 사회에 어떤 혜택을 가져다줄지 상상하라. 이처럼 손익을 찬찬히 따져보는 과정 자체가 유연성 강화 목표에 더욱 헌신하게 하는 촉매제가 될 수 있다. 팁을 하나 더 덧붙이자면 위의 생각들을 직접 적어보라. 그렇게 하면 이해하기도, 기억하기도 한결 쉬워지고 나중에 다시 참고할 수 있는 유익한 자료가 된다.

목표와 장애물을 미리 생각하라

목표를 달성하려면 당연히 그 과정에서 나타나는 장애물을 극복해야 한다. 이를 위해 어떤 연구에서는 헌신을 강화할 수 있는 일종의 정신 훈련법을 제안한다. 목표를 설정할 때 그 목표를 이루는 과정에서 만날 장애물도 함께 생각하라. 이렇게 하면 장애물을 극복하려는 의지가 강해진다고 한다. 가령 체력을 키우고 싶어졌다고 가정하자. 당신은 어떤 모습이 되기를 원하고 어떤 기분을 느끼고 싶은지 생각해야 한다. 아울러 그 과정에서 직면할지도 모르는 장애물이 무엇인지도 미리 생각해 두면 좋다. 가령 추운 1월의 어느 아침, 따뜻한 침대에서 억지로 빠져나와 운동하러 가는 모습을 상상하는 식이다. 이런 장애물을 미리 생각해 두면 장애물을 전혀 고려하지 않았을 때보다 목표를 향해 순항할 수 있다. 심리학자들은 만성 요통 환자가 치료 과정에서 이런 사고를 할 경우 그러지 않은 환자보다 운동량이 두 배 가까이 많고, 더 건강한 음식을 섭취한다는 사실을 발견했다.[16] 요컨대 이 정신 훈련은 목표를 추구하는 과정에서 불가피하게 생기는 장애물을 더욱 똑바로 직시하고 극복하도록 준비시켜 준다.

단순한 헌신을 넘어 몰입으로

목표를 글로 적기만 해도 목표를 이루기 위해 더욱 헌신하게 된다. 또 누군가에게 당신의 의도를 설명하면 목표는 더욱 굳건해진다. 나는 리더들이 참여하는 워크숍에서 이 기법을 적극 활용한다. 그들에게 동료 코치를 지정해 주고 코치에게 유연성 강화 목표를 설명해 보라고 시킨다. 이 훈련법은 헌신을 더욱 실재적인 것으로 만들고 열과 성을 다해 헌신할 확률을 끌어올린다.

목표를 알려라

사람들에게 자신의 목표를 알렸을 때의 장점은 이미 많은 연구에서 입증되었다. 일례로 에너지 소비를 줄이겠다고 공개적으로 합의한 가정은 마음속으로만 다짐한 집보다 에너지를 덜 사용했다는 연구 결과가 있다.[17] 아동을 대상으로 한 다른 실험에서는 공개적으로 성공 의지를 밝힌 아동이 어려운 과제를 수행할 때 더욱 끈기를 발휘했다.[18] 또 다른 연구가들은 목표 달성을 위해 더 헌신할 방법을 찾으려고 엄격하게 통제한 무작위 실험을 진행했다. 결과를 말하자면 사람들은 목표를 공개했을 때 이를 이루기 위해 더 많이 헌신했다.[19]

왜 그럴까? 목표를 이루기 위해 헌신하겠다는 계획을 공개적으로 밝힌다면 목표를 망각할 확률이 줄어든다. 또는 목표를 무시할 핑계를 댈 수가 없어지거나 골대의 위치만 옮겨놓았을 뿐이면서 목표를 달성했다고 주장할 여지도 줄어든다. 심지어 당신의 목표를 알고 있는 누군가가 눈에 보이기만 해도 행동을 촉발하는 효과가 있었다. 목표를 공개하면 이토록 강력한 힘을 얻는다.

일단 목표를 선택한 후에는 모든 노력을 동원하라. 그러고 나면 놀라움의 탄성과 기쁨의 환호를 내지를 일만 남는다. 이제까지 요리조리 놓쳐온 기술을 아주 빠르게, 쉽게, 완벽하게 개발할 테니 말이다.

징거맨스의 CEO 아리 웨인즈웨이그는 기업 비전을 수립하고 그것을 구현하는 놀라운 방법을 보여준다. 이는 우리가 유연성 강화 목표를 설정하고 구현하는 과정에도 적용할 수 있다. 웨인즈웨이그는 감정적으로 깊이 몰입하고 헌신할 명확한 비전을 세우는 일이 지극히 중요하다고 강조한다.

"비전을 세운 다음에는 행동해야 합니다. 목표를 달성하는 두 가지 비결이 바로 비전과 행동입니다."

4장에서는 웨인즈웨이그가 강조한 행동에 초점을 맞추어 유연성 강화 목표를 현실로 바꾸는 방법을 알아보자.

내면의 과학자를
깨워라

실험 계획 수립과 수행

'배우고 성장한다.'라는 말은 '변화무쌍하고 다양한 업무 경험이 제공하는 잠재적 혜택을 누린다.'라는 뜻이다. 당신이 그런 달콤한 열매를 즐기는 주인공이 되고 싶다면 유연해질 필요가 있다. 여기서 유연성이란 다른 무언가를 시도하는 능력을 말한다. 한발 더 나아가 학습을 극대화하는 지름길은 특정한 실험을 계획하고 행동하는 것이다. 리더십과 개인적 효율을 높여줄 실험을 계획하고 실천하라. 특정 경험을 하는 동안 당신이 계획한 실험을 수행한다면 당신은 그 일을 잘하건 못하건 실험 결과를 얻는다. 실험한 행동이 당신의 직무와 주변에 얼마나 긍정적인 영향을 미치는지, 반대로 아무 변화도 유발하지 못했는지 확인할 수 있다. 후자도 전자 못지않게 유익한 교훈이다. 개인이나 리더로서 당신의 효율을 강화하는 행동은 무엇이고 그렇지 못한 행동은 무엇인지 알게 되지 않았는가.

학습 목표를 추구하는 동안
새로운 행동을 시도하라

목표를 성취하기 위해 실험을 시도하는 일은 매우 중요하다. 여기에는 몇 가지 이유가 있다. 첫째, 인간은 자신이 정한 목표까지 완주하지 못하는 존재로 악명 높다. 2월쯤 근처 헬스장에 가보라. 새해 결심으로 뜨거웠던 1월의 열정은 흔적도 없이 사라지고 주인 없는 텅 빈 러닝 머신만 즐비해 있다.

목표까지 완주하는 일은 그 자체로도 어렵지만 이것을 더 어렵게 만드는 조건들이 있다. 계획을 수립하고 얼마간 시간이 흐른 뒤에 그 계획을 실행해야 하는 경우가 대표적이다. 또한 도전적인 경험의 한복판에서 계획을 끝까지 실행해야 할 때도 어렵기는 매한가지다. 그런데 그런 경험에서 무언가를 배울 확률이 가장 크니 난감한 노릇이다. 이를 피하지 않으려면 어떻게 해야 할까? 스트레스를 유발하는 어려운 활동에서 유익하고 귀중한 교훈을 최대한 얻어내기 위해 무엇이든 시도하라. 그리고 최선을 다하라. 미리 겁먹을 필요 없다. 이것을 가능하게 할 효과적인 방법은 실험을 신중하고 세심하게 계획하는 것이다.

유연함의 기술을 시도할 때 실험은 필수다. 아주 작은 변화라도 좋다. 당신이 과거에 해온 행동과 다르기만 하다면 무엇이든 상관없다. 실험의 목적 자체가 '새로운 무언가를 시도하는 것'이기 때문에 이는 당연하다. 실험을 하는 이유는 하나다. 기존의 안전지대에서 빠져나와 무언가를 실제로 개선할 수 있다는 사실을 스스로 확인하는 것.

안전지대를 탈출하라는 말이 당장은 와닿지 않을지도 모르겠다. 많은 사람은 일과 삶에서 불편한 일이 이미 충분하므로 고생이 예상되는 일을 더 보탤 필요가 없다고 생각한다. 그런 마당에 일부러 더 불편해지기를 자처할 이유가 있을까?

학습과 성장을 연구하는 모든 전문가는 익숙하지 않은 무언가를 시도할 때 약간의 불편함을 느끼는 것이 자연스러운 부작용이라고 한목소리로 말한다. 즉 불편함은 성장에 반드시 따르는 부산물이라는 뜻이다. 세계적인 심리학자 에이브러햄 매슬로Abraham H. Maslow는 저서 《과학에 관한 심리학The Psychology of Science: A Reconnaissance》에서 그 둘의 관계에 관해 말한다.

안전지대로 돌아갈지 성장할지는 각자가 선택할 몫이다. 우리는 끊임없이 성장을 선택해야 하고 반복해서 두려움을 이겨내야 한다.

리더십 분야의 권위자 존 맥스웰John Maxwell도 성장하려면 자신의 안전지대에서 반드시 벗어나라고 말한다.[1] 베스트셀러 작가 브라이언트 맥길Bryant McGill도 당신이 불편을 느끼는 모든 상황은 성장할 수 있는 가장 좋은 기회라고 단언한다.

유연함의 기술을 직접 시도해 본 내 학생과 동료도 각자의 경험을 바탕으로 똑같은 주장을 펼친다. 2장에서 소개한 르모인대학 매든경영대학원 학장인 데이비드 맥컬럼도 마찬가지다. 특히 학습 마인드셋을 선택하고 유지하는 것을 중요시하는 맥컬럼은 자신의 성장 여정에서 불편함을 기꺼이 감수하기 위해 의식적으로 노력한다.

"나는 안전지대에 갇혀 있는 자신을 발견하면 어떤 방법을 쓰든 그곳에서 빠져나옵니다. 불편하더라도 안전지대 바깥이야말로 진정한 학습지대임을 믿기 때문입니다."

학습하고 성장하려면 안전지대 바깥에서 자신에게 도전하려는 의지를 가져야 한다는 주장을 받아들인다고 치자. 그다음에 할 질문은 정해져 있다. 이제 정확히 어떻게 해야 할까? 이 질문의 답을 찾기 위해서는 목표 설정의 개념으로 돌아가야 한다. 뉴욕대학New York University의 심리학 대가 가브리엘레 외팅겐Gabriele Oettingen은 더 나은 미래에 관한 환상을 이용해 개인 목표를 설정하는 개념을 뒷받침하는 공동 연구를 진행했다. 이 아이디어는 3장에서 이미 설명했으니 필요하면 다시 읽어보길 바란다. 연구가들은 미래의 환상을 목표로 전환할 때 야기되는 문제를 쉽게 설명한다.

"장밋빛 미래를 향한 환상에 젖어 있는 사람은 현재 어떤 문제에 직면해 있다고 해석할 수 있다. 그들은 무언가를 원하지만 그것을 쟁취하기 위해 당장 어떻게 해야 할지 모른다."[2]

다시 말해 목표 설정만으로는 충분하지 않다. 일단 목표를 설정한 다음에는 '여기서 저기까지 어떻게 가야 할까?'라는 질문의 답부터 찾아야 한다.

외팅겐이 지적하는 문제를 해결하기 위해 당신이 시도해 볼 만한 실험을 한 가지 이상 상상해 보는 것도 좋다. 그리고 그 목표를 이루기 위해 당신이 취할 구체적인 행동을 구상하는 것이다. 바로 여기서 실험이 등장한다. 복잡하고 도전적인 목표를 달성하기 위해 필요한 행동은 종종 명확하지 않기 때문에 실험은 목표와 실천을 연결하는 가교가 되어준다. 먼저 가까운 미래의 특정 상황을 두고 그때 '이렇게 해보면 어떨까?' 하는 구체적이고 소소한 행동을 최소 하나 이상 생각하라. 그리고 그것을 시도한 후 당신이 바람직한 방향으로 나아갔는지 확인하라. 만약 옳은 방향으로 나아갔다면 축하받아 마땅하다. 하지만 여기서 그치면 안 된다. 당신은 새로운 그 행동을 계속할 수 있다. 더 많이 진전하기 위해 행동을 확장하고 강화하는 것도 고려하라.

반면 옳은 방향으로 나아가지 못했다고 해도 문제가 되지는 않는다. 적어도 그 행동이 당신에게 맞지 않는다는 사실을 알지 않았는가. 지난 실험은 홀홀 털어버리고 새로운 실험에 집중하면 된다. 가령 동료와의 회의에서 당신의 영향력을 확대하겠다는 목표를 세웠다고 가정해 보자. 그리고 해당 목표로 가기 위한 첫 번째 실험으로 회의용 테이블에 앉는 자리와 영향력의 관계를 확인해 보기로 한다. 테이블의 측면이 아니라 모서리 자리에 앉아보는 식이다. 그런데 자리가 별다른 차이를 만들지 못한다는 생각이 든다면 다른 실험을 계획하면 된다. 예를 들어 발언 순서가 영향력의 변수가 되는지 알아보기 위해 맨 처음이나 제일 마지막에 발언해 볼 수 있다. 또한 당신의 아이디어를 뒷받침하는 주장을 짧고 간결하게 제시하는 실험도 좋다. 이런 식으로 여러 실험을 반복하다 보면 결국 당신의 목표를 이루게 해주는 행동을 찾을 수 있다.

이쯤 되니 혹시 눈치챈 사람이 있을지도 모르겠다. 이 책에서 내가 유연함의 기술의 일환으로 추천하는 실험은 과학계에서 '실험 연구 기법Experimental Method'이라고 불리는 방법론의 일종이다. 실험 연구 기법이 없었다면 지난 300년간 인류가 이룬 주요한 과학적 혁신은 대부분 등장하지 못했을지도 모른다. 이 실험 연구 기법을 통해 통찰이 태어났고, 통찰은 혁신의 원동력이 되었기 때문이다. 과학 실험이란 한마디로 시행착오 과정이다. 모든 시도는 문제를 새로이 통찰하게 한다. 또 오류조차도 유익한 정보를 준다. 이것이 바로 시행착오라는 개념의 핵심이다. 여러 경영학자는 그 과정을 이런 식으로 표현한다.

"손에 익지 않은 열쇠 꾸러미로 자물쇠를 딴다고 상상해 보자. 자물쇠가 열리는지 확인하기 위해 열쇠를 하나 넣어보는 행위가 바로 실험이다. 실험이 실패할 때마다 새로운 지식을 얻는다. 그리고 이 지식은 이후에 진행할 실험의 범위를 좁혀준다."[3]

성공 여부를 확신하지 못해도 우리는 열린 마음으로 무언가를 시도해야 한다. 이러한 의지는 실험에서 필수다. 전설적인 발명가 토머스 에디슨Thomas Edison도 의지를 강조했다. 그가 전구를 발명하면서 수없이 실패한 이야기는 널리 알려져 있다. 하루는 어떤 기자가 전구 필라멘트에 적합한 물질을 찾으려 1,000번을 실험했지만 모두 실패했을 때 기분이 어땠는지 물었다.

"나는 1,000번을 실패한 게 아니오. 단지 1,000번의 단계를 밟아 전구를 발명했을 뿐이오."[4]

당신에게도 이와 똑같은 태도가 필요하다. 실패를 보는 관점을 재구성할수록 상황은 더욱 좋아진다. 세상에 누군들 커다란 실패를 일부러 경험하고 싶을까마는 그런 실패에 어떻게 대처하느냐에 따라 회복탄력성은 달라진다. 한 번 실패했다고 세상이 무너진 듯 좌절하거나 감정적으로 반응한다면 영영 회복하지 못할지도 모른다. 그러니 실패를 무언가를 배울 수 있는 단순한 실수로, 에디슨의 말처럼 최종 성공으로 가는 과정 중 한 단계라고 생각하라. 이렇게 하면 오뚝이처럼 다시 일어날 가능성이 커진다.

당연한 말이지만 과학 실험은 무엇 하나 허투루 할 수 없는 체계적이고 진지한 작업이다. 과학자들은 먼저 명확한 가설을 세운다. 이는 검증하려고 하는 잠재적인 인과관계를 이론적으로 설명하는 단계다. 가설을 세우면 기존 실험에서 입증된 실험 기법과 측정 방법을 선택한다. 그런 다음 정확하고 투명하게 실험을 수행하며 마지막으로 동료에게 실험 결과를 검토하고 분석하게 한다. 모든 과정이 끝난 다음에야 과학계는 그 실험을 인류의 지식에 기여하는 유효한 활동으로 인정한다.

유연함의 기술은 이와 똑같은 실험 기법을 당신의 일상에 적용하게 한다. 물론 시험관과 비커 같은 실험 도구는 필요하지 않다. 또한 과학 실험보다 형식적이지도 않고, 엄격하게 지켜야 할 것도 없으며, 더 재미있고 결론이 열려 있다. 또 유연성 강화 실험도 과학 실험처럼 점진적 단계로 이루어진다. 1단계에서는 회의에서 앉는 자리나 발언 시점같이 새로운 행동 방식을 시험한다. 다음 단계에서는 새로운 행동이 학습 목표를 달성하는 데 도움이 되는지를 확인한다. 최종적으로 그 모든 단계를 계속 반복하고, 반복할 때마다 새로운 점을 배운다.

유연성 강화 실험 시에는 과학자들이 일반적으로 따르는 규칙을 그대로 따를 필요는 없다. 상황에 맞추어 일부 규칙을 무시할 수도 있다. 예컨대 과학자들은 여러 실험 결과가 뒤섞일 확률을 아예 차단하기 위해 각 실험을 엄격하게 분리한다. 반면 유연성 강화 실험에서는 두세 개의 실험을 함께 진행해도 아무 문제 없다. 가령 발언 순서를 맨 마지막으로 옮겨보는 실험과 간결하게 주장을 펼치는 실험을 동시에 해보는 식이다. 당신의 목표는 신약 개발이 아니다. 당신은 그저 원하는 삶을 살기 위해 필요한 일상적인 전략을 찾고 싶을 뿐이다. 따라서 두세 개의 변화를 한꺼번에 시도해도 된다. 그런 변화가 더 큰 효과를 내서 목표 달성을 앞당겨 준다면 금상첨화다.

또 유연함의 기술에 포함된 실험은 철저히 개인적이다. 동료 과학자들이 인정해 줄 이론을 정립할 수 있을지 따위는 걱정할 필요 없다. 원한다면 어떤 가설이든 선택해도 좋다. 실험 결과도 당신이 주관적으로 판단하면 그만이다. 예를 들어 새로운 방식으로 회의나 세미나를 진행했을 때 동료들이 보여준 반응이 마음에 드는가? 새로운 체계로 프로젝트 계획을 짜서 얻은 결과가 이제까지보다 더 좋다고 생각하는가? 당신이 결과에 만족한다면 그 실험은 대성공이다. 유연함의 기술 중 실험은 이게 전부고 그만큼 단순하다.

실험의 크기도 당신 마음대로다. 때로는 실험 규모를 적절히 제한하려는 시도만으로 재미가 배가된다. 이 말을 제대로 이해하도록 도와주는 완벽한 사례가 있다. 로이스Lois는 자연 경관을 사실적으로 화폭에 담는 뛰어난 화가다. 로이스는 오래전부터 화풍에 약간 변화를 주고 싶었지만 실행에 옮기지는 못했다. 그러던 중 코로나바이러스의 여파로 집에만 있게 되었고 여유 시간이 생기자 로이스는 새로운 시도를 감행했다. 평소에는 가로세로 약 50cm짜리 캔버스를 사용했는데 이참에 약 20cm짜리 정사각형 캔버스에 꽃을 그리기 시작했다.

단순히 크기만 줄였을 뿐인데도 차이가 엄청났다. 그림 크기가 절반 이하로 줄어들자 로이스는 결과에 연연하지 않고 새로운 화풍을 부담 없이 실험할 수 있었다. 그리고 작은 크기가 묘한 해방감을 주었다.

140

기대했던 결과물이 나오지 않아도 전혀 문제가 되지 않았다. 그저 가로세로가 20cm에 불과한, 쉽게 말해 A4 용지보다 작은 그림일 뿐이었으니까 말이다. 그렇게 몇 주가 지나자 로이스는 새 작업에 재미를 느꼈고 애정이 생기기 시작했다. 또 큰 그림에도 새로운 화풍을 적용해 보자는 생각이 커졌다. 이런 모든 변화는 즐겁게 실험할 수 있을 만큼 실험의 규모를 줄인 덕이었다.

모든 사실을 종합해 보았을 때 유연성 강화 실험의 장점 하나가 명백해진다. 당신은 학습하고 성장할 때 주도권을 가질 수 있다. 당신은 누군가가 당신의 잠재력을 알아주기를, 특정 강좌나 훈련 프로그램에 보내주기를, 멘토를 지정해 주기를 기다리지 않아도 된다. 대신 새로운 행동들을 시도하고 그 효과를 평가하면서 스스로 성장해 나갈 수 있다. 게다가 그 실험 자체를 희망적이고 긍정적인 과정, 즉 지속적으로 성장하고 학습하며 개선의 여지를 제공하는 과정으로 만들 수 있다. 이렇게 하면 재미는 저절로 따라오기 마련이다. 무엇보다 이 모든 것을 억지로 만들어 내려 노력하지 않아도 된다. 이는 틀에 박힌 일상에서 마음이 가는 대로 새롭게 시도한 활동이 만들어 내는 자연스러운 결과다.

실험을 어떻게 계획할까

유연함의 기술의 일환으로 실험을 계획하기는 아주 쉽다. 먼저 당신의 리더십 기술과 개인적 효율을 발달시키기 위해 어떤 노력을 할 수 있을지 아이디어를 떠올려라. 그런 다음 미래의 경험을 이용해 그 아이디어를 어떻게 시험할지 상상하라. 실험의 마지막 단계에서는 성공 여부를 판단해야 한다. 당신의 아이디어가 옳았는지 틀렸는지 판단할 때 사용할 근거를 미리 결정하라.

상황을 가정해 보자. 당신은 회의 참가자들이 당신의 의견을 가능한 한 많이 따라주기를 원한다. 당신은 회의 시 사람들에게 더 큰 영향력을 발휘하겠다는 목표를 세우고 주간 팀 회의에서 행동에 변화를 주기로 결정한다. 언제 어떤 목표를 추구할지 결정했으니 이제 실험 아이디어를 생각해 낼 차례다. 마침내 실험 아이디어도 생각해 냈다. 회의 중 맨 마지막에 발언해 보자. 당신은 이 실험으로 회의에서 당신의 입김이 더 강하게 작용할지 알아볼 작정이다.

다음으로 그 아이디어를 시험할 구체적인 계획이 필요하다. 당신은 두 달 동안 모든 주간 팀 회의에서 구성원의 발표가 끝날 때까지 발언을 미루기로 결정한다. 이렇게 계획했다면 당신은 두 달 동안 모든 주간 회의의 결과를 추적해야 한다. 그리고 두 달이 지난 후 당신의 성공률, 즉 전체 결정 건수에서 당신의 의견이 반영된 비율을 계산하라. 마지막으로 이 성공률을 이전 두 달간의 회의에서의 성공률과 비교해 실험이 성공적이었는지 확인하라. 가령 이전 여덟 번의 팀 회의에서 내린 중요한 결정 중 당신과 뜻이 일치했던 경우가 세 건이었는데 이후 여덟 번의 팀 회의에서 당신과 뜻이 일치한 경우가 대여섯 번이라면 당신의 실험은 성공이라고 간주해도 좋다. 실험 계획은 위와 같은 단순한 아이디어 몇 개로 구성된다. 당신은 바로 다음 팀 회의에서 실험을 시작하고 매번 실험에서 무언가를 배울 수 있다.

3장에서 소개했던 사이먼 비엘의 사례를 통해 실험 계획 수립법을 조금 더 깊이 들여다보자. 그는 자신이 회의에서 보이는 단호한 행동이 철옹성이라는 인상을 주는 데다 동료들은 그런 인상이 부담스러워 업무상 그와 엮이고 싶어 하지 않는다는 사실을 알게 되었다. 비엘은 꽉 막히고 차갑고 심지어 약간 무서워 보이는 인상을 바꾸고 싶었다. 때마침 비엘은 다양한 부서가 참여하는 신설 인사위원회를 이끌 예정이었고 이번 기회에 변화를 시도하기로 했다. 비엘은 위원회가 활동하는 내내 한꺼번에 진행할 세 가지 소소한 실험을 계획했다.

첫째로 비엘은 회의가 열릴 때마다 회의실에 일찍 도착해서 위원들을 맞아주기로 했다. 이것은 빡빡한 일정 때문에 회의 시간 내에 가까스로 도착하던 평소 행동과 극명한 대조를 이루었다. 심지어 약간 지각하는 바람에 헐레벌떡 뛰어와 숨 돌릴 틈도 없이 바로 회의를 진행한 적도 있었다. 두 번째로 그는 자신과 위원들 간의 권력 거리를 줄이기 위한 실험을 계획했다. 그는 상석에 앉는 대신 다른 위원들과 나란히 테이블 측면에 앉을 생각이었다. 세 번째 실험은 단순하지만 가장 중요했다. 그는 상대방을 좋게 생각하고 그들에게 신경을 쓸 때도 표정에 따뜻한 속내가 드러나지 않는다는 사실에 주목했다. 나아가 그런 표정이 철옹성이라는 인상에 일조한다고 판단했다. 이렇게 해서 세 번째 실험 내용도 정해졌다. 더 많이 웃자. 그는 이 세 가지 실험으로 동료들이 자신을 쉽게 접근할 수 있고 개방적이며 친근한 사람으로 인식하기를 희망했다.

비엘은 위원회가 존속하는 내내 회의에 참석할 때마다 위의 세 행동 변화를 시도했다. 그러고는 그런 변화가 효과적인지 확인하기 위해 위원들의 행동을 유심히 관찰했다. 위원들이 회의 예정 시간보다 일찍 도착하거나 최소한 정시에 도착하고, 회의가 끝날 때까지 자리를 지키며 토론에 자유롭게 참여하는가? 비엘은 이런 식의 행동을 근거로 두 가지를 알고 싶었다. 그들은 위원회 활동을 더 편하게 느끼게 되었나. 그리고 적극적으로 참여하려는 의지가 더 커졌는가. 아울러 비엘은 리더인 자신과 의견이 다를 때조차도 그들이 거리낌 없고 편안하게 의견을 제시하는지 관찰했다. 마지막으로 비엘은 위원들이 자신의 미소에 미소로 화답해 주는지 예의 주시했다. 비엘은 이런 가시적인 반응을 포함해 다른 암묵적인 피드백을 토대로 조금 더 사교적이고 편안한 사람이 되겠다는 목표를 향해 순항 중인지 여부를 결정할 참이었다.

당연히 그는 위원들이 들려주는 직접적인 피드백에도 열심히 귀 기울였다. 고맙게도 "이 위원회에서 당신과 함께 활동할 수 있어 정말 기쁩니다!"라고 말한 위원도 있었다. 이런 피드백은 실험의 효과를 증명하고도 남았다.

2장에서 소개했던 유능한 경영자코치 카린 스타워키도 인상 문제를 해결하기 위해 실험을 진행했다. 사람들이 자신을 고지식한 전문가라고 생각하는 것이 불만이었던 그는 따뜻하고 배려 깊으며 관대한 사람으로 보이고 싶었다. 스타워키는 그 목표를 염두에 두고 어떻게 행동하면 고객과의 관계에 긍정적인 영향을 미칠지 고민했고 몇 가지 아이디어를 떠올렸다. 그런 다음 각 아이디어를 최소 한 명 이상의 사업 관계자에게 실험했고 결과를 주의 깊게 추적했다. 일례로 스타워키는 고객들과의 회의에 참석하기 전에 조용한 장소를 찾아 홀로 시간을 보내보기로 했다. 이때 스타워키는 특정한 상황을 마음속으로 생생하게 그랬는데 가령 자신이 고객을 위해 직접 음식을 준비해서 대접하는 장면을 상상하는 식이었다.

"나는 팔을 날개처럼 사뿐히 뻗어 고객 앞에 음식 접시를 내려놓는 모습을 실제처럼 그려보았어요. 마치 그 광경이 눈앞에서 펼쳐지는 것처럼 말이죠."

이런 상상 속 손님 접대는 스타워키가 구현하고 싶은 봉사와 환대 정신을 상기해 주는 상징적인 행동이었다. 그뿐 아니다. 스타워키는 고객을 만나기 전에 스트레스를 낮추기 위해 호흡을 활용하거나 프레젠테이션을 준비할 때 특정 확언을 반복해서 자기 암시를 걸기도 했다. 긍정적인 자기 선언문은 자신의 정체성, 자신에 대한 믿음과 확신을 각인하는 효과가 있었다.

대학생 때는 리더십의 맛을 느껴볼 기회가 많다. 이는 실험할 여지가 충분히 열려 있는 순간이라고 해석해도 좋다. 무언가를 시도하고 대가가 너무 크지 않은 실수를 하며 그 실수를 딛고 회복하라. 이런 식으로 실수를 이용하면 성장 기회도 풍부해진다. 이런 기회를 누구보다 적극적으로 활용한 사람이 있다. 편의상 그를 '나디아Nadia'라고 부르겠다.

나디아는 유명 컨설팅 회사에서 컨설턴트로 일하고 있다. 성공한 비즈니스 리더를 꿈꾸던 나디아는 대학생 시절 그런 경력의 토대를 닦기 위해 열정을 불태웠다. 그런데 막상 리더가 되자 여기저기서 자신을 향한 부정적인 반응을 감지하게 되었다. 훗날 나디아는 그 경험을 떠올리며 자신이 남들보다 통제 성향이 강하다는 인상을 주는 것 같다고 말했다. 무슨 일이 있었던 것일까?

엄밀히 말해 나디아는 원래도 지배 성향을 가지고 있었다. 그런 마당에 개혁을 공약으로 삼아 총학생회장에 당선되자 그 성향이 더 강해졌다. 나디아는 총학생회장으로서 자신의 선거 공약이었던 변화를 실현해야 할 의무가 있다고 생각했다. 아울러 변화를 일정표대로 한 치의 차질도 없이 추진하기 위해 학생회 간부들을 강하게 몰아붙일 권한도 있다고 여겼다. 간부들은 크게 좌절하기 시작했고 마침내 나디아도 그 사실을 알아차렸다.

나디아는 문제를 해결하기 위해 통제 수위를 약간 낮추자는 목표를 정했다. 그렇다고 한순간에 통제형 리더에서 자유방임형 리더로 변신하려는 욕심은 내지 않았다. 나디아는 장기간에 걸쳐 점차 다양한 전략을 시험할 생각이었다. 눈치챘겠지만 이것이야말로 유연함의 기술이 추구하는 전형적인 전략이다. 새로운 무언가를 시도해서 추이를 지켜본 다음 피드백과 결과에 기초해 다음 단계를 결정하라.

나디아는 가장 먼저 주변 사람들에게 약간의 권한을 위임해 보기로 했다. 단 결과물에 들어 있어야 할 여러 조건은 엄격히 고수하되 그 일을 어떻게 하는지는 예전처럼 시시콜콜 지시하지 않고 어느 정도 각자의 재량에 맡겼다. 그 실험은 시작하자마자 대박이었다. 나디아는 학생회의 한 간부에 관해 이렇게 말했다.

"한 간부가 굉장한 아이디어를 생각해 냈어요. 그는 자기 생각대로 일을 진행하더니 놀라운 결과물을 만들어 냈죠. 솔직히 기대 이상이었어요!"

이번에는 프로젝트 일정을 잘 관리하기 위해 새로운 방식을 시험해 보기로 했다. 지금껏 나디아는 마감 시간을 맞추지 못한 동료가 있으면 이유를 막론하고 질책하기 바빴다. 나디아는 채찍질만 하던 방식을 완화해 보기로 했다. 누군가가 마감 일자까지 프로젝트를 완수하지 못하면 나디아는 다음과 같은 이메일을 보냈다.

> 수고가 많아요. 오늘이 마감인데 아직 마무리를 못 했나 보네요. 프로젝트를 끝내기 위해 도움이 필요하면 어려워하지 말고 알려주세요. 다른 뜻은 없어요. 그저 당신이 굉장히 멋진 이번 프로젝트를 잘 마무리할 수 있기를 바라요.

이번에도 결과는 만족스러웠다. 나디아를 향한 동료들의 반응이 몰라보게 달라졌다. 그들은 나디아가 자신들을 통제하지 않고 권한과 힘을 주었다고 생각했다. 또한 대개는 나디아의 이메일을 받은 뒤 맡은 일을 신속하게 완수했다.

나디아는 성공적인 이런 실험들을 발판으로 자신의 전반적인 리더십 양식을 개선하기 위한 방법론을 정립할 수 있었다. 실험들이 타고난 성격을 단박에 바꾸어 놓았다는 말은 아니다. 나디아는 자신도 인정하듯 여전히 통제광의 면모를 가지고 있다. 하지만 너무 가혹하지 않은 방식으로 주변을 통제하는 방법을 배웠다. 그리고 경영대학원에 진학해서 학업과 클럽 리더를 병행하는 동안에는 권한 위임형 리더십 양식을 더욱 갈고닦았다. 이런 권한 위임형 리더가 전달해야 하는 핵심 메시지는 '당신의 목표가 무엇인지 말해주면 그 목표를 달성하도록 도와주겠다.'이다. 단언하건대 이런 시각은 세계적인 컨설팅업체 매킨지앤드컴퍼니^{McKinsey & Company, 이후 '매킨지'}에서 컨설턴트로 일을 시작한 나디아의 미래에 청신호를 밝혀줄 것이다.

이런 사례가 말해주는 교훈은 명백하다. 사실상 모든 경험은 실험하고 학습하는 기회가 될 수 있다. 실험 아이디어는 출처에도 형식에도 거의 구애받지 않는다. 회의 진행 방식에 변화를 주려는 비엘, 프로젝트 관리법을 개선하고 싶었던 나디아처럼 일부 실험은 대인관계 역학에 초점을 맞춘다. 반면 고객을 만나기 전에 정신 훈련을 시도했던 카린 스타워키의 사례에서 볼 수 있듯 어떤 실험은 기분, 마인드셋, 기대 같은 내면의 힘에 집중한다.

한 가지 더 당부하자면 무언가를 하지 않기 위해 실험을 하기도 한다. 이번에도 나디아가 좋은 사례를 보여준다. 최근 나디아의 남편은 나디아가 너무 빨리 반응하는 바람에 상대에게 방어적인 태도를 취하게 한다고 말했다. 나디아는 이 이야기를 듣고 새로운 실험을 시작했다. 나디아도 자신에게 그런 일면이 있음을 인정했다. 아마 고등학생 시절 토론 팀에서 활동했을 때 그런 성향이 생긴 것 같았다. 요즘 나디아는 누군가에게서 질문을 받았을 때 1초 멈춤의 효과를 시험하는 중이다. 아직 결과는 나오지 않았지만 어떤 결과를 얻느냐에 따라 1초 멈춤은 나디아의 의사소통 도구함의 새 식구가 될지도 모른다.

물론 유연성 강화 실험은 직무 외 상황에도 이용할 수 있다. 경영대학원을 졸업한 파자르Fajar는 최근 아시아에 있는 한 IT 기업의 제품개발책임자Director of Product Development가 되었다. 그는 기술적 역량, 관리 기술, 재무 능력에서는 누구와 비교해도 빠지지 않을 자신이 있었다. 솔직히 흠잡을 데 없이 훌륭했다. 하지만 창의력이라면 사정이 다르다. 회사가 IT 세상을 주도하는 일류 혁신 기업으로 성장하도록 힘을 보탤 만큼 자신이 창의적인지를 묻는다면 파자르는 영 자신이 없었다.

"나는 완벽히 좌뇌형 인간입니다. 논리를 관장하는 왼쪽 뇌가 잘 발달해 있죠. 나는 우뇌를 활성화하고 싶습니다."

파자르는 '이미지의 뇌'라고 불리는 우뇌를 자극하기 위해 독특한 실험을 시작했다. 현재 그는 서예 연습에 한창이다. 예전에 서예 강좌를 수강했던 한 친구가 붓과 먹물로 글자를 쓰는 모습을 보았는데 이 장면에서 실험 아이디어를 생각해 냈다. 파자르는 서예 강좌에 등록했고 오늘날 그는 자신의 마인드셋이 여러 면에서 달라지고 있다는 점을 실감한다.

"나는 더욱 균형 잡히고 아름다운 붓글씨를 만들어 내도록 내 손과 자세와 심지어 감정까지 통제하는 법을 배우고 있습니다. 그 과정에서 다른 여러 변화도 실감하죠. 예컨대 예술 작품의 아름다움을 감상하는 능력만이 아니라 주변 환경에 대한 감수성도 날로 풍부해지고 있습니다. 관찰력과 끈기도 커지고 있고요. 예전의 나는 예술적 재능이 전혀 없다는 푸념을 입버릇처럼 달고 살았는데 더는 그런 걱정을 하지 않습니다. 요즘에는 열린 태도와 정신으로 이 도전에 접근 중입니다. 그러자 새로운 여러 방식에도 눈을 뜨게 되었습니다."

서예는 첨단 기술 분야의 혁신자가 되겠다는 파자르의 목표와 직접적인 관련이 없다. 물론 스티브 잡스^{Steve Jobs}가 즐겨 했던 말은 나도 잘 안다. 잡스는 오리건주 포틀랜드에 위치한 리드칼리지^{Reed College}에서 전공과 상관없는 캘리그래피를 배웠다. 여담이지만 그는 한 학기를 끝으로 대학을 자퇴했다. 어쨌든 그는 그때 배운 캘리그래피가 훗날 애플의 초창기 맥Mac 컴퓨터를 디자인할 때 아름다운 활자체를 개발하도록 영감을 주었다는 말을 자주 했다. 그러나 파자르의 실험은 잡스의 경우와 근본적으로 다르다. 서예는 파자르가 일과 삶에서 효율을 높여줄 새로운 정신 기술을 개발하기 위한 하나의 방법이었다. 다시 한번 강조하지만 그것이 바로 유연함의 기술의 핵심이다.

가끔은 본인의 주관적 안녕감에 성공 여부가 크게 좌우되는 지극히 사적인 일회성 실험을 설계해야 할 때도 있다. 비영리 교육 봉사 단체 티치포아메리카의 교사로 자원했던 내 둘째 딸 해나가 그런 경우였다. 해나는 티치포아메리카의 기간제 교사로 일하는 중에 자막 서비스를 제공하는 한 기업과 프리랜서 계약을 맺고 단기 임시직을 병행했다. 양쪽 모두 온라인으로 처리해야 하는 업무가 자주 발생했다. 특히 2020년 코로나바이러스 대유행 때는 더욱 그랬다. 이렇듯 각 업무에 많은 시간이 요구되는 데다 새로운 뉴스와 최신 정보에도 끊임없이 신경을 써야 해서 부담이 컸다. 결국 해나는 중압감에 압도되어 자신이 삶에 끌려다니는 노예 같다고 생각했다. 해나는 삶의 주도권을 되찾기 위해 새로운 실험을 하기로 했다.

해나는 '기술 없는 주말No-Tech Weekend'을 시도해 보기로 했다. 이 실험의 목적은 하나였다. 삶이 흘러가는 대로 따라가는 대신 자신이 진정으로 무엇을 바라고 원하는지를 생각할 시간과 공간을 갖는다.

기술 없는 주말이 다가오자 해나는 하마터면 보편적인 함정에 빠질 뻔했다. 새 프로젝트를 시작하거나 욕실 대청소를 하는 등 주말을 생산적으로 보내야 한다는 압박감이 스멀스멀 고개를 들기 시작했다. 해나는 그런 충동을 과감히 떨쳐냈다. 그러고는 아무 일정도 만들지 않고 주말 동안 한껏 빈둥거려 보기로 마음먹었다. 심지어 주말 동안 전화, 문자 메시지, SNS 게시글을 무시하겠지만 그 때문에 미안해하지 않을 거라고 친구들에게 미리 양해까지 구했다. 주말 동안 해나는 요가와 독서를 하고 평소보다 조금 더 정성을 들여 저녁을 준비했다. 강아지와 산책할 때도 다른 날이라면 뭔가에 쫓기듯 후딱 해치웠겠지만 이번에는 조금 더 오래 산책하고 공원에서 강아지와 나란히 앉아 여유를 즐기기도 했다. 주말 내내 대단한 일은 하나도 하지 않았다. 해나는 생산적으로 시간을 써야 한다는 압박감 없이, 스마트폰이나 다른 사람의 기대에도 철저히 관심을 끈 채 오로지 자신이 하고 싶은 일을 하며 시간을 보냈다.

실험 결과는 만족스러웠다. 일단 친구들이 SNS에서 과시하는 멋진 주말과 자신의 주말을 비교하고픈 유혹에서 완전히 해방되었다. 또한 텔레비전과 인터넷이 끊임없이 쏟아내는 뉴스도 완전히 끊어냈다. 그런 뉴스를 거부하지 못해 불안과 분노의 진창에서 허우적거리는 사람이 어디 한둘인가. 대신 해나는 꼬박 이틀을 자신에게만 집중하며 보냈다. 뭐니 뭐니 해도 월요병이 사라졌다는 사실이 제일 중요했다. 주말 내내 빈둥거리고 나자 월요일에는 기분이 훨씬 상쾌했고 다음 주말까지 활기가 하늘을 찔렀다.

실험 아이디어가 잘 생각나지 않을 때는 어떻게 하면 좋을까? 친구, 동료, 멘토, 코치를 적극적으로 활용하라. 학생이라면 동기와 이야기해도 좋다. 내가 주최하는 유연함의 기술 워크숍에서 우리는 집단지성을 이용해 실험 아이디어를 얻는다. 각 참가자가 자신이 추구하고 싶은 목표를 설명하면 나머지 참가자들이 그가 시도할 수 있는 새로운 아이디어를 제안한다. 물론 개중에는 어설프고 비현실적인 아이디어도 있지만 뛰어난 아이디어도 있게 마련이다. 영감이 필요한 참가자는 마음에 드는 제안이 있으면 자유롭게 실험할 수 있다.

어떤 완벽주의자의
열 가지 실험 훈련법

실험의 힘을 더 정확히 이해하기 위해 어떤 완벽주의자의 성장 도전기를 살펴보자. 주인공은 3장에서 소개했던 크리스 머치슨이다. 머치슨은 치과의사에게서 수면 중 이를 가는 버릇이 통증을 유발할 정도로 심각하다는 경고를 들었다. 꼼꼼하기로는 둘째가라면 서러울 정도였던 그는 이참에 완벽주의 성향을 완화해 보기로 목표를 정했다. 머치슨의 노력은 그게 다가 아니었다. 그는 자신의 블로그에 완벽주의 성향을 완화하기 위해 계획한 모든 단계를 간략히 소개했다. 몇 가지는 자신의 내면을 성찰하는 내적 탐구였지만 유연성 강화 실험도 몇 가지 있었다. 머치슨은 이 실험을 마음속으로는 물론이고 동료나 주변 사람들을 대상으로도 수행하기로 계획했다. 그가 블로그에 공개한 열 가지 훈련법은 다음과 같다.

- **자기 인식력 재고**: 내가 어째서 완벽주의 성향을 갖게 되었는지를 이해해야 한다. 이런 성향은 어디서 기인했을까? 이 성향의 장점은 무엇일까? 질문에 답하기 위해 워크숍, 서적, 전문 상담사, 코치, 친구, 가족의

도움을 받는다.

- **자기 연민하기**: 자신을 있는 그대로 인정하고 이해하자. 완벽주의의 옷을 벗고 주변에 내 진짜 모습을 보여줄 수 있도록 자신에게 관대해지자.
- **파멸적인 생각 멈추기**: 자신에게 일어날 수 있는 최악의 시나리오가 무엇인지 자문하자. 너무 최악이라 일어날 확률이 전혀 없다는 결론이 날 때까지 확대해 상상해 보자.
- **새롭게 프레이밍하기**: 생각과 현실 사이에 격차가 있다는 사실을 받아들이자. 내가 생각하는 현실과 정반대인 상황을 상상해 기존 세계관에 의문을 가지자. 열린 태도를 유지하자.
- **내려놓기**: 완벽해야 한다는 충동에 굴복할 때 내 머릿속을 장악한 생각을 확인하고 이를 무시하자. 생각에서 벗어나 행동에 집중하는 마음챙김 훈련법을 실천하자.
- **삶을 지속적인 하나의 실험으로 생각하기**: 작은 위험을 감수함으로써 나의 취약한 부분을 수면 위에 올리고 그 결과를 토대로 자아상을 조정하자.
- **피드백 구하기**: 실패나 실수라고 생각하는 무언가를 곱씹으며 시간을 낭비하지 않도록 주변에 구체적인 피드백을 구하자.
- **즉흥적으로 해보기**: 계획을 짤 때 의도적으로 여백을 두고 충동에 더 마음을 열도록 연습하자. 자신을 디스Dis하며 웃고 삶을 덜 심각하게 받아들이는 방법을 배우자. 즉흥 연기 워크숍에 참가한 덕에 나는 큰 변화를 경험했다. 이는 신의 한 수였다.
- **믿기**: 현재 상태로도 충분하다고 믿자. 언제나 더 노력해야 하는 것도 아니고 더 노력해도 반드시 좋은 결과로 이어지지 않는다고 믿자.

- **아군 만들기**: 비밀주의 노선에서 벗어나 내가 완벽주의 성향을 가진 사람이라고 주변에 알리자. 그리고 그들이 내미는 도움과 지지의 손을 붙잡자. (…) 내가 완벽주의 성향을 드러낼 때 그들이 비웃어도 상처받지 말자.
- 이것은 연습이다.[5]

화룡점정은 머치슨이 글을 어떻게 끝맺었느냐다. '이것은 연습이다.'라는 문장에 함축된 의미는 유연함의 기술에 완벽히 부합한다. 핵심은 무언가를 시도하는 것이다. 하나의 아이디어를 실천하고 그 영향을 관찰하라. 그런 다음 다른 아이디어를 시도하라. 효과적인 아이디어를 발견한 후에는 그것이 습관이 될 때까지 연습하라. 이 습관은 당신의 일과 삶을 더욱 효과적이고 보람차게 만들어 주는 뉴노멀의 일부가 된다.

실험을 가로막는 심리적 장애물

실험 때문에 사람들이 하는 걱정은 크게 두 가지다. 첫째로 사람들은 일관성을 걱정한다.

"내가 실험을 한다고 내일부터 다르게 행동하고, 그 이후에 또 완전히 다른 변화를 시도하면 주변 사람들이 혼란스러워하지 않을까?"

두 번째 걱정은 잠재적인 실패와 관련 있다.

"대인관계나 프로젝트 관리, 팀을 이끄는 리더십 방식에 변화를 주었다가 크게 실패하면 내 이미지가 심각하게 훼손되지 않을까?"

세상은 정말 재미있다. 이런 걱정을 하는 사람이 얼마나 많으면 일관성과 실패에 관한 걱정이 타당한지 검증하는 연구가 있을 정도다. 연구가들은 사람들에게 두 종류의 리더를 소개했다. 장기간에 걸쳐 일관된 행동 방침을 따르는 리더와 행동 방침이 일관되지 못한 리더. 연구가들은 각 리더가 과제를 성공적으로 수행했는지 실패했는지에 관한 정보도 제공했다. 설명을 다 들은 피험자들은 각 리더의 성과를 점수로 매겼다.

결과를 말하자면 비일관성을 향한 두려움과 실패를 향한 두려움, 둘 중 한 가지는 타당한 걱정이라는 점이 명확히 드러났다. 당신은 둘 중 무엇이 더 현실적인 걱정거리라고 생각하는가? 연구 결과에 따르면 비일관성을 두려워할 만한 근거는 매우 약하다고 한다. 반면 실패는 두려워할 만한 다수의 분명한 증거가 있다.

일관적으로 행동하지 않았어도 성공적인 결과를 이끌어 낸 리더는 상당히 좋은 평가를 받았다. 이는 방식과 전략을 수시로 바꿔 줏대 없어 보이는 리더일지라도 결과가 좋으면 기꺼이 지지와 칭찬을 받는다고 해석할 수 있다. 따라서 일관성이 없다는 인상을 줄까 걱정되어 실험하기가 꺼려진다면 그런 걱정은 시간과 감정 낭비이니 한시라도 빨리 떨쳐내라. 모로 가도 서울만 가면 된다는 속담처럼 좋은 결과를 만들어 낼 수만 있다면 대부분의 리더에게 비일관성은 아무 문제가 되지 않는다.

반면 일관적으로 행동했으나 과제에서 실패한 리더는 피험자들에게서 더 낮은 점수를 받았다. 이렇게 볼 때 우리는 누군가가 성공적인 결과를 만들어 내지 못한다면 일관성을 대단한 장점으로 생각하지 않는 것이 확실하다.

결론은? 실패를 두려워한다면 실질적인 위험이 따른다. 그러나 그 위험은 충분히 관리할 수 있다. 특히 작은 규모의 실험으로 시작하면 위험을 최소화할 수도 있다. 가령 팀 프로젝트를 수행하기 위해 필요한 자본을 배분하고 조정하는 새로운 방법을 찾고 싶어졌다고 가정하자. 이럴 때는 업무의 성공 여부가 크게 중요하지 않은 소규모 프로젝트에서 실험해 보라. 실험이 성공하고 나면 가시성과 중요도가 더 큰 프로젝트에 똑같은 변화를 적용해 보라. 이렇게 접근하면 실패해도 고통받을 위험이 덜하고 성공했을 때는 달콤한 열매를 즐길 수 있다. 이것은 제약업계가 신약 개발 시 치사 위험이 있는 약물을 사용할 확률을 제거하기 위해 소수의 환자를 대상으로 후보 물질을 임상 시험하는 방법과 비슷하다. 이런 소규모 시험을 통해 신약의 기본적인 안정성을 검증한 다음에야 연구가들은 그 약의 효능을 확인하기 위한 대규모 연구를 시작한다.

그렇지만 위험은 실질적인 문제다. 특히 성과 증명 마인드셋을 가진 사람은 위험을 감수하면서 실험하기 어려울지도 모른다. 대조적으로 학습 마인드셋을 가진 사람은 합리적인 수준의 위험을 더 쉽게 감수한다. 솔직히 말하면 학습 마인드셋을 가진 사람은 실패 확률이 클 때조차 새로운 무언가를 자유롭게 시도한다. 성과 증명 마인드셋과 학습 마인드셋에 관해 더 자세히 알고 싶다면 2장의 초반부를 참조하라.

2장에서 소개했던 리사 샬렛을 떠올려 보자. 금융 전문가인 샬렛은 학창 시절 일본에서 도전에 직면했다. 학습 마인드셋에 의지헤 그 도전을 이겨낸 만큼 샬렛은 학습 마인드셋의 중요성을 누구보다 잘 안다.

"나는 우리가 자신의 안전지대 바깥을 향해 자발적으로 나가야 한다고 생각해요. 이건 정말 중요해요. 안전지대에서 벗어나기 위해 의식적으로 노력한다면 일단 마음의 문이 열리고 시야가 넓어져요. 또한 안전지대에서는 영원히 못 할지도 모를 경험도 할 수 있죠. 그런데도 안전지대에서 한 발짝도 나오지 않은 채 오직 전문성을 얻으려고 자신을 궁지에 몰아넣는 사람이 얼마나 많은지 안타까울 따름이에요. 그들의 단골 레퍼토리는 빤하죠. '나는 이 일에서 최고가 되고 싶어', '나는 저 일에서 전문가가 될 거야'. 그러다 보면 그 영역 안에서 편협한 삶을 살 수밖에 없어요. 오해하지 마세요. 일본이든 어디든 낯선 곳에서 살아야 한다는 뜻은 아니에요. 다만 배우는 길 외에 다른 선택의 여지가 없는 상황에 제 발로 들어가 보라는 말이에요."

리사 샬렛이 말하는 피할 수 없는 학습 상황에 자발적으로 뛰어드는 아주 좋은 방법이 있다. 바로 실험이다. 유연성 강화 실험은 무언가를 학습하고 개발할 기회를 제공한다. 더군다나 그런 실험으로 어떤 손실이 발생하든 당신의 노력으로 충분히 관리할 수 있다.

도전적인 실험 정신이 무엇인지 보여주는 완벽한 사례가 있다. 나디아는 극복하고 싶은 도전과 시험 중인 새로운 행동에 관해 설명할 때마다 아래의 문장을 반복해 사용한다.

"나는 이렇게 하려고 열심히 노력 중이다."

"나는 저 일에서 완벽하지 않다."

"나는 여전히 작업 진행 중인 미완성 작품이다."

이런 식의 말에는 변화와 성장을 향한 나디아의 개방적인 마인드셋이 고스란히 반영되어 있다. 그뿐 아니다. 실험이 주는 보상을 손실과 맞바꾸겠다는 단호한 의지도 보여준다. 더 넓은 시야를 갖는 대신 적정한 수준의 위험은 감수하겠다는 의지 말이다. 이런 태도야말로 많은 사람이 실험 앞에서 자신을 주저앉게 만드는 정신적 장애물을 이겨내는 최고의 방법이다.

실패를 대하는 올바른 자세

실험의 성공 확률을 끌어올리기 위해 우리가 사용할 수 있는 비법이 하나 더 있다. 특정 경험에서 추구하고 싶은 유연성 강화 목표가 있을 때 목표를 연구하는 전문가들이 '실행 의도Implementation Intention'라고 부르는 무언가를 설정하라. 쉽게 말하면 실행 의도는 두 가지로 구성된 계획이다. 첫째는 실험에 걸림돌이 될 수 있는 우발적인 장애물이고, 다른 하나는 그 장애물에 효과적으로 대응하는 방법이다. 요컨대 실행 의도는 목표를 추구하는 과정에서 계획에 없거나 계획과 어긋나는 사건이 벌어질 경우를 대비한 비상 대책, 즉 플랜 B를 준비하는 태도와 관련 있다.

사이먼 비엘도 실행 의도 기법을 사용했다. 잠시 기억을 더듬어 보자. 비엘은 친근하고 사교적인 사람이 되겠다는 목표를 세웠고 목표를 달성하기 위해 몇 가지 실험을 계획했다. 위원회 회의 시간에 남들보다 일찍 도착해 보자는 실험도 그중 하나였다. 비엘은 이 실험을 계획하면서 마음에 걸리는 점이 하나 있었다. 회의 직전에 긴급한 상황이나 장애물이 나타나 일정이 복잡해지는 경우가 가끔 있었다. 실제로 계획에 없던 시급한 업무가 생기는 바람에 의도치 않게 회의에 지각한 경우도 더러 있었다.

비엘은 이런 예기치 못한 상황이 벌어져 실험을 망치지 않도록 실행 의도를 결정했다. 그는 회의가 시작되기 15분 전에 알림이 울리도록 컴퓨터를 설정해 두기로 했다. 그리고 알람이 울리고 알림 배너가 뜨면 평소 습관대로 15분의 짬을 이용해 소소한 업무를 한 가지 처리하려고 서두르는 대신 곧장 자리에서 일어나 회의실로 향할 계획이었다. 지금껏 작은 욕심을 부리다가 더 큰 방해를 받거나 주의가 흩어지기 일쑤였기 때문이다.

실행 의도에 관한 또 다른 사례를 알아보자. '존John'이라는 사람은 더 마음을 열어 팀원의 아이디어와 의견을 적극 수용하겠다는 목표를 세웠다. 그런 다음 그는 목표를 달성하기 위해 팀 회의 중에 수행할 실험을 계획했다. 누군가가 아이디어를 제안하면 아이디어 자체에 반응하기보다 방금 자신이 들은 말을 요약해서 말해볼 계획이다. 이 실험에는 두 가지 효과가 있다. 먼저 존은 팀원들의 발언에 신중하게 귀를 기울여야 한다. 또한 반응을 보여주기 전에 발언자가 한 이야기를 완벽히 이해해야만 한다. 이 실행 의도는 잘하면 존이 빠르게 목표를 달성하게 할 지름길이 될 수도 있다.

한편 존은 이 실험을 계획하는 중에 장차 이 계획에서 경로를 이탈하게 되는 여러 시나리오를 상상해 보았다. 일어날 확률이 큰 시나리오가 하나 금방 떠올랐다. 존은 누군가가 징징거리는 말투로 이야기할 때 그것에 귀 기울이기를 정말 어려워한다는 점을 스스로 인지하고 있었다. 그런데 '마티Marty'라는 팀원은 걸핏하면 그런 말투로 이야기한다. 그럴 때마다 존은 짜증이 난 나머지 귀를 닫고 곧바로 부글거리는 속내가 온 얼굴에 드러난다. 그렇게 되면 개방적 태도를 갖기 위한 모든 노력이 수포로 돌아간다. 존은 이런 불상사에 단단히 대비해야 했다. 그래서 누군가가 징징대는 어투로 말하는 사태를 대비해 실행 의도를 신중하게 선택했다.

'어떤 팀원이 징징대는 투로 사안을 제기하면 나는 신중하게 귀를 기울인 다음 그 사람이 한 말을 반복해 말하기 위해 극도로 신경을 쓰겠다.'

존처럼 사전에 실행 의도를 수립하기만 해도 실험 계획을 고수하기가 쉬워질까? 단언컨대 그렇다. 이는 사견이 아니다. 실행 의도가 집중력과 효율을 유지하는 능력을 현저하게 높여준다는 사실을 뒷받침하는 연구는 차고 넘친다. 실행 의도는 자신을 목표에서 이탈하게 만들 잠정적 사건을 깊이 고려하고 그런 일이 벌어졌을 때의 행동 수칙을 미리 계획하는 행위를 일컫는다. 이런 실행 의도를 수립하면 세 가지 큰 이득이 있다. 첫째, 당신이 직면할 장애물이 무엇인지 명백히 드러난다. 둘째, 사전 계획에 근거해 고려할 선택지가 압축된다. 셋째, 자동적·목표 지향적·성공적으로 행동할 확률이 커진다.

유연성 강화 실험과 관련해 마지막으로 한 가지 당부하자면 첫술에 배부르기를 기대하지 마라. 어떤 것이든 하나의 실험에서 배울 수 있는 교훈은 한정되어 있다. 유연함의 기술을 이용하면 업무 중에 다양한 실험을 시도할 수 있고 이를 일상의 한 부분으로 만들 수도 있다. 실험이 일상이 되면 당신은 실험을 매일 즐기게 될 것이다. 자신이 얼마나 영리해지고 강해지며 효율적으로 변할 수 있는지를 겨루는 일종의 게임이 되는 것이다. 그리고 각 실험의 결과가 누적되면 당신은 놀라운 성취를 손에 넣을 것이다.

5장

성장 공동체를
구축하라

피드백이 학습 효과를 극대화한다

당신이 효율적인 사람인지 아닌지 결정하기에 자신의 판단만으로는 충분하지 않다. 주변 사람들이 당신을 어떻게 생각하는지도 이해해야 한다.

한 사람의 삶에는 대부분 중요한 이해관계자들이 있다. 당신도 그럴 것이다. 이해관계자란 '저 사람이 나를 어떻게 생각하는지가 중요해.'라고 생각하게 하는 사람을 말한다. 일에서는 상사, 동료, 고객, 후배가 범주에 들어간다. 가정과 지역 사회에서는 가족, 친구, 이웃, 여타의 지인이 그렇다. 이런 사람 모두가 당신이 성장하는 데 결정적인 역할을 할 수 있다. 그렇기 때문에 그들이 당신을 어떻게 생각하는지 이해하는 것이 중요하다. 그들이 당신을 어떻게 생각하는지 알아내는 좋은 방법은 피드백을 얻는 것이다. 그들은 당신의 실험이 성공적이라고 생각할까? 그들은 당신이 목표로 정한 기술이 점점 발달하고 있다고 생각할까? 이런 질문에 답하려면 그들의 반응을 주의 깊게 관찰하고 가끔은 직접 피드백을 요청해야 한다.

피드백은 다양한 경로로 얻을 수 있다. 4장에서 소개했던 나디아를 예로 들어보자. 나디아는 배움과 성장을 향한 누구보다 뜨거운 열망을 가지고 있다. 그러나 자신의 약점을 정확히 이해하지 못할 때가 더러 있다는 사실도 잘 안다. 다행히도 나디아에게는 든든한 아군이 한 명 있다. 바로 남편이다. 편의상 그를 '덩컨Duncan'이라고 부르자. 부부가 공공장소에 함께 있을 때 나디아가 열정을 가라앉힐 필요가 있다고 판단하면 덩컨은 팔꿈치로 나디아를 살짝 찔러 신호를 보낸다.

'맙소사, 당신은 방금 안 하느니만 못한 말을 한 것 같아.'

또한 회의나 발표처럼 중요한 행사가 있었던 날이면 나디아는 퇴근 후 남편에게 그날의 일을 미주알고주알 털어놓는다. 그러면 둘은 잘한 일과 잘못한 일에 관해 밤늦도록 이야기꽃을 피운다. 말하자면 나디아에게 덩컨은 또 다른 눈과 귀 같은 존재다. 덩컨은 나디아가 더 잘할 수 있었던 사소한 부분과 다음 행사 전에 개선할 작은 부분까지 포착해 알려준다.

우리는 나디아와 인터뷰 중에 혹시 남편에게서 비판의 말을 듣기가 거북한지 물었다.

"그런 마음은 눈곱만큼도 없어요. 오히려 내가 매번 남편에게 피드백을 요구하죠. 나는 남편이 어떤 마음으로 쓴소리를 하는지 잘 알아요. 어떻게든 나를 도와주고 싶어서겠죠. 물론 나도 사람인지라 남편의 말 때문에 한두 번 눈물을 흘리고 방어적으로 행동한 적이 있어요. 자신의 실수를 인정하기란 늘 쉽지 않죠."

우리는 모두 나니아의 기분을 십분 이해할 수 있다. 피드백을 받아들이기 어려운 것은 당연하다. 하지만 피드백이 얼마나 중요한지도 잘 안다. 당신의 특정한 경험을 주변 사람들이 어떻게 생각하는지 아는 것은 중요하다. 그런데 피드백을 받지 않으면 어떻게 될까? 개인적 효율성을 판단할 수 있는 많은 정보를 그냥 날리는 셈이다. 이게 다가 아니다. 당신의 실험이 특정 집단에 어떤 영향을 미치는지 그리고 당신이 목표를 향해 순항 중인지 배울 많은 기회도 함께 사라진다.

주변 사람들은 당신의 전문가라고 해도 과언이 아니다. 그들은 당신이 어떤 기분인지, 어떤 인상을 풍기는지 포착하며 당신의 행동을 일일이 해석한다. 억양같이 작은 부분까지 놓치지 않고 주의를 기울이고, 나름의 결론을 도출하고 신뢰성, 진실성, 친근함 등을 체크하며, 당신이 어떤 사람인지를 전체적으로 파악한다. 당신 자신조차 모르는 많은 사실까지 훤히 꿰고 있는 경우도 허다하다. 이 장 제목에서 말한 '성장 공동체'는 이런 정보를 얻는 일과 관련 있다. 사실 이 단어는 우리가 인터뷰했던 어떤 사람에게서 들었다. 그 사람은 주변의 피드백에서 발견한 가치를 설명하기 위해 '성장 공동체'라는 단어를 사용했다.

자신만을 위해 혼자서 무언가를 할 때는 하나부터 열까지 당신 마음대로 해도 된다. 목표도, 그 목표를 달성할 방법도 직접 결정하면 그만이다. 당신의 행동도 마음대로 평가해도 좋다. 당신의 노력과 그에 따른 결과를 마음껏 지지하고 지금까지처럼 삶을 계속해도 누구 하나 나무라지 않는다. 샤워하면서 노래를 흥얼거릴 때를 생각해 보면 쉽게 이해할 수 있다. 자신의 목소리가 멋지게 들려 미소를 짓든 자신의 노래 실력에 감복해 엄지손가락을 들든 무슨 짓을 해도 상관 없다. 하지만 조금 더 복잡한 무언가를 할 때는 이야기가 달라진다. 혼자 샤워할 때와 달리 업무에는 다른 사람들이 엮여 있다. 이런 상황에서 복잡한 무언가를 한다면? 더군다나 당신의 성과를 판단할 때 그들의 주관적인 평가가 중요하다면? 당신은 상황이 계획대로 흘러갈 수 있게 조치를 취해야 한다. 이럴 때는 그 과정에 이정표를 넣으면 좋다.

거두절미하고 당신이 성장하기 위해서는 피드백이 필요하다. 일과 삶에서 수행하는 것은 상당 부분 주관적으로 평가된다. 이는 주변 사람들이 우리를 어떻게 생각하는가가 중요하다는 뜻이다. 이런 불가피한 현실은 당신에게 커다란 숙제를 안겨준다. 주변 사람들이 당신을 어떻게 생각하는지 이해하라. 자신의 인식과 주변의 평가가 엇갈리는 경우는 매우 흔하다. 가령 당신은 자신이 따뜻하거나 카리스마 있다고 생각하는데 주변 사람들은 당신을 그렇게 생각하지 않는다. 이러면 당신은 효율을 충분히 발휘할 수 없다. 당신은 팀의 미래를 위해 매우 명확하고 팀원들에게 영감을 주는 무언가를 제시했다고 생각하는데 팀원들은 당신의 메시지가 혼란스럽고 발표 태도에서 어떤 열정도 느끼지 못한다. 이러면 당신은 원하는 결과를 얻을 수 없다. 당신은 자신을 엄격하지만 마음은 따뜻한 리더라고 생각하는데 주변 사람들은 당신에게서 따뜻함이나 엄격함 중 한 가지만 발견할 수도 있다. 이러면 당신은 원하는 만큼 효과적인 리더가 될 수 없다. 이런 상황을 피하려면 어떻게 해야 할까? 방법은 딱 하나뿐이다. 피드백을 구하라. 당신을 어떻게 생각하는지 그들의 입을 통해 직접 들어라.

에릭 마크스Eric Marks는 은퇴하기 전 뉴욕에 본사를 둔 회계 회사 마크스파네스앤드슈론엘엘피Marks Paneth & Shron LLP에서 파트너이자 인적자원관리총책임자Director of Human Resources로 재직했다. 그는 당시에 배운 중요한 교훈으로 피드백을 꼽는다.

"업무 상황에서 누군가와 상호 작용할 때 당신이 상대에게 어떤 가치를 제공했는가는 오직 상대가 판단할 몫입니다. 사생활에서도 마찬가지입니다. 그들이 당신의 일이나 행동에서 무엇을 보는지 당신은 절대 알지 못합니다. 또한 그들이 어떻게 평가하는지도 알 수 없죠. 하찮아 보이는 가장 단순한 무언가가 극히 중요할 때도 있습니다."

마크스의 이 말은 이중 잣대에 관한 오랜 격언을 떠오르게 한다. '자신은 의도를, 타인은 행동을 잣대로 판단한다.' 우리는 의도를 기준으로 자신을 판단하는데 남은 행동을 토대로 우리를 판단한다는 말이다.

자신이 다른 사람에게 어떤 영향을 미치는지 진실로 이해하고 싶다면 피드백을 구하라. 당장은 물론이고 장기적인 발전을 위해서도 피드백은 선택이 아닌 필수다. 장기적으로 봤을 때 당신은 자신의 강점이 무엇이고, 무엇을 보강해야 하며, 무엇을 배워야 하는지 알아야 한다. 그래야 각 경험에서 하나하나 배워 마침내 원하는 곳에 다다를 수 있다.

피드백의 딜레마

본론부터 말하자면 피드백은 당신의 직업적·개인적 성장 모두에서 절대적으로 중요하다. 하지만 피드백을 얻는 일이 언제나 쉽지만은 않다.

직장에서는 연례 업무평가가 유익한 피드백을 얻을 수 있는 창구다. 그런데 이런 과정 자체가 가끔은 말썽의 소지가 있다. 관리자들은 이 과정을 싫어하는 것처럼 보이는데 여기에는 크게 두 가지 이유가 있다. 첫째는 업무평가 과정이 매년 자신에게 부담을 주기 때문이고, 두 번째는 이것이 직원 각자의 실제 업무 능력에 별다른 영향을 미치지 못하는 것처럼 보이기 때문이다. 실제로 많은 조직은 다년간의 경험을 토대로 연례 업무평가가 완전히 무의미하다는 결론을 내렸다. 이런 현상을 반영하듯 지난 10년간 비즈니스 세계에서는 업무평가를 전면 폐지하는 조직이 증가하고 있다.

연례 업무평가 제도를 유지하는 조직에서조차도 때로는 가치를 의심한다. 상사를 포함한 평가자들은 이따금 부정적으로 보일 만한 피드백을 제시하기를 꺼린다. 일차적으로는 마음이 불편해지기 때문이다. 또한 비판적인 피드백이 상황을 악화시킬까 봐 두려워하는 사람도 있다. 이것은 단순한 기우가 아니다. 이 사실을 뒷받침해 주는 연구가 있다. 연구가들에 따르면 아무리 정확한 내용일지라도 사람들은 부정적인 피드백을 더 기피한다고 한다. 그뿐 아니라 부정적인 피드백을 받은 직원은 때로는 긍정적인 피드백까지 의심한다고 덧붙였다.[1]

우리가 인터뷰했던 어떤 아프리카계 미국 여성도 피드백의 가치에 회의적이었다.

"사람들이 여성, 그것도 아프리카계 여성인 내게 부여하는 기대치는 내가 자신에게 기대하는 수준보다 훨씬 낮아요. 이런 경험은 셀 수 없이 많았어요. 내가 그들의 피드백을 성과 측정의 척도로 사용한다면 때로는 내 진짜 능력을 마음껏 발휘하지 못할 거예요. (…) 그들의 피드백은 '훌륭해요! 잘했어요. 정말 멋져요.' 일색일 테죠. 나를 보는 그들의 기대치가 매우 낮기 때문이에요."

만약 이 아프리카계 여성이 연례 업무평가에서 얻은 피드백에만 의지한다면 어떻게 될지 암울하다. 그는 성장과 발전에 필요한 아무 자극도 받지 못하고 사람들이 그의 업무 능력을 어떻게 생각하는지 진실도 영원히 모를 확률이 크다. 결국 그런 정보를 얻는 일은 온전히 그의 몫이 되고, 정보를 얻기 위해 직접 발로 뛰어야 한다.

조금 더 즉각적인 피드백을 원하는 사람도 연례 업무평가에만 의존해서는 안 된다. 더러는 실시간 피드백이 필요한 특수한 상황도 있다. 사람들이 당신의 발언을 어떻게 받아들였는지, 당신이 따뜻하고 유능하다는 인상을 주는지, 당신을 진실하다고 생각하는지 아니면 진실한 척 위선을 떤다고 여기는지, 불안할 때 당신이 효율을 갉아먹는 돌발 행동을 하는지 등이 이에 속한다. 물론 굳이 다른 사람을 거치지 않고도 피드백을 추론할 수 있다. 신규 고객을 확보하고, 정해진 기일 내에 프로젝트를 완수하고, 바라던 대로 승진하는 등의 당신의 업무적 성취를 관찰하면 된다. 하지만 당신이 배우고 성장하기 위해서는 조금 더 개인적인 피드백이 필요하다. 가끔은 그런 피드백을 쉽게 얻을 수 없어서 골치가 아프다. 개인적인 관계, 전문가 단체, 시민 조직, 자선 활동, 지역 사회 활동같이 업무 외 환경에서 중요한 성장을 이루려는 사람도 많다. 이런 사람에게는 연례 업무평가의 기회조차 주어지지 않는다.

조직 내부든 외부든 종종 피드백을 자발적으로 제공하기 어렵게 만드는 복병이 있다. '예의'와 '공손'이라는 사회 규범이다. 사람들은 말실수를 하거나, 상대의 감정을 다치게 하거나, 관계를 해칠까 걱정한다. 그래서 당신의 행동에서 긍정적인 무언가를 포착하거나 당신의 성과를 눈치챘을 때 당신에게 도움이 될 줄 알면서도 못 본 척 눈을 감는다.

이제 피드백에 관한 마지막 문제를 알아보자. 해결하기 가장 어려운 문제일지도 모르겠다. 우리는 정작 자신에게 피드백이 언제 필요한지 모를 때가 있다. 즉 피드백이 가장 필요한 때에 피드백을 얻지 못할수도 있다. 미시간대학 사회심리학자 데이비드 더닝David Dunning은 '더닝-크루거효과Dunning-Kruger Effect'를 설명하면서 이런 행동에 관한 이론적 근거를 제시한다. 더닝-크루거효과란 쉽게 말해 능력이 평균 이하인 사람은 자신의 능력을 과대평가하는 태도를 보인다는 것이다. 그들은 객관적인 데이터가 보여주는 수준보다 자신이 다양한 방면에서 능력이 더 뛰어나다고 생각한다. 반면 능력이 평균 이상인 사람들은 그들과 정반대다. 겸손해서든 현실에 안주하고 싶지 않아서든 아니면 다른 어떤 이유에서든 자신의 능력을 약간이나마 과소평가하는 경향이 있다.[2] 데이비드 더닝의 말을 직접 들어보자.

"사람들은 '남대문이 열렸다.'라거나 '얼굴에 뭐가 묻었네.' 같은 사소한 일은 아무 거리낌 없이 지적해 줄지도 모릅니다. 그러나 정작 크고 중요한 무언가에 관해서는 입을 다뭅니다. 이렇게 되면 당신은 당신이 무엇을 모르는지를 모르게 됩니다. 사무실에 왕따가 있다고 가정해 봅시다. 그는 아무 모임에도 초대받지 못했지만 자신이 초대받지 못했다는 사실 자체를 모릅니다. 또 자신이 사람들의 마음을 상하게 하는 식으로 행동한다는 사실도 모릅니다. 결국 그 사람은 행동을 개선할 기회조차 갖지 못합니다."

더닝과 동료 연구가들은 자기 평가와 관련해 매우 흥미로운 다른 현상도 발견했다. 사람들은 자신을 평가할 때 '시간 엄수'같이 명확히 정의할 수 있는 특성은 제대로 평가하면서도 '리더십 기술'이나 '정교함'같이 효율에 큰 영향을 미치는 복잡한 특성을 평가할 때는 판단력이 떨어졌다.[3] 자신의 능력을 잘못 평가한다는 사실을 인지하지 못한다는 점에서 이것은 '무지의 무지Unknown Unknowns' 중 하나다. 자신이 무엇을 모르는지를 모르는 무지는 사실상 외부의 도움 없이 해결하기가 거의 불가능하기 때문에 문제가 된다. 당신이 무엇을 모르는지조차 모르는 상황이라면 무슨 질문을 해야 하는지는 당연히 알 수 없다.

피드백을 잘 활용하는 일은 중요하다. 하지만 더닝-크루거효과 때문에 이는 생각만큼 쉽지 않다. 자신에게 문제가 있다는 사실조차 인지하지 못하는 마당에 문제 해결법을 원할 리가 있나. 한발 더 나아가 문제 해결법을 알기 위해 피드백을 요구하거나 피드백 속 단서에 주의를 기울일 일은 더더욱 없지 않을까. 우리는 자신이 무엇을 모르는지를 모르고 결과적으로 유연해질 수 없다. 유연성이 바람직하거나 필요한 자질이라는 사실조차 인지하지 못하기 때문이다.

장기적으로 자신의 효율을 높이고 싶은 사람이 타인에게 피드백을 요청하지 않는다면 이는 치명적인 대가를 자초하는 지름길일 수 있다. 트위터Twitter에서 전략·사업개발 담당 부사장Vice President of Strategy and Corporate Development 섹솜 수리야파Seksom Suriyapa는 이것을 자신이 배운 가장 중요한 교훈 중 하나로 꼽는다.

"나는 내 경력에서 반환점을 돌고 나서야 성공할 수 있는 두 가지 비결을 알게 되었습니다. 무슨 일에서건 마찬가지입니다. 첫째, 자신의 이해관계자들이 누구인지 언제나 정확히 알아야 합니다. 그리고 그들에게 두 가지 질문을 끊임없이 해야 합니다. '내가 당신에게 도움이 됩니까?', '내가 일을 잘합니까?'"

수리야파는 자진해서 피드백을 요청하는 일이 성공의 관건이라고 진즉 결론을 내렸다.

"누구든 피드백을 요구하지 않으면 절대 피드백을 받을 수 없기 때문입니다."

탐색하고 관찰하라

재차 강조하지만 유익한 피드백이 하늘에서 뚝 떨어지듯 제 발로 찾아오기를 기대하지 마라. 그래도 실망하기는 이르다. 피드백을 구할 때 따라오는 장애물을 뛰어넘게 해주는 전략이 있다. 유연함의 기술은 피드백을 구할 때 두 가지 방법을 제안한다. 첫째, 탐색Inquiry 과정을 통해 피드백을 구한다. 이는 공식적이든 비공식적이든 직접적이든 간접적이든 방법과 관계없이 누군가에게 피드백을 요청하라는 뜻이다. 더러는 간접적으로 피드백을 요청해야 할 때도 있다. 예를 들어보자. 먼저 당신이 관심 있는 주제를 이야기해 대화의 물꼬를 트면 피드백으로 활용할 만한 무언가를 상대가 들려줄 수도 있다.

탐색은 상당히 직접적인 방법처럼 보인다는 점이 장점이다. 1977년 ~1989년까지 뉴욕시장Mayor of New York City을 지낸 에드워드 어빙 코흐 Edward Irving Koch는 재임 시절 탐색의 귀재였다. 그는 많은 군중 앞에서 포효하듯 외쳤다.

"제가 시장으로서 일을 잘합니까?"

그러면 대체로 열렬한 화답이 돌아왔다.

"아주 잘하고 있습니다!"

코흐는 거리에서, 지하철에서, 주민 회의에서 시민들을 만날 때마다 똑같은 질문을 했다. 간혹 다소 김빠진 반응을 들을 때도 있었다. 그러나 반응이 긍정적인가 부정적인가는 중요하지 않았다. 3선에 빛나는 코흐 시장은 이처럼 장소를 불문하고 노골적이고 단순한 질의응답 기법을 사용한 덕분에 민심의 흐름을 계속 추적할 수 있었다. 이것이 핵심이다.

물론 그렇게 질문해도 군중에게서 정확한 피드백을 얻으리라고는 기대하지 않았을지도 모르겠다. 실제로도 코흐는 정확한 피드백을 얻지 못했을 가능성이 농후하다. 그러거나 말거나 그의 행동이 피드백을 구하는 정공법임에는 변함이 없다. 대놓고 피드백을 요청하라. 상사에게는 당신의 발표가 어땠는지, 후배에게는 당신이 회의에서 메시지를 정확히 전달했는지, 동료에게는 당신이 상호 의존적인 프로젝트에 기여하고 있는지를 물어라.

정공법이 아니더라도 피드백을 얻는 다른 방법도 있다. 주변 사람들의 언어·비언어적인 행동과 반응에 더욱 주의를 기울이면 된다. 암묵적 피드백의 최대 장점은 언제든 얻을 수 있다는 점이다. 우리는 누군가와 이야기할 때 상대의 표정을 살피고 행동에서 메시지를 유추한다. 대규모 강의에서 수업을 반쯤 진행했을 때 학생들이 하나둘 화장실에 들락거리기 시작하면 나는 이것을 피드백으로 받아들인다. 수업이 너무 길고 휴식이 필요하다는 신호라고 말이다. 당신의 말에 대한 상대의 반응에도, 직원들끼리 주고받는 시선에도, 당신이 무언가를 설명할 때 사람들의 멍한 표정을 짓거나 이해한다는 듯 고개를 끄덕이는 행위에도 피드백이 존재한다.

로스경영대학원의 제인 더튼 교수는 자신의 열정이 가끔 도를 넘을 때가 있다는 사실을 잘 알았다. 그래서 자신의 과도한 열정이 주변에 부담을 줄까 걱정하곤 했다. 그러다 보니 언젠가부터 말을 마친 다음이면 강의실이 쥐 죽은 듯 고요해진다는 사실에 신경이 쓰이기 시작했다. 더튼은 그 이유를 곰곰이 생각해 보았다. 아니나 다를까 때로는 자신의 과한 열정이 말썽이었다.

'맙소사, 내가 또 지나치게 설쳤어!'

이런 식의 암묵적인 단서를 면밀히 추적하면 행동의 지침으로 삼거나 더 좋은 방향으로 변하기 위한 정보를 얻을 수 있다.

어떨 때는 암묵적 피드백이 일어나지 않은 일을 알려주기도 한다. '경청 기술 향상'을 유연성 강화 목표로 정했다고 가정해 보자. 동료들이 당신에게 예전보다 문제나 걱정거리를 적극적으로 털어놓는다면 또는 당신과 의견이 다를 때 더욱 솔직하게 이야기한다면 이것은 암묵적 피드백에 해당한다. 반대로 그들의 행동에서 당신의 목표와 관련된 변화가 나타나지 않는다면 이 또한 조금 더 미묘해도 암묵적인 피드백이다.

이런 식의 암묵적 피드백은 '한밤중에 짖지 않은 개'가 알려주는 단서와 약간 비슷하다. 소설 속 탐정 셜록 홈스Sherlock Holmes는 이 단서를 이용해 미궁에 빠진 사건을 해결했다. 잠시 소설 내용을 이야기해 보면 의뢰인이 자신의 마구간에서 값비싼 경주마를 도둑맞았는데 그날 밤 경비견은 짖지 않았다. 이는 범인이 낯선 사람이 아니라 경비견과 친숙한 인물이라는 방증이다. 결국 범인은 경주마의 조련사로 밝혀졌다.

경영자코치 카린 스타워키를 다시 소환해 보자. 앞서 여러 차례 말했듯 카린 스타워키는 현재에 더욱 집중하고 영향력 있는 조직컨설턴트Organizational Consultant가 되기로 유연성 강화 목표를 정했다. 스타워키는 이 목표를 달성하기 위해 정공법으로 피드백을 구하는 동시에 암묵적 피드백을 얻기 위해 눈과 귀를 활짝 열었다. 가끔 스타워키는 고객서비스의 일환으로 고객사 직원들을 코칭할 때가 있었다. 이럴 때면 스타워키는 동료에게 해당 프로그램에 동석해 달라고 부탁한 뒤 피드백을 요청하곤 했다.

"한 동료는 나를 꽤 오랫동안 알아왔어요. 그는 코치로서 내 궤적을 함께해 온 산증인이죠. 내 삶에 대한 종단 연구Longitudinal Study(시간의 흐름에 따라 조사 대상이나 상황의 변화를 측정하는 것-옮긴이)가인 셈이에요. 나는 그런 관점을 중요하게 생각한답니다."

동시에 스타워키는 암묵적 피드백도 주의 깊게 관찰했다. 무엇보다 사람들의 감정적 반응과 외견상으로 보이는 상호 작용 방식에 많은 관심을 기울였다. 사람들이 대화에 열중하는지 아니면 마음이 이미 떠난 상태인지 신중하게 살폈고, 어떤 에너지가 느껴지고 에너지가 어떻게 변하는지 본능적으로 포착하곤 했다. 그뿐 아니다. 워크숍에서도 암묵적 피드백을 얻기 위해 노력을 멈추지 않았다. 특히 참가자들이 스타워키의 발언을 얼마나 반복해 말하는지에 주목했다. 스타워키는 그런 반복 행위가 그들이 무언가를 받아들여 승화시키는 증거라고 설명했다. 스타워키는 실제로 그것을 경험했을 때 느낀 희열과 감동을 생생히 들려주었다.

"세상에, 그 순간 그들은 정말로 내게 몰입하고 있었어요. 그들은 내 아이디어를 받아들여 자신의 생각으로 승화시켰어요!"

스타워키는 직접 얻은 피드백과 관찰을 이용해 포착한 암묵적 피드백을 종합해서 자신이 목표를 향해 순항 중인지, 목표를 이루기 위해 무엇을 더 해야 할지 결정했다.

2장에서 소개했던 매든경영대학원 학장 데이비드 맥컬럼은 가까운 친구나 동료와 소통할 때마다 피드백을 얻으려 상당한 공을 들인다. 그는 '대화의 4단계'라고 부르는 매우 단도직입적인 접근법을 구사한다. 맥컬럼은 자신의 친구이자 보스턴대학Boston College의 리더십 전문가이며 《탐색을 시작하라: 시의적절한 변혁적 리더십의 비밀Action Inquiry: The Secret of Timely and Transforming Leadership》을 펴낸 윌리엄 토르베르트William R. Torbert의 책에서 그 아이디어를 얻었다.[4] 맥컬럼의 설명을 직접 들어보자.

"나는 이메일이든 회의든 발표든 모든 의사소통 상황에서 대화의 4단계 기법을 사용합니다. 첫 번째는 '프레이밍' 단계로 소통을 하게 된 이유와 그들과 내가 무엇을 달성해야 하는지를 설명합니다. 두 번째 단계에서는 내 생각이나 감정, 제안이나 계획을 명백히 알려줍니다. 이를 '옹호하기Advocating'라고 부릅니다. 그런 다음 구체적인 '설명 Illustrating' 단계로 나아갑니다. 여기서는 예시나 실사례를 이용하고, 내 주장에 관한 이론적 근거를 밝혀 굳히기를 시도하죠. 마지막은 '탐색' 으로 이때 상대에게 피드백을 요청합니다. '내가 놓친 게 있습니까?', '당신은 어떻게 생각하십니까?', '이것을 다른 식으로 하고 싶다면 어 떻게 하시겠습니까?' 지난 수년간 꾸준히 갈고닦은 이 탐색법은 그야 말로 보물입니다. 이런 식의 피드백 요청은 내가 배우고 성장하도록 도와달라고 친구와 동료에게 먼저 손을 내미는 셈입니다. 대체로 그들 은 내가 내민 손을 기꺼이 잡아주죠. 그리고 그 결과는 나와 그들에게 모두 유익합니다."

피드백을 가로막는 장애물

이제까지의 사실을 종합해 보면 피드백을 요청하기가 쉬우리라고 생 각할 수도 있겠다. 하지만 피드백을 요청하는 것과 실제로 피드백을 받는 것은 다른 문제다. 피드백을 청했어도 이를 얻기가 생각보다 어 려울 때도 있다. 게다가 피드백은 매우 중요하지만 피드백의 본질상 당신에게 고통을 줄 수도 있다. '애슐리Ashlyee'라는 젊은 직장 여성을 예로 들어보자. 애슐리는 자신이 어떤 일을 잘해내지 못한다는 사실을 알 때는 사람들에게 피드백을 요청하지 않는다고 말했다.

"내게 업무적으로 문제가 있다는 사실뿐 아니라 내가 그것을 안다 는 사실까지 아무도 몰랐으면 좋겠어요. 고육책이라고 해도 할 말 없어요. 나는 단지 아무도 모르는 새에 그 문제를 해결할 시간을 벌고 싶을 뿐이에요. 어쩌면 다른 업무를 훌륭히 해내 미진한 부분을 벌충할 수도 있잖아요."

자신의 치부를 드러내고 싶지 않은 사람이 어디 애슐리뿐일까. 그토록 자신만만했던 전 뉴욕시장 에드워드 코흐조차 지지율이 하락했을 때는 자신의 전매특허였던 "제가 시장으로서 일을 잘합니까?"라는 질문을 하지 않았다.

많은 사람이 애슐리와 코흐 전 시장처럼 느끼고 행동한다. 우리가 피드백을 피하는 이유는 다양하다. 연약한 자아를 보호하려는 사람도 있고 자신이 불완전하다는 사실을 자신 외에 아무도 모른다는 환상을 유지하려는 사람도 있다. 더러는 나약하고 불안정하며 자기 확신이 없어 보일까 두려워해 피드백 요청 자체를 피하기도 한다. 어떤 젊은 관리자는 이제까지 힘들게 권위자라는 평판을 쌓아왔는데 자칫 피드백을 요청했다가 그 평판에 금이 갈까 걱정된다고 했다. 비단 젊은 관리자만이 아니라 노련한 경영자들도 그런 식으로 생각한다.

하지만 피드백을 요청하면 당신의 평판에 금이 갈 수도 있다는 생각은 근거 없는 걱정이라는 사실이 밝혀졌다. 이름하여 '피드백 오류 Feedback Fallacy'다. 관리자들을 대상으로 진행한 대규모 조사에서 사실상 모든 응답자가 피드백을 요청했던 사람을 더 유능한 관리자라고 생각한다고 말했다. 그들의 상사는 물론이고 후배, 동료까지 모두가 그랬다. 그리고 부정적인 피드백에 열린 태도를 보였을 때 더 좋은 평가를 받았다. 다른 조사에서도 상사들은 근무를 시작하고 첫 석 달이 지나기 전에 피드백을 요청하는 신입 사원이 그렇지 않은 사람보다 일을 더 잘한다고 평가했다.

따라서 피드백을 요청하면 일시적으로는 다소 고통스러울지 몰라도 피드백을 요청하지 않는 경우보다 더 유익하다고 결론 내려도 무방하다. 피드백에서 무언가를 배운다면 당신은 더 나은 리더와 동료가 될 뿐 아니라 주변에서 그런 평가를 얻을 가능성도 커지기 때문이다.

그럼에도 불구하고 피드백을 구하는 일은 그 자체로 여러 도전을 야기한다. 솔직히 형태를 불문하고 모든 피드백에는 반드시 극복해야 하는 문제가 따라온다. 관찰을 통해 얻는 암묵적 피드백의 가장 큰 문제는 바로 '오해'다. 신체 언어와 여타 미묘한 신호 등으로 발산되는 무언의 메시지는 오해를 불러일으키기에 십상이다. 내가 좋아하는 어떤 만평이 그런 현실을 정확히 보여준다. 상사 한 명과 직원 셋이 회의 테이블에 앉아 있는데 상사의 얼굴에 수심이 가득하다. 직원들은 상사의 표정을 제 마음대로 해석한다. 각각의 말풍선에는 그들의 생각이 적혀 있다. 한 사람은 '내 아이디어가 거슬리나 보네.'라고 생각하고, 다른 사람은 '내가 뭘 잘못했나?'라고 걱정하며, 마지막 사람은 '이 일을 하기에는 내가 너무 늙었나 봐!'라고 절망한다. 그렇다면 정작 상사는 무엇을 생각하고 있었을까?

'음, 사무실에 연필이 부족한가 보군.'

이런 식의 오해는 흔하다는 말로도 부족하다. 가령 발표가 걱정될 때 우리가 어떻게 할지는 빤하다. 내 발표를 부정적으로 평가하는 것처럼 보이는 행동과 표정에 주목하고 반응한다. 반대의 경우도 마찬가지다. 연설 능력에 자부심을 가진 사람은 청중에게서 자신의 능력을 확신하게 해주는 단서만을 포착한다.

내가 아는 어떤 컨설턴트가 원데이 워크숍을 개최했을 때의 일이다. 오전 과정의 중반쯤 지났을 무렵 주요 고객이 손목시계를 쳐다보는 모습이 우연히 그의 눈에 들어왔다. 그는 그 고객의 행동에서 마음대로 결론을 유추했다. 자신의 이야기가 지루하거나 말이 너무 느리다고 생각했고, 손짓과 몸짓을 더 크게 하고 말하는 속도도 높이기 시작했다. 나중에 그 고객은 워크숍 중 컨설턴트의 행동이 달라진 점을 두고 당혹감을 표현했다.

"고객님이 시계를 쳐다보시기에 그렇게 변화를 주었습니다만."

"맙소사, 저는 단지 그때 간식을 먹어도 점심을 맛있게 먹을 수 있을지 시간을 확인했을 뿐입니다."

이처럼 관찰만으로 이용해 피드백을 유추한다면 오해를 할 위험이 있다. 오해의 위험은 암묵적 피드백에만 국한되지 않는다. 탐색 질문을 던져 직접 피드백을 요청해도 오해의 소지가 완벽히 차단되지는 않는다. 상대가 매번 솔직한 피드백을 제공하지는 않기 때문이다. 조직 내에서 서로의 지위가 다르다면 상황은 더욱 심각해진다. 직원은 종종 상사가 듣고 싶어 할 법한 피드백을 해야 한다는 강박을 느낀다. 평신도는 목사에게 일요일 설교에 관한 솔직한 의견을 들려주지 않을 확률이 크다. 반대로 상사는 직원의 동기를 약화하거나 자신감을 떨어뜨릴까 두려워 부정적인 피드백을 말하기를 주저할지도 모른다.

가령 피드백을 적극적으로 수용할 의지가 있고 상대도 우리에게 필요한 피드백을 솔직하게, 숨김없이 제공한다고 가정해 보자. 이런 상황에서 무슨 문제가 있을까 생각하겠지만 메시지가 정확히 전달되지 않을 확률은 여전히 존재한다. 이런 상황에서는 인간의 본성이 장난질을 친다. 우리는 종종 자신이 받는 피드백을, 특히 그것이 매우 부정적인 내용일 때 받아들이기를 거부하는 경향이 있다.

이것을 적나라하게 증명한 연구가 있다. 피험자들은 감성지능을 측정하는 시험을 치렀다. 감성지능이 상대적으로 낮았던 피험자들은 크게 둘 중 하나의 방식으로 반응했다.

"이 시험은 정확하지 않아."

"어쨌건 감성지능은 중요하지 않아!"

더 놀라운 결과도 있었다. 연구가들은 피험자 모두에게 평점이 아주 높은 인기 도서를 소개했다. 감성지능을 높이는 비법을 알려주는 책으로 연구가들은 피험자들에게 그 책을 구입할 기회를 똑같이 주었다. 반응은 판이했다. 감성지능 지수가 높은 참가자 중 65%가 그 책을 구입했다. 반면 감성지능 지수가 낮았던 사람, 그러니까 정작 그 책이 가장 필요한 사람은 넷 중 한 명꼴로 책을 샀다. 이렇게 볼 때 피드백에 노출되었다고 해서 무조건 진정한 성장을 이루는 것은 아니다. 진정한 성장을 이루려면 그 이상의 무언가가 필요하다.

피드백을 얻기 힘들게 하는 장애물을 극복하라

피드백을 포기하기에는 장점이 너무 많다. 다행히도 피드백을 둘러싼 가장 보편적인 몇몇 문제를 피하기 위한 여러 방법이 있다. 먼저 암묵적 피드백을 더욱 효과적으로 추적하게 해주는 전략부터 알아보자.

첫 번째 방법은 아주 단순하다. 이는 '지기知己'에 해당한다. 걱정, 불안, 편견, 선입견이 당신의 관점에도 영향을 미친다는 사실을 인정하라. 가령 상황의 전개 추이를 걱정할 때는 부정적인 반응에 모든 촉각을 곤두세우기에 십상이다. 반대로 당신이 옳다고 확신할 경우에는 부정적인 반응을 일절 무시할지도 모르겠다. 따라서 자신이 이런 편견을 가지고 있다는 사실을 알기만 해도 당신이 관찰하는 모든 암묵적 피드백을 더 정확히 해석할 확률이 커진다.

두 번째는 관찰과 탐색을 병행하는 방법이다. 상대에게 견해를 직접 요청하고 당신이 앞서 관찰한 내용과 그것에서 유추한 결론을 대조하라. 한 연구 결과에 따르면 당신이 무엇을 해야 하고 무엇을 개선할 수 있는지 명확히 이해하려면 관찰과 탐색을 병행해야 한다고 한다. 피드백을 직접 요청하지 않은 채로 자신의 관찰 결과에만 의존하면 추론 오류를 저지를 위험이 크다. 쉽게 말해 상황을 잘못 판단하는 것이다. 반대로 탐색 전략만 사용해도 문제가 생길 소지가 있다. 상대가 당신이 듣고 싶어 할 법한 정보만을 제공할지도 모르기 때문이다. 고로 상호 보완적인 두 전략을 동시에 사용하면 더욱 완전한 피드백을 얻을 수 있다.[5]

셋째로 특정한 행동 양식을 확인하는 것도 현명하다. 예를 들어 내 수업 중에 한 학생만 조는 낌새를 보인다면 이는 그 학생만의 문제라고 치부해도 된다. 그런데 수업 중에 꾸벅꾸벅 조는 학생이 많다면 내가 문제일 확률이 크다.

마지막으로 누군가에게 당신을 면밀히 관찰해 달라고 요청하는 방법도 좋다. 가령 당신이 말이 좀 많은 편이라 회의를 효과적으로 진행하지 못하는 것 같다면 누군가에게 회의에 참석해 그 문제에 집중해서 관찰해 달라고 부탁하라.

탐색 전략을 사용해 피드백을 더 효과적으로 수집하는 방법도 있다. 예컨대 상대가 더욱 편안한 마음으로 피드백을 제공하도록 환경을 조성한다면 당신은 더욱 유익하고 정확한 정보를 얻을 수 있다. 이를 보여주는 좋은 예가 있다. 우리가 인터뷰했던 어떤 리더는 유튜브 Youtube의 한 고위 임원이 서명란에 다음 문장을 한 줄 추가해 이메일을 보냈다고 말했다.

내 업무 수행 방식이 어떤가요?

이메일 수신자가 그 문장을 클릭하면 익명의 피드백을 요청하는 설문조사 창이 떴다. 어떤 말이든 적어도 된다. 가령 '회사의 전략을 설명하는 당신의 능력은 인정합니다. 그런데 그 전략이 중요하다며 나를 설득하는 일에는 서투른 것 같군요.'라고 적어도 무관하다. 이 일례에서 피드백을 얻는 방식도 눈여겨볼 만하지만 가장 주목해야 할 부분이 있다. 바로 설문지에 담은 경영자의 진심이다. 이 메시지는 그가 좋은 내용이든 나쁜 내용이든 피드백을 원한다는 진심을 모든 수신자에게 명백히 보여주었다.

언제 어떻게 피드백을 요청할지 항상 신중하게 선택하라. 일대일 대화에서 상대에게 피드백을 요청하는 경우와 공개회의에서 참석자들에게 피드백을 요청하는 상황을 단순하게 비교해 보자. 짐작하겠지만 후자의 상황에서는 원하는 결과를 얻기 어렵다. 참석자들이 솔직하게 대답하도록 마음을 편하게 만들어 주기도 여의치 않다. 반면 일 대일 상황에서는 아주 독특하고 더 정확한 의견을 얻을 거라고 기대해도 좋다.

위의 유튜브 임원처럼 익명으로 피드백을 얻는 방법도 고려하길 바란다. 고맙게도 익명의 피드백 도구를 제공하는 기업이 갈수록 늘어나는 추세다. 특히 소프트웨어 개발 업체들은 사용자가 주도적·일상적으로 피드백을 얻도록 돕는 도구를 개발한다. 그런 업체의 대표 주자인 카이젠Kaizen('개선'을 의미하는 일본어에서 비롯된 용어로 기업들이 지속적으로 비즈니스 환경을 개선하기 위해 활용하는 비즈니스 전략을 의미하기도 함-옮긴이)의 창업 이념은 유연함의 기술의 핵심 신념과 일치한다. 그들은 조직만이 아니라 개인도 스스로 성장을 이끌 수 있다고 믿는다. 한마디로 자기 성장의 주인이 되자는 것이다.

카이젠은 그런 이념에 기초해 사용자가 직접 제어하는 애플리케이션을 개발했다. 애플리케이션은 크게 세 가지 용도로 사용할 수 있다. 첫째, 해당 애플리케이션을 캘린더와 연결하면 회의, 제품 출하 등이 마무리된 직후 피드백을 요청하는 이메일이 자동 발송된다. 당신이 회사의 가치를 얼마나 잘 실천하는지 측정하고 그 결과를 인적자원관리 부서와 공유하도록 설정할 수도 있다. 물론 개인적 용도로 피드백을 구하는 데 사용해도 좋다.[6]

피드백을 구하기 위해 탐색 질문을 하는 방식도 커다란 차이를 만들어 낸다. 예컨대 피드백을 직접 요청하는 경우라면 자신을 낮추거나 취약점을 드러내는 말로 시작하는 것도 도움이 된다. 단 유의할 사항이 있다. 누군가에게는 유머러스한 문구가 어울리는 반면 다른 누군가는 진지한 접근법이 더 편안하고 진실하다는 인상을 준다. 따라서 당신의 평소 성격과 행동 양식에 어울리는 표현을 사용하라. 이런 식으로 탐색 질문을 시작했을 때 긍정적이든 부정적이든 솔직한 피드백을 원한다는 진심을 전달할 수 있다는 점은 큰 장점이다.

리더십의 대부이자 경영자코치인 마셜 골드스미스^{Marshall Goldsmith}가 '피드포워드^{Feedforward}'라고 명명한 무언가를 요청해 보는 건 어떨까? 피드포워드는 당신이 과거에 무엇을 얼마나 잘했는지 평가하는 대신 미래에 당신이 무언가를 더 잘할 수 있는 방법에 관한 조언을 말한다. 쉽게 말해 피드백은 과거 지향적인 반면 피드포워드는 미래 지향적이다. 방법은 어렵지 않다. 먼저 경청 능력을 키우거나 다양한 의견 이끌어 내기, 질문에 간단명료하게 대답하기 등 스스로 개선하고 싶은 점을 동료에게 말하라. 그런 다음 "내가 이 목표를 달성하기 위해 사용해 볼 만한 아이디어가 있다면 알려주세요."라고 요청하라. 이처럼 대화의 초점을 미래 지향적으로 구성하면 대화가 판단과 평가로 전락할 위험은 감소하고 두 사람 모두에게 더욱 편안한 분위기가 조성된다.

앞서 소개한 마크 잉그램을 떠올려 보자. 대형 공립학교에서 재무 분석가로 활동하는 잉그램은 피드백을 구할 때 역지사지 기법을 즐겨 사용한다.

"당신이 내 입장이라면 무엇을 다르게 하겠습니까?"

이렇게 우회적으로 질문하면 상대가 조금 덜 직접적인 방식으로 피드백을 제공한다고 생각한다. 그리고 이 방식은 다시 상대가 더욱 적극적으로 피드백을 제공하고 싶게 만든다.

피드백을 구할 때 참고하면 좋을 또 다른 사례가 있다. 어떤 관리자는 업무 중 일상적으로 피드백을 주고받기를 원했다. 그래서 그는 매주 월요일 아침 팀 주간 회의에서 지난 한 주간 자신의 행동에 관한 피드백을 요청했다. 시간이 흐르면서 팀원 모두는 가랑비에 옷 젖듯 그의 요청에 익숙해졌다. 그들은 피드백을 제공하는 일 자체에 편안함을 넘어 둔감해졌고 그 결과 더 개방적이고 솔직한 피드백을 제공하게 되었다.

한 가지 더 당부하자면 피드백을 수집할 때 학습 마인드셋을 유지해야 한다는 사실을 명심하라. 나는 이것이 피드백을 받을 때 가장 중요한 요소라고 본다. 학습 마인드셋의 효과는 경영자코치 카린 스타워키의 말을 들어보면 명백히 알 수 있다. 스타워키는 학습 성향이 습관처럼 굳은 뒤에는 피드백을 훨씬 잘 얻게 되었다고 말한다.

"예전의 나는 나 자신에게 초점을 맞췄어요. '다음엔 무슨 말을 할까? 난 뭘 해야 하지? 내 계획이 뭐였지?'라고 자문하면서 스스로를 강하게 닦달했죠. 이제는 달라졌답니다. 내 에너지를 외부로 돌릴 수 있어요. 나에게 집중하는 대신에 주변 사람의 말과 행동을 관찰하고 그에 반응하게 되었죠."

유튜브의 고위 임원 출신으로 오늘날 자신이 공동 창업한 회사에서 벤처캐피털 부문을 총괄하는 빙 첸Bing Chen은 피드백에 관해 한결같은 믿음을 보여준다. 이는 어머니의 가르침 덕이다.

"아들아, 누군가가 네게 건설적인 피드백을 준다면 그건 좋은 거란다. 네가 더 잘되기를 바랄 만큼 너를 많이 존중한다는 뜻이거든. 정말 큰 문제는 사람들이 더는 피드백을 주지 않을 때란다. 모두 그렇다는 것은 아니지만 더는 네게 관심이 없다는 뜻일 수도 있으니 말이다."

여담이지만 첸이 재직할 당시 유튜브는 수십억 달러 규모의 크리에이터 생태계를 구축했는데 첸도 그 생태계의 주요 설계자 중 한 명이었다.

우리는 스타워키와 첸을 본보기로 삼아야 한다. 학습 마인드셋을 유지할수록 우리는 타인의 통찰에 더욱 마음을 열고 주의를 기울일 수 있다. 연구 교수이자 강연자 겸 작가인 브레네 브라운Brené Brown은 타인의 통찰에 마음의 빗장을 열면 자신의 능력을 증명하고 완벽한 사람이 되는 데서 도전과 학습으로 관심의 초점을 옮길 수 있다고 설명한다. 자신을 증명하거나 완벽해지고 싶은 욕구의 사슬을 끊어내라. 그 대신 도전하고 학습하려는 마인드셋을 선택하고 그것을 유지하기 위해 노력하라. 그런 노력을 계속하는 한 당신은 더 많은 것을 얻고 배울 수 있다.[7]

피드백 친화적인 문화를
조성하라

피드백 추구는 최소 두 사람 이상의 상호 작용을 포함하는 사회 활동이다. 따라서 그 활동의 무대가 되는 조직 문화의 영향을 받을 수밖에 없다. 다시 말해 조직 내 의사소통 방식과 알력 관계, 규범이 피드백에 영향을 미친다. 만약 당신의 조직에서 피드백을 추구하는 사람이 이례적일 만큼 드물고 심지어 조직 자체도 그런 행동을 금기하다시피 한다면 어떨까? 당연히 구성원들이 피드백을 주고받기 어려울 것이다. 반대로 피드백을 권장하며 직원들이 피드백을 주고받을 시 보상까지 주는 조직이라면 학습과 성장이 조직 전체의 습관이 된다. 피드백 친화적인 조직에 관한 어떤 경영자의 말을 들어보자.

"빤한 말이지만 당신은 360도에서 피드백을 받습니다. 지위를 막론하고 함께 일하는 모두에게서 업무 수행력과 성과에 관한 의견을 받죠. 그런 의견은 하나같이 유익합니다. 하지만 피드백이 아무리 유익해도 실시간으로 받는 피드백에는 비할 수가 없습니다. 실시간으로 피드백을 받으려면 동료, 이사진, 상사 모두가 아무 거리낌 없이 피드백을 제공하도록 문화를 먼저 구축해야 합니다. 이런 문화가 조성되면 당신이 주재하는 회의가 항로를 이탈할 때 그들은 회의가 끝날 때까지 기다리지도 않을 겁니다. 그 순간 당신을 똑바로 쳐다보며 지적하겠죠. '잠깐만요, 당신이 이 회의를 망치고 있어요!' 그 지적은 당신이 즉각 문제를 고칠 수 있는 기회를 줍니다."

이 책의 서론에서 소개했던 매기 베일리스는 참으로 운이 좋다. 그가 공동 창업자이자 현재 최고경영자로 활동 중인 회사에서는 피드백을 물심양면으로 지지하는 조직 문화가 확립되어 있다. 베일리스를 비롯해 경영진은 모두 업무 현황에 관해 아무 부담 없이 공개적으로 말하고 조언과 지지를 보낼 뿐 아니라 필요하다면 건설적인 비판도 서슴지 않는다.

베일리스는 자신이 회사를 단독으로 경영하는 날이 올 거라고 전혀 예상하지 못했지만 결국 그날이 오고야 말았다. 몇 달간은 단독 경영자로서 꺼져가는 회사의 성장 엔진을 재가동하는 일이 급선무였다.

다행히 자유롭게 피드백하는 조직 문화가 든든한 뒷배가 되어주었다. 베일리스는 조직 문화를 최대한 활용하여 위기를 타개할 방법을 강구했다.

베일리스는 자신의 업무 수행 방식을 잘 알고 강점과 약점을 평가해 줄 수 있는 다양한 사람을 모아 피드백 회의를 구성했다. 회의 멤버에는 직속 직원만이 아닌 파트너들의 직원까지 포함했다. 또한 베일리스는 질문에도 정성을 들였다. 개인적 효율이나 리더십 기술 강화와 관련하여 허심탄회한 피드백을 듣고 싶을 때는 개방형 질문을 했다.

"당신이 더 효과적으로 일하려면 내가 무엇을 도우면 좋을까요?"

한편 유연성 강화 목표나 도전에 질문의 초점을 맞출 때도 있었다.

"어제 회의에서 내가 했던 말 때문에 갑자기 토론의 맥이 끊긴 듯했어요. 내가 어떻게 말했으면 당신이 조금 더 편안해지고 우리가 대화를 이어가는 데 도움이 되었을까요?"

바로 이 질문에 비결이 있다. 베일리스는 "내가 당신을 불편하게 만들었나요?"라고 묻지 않았다. 이 폐쇄형 질문에는 십중팔구 "예." 또는 "아니요."라는 단답형으로 대답하게 마련이다. 대신 베일리스는 개방형 질문을 사용했다. "내가 어떻게 말했으면 도움이 되었을까요?" 이 질문은 상대가 더 깊이 생각하고 의견을 더 많이 털어놓게끔 만들었다. 베일리스는 개방형 질문을 적극적으로 사용한 덕에 열린 소통 정신을 강화할 수 있었다. 물론 팀 구성원 모두가 피드백을 직장 생활의 일부로 받아들인 점도 이에 일조했다.

당신의 조직 문화는 어떤가? 매기 베일리스의 회사처럼 피드백을 하는 것이 하나의 전통으로 자리 잡았나? 그렇다면 당신은 정말 운이 좋다. 불행히도 그런 행운을 누리지 못하는 사람이 아주 많다. 하지만 실망하기에는 이르다. 좋은 의도를 가진 사람들의 노력 여하에 따라 피드백 불모지인 조직에서도 피드백을 자유롭게 교환할 수 있다. 에드워드 코흐 전 뉴욕시장의 접근법을 모방해도 좋다. 조직의 최고 권위자가 주변 사람들에게 자신이 일을 잘하는지 물어보면 된다는 말이다. 약간의 진정성만 담겨 있다면 이 행위 자체만으로도 피드백 문화를 구축할 수 있다.

디지털 혁신을 선도하는 다국적 IT 기업 델테크놀로지스^{Dell Techno-}logies의 창업자이자 CEO인 마이클 델^{Michael Dell}은 고객과 직원에게서 정기적으로 피드백을 구한다. 이런 관행은 이제 그의 전매특허가 되었다. 그의 회사도 6개월마다 전 직원을 대상으로 일종의 상향 평가를 실시한다. 상사에게 피드백을 하는 '델에게 말하세요^{Tell Dell}'라는 설문조사가 그 주인공이다. 기업의 CEO, 교회의 담임목사, 비영리 단체의 이사장이 마이클 델과 동일한 피드백 요청법을 사용한다면 조직문화에도 낙수 효과가 생긴다. 쉽게 말해 조직의 최고 권위자가 피드백을 구하고 이 행동이 중간관리자 계층에 영향을 미치기 시작하면 조직 전체에 심리적 안전감이 스며들기 시작한다는 말이다. 이렇게 되면 피드백을 주고받을 때 관계를 망칠지도 모른다는 위험을 감수할 수 있고 그 행위에 보상이 따라올 거라는 암묵적인 믿음과 공감대가 형성된다. 이것은 지위 고하를 막론하고 모든 구성원이 더욱 적극적으로 피드백을 구하도록 만든다.

한편 기업 자체가 피드백 문화를 촉진할 수도 있다. 직원 교육과 훈련을 강화하면 된다. 피드백과 관련된 흥미로운 연구 결과가 있다. 실은 피드백을 얻는 데에도 부익부 빈익빈 현상이 뚜렷이 일어난다고 한다. 일을 잘하기 위해 필요한 능력을 모두 갖추었다고 믿는 사람은 더욱 적극적으로 피드백을 구하는 반면 자신의 능력에 확신이 없는 사람은 피드백을 얻는 일에 훨씬 소극적이다. 피드백이 가장 필요할지도 모르는 사람이 피드백을 더 소극적으로 얻는 것이다.[8] 여기서 우리는 어떤 교훈을 얻을 수 있을까? 관리자가 직원에게 더 많은 기술을 제공하고 능력을 더 믿어줄수록 직원은 더욱 편안하게 피드백을 얻으려 할 뿐 아니라 성장 가능성도 더 커진다.

관리자는 직원의 전반적인 역량 수준 증대 외에도 피드백을 주고받는 행위 자체를 훈련할 필요가 있다. 3장에서 소개했던 크리스 머치슨을 떠올려 보자. 비영리 단체 호프랩에서 직원개발·문화 담당 부사장을 역임한 머치슨은 피드백 교육이 얼마나 중요한지 깨달았다. 호프랩은 사명 지향적이고 끈끈하며 강력한 조직 문화를 구축한 소규모 비영리 단체이다. 그래서 머치슨은 호프랩의 모든 직원이 자유롭게 피드백을 주고받을 거라고 생각했다. 하지만 머치슨의 생각은 완전히 빗나갔다. 가족 같은 조직의 일원이라는 유대감이 외려 피드백을 주고받을 때 두려움과 불안감을 고조시켰다. 좋게 말해 서로에게 솔직해지기에는 그들은 너무 여렸다!

머치슨은 이 문제를 해결할 방법을 고심했다. 마침내 머치슨은 직원들이 서로 솔직하게 대화하는 능력을 끌어올리는 것이 급선무라고 진단했고 이 목표에 초점을 맞춘 다양한 실험을 계획했다. 먼저 직원들이 피드백을 주고받은 경험 중 좋고 나빴던 기억을 여러 사람과 진솔하게 나눌 다양한 기회를 제공했다. 그런 다음에는 직원들이 피드백과 관련해 견문을 넓히도록 외부 강연자를 초빙해 비공식적인 공부 모임을 조직했다. 그 모임의 참석 여부는 직원 각자에게 맡겼다. 사실 나도 그 모임에 초빙되어 유연함의 기술을 강연했다. 또 그는 직원 각자에게 자신의 강점과 성장하려고 하는 영역을 깊이 고려해 학습 계획을 수립하라고 독려했다. 단 조건이 하나 붙었다. 자신에게 가장 중요한 성장 목표가 무엇인지 확인하기 위해 상사는 물론 여러 사람에게 피드백을 구하는 과정이 계획 내에 반드시 포함되어야 했다.

자유로운 피드백이 오가는 문화를 만들기 위해 머치슨은 다음으로 두 가지에 집중했다. 첫째로 상사와 직속 직원이 참여하는 회의의 생산성을 높이기 위해 노력했다. 또 직원들에게 스킵레벨Skip-Level 회의 기회도 제공했다. 스킵레벨 회의는 말 그대로 직급을 하나 뛰어넘는 회의로 두 직급 높은 상사가 직원의 학습을 돕도록 길을 열어주었다.

머치슨은 직원들의 피드백 기술을 더욱 강화하기 위해 외부 강사를 초청해 전 직원 학습 워크숍도 개최했다. 머치슨이 초청한 강사들은 《일의 99%는 피드백이다Thanks for the Feedback: The Science and Art of Receiving Feedback Well》의 공동 저자인 하버드법학대학원Harvard Law School의 두 교수 더글라스 스톤Douglas Stone과 실라 힌Sheila Heen의 동료 연구원들이었다.[9]

당연한 말이지만 크리스 머치슨이 사내에 피드백 문화를 구축하기 위해 시도했던 실험 전부를 그대로 따라 하라는 게 아니다. 하지만 피드백 친화적인 조직 문화를 구축하고 싶다면 머치슨이 시도했던 다양한 전술에서 유익한 아이디어를 얻길 바란다. 물론 조직의

CEO만이 피드백이 당연하게 오가는 조직 문화를 구축할 수 있는 것은 아니다. 영향력의 범위가 제한적인 중간관리자라면 머치슨이 이용한 일부 기법을 조금 더 작은 규모로 실험해도 좋다. 가령 당신의 부서를 피드백 추구 문화의 전초기지로 삼아 회사를 점차 변화시킬 수도 있다. 당신 부서의 피드백 문화가 다른 부문에 영향을 미칠지 누가 알겠는가. 일단 피드백 추구를 자연스러운 조직 생활의 일부로 만들고 나면 지위 고하를 막론하고 모든 구성원이 달콤한 열매를 즐길 수 있다.

피드백의 어마어마한 힘을 보여주는 좋은 사례가 있다. 리사 도^{Lisa} ^{Dawe}는 신장 질환과 만성 신부전증 환자에게 투석 서비스를 제공하는 의료서비스 회사 더비타^{DaVita}의 부사장이다. 도가 전도유망한 신예 관리자였던 시절로 시간을 돌려보자. 도를 포함해 그와 같은 직급의 관리자 몇몇이 회사 최고위 경영진이 전원 참석하는 워크숍에 참여하게 되었다. 첫날 저녁 식사를 마친 후 상황은 예상치 못한 방향으로 전개되었다. 하나같이 높은 잠재력을 지녔다고 회사가 인정한 도 일행은 소규모의 여러 팀으로 나뉘었고 갑작스레 과제를 받았다. 이튿날 최고위 경영진 앞에서 팀별로 발표를 하라는 것이었다. 다음 날, 도 팀의 발표가 끝났을 때 한 고위 경영자가 신랄한 비판을 쏟아냈다. 도는 비판에 반발하며 자기 팀을 적극 옹호했다.

늦은 저녁, 도는 또 다른 고위 경영자에게서 허를 찌르는 피드백을 들었다. 그는 도의 행동이 부적절했다고 꼬집으며 그 상황에서 어떻게 해야 했는지 알려주었다. 결론만 말하면 도는 팀을 옹호하는 대신 피드백에 귀를 기울이고 이를 적극 받아들였어야 했다. 도는 적잖이 당황했다. 온갖 생각으로 머리가 도배되었다. 내가 다 망친 걸까? 나는 돌발 시험을 통과하지 못한 걸까? 나는 큰물에서 놀기 위해 필요한 자질을 갖추었을까?

도는 워크숍 내내 사방에 철벽을 치고 자신의 상처나 매만지며 보내고 싶었을지도 모른다. 누군들 안 그러겠는가. 하지만 도는 그렇게 하지 않았다. 도는 자신의 행동에 관한 피드백을 적극적으로 구하기로 결심했다. 이틀간 도는 경영자와 대화할 기회를 호시탐탐 노렸다. 도는 문제의 그 상황에 관한 자신의 생각을 조리 있게 설명했고 그런 다음 그들에게 자신의 행동을 어떻게 생각하는지 물었다. 마지막으로 도는 자신이 앞으로 무엇을 해야 하는지에 관한 피드포워드를 요청했다. 이런 노력을 통해 도는 다양한 피드백이라는 수확물 외에도 유익한 덤을 얻었다. 그들이 "젊어서 고생은 사서도 한다지 않나…. 살다 보면 이런저런 좌절을 겪게 마련이지.", "그건 아무 걱정하지 말게.", "다음번에 자네가 고려하면 좋을 한 가지는…." 등 도를 이해해 주기 시작한 것이다. 맞다, 전화위복이었다. 고통스럽고 당황스러운 사건이 유익한 학습 경험으로 완벽히 바뀌었다.

그로부터 1년이 흐른 뒤 도는 자신의 기대보다 훨씬 빨리 승진했다. 몇몇 경영진이 축하를 건네면서 1년 전 워크숍에서 그가 논란에 어떻게 대처했는지를 떠올리게 했다. 도는 자칫하면 자신의 경력을 끊어놓을 최악의 역경에서 일어서기 위해 필요한 기술을 배우는 뛰어난 학습 능력을 증명했다.[10]

기우처럼 들리겠지만 한마디 덧붙여야겠다. 성장 잠재력이 큰 관리자만이 피드백을 구하려고 노력해서는 안 된다. 이미 기업의 꼭대기에 앉아 있는 리더에게도 이 노력은 매우 유익하다. 최근 나는 아주 낮선 경험을 연이어 했다. 나는 로스경영대학원의 신입생 450명을 축하하기 위해 널리 존경받는 한 CEO에게 강연을 부탁했다. 그의 입학 축하 연설은 훌륭했다. 놀라운 일은 그다음에 일어났다. 솔직히 그 이전에는 물론이고 지금까지 내가 초청한 어떤 강연자도 하지 않은 일이었다. 그는 내게 이메일을 보내 자신의 강연에 관한 피드백을 요청했다.

나는 몇몇 총평을 담아 답장을 보냈다. 물론 긍정적인 내용 일색이었지만 말미에 부정적인 피드백을 두어 건 덧붙였다. 그중 하나는 어디든 명문 경영대학원의 신입생은 입학식 연설에서 경쟁 대학원이 자주 언급되는 것을 좋아하지 않는다는 내용이었다. 그 CEO는 연설 중에 하버드경영대학원Harvard Business School을 수차례 들먹였다.

그 CEO는 즉각 답장을 보냈다. 그는 피드백을 보내주어 감사하다는 말과 함께 하버드를 반복해 언급한 일은 사려 깊지 못한 실수였다고 인정했다. 그런데 나는 그의 마지막 말에서 또다시 신선한 충격을 받았다.

이 메일을 우리 회사 임원들이 보도록 참조에 넣었습니다! 그들이라면 제가 이렇게 변하도록 도와줄 겁니다. 또 제 아이들도 참조에 넣었습니다. 제가 이제까지 가치 있는 몇 가지 일을 해왔지만 아직도 개선의 여지가 많은 불완전한 사람이라는 사실을 알려주고 싶습니다.

세상에 이렇게까지 하는 CEO가 있을까? 자신이 받은 피드백을 동료 경영자는 물론이고 자신의 아이들과도 공유한다고?!

그의 놀라운 행보는 여기서 끝나지 않았다. 가장 강력한 마지막 한 방이 남아 있다. 그 CEO는 그해에 다른 경영대학원 몇 곳에서도 연설을 했다. 그해 말 나는 그에게서 이메일을 받았다. 그는 내 피드백을 적용해 자신의 연설이 개선되었다는 사실을 알려주고 싶다고 했다. 아울러 그는 내게 피드백을 받은 이후로 한 번도 하버드경영대학원을 언급하지 않았노라 자랑했다!

그 CEO는 피드백을 허투루 듣지 않았고 성장의 계기로 삼았다. 이쯤 되니 피드백을 그토록 진지하게 받아들인 그 CEO의 정체를 궁금해하는 사람이 있을지도 모르겠다. 그의 이름은 켄트 서티Kent Thirty이고, 투석 서비스를 제공하는 더비타의 CEO였다. 맞다, 리사 도를 승진시킨 그 회사다. 더비타의 피드백 추구 문화는 분명 켄트 서티가 확립했을 것이다. 피드백을 향한 최고위층의 열정적인 지지와 격려가 그런 문화를 사내에 정착시킨 것이다.

어떤 조직에서 무슨 일을 하든지 당신은 많은 이해관계자와 얽혀 있고 그들에게서 지지를 받는 일은 중요하다. 사람들에게서 피드백을 적극적으로 얻어라. 이는 그런 이해관계자를 효과적으로 관리하고 당신이 필요로 하는 정보를 얻어내는 가장 좋은 방법 중 하나이다. 피드백을 얻기는 쉽지 않고 가끔은 그 과정이 고통스러울 수도 있다. 하지만 그런 수고와 고통을 감내했을 때 보상은 분명히 찾아온다. 그러니 일과 삶에 유연함의 기술을 적용할 때는 주변에서 피드백을 얻도록 노력하라. 그런 피드백은 좋은 기준이 된다. 유연함의 기술을 이용할 때 당신은 성공적인 실험은 무엇이고 실패한 실험은 무엇인지, 미래에는 어디에 노력을 집중 투입해야 하는지, 지속적으로 성장하고 배우는 최고의 방법이 무엇인지 알아내야 한다. 주변에서 얻는 피드백에 이 모든 궁금증을 풀어줄 답이 들어 있을 것이다.

6장

경험에서
의미를 찾아라

멀리 내다보며 체계적으로 성찰하라

로스경영대학원에서 수석 부학장으로 일했을 당시 여러 경영대학원
으로부터 자신들의 교육 프로그램을 검토해 달라는 요청을 받곤 했
다. 그 대학원들은 전 세계 경영학 교육기관들의 공식 단체인 국제경
영대학발전협의회Association to Advance Collegiate Schools of Business, AACSB의 인
증을 받거나 이를 갱신하기 위해 우리를 찾았다(전 세계에서 경영학의
학사, 석사, 박사 학위를 수여하는 대학 및 대학원은 1만 6000곳 이상이고
그중 AACSB로부터 경영교육 국제 인증을 획득한 비율은 약 5%에 불과하
다.-옮긴이). 그럴 때면 나는 우리 대학원 소속 회계학과의 학과장과
교수 한 명에게 요청서를 한 부씩 전달했다. 나는 그들이 얼마나 바
쁜지 알기에 부담을 덜어주고자 요청서와 함께 당부의 이메일을 보
냈다.

OO대학원의 이 학과를 검토해 주세요. 그리 중요하지는 않으니 시간을 많이 들이실 필요는 없습니다. 잠깐만 보시고 가볍게 몇 마디 해주시면 됩니다.

그런데 우리 대학원의 실세 중 한 명이었던 학과장이 간결한 답장을 보내왔다. 퉁명스러운 말투에서 언짢은 기색이 역력했고 한편으로는 나를 뜨끔하게 만드는 예리한 통찰도 엿보였다.

부학장님, 누군가가 일을 부탁하면서 중요하지 않다고 말하면 일을 하고 싶은 마음이 싹 가십니다. 더욱이 바깥세상에서 벌어지는 온갖 불미스러운 회계 스캔들을 생각해 보십시오. 그런 마당에 회계사에게 보증을 요청하면서 그 일에 시간을 쓸 필요가 없다고 말하면 그건 모욕입니다.

나는 제대로 허를 찔린 기분이었다. 단언컨대 부학장의 요청에 교수가 기분 나쁘다고 분노를 폭발시키는 일은 절대 일반적이지 않다. 나는 너무 충격을 받은 나머지 손에서 일을 놓은 채 깊은 고민에 빠졌다. 이게 다 무슨 영문인지, 이번 일에서 내 책임이 무엇인지, 여기서 어떤 교훈을 얻어야 하는지 곰곰이 생각해 보았다.

솔직히 고백하면 이것은 내가 좀체 하지 않는 행동이었다. 내 일과도 대부분의 관리자와 다르지 않았다. 근무 시간에는 업무상의 요구를 처리하느라 눈코 뜰 새 없고, 퇴근 후와 주말은 세 아이와 남편에게 몽땅 바쳐야 했다. 그런 상황인지라 성찰은 사치라고, 나한테는 그럴 시간이 없다고 다독이며 살았다. 하지만 이건 눈 가리고 아웅 하는 자기합리화일 뿐이었다. 경험에서 배우고 싶다면 성찰은 필요하다.

경험은 우리에게 생각하고 고민할 거리를 많이 안겨준다. 우리는 업무 전환 같은 커다란 위기를 만났을 때 정체성, 강점, 가치관 등에 관한 중요한 교훈을 깨닫는다. 이전의 내 경우처럼 어떨 때는 순간적인 사건에서 커다란 교훈을 얻는다. 그러나 어떤 경험에서 교훈을 얻는가는 핵심이 아니다. 무슨 일이 있었고 그 일이 당신에게 어떤 의미인지를 깊이 생각하지 않는다면 아무 교훈도 얻지 못한다. 이것이 핵심이다. 그렇기 때문에 여섯 번째 유연함의 기술은 '체계적인 성찰'이다.

학습 마인드셋을 가진 사람은 체계적으로 성찰하여 자신의 경험을 샅샅이 해부하고 거기서 미래를 위한 아이디어를 찾아낸다. 성찰할 때는 아래의 세 질문에 집중하고 지금 나에게 무슨 일이 있었는지를 찬찬히 되돌아보아야 한다.

"나는 내가 설정한 유연성 강화 목표에 조금 더 다가갔을까? 그렇다면 왜 그렇게 되었을까? 아니라면 왜 아닐까?"

"내가 수집한 직접적인 피드백은 무엇이고 관찰로 알아낸 암묵적 피드백은 무엇일까? 이 피드백을 이용해 무엇을 해야 할까?"

"다음 경험에서도 이 목표를 계속 추구해야 할까? 물론 그렇더라도 실험은 달라져야겠지. 아니면 새로운 목표를 세워야 할까?"

이 기술을 '체계적인 성찰'이라고 말한 이유를 이해했으리라 믿는다. 이런 질문은 해당 상황만이 아니라 당신이 그 상황에서 했던 행동을 다양한 측면에서 면밀히 돌아보게 만든다. 이런 성찰 질문은 새로운 통찰과 학습으로 이어진다. 그러나 이전의 내 경험을 생각해 보라. 질문 자체가 아무리 유익해도 대부분의 사람은 나와 다르지 않다. 선

경험 후 성찰이 당연한 수순은 아니라는 이야기다. 여기서 문제가 생긴다. 체계적인 성찰을 하지 않으면 경험은 그저 우리를 스쳐 지나갈 뿐이고 우리는 그 경험에서 거의 배우지 못한다. 심한 경우에는 아무 것도 배울 수 없다. 회계학과장과의 내 경험을 자세히 살펴보기 전에 먼저 해결할 일이 있다. 나를 포함해 성찰을 어려워하는 사람이 왜 그토록 많을까?

누구나 성찰 기피증을
<u>앓고 있다</u>

안타까운 일이지만 대부분의 사람은 체계적으로 성찰하려고 할 때 한없이 작아진다. 그들은 미룰 수 있을 때까지 성찰을 미루거나, 성찰하더라도 지긋지긋한 숙제처럼 건성으로 순식간에 해치우는 경향이 있다. 오죽하면 사람들이 성찰을 싫어하고 심지어 두려워하는 경향이 있다는 사실을 증명한 연구도 있다. 무슨 이유에서인지 우리는 대부분 자신의 생각과 감정만을 벗 삼아 홀로 시간을 보내는 일을 불편해한다. 바빠서일까? 바쁘다고 볼멘소리를 하는 사람이 많다. 하지만 일각에서는 그것이 성찰을 피하려 무의식적으로 사용하는 전략이라고 지적한다. 솔직히 말이 좋아 전략이지 바쁘다는 핑계는 구차한 꼼수 이상도 이하도 아니다.

이런 성찰 기피증은 상당히 보편적인 증상이다. 단적인 예로 저명한 리더십 학자이자 미국의 정치 감시 민간단체 코먼코즈Common Cause

의 창립자 존 가드너^{John W. Gardner}는 인간이 언제나 자신에게서 도망치기 위해 수많은 장치를 사용해 왔다고 말한다.[1] 가드너는 사람들이 환상적이고도 두려운 내적 세계를 탐색하지 않으려고 사용하는 많은 핑곗거리를 일일이 열거하고 인생을 반쯤 살고 나면 우리는 대부분 자신으로부터 도망치는 데 달인이 되어 있다고 결론 내린다.

가드너의 말이 전적으로 옳다. 비록 입으로는 소크라테스^{Socrates}의 유명한 경구를 빌려 "반성하지 않는 삶은 살 가치가 없다."라고 말할지 몰라도 오늘날 우리는 성찰보다 행동을 우선시한다. 우리는 이 일에서 저 일로 숨 가쁘게 뛰어다니고 세상이 우리에게 그것을 요구한다고 자신을 납득시킨다. '관리자는 문제 해결사, 소방관, 위기 관리자라는 1인 3역을 빛의 속도로 해낸다.'라고 묘사하는 연구 결과가 이런 행태를 입증한다. 관리자들은 성찰에 쓸 시간이 단 1초도 없다고 생각한다. 시인이자 조직이론 전문가인 데이비드 화이트^{David Whyte}는 속도가 우리의 핵심 역량이자 핵심 정체성이 되었고 그렇기 때문에 우리가 자신의 고통과 취약성을 멀리하게 되었다고 주장한다. 하지만 고통과 취약성이야말로 우리가 성장하는 데 주요한 원동력이 될 수 있다.[2]

리더십 책 《리부트: 리더를 위한 회복력 수업Reboot: Leadership and the Art of Growing Up》을 펴낸 경영자코치 제리 콜로나Jerry Colonna도 화이트와 똑같은 현상을 관찰했다. 많은 사람은 바삐 뛰어다니는 습관이 굳은 탓에 그것이 아예 자아상에 깊이 뿌리내렸다는 것이다. 콜로나의 말을 그대로 옮겨보겠다.

"성공과 돈, 더 중요하게는 성공하고 돈을 벌기 위해 바쁘다는 사실

자체가 인간으로서 우리의 가치를 보여주는 증거가 되었다."[3]

과학도 성찰을 거부하는 인간의 모습을 여실히 보여준다. 한 조사에서 연구진은 피험자들에게 두 선택지 중 하나를 선택하라고 요청했다. 한쪽은 15분간 혼자 자신의 생각과 감정을 돌아보는 성찰의 시간을 보내는 것이고 다른 한쪽은 전압 90V의 전기 충격을 받는 일이었다. 남성 참가자 중 67%와 여성 참가자 중 54%가 혼자서 생각에 파묻히느니 차라리 전기 충격으로 몸을 괴롭히는 쪽을 선택했다. 참가자들은 실험 중 평균 세 번의 전기 충격을 받았고 심지어 어떤 남성 참가자는 무려 190번이나 전기 충격으로 몸을 혹사했다. 우리가 자신의 생각과 감정을 들여다보기를 얼마나 싫어하는지 단적으로 알 수 있는 대목이다.

최근에 실시한 또 다른 연구에서는 참가자들에게 약간의 전략과 반복이 필요한 과제를 수행하도록 요청했다. 1차 수행이 끝난 후 연구진은 피험자들에게 양자택일의 선택권을 주었다. 휴식 시간에 그 과제를 미리 연습하거나, 이전의 과제 수행 내용을 돌아보며 무엇을 잘했고 잘못했는지 검토하거나. 그 결과 성찰보다 연습을 선택한 사람이 네 배나 많았다. 혼자 가만히 그리고 충분히 생각하는 것보다 성과 향상을 위해 노력하는 것이 더 매력적이고 시간을 유익하게 활용하는 것처럼 보였다.

우리는 비즈니스 리더를 포함해 신중하게 행동하는 여러 사람을 인터뷰했다. 그들은 자신은 물론이고 동료들도 성찰을 기피하는 경향이 있다고 입을 모았다. 식품회사 징거맨스의 창업자이자 CEO인 아리 웨인즈웨이그도 마찬가지였다.

"비즈니스 세계에서 '지난 일은 절대 돌아보지 않고 그저 앞으로 나아갈 뿐.'이라고 말하는 사람은 없을 거라고 봅니다. 하지만 실상은 정반대죠. 우리는 모두 성찰하는 방법을 배우지도 훈련하지도 못했기에 앞만 바라보며 살아갑니다."

노련한 기업가 미셸 크럼Michelle Crumm도 인터뷰 중에 비슷한 취지의 말을 했다.

"성찰에는 시간이 필요하죠. 그래도 더 나은 사람이 되려면 꼭 성찰해야 해요. 하지만 사람들은 후진 기어가 고장 난 자동차처럼 전진하기에 바빠 중요한 사실을 망각하고 말아요."

웨인즈웨이그는 20세기를 풍미한 실존주의 철학자 롤로 메이Rollo May의 말을 자주 인용한다.

"인간은 길을 잃었을 때 더 빨리 달린다. 이는 인간의 모순된 습관 중 하나다."[4]

나는 메이의 말이 우리가 성찰에 얼마나 무심한지 보여준다고 생각한다.

인생의 전환점이 찾아올 때까지 성찰을 미루는 사람이 많다. 뉴욕대학New York University 스턴경영대학원Stern School of Business의 애덤 알터Adam Alter와 캘리포니아주립대학 로스앤젤레스캠퍼스University of California, Los Angeles, 이후 'UCLA' 앤더슨경영대학원Anderson School of Management의 할 허쉬필드Hal Hershfield는 공동 연구에서 흥미로운 현상을 발견했다. 사람들은 50세 생일처럼 나이의 앞자리가 바뀌기 직전 1년 동안 어떤 의미를 찾기 위해 자신의 삶을 돌아볼 뿐 아니라 의미를 추구하는 행동에 더욱 관심을 기울였다. 알터와 허쉬필드는 이런 새 출발

효과에 관한 놀라운 증거를 제시한다. 마라톤 경주에 처음 출전한 사람 중 나이의 끝자리 숫자가 9인 사람은 무려 48%에 달했다![5]

성찰은 절대 우리를 빈손으로 돌려보내지 않는다. 이는 성공률이 100%인 강력한 자기 훈련법이다. 나는 이번 장에서 당신이 훨씬 자주 성찰하도록 설득하기 위해 최선을 다할 것이다.

성찰의 혜택

미셸 크럼의 말이 옳다. 성찰은 학습의 필수 요소다. 참가자들이 성찰보다 추가 연습을 네 배나 더 선택한 위의 연구는 또 다른 사실도 밝혀냈다. 성찰을 선택한 참가자들은 연습을 선택한 사람들보다 과제 수행 결과가 더 좋았다. 이렇게 볼 때 성찰하는 동안에는 수행 능력과 성과를 강화하는 무언가가 벌어진다고 해석할 수 있다. 누차 강조하지만 유연함의 기술은 복잡한 개인적 기술을 개발하도록 돕는다. 성찰은 이런 기술을 개발할 때 굉장히 유용하며 당신이 완벽히 통제할 수 있는 훌륭한 도구다. 그저 시간과 에너지를 투입한 다음 성찰이 제공하는 혜택을 마음껏 누리면 된다.

한 실험 연구가 성찰의 효과를 증명했다. 연구가들은 피험자들에게 여섯 가지 감정 조절 전략을 사용하도록 요청했다. 그런 다음 경험 표집 기법Experience-Sampling Methodology(임의적인 시간이나 일정한 시차를 둔 신호에 따라 참가자에게 자신의 행동, 생각, 느낌 등을 보고하게 해 정보를 수집하는 기법-옮긴이)으로 결과를 조사했다. 결론을 말하자면 성찰은 여섯 가지 감정 조절 전략 중 상대적으로 강력한 전략이었고, 긍정적인 감정이 증가한 것과 관련 있었으며, 남성보다는 여성에게 더 효과적이었다.[6]

또 어떤 연구는 MBA 신입생을 실험에 참가시켜 두 가지 과제를 내주었다. 첫째, 학생들은 1학년 동안 리더십을 개발하도록 설계된 일련의 경험을 거치고, 둘째, 소규모 집단으로 나누어 그 경험을 토론해야했다. 그리고 연구가들은 두 번째 과제에 장치를 하나 더 추가했다. 집단을 절반으로 나누어 각기 다른 지침을 제공한 것이다. 한쪽에는 특정한 양식에 따라 각자의 경험을 체계적으로 성찰하라고 요청했고 나머지 집단에는 대학원 생활에 관해 일상적인 대화를 나누라고 말했다. 1년이 지난 뒤 훈련받은 관찰자들이 학생들을 평가했을 때 희비가 극명하게 엇갈렸다. 체계적인 성찰 집단이 일상적인 토론 집단보다 리더십과 잠재력 양쪽에서 더 높은 평가를 받았다. 기업들이 인턴을 선발하러 학교를 방문했을 때도 양 집단은 뚜렷한 대조를 보였다. 성찰 집단에 포함된 학생들은 나머지 학생들보다 9%나 더 인턴직을 제안받았고 초봉도 10% 더 많았다.[7] 이런 차이가 어디서 나왔는지는 명백하다. 바로 성찰이었다. 학생들은 성찰 덕에 리더십이 발달했을 뿐 아니라 자신의 학습 경험을 더 설득력 있게 설명할 수 있었다.

나와 동료들도 로스경영대학원에서 추출한 학생 표본집단을 상대로 성찰의 긍정적인 효과를 발견했다. 학생들은 7주짜리 집단 컨설팅 프로젝트에 정식 컨설턴트 자격으로 참여했다. 그런데 이런 식의 수평 집단에서는 가끔 문제가 불거진다. 누가 리더 역할을 맡고 누가 추종자가 될 것이냐를 두고 알력 다툼이 벌어지는 것이다.

211

우리는 학생들이 더 강력한 리더십을 발휘하는 데 성찰이 도움이 되는지를 확인하고 싶었다. 그래서 7주짜리 컨설팅 프로젝트가 반환점을 돌았을 즈음 우리는 학생들에게 네 가지 항목을 주었다. 네 항목은 각각 '집단이 추구하는 목표', '집단이 사용하는 기법', '팀 구성원들과의 관계', '자신이 팀 활동에 영향을 미치는 방식'이었다. 우리는 학생들에게 이것에 관해 얼마나 성찰했는지 물었다. 그리고 마지막으로 우리는 그 프로젝트가 종료되었을 때 학생 컨설턴트들과 다시 이야기를 나누었다. 결과를 말하자면 우리가 유도한 방식의 체계적인 성찰을 실천했다고 말한 학생들은 동료들에게 더 많이 리더로 인정받았다. 이런 차이가 어디서 나왔는지도 명확하다. 바로 성찰이다. 학생들은 성찰에 힘입어 집단이 무슨 일을 하고, 그 일에 무엇이 필요하며, 그것을 제공하는 최선의 방법이 무엇인지 스스로 판단하는 능력이 생겼다.

소설가이자 수필가인 올더스 레너드 헉슬리Aldous Leonard Huxley가 했던 유명한 말이 있지 않은가.

"경험은 단순히 당신에게 일어난 일이 아니다. 당신에게 일어난 일로 무엇을 하는가가 바로 경험이다."[8]

당신의 경험을 성찰하라. 그리하면 당신에게 일어난 일을 학습과 성장의 원천으로 이용할 수 있다.

성찰 계획을 세워라

미국 군대의 지도자들은 미국 군대가 세계 최고의 학습 조직이라고 자부한다. 그런 자부심의 중심에는 성찰이 있다. 미국 군대는 가장 엄격하고 체계적인 성찰법 중 하나를 사용한다. 바로 '사후검토^{After-Action}

Review, AAR'다. 작전 수립, 훈련, 특수 임무 수행, 출격 후에는 반드시 팀원과 부대원 전부가 한자리에 모여 무엇을 잘했고 잘못했는지를 체계적으로 토론한다. 이런 사후검토에서는 투명성과 정직이 관건이다. 그리고 고위 장교들은 이를 바탕으로 자신의 명령에 문제가 있었는지 논의한다. 이렇듯 미군은 수십 년 동안 사후검토에서 교훈을 얻은 학습 조직이고 이 경험에 상당한 자부심을 가지고 있다.

대부분의 개인이 미국 군대만큼 엄격하게 성찰하기란 언감생심이다. 그러나 일상적인 경험을 더욱 체계적으로 성찰하게 해주는 방법은 많다. 실제로 노련한 리더는 그런 방법 몇 가지를 적극적으로 활용한다.

성공과 실패를 규칙적으로 성찰하라

우리가 로스경영대학원 학생들에게 권장하는 훈련법도 고려해 볼만하다. 업무적으로 중요했거나 당혹감을 안겨주었던 경험에 초점을 맞추어 당시 정확히 무슨 일이 있었는지 체계적으로 성찰하라. 시간을 많이 들이지 않아도 된다. 이 훈련법 하나로 일거삼득의 효과를 거둘 수 있다. 자기 인식력이 높아지고, 직면한 도전을 깊이 이해하며, 새롭게 알아낸 사실을 주변 사람들과 소통하는 능력도 발달한다. 일회성 경험이 아니라 껄끄러운 대인관계, 도전적인 직무, 특별 프로젝트, 복잡한 과제 등 다소 시간이 걸리는 경험도 수행 중간에 성찰하면 도움이 된다.

당연히 성찰이 습관으로 굳으면 더할 나위 없다. 그리고 성찰을 습관으로 만들 이상적인 방법도 있다. 운동 시간을 따로 떼어놓듯 일과 중 짧게 성찰하는 시간을 만들어라. 약 40년간 제조 분야에서 일해 잔뼈가 굵은 다이애나 트렘블레이Diana Tremblay가 이 접근법의 좋은 예를 보여준다. 제너럴모터스General Motors, GM에서 글로벌비즈니스서비스 담당 부사장Vice President of Global Business Services을 역임한 트렘블레이는 한 시간이 소요되는 출퇴근 시간을 이용해 오늘의 좋은 일과 나쁜 일을 생각한다. 3장에서 소개했던 핀테크 스타트업의 CEO 앤더스 존스는 아침에 샤워하면서 가장 많이 성찰하고 대단한 깨달음을 얻는다.

규칙적으로 성찰할 수 없다면 경영자코치 카린 스타워키의 접근법을 고려해 보라. 스타워키는 특정한 경험을 한 직후에 곧바로 그것을 생각하는 편이다. 스타워키는 가끔 프레젠테이션이 끝나고 회의실을 나서는 순간부터 성찰을 시작하는데 가장 먼저 자신의 감정을 간단히 확인한다.

"나는 몸과 마음의 상태를 확인하려 내게 이렇게 묻죠. '지금 기분이 어때? 긴장돼? 짜릿해? 편안해? 평온해? 오늘 회의에서 어떤 기분이 들었어?'"

특정한 경험을 한 후에 자문자답하는 이런 성찰법은 전문가들이 연구에서 이용한 성찰만큼 체계적이지는 않다. 하지만 나름 확실한 장점이 있다. 스타워키는 성찰을 이용해 자신의 학습 목표에 신속하고 면밀히 초점을 맞춘다. 스타워키의 목표가 무엇이냐고? '매번 더 열정적으로 코칭하기.'다. 요컨대 스타워키의 성찰법은 즉각적이고 적극적이며 사실상 재미있는 놀이에 가깝다. 이는 유연함의 기술과 상당 부분 일맥상통한다. 유연함의 기술의 핵심이 무엇인지 생각해 보라. 무언가를 시도하고 그 시도의 결과를 생각한 다음에 그것을 되풀이하거나 다른 무언가를 시도하는 것 아닌가. 자기 계발은 온전히 당신의 손에 달려 있다. 당신은 자신의 특정 부분을 개선하기 위해 언제든 새로운 무언가를 시도할 수 있고 그 결과를 직접 확인해 교훈을 취할 수도 있다.

스타워키의 일상적인 성찰에서 한 가지 더 주목할 점이 있다. 스타워키는 극단적인 자신의 감정에 주의를 깊이 기울인다. 가령 짜릿할 정도로 흥분되면 자신이 열망하는 어떤 사건이 벌어졌다는 징후로 받아들인다. 그 감정을 근거로 추가 성찰을 시작하고 무슨 일이 벌어졌는지 자문한다.

"나는 그 감정을 끝까지 물고 늘어져 무슨 일이 있었는지 꼭 알아내요. 그것이야말로 방금 떠오른 생각의 핵심이거든요."

반대로 회의실을 나가는데 마음이 무겁고 피곤했다면? 이는 회의에서 스타워키를 힘들게 만드는 도전적인 무언가가 있다는 뜻으로 스타워키는 감정의 원인과 그 안에 함축된 의미를 성찰하기 시작한다.

'대화 중에 실수한 게 있었나? 아니면 그냥 회의 분위기 탓일까? 분위기를 전환하기 위해 내가 할 만한 일이 있었을까?'

가끔 스타워키는 이런 식의 성찰로 다음번 발표에 도움이 되는 통찰을 얻는다.

미국 국방부 협력 업체의 IT 전문가 메건 퍼먼은 오랫동안 스타워키와 비슷한 과정으로 성찰해 왔다. 그러다가 유연함의 기술을 배운

후로는 자신의 학습 목표에 초점을 맞추기 위해 기존의 성찰 과정을 수정하기로 결심했다. 바로 질문을 바꾸는 전략이었다. 퍼먼은 특정 상황이 어떻게 진행되었는지를 고민하는 대신 이제는 그 상황을 겪으면서 자신이 목표에 얼마나 가까워졌는지에 집중한다. 물론 자신에게 어떤 질문을 할지는 당신이 추구하는 학습 목표, 실험의 본질, 얻고 싶은 내용에 따라 달라진다. 핵심은 교훈을 얻기 위해 자신의 경험을 면밀히 돌아보며 이 행위에 시간과 에너지를 투입한다는 점이다.

중요한 경험을 기록하라

그날의 경험에 관한 자신의 생각과 감정과 반응을 기록하는 것이 매우 귀중한 성찰 접근법이라고 생각하는 사람이 많다. 시시르 메로트라Shishir Mehrotra는 실리콘밸리에서 성공의 고속도로를 달리는 기업가다. 대학에서 수학과 컴퓨터공학을 전공한 메로트라는 서른아홉 살 때 이미 전공을 발판 삼아 세계에서 가장 혁신적인 IT 공룡 기업들에서 고위직을 두루 거쳤다. 그 이후에는 자신의 지식과 창조성과 인맥을 발판 삼아 소프트웨어 회사를 창업했고 그의 스타트업이 출시한 초기 제품들은 IT업계에서 돌풍을 불러일으키는 중이다. 메로트라는 다양한 성찰 도구와 기법을 직접 개발해 사용할 정도로 체계적인 성찰가다. 그는 자신이 맞닥뜨린 도전이나 문제 해결 아이디어를 얻기 위해 '성찰 일지'를 자주 이용한다.

"업무 출장차 비행기를 탈 때나 휴가 중에 종종 일지를 씁니다. 손가락에 박힌 가시처럼 나를 괴롭히던 무언가를 주로 생각하죠. '얼마 전부터 회의를 마칠 때마다 계속 마음이 불편하고 찜찜했어.'라거나

'요즘은 아침에 일어날 때마다 스트레스가 장난 아냐. 답장을 못 보낸 이메일을 산더미처럼 쌓아둔 채 잠자리에 들었기 때문이야.'라는 식입니다. 일단 문제를 확인한 후에는 그에 관한 반응, 생각, 관찰 결과를 간단히 기록하죠. 이런 과정에서 떠오른 아이디어를 발전시켜 문제를 해결한 적이 아주 많습니다. 대개 곧바로 생각나지는 않습니다. 짧으면 며칠, 길면 몇 주가 걸릴 때도 있죠. 그러다 보니 버릇이 하나 생겼습니다. 성찰 일지를 항상 휴대하는 것이죠. 그래야 잠시 짬이 날 때마다 기록하고 교훈을 얻을 수 있으니까요."

징거맨스의 아리 웨인즈웨이그 CEO도 일지 애호가다. 무려 30년 전부터 일지를 써온 그는 매일 아침 20분~30분간 생각을 기록한다. 이제는 아침에 일지 기록을 건너뛰는 날이면 하루가 엉망이 된다고 생각할 정도다.

"나는 아침잠을 조금 포기하더라도 일지를 쓰는 편이 좋습니다. 하루를 더 알차게 보낼 수 있기 때문이죠. 내겐 일지 작성이 명상인 셈입니다. 마음을 수양하기 위해 요가를 하는 것과 같습니다."

또한 일지 쓰기가 간편하다는 점도 높이 평가한다.

"돈이 거의 들지 않습니다. 사실상 공짜라고 봐도 무방하죠. 종이와 펜 한 자루, 휴대전화와 손가락만 있으면 되니까요."

미시간대학 학생처장Dean of Students 로라 블레이크 존스Laura Blake Jones 는 웨인즈웨이그와 비슷한 듯 다른 성찰법을 사용한다. 존스도 생각을 글로 기록하는 성찰법을 최고로 꼽지만 매일 일지를 쓰는 대신 업무와 개인적으로 이루고 싶은 목표를 목록으로 작성해 항상 휴대한다. 그는 장거리 비행 중에 목록을 꼭 꺼내 보는데 전화나 이메일에서 해방된 그 시간은 성찰하기에 그만이다. 존스는 오롯이 자신에게 집중할 수 있는 조용한 시간을 이용해 목표를 점검하고, 목표 여정에서 자신이 얼마나 진전했는지를 살피며, 기억해야 하는 내용을 기록한다. 그뿐 아니다. 일요일 저녁마다 지난 한 주를 돌아보면서 자신이 미처 신경 쓰지 못한 일은 무엇이고 그것이 다음 주에 어떤 파장을 미칠지 자문한다. 이런 주말 의식은 주기적으로 목표 목록을 보완해준다.

우리가 인터뷰했던 어떤 사람은 독특하게도 '결정 일지'를 쓴다고 말한다. 예전에 미국 군대와 정부에서 일했고 지금은 어떤 싱크 탱크 Think Tank(각 분야의 전문가가 모여 정책이나 전략 등을 연구하는 두뇌 집단-옮긴이)를 이끄는 인물로 그를 '스콧 브라운Scott Brown'이라고 부르겠다. 브라운은 자신의 선택과 그 이유를 기록하는 일지를 쓰고 최대 6개월 전까지 거슬러 올라가 자신의 이론적 근거를 돌아보고 성찰한다.

'지금 봐도 과거의 결정과 가정이 옳았을까? 의사결정 과정은 적절했을까?'

이제까지 소개한 주인공들은 짧든 길든, 공식적이든 비공식적이든, 주기적이든 산발적이든 기록을 이용해 성찰할 때 가장 효과적이라고 말한다. 그러나 기록이 °유일한 성찰법은 아니다.

유연성 강화 실험을 주제로 규칙적으로 대화하라

자신의 경험을 혼자서 해부하기보다 사람들과 함께 성찰하기를 좋아하는 사람이 있다. 가령 제인 더튼은 친구들에게 자신의 경험을 들려주고 그것에 관해 곧잘 대화를 나눈다. 더튼처럼 자신이 무엇을 배우거

218

나 숙달하고 싶은지를 주변에 말하는 방법을 '대면 성찰Person-to-Person Reflection'이라고 부르면 어떨까?

어쨌든 친구, 멘토, 코치 등 성찰 과정에 다른 사람을 넣으면 일종의 선순환이 만들어진다. 먼저 책임감이 생기고, 성찰 과정에 활기가 생기며, 결과적으로 성찰에 더 깊이 몰입할 수 있다. 젊은 재무 전문가 토미 와이드라Tommy Wydra는 예전에 미시간의과대학University of Michigan Medical School의 금융개발프로그램Financial Development Program, FDP 동료들과 유연함의 기술 프로그램을 시작했을 때 이런 선순환을 경험했다. 그들은 유연함의 기술을 자신의 것으로 만들기 위해서, 그중에서도 특히 성찰하기 위해서는 독특한 대상이 필요하다는 사실을 깨달았고 그 역할을 '책임 파트너'라고 불렀다. 토미 와이드라의 말을 직접 들어보자.

"혼자 성찰하고 싶어도 업무 때문에 정신이 없다면 성찰은 뒷전으로 밀릴 수 있습니다. 그래서 나는 파트너를 만나 실험 경과를 보고하는 시간을 미리 정해둡니다. 그러면 파트너를 만나기 전에 내가 추진하는 다양한 실험이 얼마나 진척되었고 무엇을 시도하고 싶은지 미리 생각해야 하죠. 말하자면 성찰을 안 하려야 안 할 수 없게 만든 자구책입니다."

저명한 경영자코치 마셜 골드스미스도 와이드라와 기법은 다르지만 대면 성찰을 실천한다. 그는 매일 밤 한 친구와 통화하는데 이는 단순한 안부 전화가 아니다. 둘은 서로 일련의 질문을 주고받는다. 친구는 골드스미스가 미리 작성해 준 질문을, 골드스미스는 친구가 직접 정해준 질문을 한다. 단순하다고 얕보지 마라. 이 과정은 두 사람이 모두 목표에 집중하도록 도와줄 뿐 아니라 그런 노력을 계속해야 한다는 책임감도 불러일으킨다.

야간 전화 통화가 부담된다면 이 아이디어를 당신의 생활 방식에 맞춰 변형해 보라. 가령 직장 동료나 배우자와 일주일에 한 번씩 성찰 대화를 하면 어떨까? 이 아이디어를 최고경영자 과정에 넣은 로스경 영대학원처럼 조직도 이 아이디어를 활용할 수 있다. 우리 대학원은 매달 워크숍이 열릴 때마다 10분간 집단 성찰을 실시했다. 학생들이 둘씩 짝을 이루어 각자 선택한 성찰 질문을 서로에게 하게 했다. 우리 가 이런 성찰 대화를 도입한 목적은 두 가지였다. 첫째, 그들이 빡빡한 MBA 과정에 잘 적응하게 한다. 둘째, 가정생활·직무·지역 사회 활동 등 여타 다양한 역할도 잘해내도록 도와주고 싶었다. 동시에 우리는 그들이 자기 계발에도 초점을 유지하기를 바랐다.

지식을 나누어라

실리콘밸리의 IT 기업가 시시르 메로트라가 들려주는 이야기에 주 목하길 바란다.

"나는 강연이나 인터뷰를 요청받으면 가능한 한 수락하는 편입니 다. 내 일을 소개하고 설명할 때마다 나도 새로운 무언가를 배우기 때 문이죠. 그게 다가 아닙니다. 내가 배운 무언가를 사람들에게 알려주 는 것은 내 지식을 살피고 이해력을 높이며 새로운 통찰을 얻는 훌륭 한 방법이기도 합니다. 그래서 나는 우리 회사에 독특한 시스템을 도 입했습니다. 신입 사원 오리엔테이션에 기존 직원들을 강사로 참여시 키는 것입니다. 여기에는 내 나름의 노림수가 있죠. 모두가 회사 업무

220

의 세부 사항까지 명확하고 정확하게 이해하게 되거든요. 지속적으로 배우는 최고의 방법은 가르치는 것입니다."

지금껏 살펴보았듯 성찰을 일상으로 만드는 방법은 많다. 당신에게 맞는 방법을 찾을 때까지 다양하게 실험하라. 그리고 당신에게 맞는 성찰법을 찾았다고 해서 무조건 고수해야 한다고 생각하지 마라. 필요하다면 언제든 수정해도 좋다. 다만 지속적으로 성찰하고 싶다면 하나는 꼭 명심해야 한다. 성찰을 체계화하라. 인간은 선천적으로 성찰을 기피하는 성향이 있고 그로 인해 성찰의 달콤한 열매를 즐기지 못한다는 점을 고려하면 이는 선택이 아니라 필수다.

어떻게 하면 성찰을 체계화할 수 있을까? 스콧 브라운이 유익한 아이디어를 제안한다. 대규모 발표, 주요 회의, 프로젝트 개시 등 중요한 행사를 계획할 때는 성찰할 시간도 함께 고려하라. 성찰을 습관으로 만들면 성찰 기피증을 극복하고 성찰이 가져다주는 이득도 더 빠르게 누릴 수 있다.

무엇을 성찰할까

이제까지 살펴본 내적 성찰, 일기나 일지 작성, 성찰 대화, 지식 나누기 등 성찰 방법은 매우 다양하다. 그러나 가끔은 성찰 방법이 아니라 성찰 주제를 결정하기가 어렵다. 당신을 돕기 위해 여러 비즈니스 전문가가 제안한 몇 가지 아이디어를 소개하려 한다. 이번에도 당신에게 가장 잘 맞는 접근법을 찾을 때까지 하나씩 시도해 보길 바란다.

학습 목표의 성취도를 확인하기 위한 성찰법

중요한 경험을 한 후에는 아래의 세 가지를 질문하라.

1. 무슨 일이 있었고 어떤 결과가 나타났나?

① 해당 경험을 영상으로 녹화했다면 어떤 장면이 포착되었을까? 내 편견과 불안 때문에 오해한 부분이 있었나?

② 목표를 이루기 위해 계획한 실험 중에서 시도한 것이 있나?

가. 하나도 시도하지 않았다면 왜 그랬을까?

나. 실험을 가로막는 장애물은 무엇이었을까? 상황이 야기하는 장애물만이 아니라 두려움, 불안, 자존심 같은 내적인 방해 요소도 생각해 보자.

③ 반응을 관찰하든 피드백을 직접 요청하든 이 상황에서 내가 처음 의도한 대로 피드백을 구하려 노력했나?

가. 그러지 않았다면 왜 그랬을까?

나. 피드백을 얻었다면 목표를 달성하기 위한 내 노력과 관련해 무엇을 알았나?

④ 이 경험에서 나와 다른 사람들은 각각 어떤 긍정적·부정적 결과를 얻었나?

2. 어째서 일이 그런 식으로 전개되었을까?

① 그 상황에서 긍정적이든 부정적이든 나는 무슨 역할을 했고 얼마큼의 책임이 있었나?

특정 경험의 세부 사항을 분석하라

어떤 사건을 경험한 후 이를 성찰할 때 지침으로 삼으면 좋은 방법이 있다. 이 방법은 3단계로 이루어진다. 먼저 실제로 무슨 일이 있었는지 명확히 이해하고, 원인을 다각도로 고려하며, 마지막으로 그 경험에서 얻은 교훈을 도출한다. 이 과정은 업무적인 곤경이나 뜻밖의 기회, 난감한 오해같이 좋건 나쁘건 중요한 무언가를 경험했을 때 효과를 볼 수 있다.

첫 번째 단계에서는 실제로 발생한 일과 그 일에 관한 당신의 개인적인 해석을 분리해야 한다. 사건의 진상은 녹화된 영상처럼 객관적인 진실을 말한다. 한편 당신은 불안이나 욕구 또는 왜곡된 마인드셋 때문에 그 사건을 편향적으로 해석할 여지가 있다. 더 나아가 유연함의 기술 측면에서 고려해야 하는 질문도 있다. 이 목표를 위해 계획한 실험 중에서 시도한 것이 있었나? 그러지 않았다면 왜 그랬을까? 사람들에게 피드백을 구했는가? 그러지 않았다면 왜 그랬을까? 피드백을 얻었다면 그 피드백에서 당신은 무엇을 알았나? 이번 경험으로 당신과 다른 사람들이 얻은 긍정적인 결과는 무엇이고 부정적인 결과는 무엇인가?

두 번째 단계는 인과관계를 규명한다. 어째서 일이 그런 식으로 전개되었을까? 당신은 그 상황에서 어떤 역할을 했고 얼마큼의 책임이 있었나? 그 일에 영향을 미친 다른 요인들은 무엇일까? 가령 사회적인 여건이나 업무적인 상황이 그 일에 어떤 식으로든 개입했을까? 다른 사람들의 행동은 어떤 역할을 했고 당신에게 주어진 자원들은 또 어떤 영향을 주었을까?

마지막 단계의 질문은 두 갈래로 나뉜다. 먼저 그 경험에서 얻은 교훈을 철저히 파헤쳐라. 당신은 이 상황에서 어떤 교훈을 얻었나? 그런 다음 당신의 학습 목표와 관련해 해당 사건을 분석해야 한다. 이 일이 목표 달성을 앞당겨 주었나? 미래 경험에서도 이 목표를 유지해야 할까 아니면 새로운 학습 목표로 갈아타야 할까? 그것도 아니면 이번 경험에서 발생했던 일을 토대로 새로운 목표를 세워야 할까?[9]

이 3단계 성찰을 시도한다면 특정 경험에 숨어 있는 잠재적 성장 기회를 찾아 최대한 활용할 수 있다.

긍정적인 삶의 경험에 집중하라

5장에서 소개했던 에릭 마크스의 이야기를 다시 해보자. 20년 넘게 고위 임원으로 살아온 마크스는 아침 출근 시간도 허투루 쓰지 않는다. 그는 현재 직무 상황을 장기적인 측면에서 바라보기 위해 출근하면서 긍정적인 경험에 초점을 맞춰 성찰한다. 긍정적인 경험에 집중하다 보면 현재 직면한 상황이 얼마나 도전적이든 숨겨진 일면을 볼 수 있다. 힘든 상황에서도 좋은 일이 많이 생겼다는 깨달음을 얻는 것이다. 이런 식으로 특정 상황과 경험의 긍정적인 요소에 집중하면 낙관적이고 자신감 있게 행동할 수 있다.

기업가이자 공학 기술자인 어떤 사람도 마크스와 비슷하게 성찰로 하루를 시작한다. 편의상 그를 '개빈 닐슨Gavin Nielsen'이라고 부르자. 한 시간 가까이 긍정적인 경험에만 초점을 맞추어 성찰하는 마크스와 달리 닐슨은 세 단계로 나누어 성찰한다. 전체 시간도 기껏해야 15분이다. 먼저 자신이 특별히 감사하게 여기는 무언가를 떠올린다. 좋은 인연을 만났던 순간, 성공했을 때, 창조성이 폭발했을 때, 업무에서 기쁨을 느꼈던 순간 등이다. 그런 다음 일이 잘 풀리지 않았던 때, 후회했던 순간, 바꾸고 싶은 과거, 좌절했던 순간같이 부정적인 경험을 살피기 시작한다. 마지막 단계에서는 성장하기 위해 오늘 어떻게 행동하고 싶은지 일일 목표를 정한다. 보다시피 닐슨은 15분이라는 짧은 시간 동안 많은 주제를 성찰한다.

미시간대학 생어리더십센터의 센터장 린드레드 그리어도 여러 주제를 다룰 수 있는 체계적인 성찰법을 사용한다. 그리어의 방법은 기억하기 쉽다. 알파벳의 모음 다섯 개와 '와이Y'를 포함해 '아에이오우 앤드 와이A, E, I, O, U, and Y'라고 부른다. 각 철자는 그리어의 하루에서 중요한 무언가를 의미한다. A는 '무엇을 절제했는가Abstain'를 말하는데 멍하니 TV 보기, SNS 삼매경, 과음같이 정신과 신체 건강에 해로운 활동이 대표적이다. E는 '운동Exercise'이다. I는 '자신'을, O는 '타인

225

Others'을 지칭한다. 오늘 자신을 위해 무엇을 했고 다른 사람들을 위해 무엇을 했는지를 성찰하는 것이다. U는 '예상하지 못한Unexpected 무엇' 으로 어떤 것이든 오늘 예상치 못한 감정을 경험했는지 돌아본다. 마지막 Y는 "예스yes."라며 흥분의 탄성을 지르게 만들었던 일을 점검한다는 뜻이다.[10]

특정 주제에 집중하는 성찰법의 잠재적인 효과를 조사한 연구가 있다. 연구가들은 일단의 리더들에게 세 가지에 집중해서 하루를 성찰하라고 요청했다. 가령 자신을 좋은 리더로 만들어 준 강점 세 가지, 직무성과를 높여준 자랑스러운 개인적 성취 세 가지 등 말이다. 매일 이런 성찰 훈련을 실천한 리더는 대인관계와 직무에서 영향력이 커졌고 활력도 증가했다.[11] 이처럼 구체적인 형식을 따르며 광범위하게 성찰하면 겨우 몇 분 만에 하루를 전체적으로 이해할 수 있다.

내적 세상에서 탈출하라

에릭 마크스는 감사해야 하는 사건에 집중하는 것 외에도 가끔은 '메타인지Metacognition'라는 독특한 방법을 시도한다. 메타인지는 자신의 인식의 틀을 벗어나서 상황을 살펴보고 더 나아가 제삼자의 객관적인 시각으로 주변 조건을 성찰하는 방법이다. 마크스는 까다롭고 힘든 결정을 앞둔 상황에서 메타인지 덕을 많이 본다고 한다.

"가끔 판이한 두 가지 생각 때문에 오락가락할 때가 있습니다. 이럴 때면 마음속에서 두 가지 역할을 다 해봅니다. 내 안의 두 사람이 대화하게 만드는 것이죠. 그 상황을 두고 자신과 협상하는 것처럼요."

메타인지 기법은 미시간대학 신경심리학자 에단 크로스Ethan Kross의 일명 '심리적 거리 두기 Psychological Distancing' 연구와 맥이 닿아 있다. 크로스는 우리가 가끔 자신의 경험에 감정적으로 너무 깊이 몰입해서 객관적으로 추론하는 능력을 상실하고, 부정적인 상황을 효과적으로 성찰하지 못하는 현상에 주목한다. 크로스는 이런 관찰 결과를 바탕으로 개인의 관점을 바꿨을 때의 효과를 시험했다. 즉, 우리는 성찰할 때 삼인칭 화법으로 생각하면 된다. 나를 예로 들면 '나는 이 상황에서 어떤 교훈을 얻어야 할까?'가 아니라 '수잔은 이 상황에서 어떤 교훈을 얻어야 할까?'라고 생각한다는 이야기다. 크로스는 심리적 거리 두기 기법을 이용해 부정적인 상황을 재구성하면 스트레스와 부정적인 감정을 완화할 수 있다고 주장한다. 아울러 심리적 거리 두기는 학습 능력과 회복 탄력성을 키우는 좋은 방법이 될 수도 있다.[12]

1장의 서두를 장식했던 제프 파크스는 크로스의 심리적 거리 두기와 비슷한 효과를 거두는 방법을 찾아냈다. 바로 달리기다. 달리면서 까다로운 사안을 생각하면 현재의 감정에서 빠져나오게 된다. 그런 다음 폭넓고 창조적이며 덜 주관적인 시야를 가진 외부인으로서 자신의 상황을 관찰하게 된다.

고통스러운 순간을 직시하라

부정적인 생각을 반복하지 않고 성찰하는 일 자체가 때로는 힘든 도전이다. 사실 부정적인 반추는 자연스럽게 일어난다. 어쨌건 불안을 포함해 부정적인 감정을 불러일으키는 경험이야말로 우리를 성찰하게 하며 보상도 따른다.

제품과 위생 규격을 관리하는 비영리 국제인증기관인 미국국제위

생재단National Sanitation Foundation International, NSF International에서 실험실 운영을 총괄하는 롭 허먼Rob Herman은 이런 경험을 '민망한 순간'이라고 부른다. 여러 감정이 뒤섞여 고통스럽고, 복잡다단한 기분을 야기하기 때문에 우리는 그런 감정을 철저히 해부하기 어렵다. 6장 서두에서 소개한 경험이 바로 이런 순간에 해당한다. 내가 도움을 요청한 방식을 문제 삼아 회계학과장이 제대로 한 방 먹였던 사건 말이다.

그런 상황의 고통을 곱씹다 보면 자칫 학습과 성장이 멈추고 오히려 자기 학대라는 나락으로 떨어지기 십상이다. 그런 비생산적인 반추는 백해무익하다. 삼인칭 화법으로 말하는 심리적 거리 두기 기법을 이용해 그런 반추가 끼어들 여지를 주지 마라.

학습자의 태도를 유지하라

2장에서 우리는 학습 마인드셋의 중요성과 가치를 알아보았다. 학습 마인드셋은 더욱 효과적이고 강력한 성찰을 하는 데에도 도움이 된다. 학습 지향적인 사람은 학습과 관련된 뇌 영역의 신경 활동이 강화된다는 사실을 밝혀낸 연구도 있다. 그리고 그 뇌의 영역은 피드백이 얼마나 유익한지도 예측한다.

실패인 것처럼 보이는 경험을 어떤 마인드셋으로 바라보는가는 정말 중요하다. 한 연구에 따르면 최근 승진에 실패한 사람은 둘 중 하나의 방식으로 반응하는 경향이 있었다. 어떤 사람은 불공정하다는 생각과 질투심에 사로잡혔다. 그런 사람은 대체로 자신이 누구인가 하는 인식에 갇혀 있었다. 연구가들은 '나는 이런 사람이야.'에 초점을 맞춘 사고는 비관적이고 방어적인 태도를 촉진한다는 사실을 밝혀냈다. 그런 태도는 성장 가능성까지 차단해 버렸다. 연구가들은 이렇게 말한다.

"통제할 수 없는 외부 원인만 탓할 때 우리는 아무것도 못 하고 아무것도 배우지 못한다."

반면 똑같이 승진에 실패했는데도 성찰의 힘을 빌려 그 경험을 훗날의 이득으로 바꾸어 버린 사람들도 있었다. 이 경우에는 자신에 관한 새로운 지식을 성장 중심으로 구성해 습득하는 것이 관건이었다. 연구가들의 말을 들어보자.

"이번 일은 내게도 일말의 책임이 있어."라거나 "내가 좀 다르게 행동할 수도 있었어."라고 자신에게 말하는 것은 자신을 학습에 대비시키는 일이다.[13]

이런 식으로 학습 가능성에 마음의 문을 열면 자신이 능력을 충분히 발휘했는지, 경쟁자보다 자신이 더 뛰어난지 등 능력에 집착하던 습관에서 벗어나 지금보다 더 나아지는 방법에 초점을 맞추게 된다. 또한 학습 마인드셋을 가진 사람은 멘토를 찾아 그와 더 많은 시간을 보내거나 주변에서 도움을 받는 것처럼 자신을 개발하기 위한 더 많은 수단을 찾아낸다.[14]

위의 연구에서 우리는 무엇을 배워야 할까? 나쁜 경험을 하고, 파괴적인 결과를 맞이하고, 중요한 관계가 어그러지고, 업무적으로 위험에 처했다고 생각할 때 그 경험에서 배울 수 있는 교훈에 마음을 열어라. 무엇보다 자신이 그 일에서 어떤 역할을 했고 자신의 책임이 무엇인지 면밀히 따져보라. 고통스러운 과정이지만 바로 여기서 가장 중요한 것을 배울 수 있다. 만약 책임을 다른 사람에게 전가하거나 당신이 통제할 수 없었던 무언가를 탓한다면 당신은 더 할 수 있는 것도, 배울 것도 없다.

성공한 한 방송기자는 학습 마인드셋을 강화하기 위해 고통스러웠던 삶의 경험을 성찰한다. 그를 '존 피터스John Peters'라고 부르겠다. 피터스는 신입 기자 시절 오디션에 응시했다. 한창 모의 뉴스를 보도하던 중 피터스는 예상치 못한 요구를 받았다. 갑자기 지구 반대편에서 발생한 속보가 이어폰에서 흘러나왔다. 피터스는 지금도 그 내용을 생생히 기억한다. 이란 상공에서 항공기가 격추되었다는 소식이었다. 피터스는 돌발 상황에 대처할 준비가 되어 있지 않았다. 그는 어찌할 줄 몰랐고 머릿속이 하얘져 몇 초간 얼어붙었다. 제작진은 피터스의 반응을 보고 그가 방송기자로서의 자질을 갖추지 못했다고 결론 내렸다. 오디션 현장을 떠나며 그는 참담함을 느꼈다. 공기 빠진 풍선처럼 기가 죽었고 과연 TV 뉴스 분야에서 성공할 수 있을지도 의심스러웠다. 하지만 시간이 약이었다. 피터스는 자신의 흑역사를 성장의 도약대로 바꾸었다.

"나는 그 경험을 기억에서 지워버리기는커녕 오히려 가슴 깊이 새겼습니다. 그리고 그 경험에서 교훈을 얻으려 최선을 다했습니다."

피터스가 그 경험에서 얻은 가장 큰 교훈은 무엇이었을까?

"예전에 나는 '인생은 한 방이다.'라고 생각했습니다. 사람은 한 방에 흥하고 한 방에 망한다고 말이죠. 하지만 인생은 한 방이 아니라 포기하지 않고 조금씩 전진해야 하는 거더군요. 실패해도 자신을 심하게 다그치는 대신 약간의 관용을 베풀고 그 경험을 받아들이며 묵묵히 나아가야 합니다. 그러다 보면 긍정적인 방향으로 전진할 수 있습니다."

오늘날 피터스는 미국의 한 대도시 주요 방송사에서 기자 겸 앵커로 활동한다. 심지어 경성 뉴스Hard News(정치·경제·국제관계 등 소위 딱딱하고 비중이 큰 뉴스-옮긴이) 보도 실력을 인정받아 에미상Emmy Award을 포함해 다수의 수상 경력을 자랑한다.

과거로의 시간 여행

성찰은 때로 상당히 내밀한 활동이다. 특히 감성지능, 자신감, 자기 인식력, 대인관계 능력 등 효율을 높여줄 복잡한 기술을 익히고자 할 때는 더욱 그렇다. 미국 외교관 출신의 어떤 사람은 성찰할 때 과거 회상에 많은 시간을 들인다. 무엇보다 그는 성년기에 정체성과 성격을 형성할 때 유년 시절의 경험이 어떻게 도움이 되었는지 이해하려고 노력한다. 그가 이렇게 하는 이유는 과거에서 자유로워지기 위해서다.

우리 역시 위의 주인공처럼 어릴 적 경험의 영향에서 벗어나지 못한다. 또한 과거의 경험에서 교훈을 얻었고, 그런 교훈은 무의식적으로 이미 우리 안에 자리를 차지하고 있다. 말하자면 그런 교훈은 우리의 하드드라이브에 저장되었다고 볼 수 있다. 즉, 삶의 교훈이란 때로 우리가 전혀 인식하지 못하는 방식으로 우리에게 영향을 미치는 행동 양식과 반응 양식을 총칭한다.

반면 대학이나 직장에서처럼 성인이 된 이후에 얻은 교훈은 우리의 소프트웨어를 구성한다고 볼 수 있다. 당연히 그런 소프트웨어도 우리에게 영향을 미치지만 우리는 그것을 의식적으로 활용할 확률이 크고, 따라서 변화를 잘 수용하는 편이다. 이렇게 보았을 때 우리는 자신의 하드드라이브를 이해하려고 약간만 노력하면 커다란 차이를 만들 수 있다. 감정 통제력이 커지고 행동의 동기도 이해할 수 있기 때문이다. 그뿐 아니다. 어려운 상황도 명확하고 객관적으로 살피며 신중하게 다루기 쉬워진다.

그렇지만 먼 과거의 경험을 성찰하기는 생각처럼 쉽지 않다. 시간이 많이 소요되는 데다 고통이 따를지도 모른다. 만약 어린 시절의 경험을 파헤치고 있다면 전문 상담사에게서 조언과 지침을 얻는 방법을 고려해 보길 바란다.

이제 6장 서두에서 소개했던 내 이야기로 돌아가자. 결론을 말하자면 나는 그 경험 때문에 과거로 시간 여행을 하게 되었다. 회계학과장과 불미스러운 일을 겪고 나는 위와 비슷하게 먼 과거를 돌아보며 성찰하기 시작했다. 처음부터 계획한 것은 아니었다. 어쩌다가 그토록 백해무익하고 심지어 소외감을 안겨주는 방식으로 그에게 도움을 요청했는지 곰곰이 성찰했다. 그랬더니 그 행동의 뿌리가 내 어린 시절과 맞닿아 있다는 생각이 들었다. 어릴 적 우리 가족은 나를 포함해 총 여덟 명이었다. 세 딸을 둔 부모가 된 지금 생각하면 당시 부모님의 처지가 십분 이해된다. 어떻게 버티셨을까 싶을 만큼 자신들이 짊어진 막대한 책임에 완전히 압도되었을 것이다. 당연히 어릴 적에는 부모님의 마음을 완벽하게 이해하지 못했다. 그래도 우리 여섯 형제자매는 부모님을 너무 성가시게 하지 않는 것이 자식으로서 할 수 있는 최선의 도리라는 사실을 본능적으로 알았다.

남에게 잘 부탁하지 못하는 내 성향은 어릴 때부터 다양한 방식으로 발현되었다. 나는 그런 경험을 어제 일처럼 똑똑히 기억한다. 한번은 차고에 있는 아버지의 작업대에서 숙제를 하고 있었다. 마침 아버지가 우연히 차고에 들렀다가 나를 도와주겠다고 했다. 당시 기억이 지금도 생생하다. 나는 그때 꽤 진땀을 흘렸다. 숙제를 빨리 끝내려 서둘렀고 아버지가 나를 도와줘야 한다는 압박을 느끼지 않도록 중요한 과제가 아닌 듯 행동하려 애썼다. 나는 어린 시절부터 중요한 생존 기술을 배운 것이 분명했다. 남에게 너무 많은 요구를 하지 마라. 꼭 요구해야 한다면 최소한으로 줄여라.

의식하지 못했지만 이 교훈은 어릴 적부터 내 하드드라이브에 계속 저장되어 있었다. 성인이 된 후에는 그것이 나의 리더십에 암초가 되었다. 누군가에게 부탁을 하면서 그 일이 중요하지 않다고 말한다면 절대 훌륭한 동기 부여자가 될 수 없다. 또한 내 사례는 가장 작은 경험이 때로는 가장 큰 통찰을 가져다줄 수 있다는 사실을 시사한다. 기껏해야 20분 남짓한 아버지와의 경험 하나에서 나는 이토록 오랜 세월이 흐른 후의 내 행동과 영향력을 이해하게 되었다.

성찰은 과거의 유령을 인지하고 그것을 쫓아버리게 한다. 지금도 가끔 나는 누군가에게 부탁할 때 부담을 줄여주려 무던히 애쓴다. 그러나 이제는 그렇게 하는 순간 곧바로 인지하고 즉석에서 내 행동을 바로잡을 수 있다.

학습에 관한 명언이 있다. 중국의 고대 철학자 공자의 말씀이다.

"지혜를 배우는 데는 세 가지 방법이 있다. 첫째는 '사색'으로 이는 가장 고상한 방법이다. 둘째는 '모방'으로 이는 가장 쉬운 길이다. 마지막은 '경험에서 배우는 것'으로 이는 가장 어렵다."[15]

이제까지 알아본 성찰의 모든 것은 이렇게 요약할 수 있다. 일상생활에 잠재해 있는 씁쓸한 열매를 취해 미래의 직무 성과와 리더십을 진일보시켜라. 성찰이야말로 사색을 고귀한 통찰로 바꾸는 강력한 방법이다.

그렇다고 해도 체계적인 성찰은 감정적으로 우리를 고단하게 만들기도 한다. 존 가드너가 말했듯 우리네 삶은 주의를 산만하게 만드는 온갖 것들로 포화 상태다. 하지만 이런 환경에서 성찰은 더더욱 우리의 구세주가 된다. 앞서 말했듯 성찰은 가끔 우리를 새로운 사고방식에 노출시켜 불편하게 만들고, 수용하기 벅찰 정도로 자기 인식 수준을 높이 끌어올린다. 그래도 규칙적인 성찰을 일상생활의 일부로 만들어라. 머지않아 당신은 익숙하지 않은 자각에 따라오는 약간의 불편함을 '내가 학습하고 성장하는 중이구나.'라는 신호로 받아들일 것이다. 그리고 결국에는 그런 불편함을 두 팔 벌려 환영하게 될 것이다.

성찰하여 삶의 질을 높여라

이제까지 우리는 유연함의 기술의 일부로써 학습 목표를 이루도록 도 와주는 성찰에 집중했다. 이 외에도 성찰을 하면 다른 중요한 효과를 얻을 수 있다. 바로 행복감을 높이는 것이다. 지금부터 연구에 기반을 둔 효과적인 성찰법을 두 가지 더 알아보자. 당신에게 맞는 성찰법을 찾고 싶다면 살펴보길 바란다.

직무에서 에너지를 높이고 싶을 때

하루를 정리할 때나 직업적으로 힘든 시기를 보낼 때 아래의 다섯 주 제 중 하나를 골라 자문자답해 보라. 되도록 구체적으로 상상하고 그 것에 집중하라.

1. 나를 유능한 OOO로 만들어 주는 내가 좋아하는 모습 세 가지

2. 나를 유능한 OOO로 만들어 주는 귀중한 기술 세 가지

3. 나를 유능한 OOO로 만들어 주는 유용한 성격 세 가지

4. 나를 유능한 OOO로 만들어 주는 자랑스러운 성취 세 가지

5. 나를 유능한 OOO로 만들어 주는 강점 세 가지

이 연구에서 질문 속의 'OOO'는 '리더'였다. 일이든 개인사든 당신이 현재 수행하는 역할이라면 무엇이든 상관없다. 회계사, 엄마, 의사, 형제, 친구 등 역할을 한 가지 고른 다음 질문이 요구하는 세 가지를 생각해 보라. 그리고 각 문장을 완성하되 당신이 좋아하는 자신의 모습이 무엇이고, 그것을 왜 좋아하며, 그것이 어째서 당신의 직무 성과를 높여주는지 전부 설명해야 한다.

마지막으로 연구가들은 이렇게 일상적으로 자기표현의 글쓰기를 훈련하는 사람들을 평가해 달라고 제삼자에게 부탁했다. 평가자들은 이런 훈련을 하는 사람들을 직무에 관한 열정과 몰입도 그리고 영향력 모두에서 더 높게 평가했다.[16]

삶의 질을 높이고 싶을 때

하루 중 정말 좋았던 일 세 가지와 그 일들이 잘 풀렸던 이유를 글로 써보라. 시간은 5분~10분 정도면 충분하다. 좋아하는 아이스크림을 후식으로 먹은 것처럼 사소한 일도, 특별 지원금을 받은 일처럼 중대한

사건도 좋다. 일터, 가정, 친구, 지역 사회 어디에서든 좋은 일이라면 상관없다.

그런 다음 좋은 일 목록에 적은 각 사건이 왜 발생했는지 적어보라. 어떤 대답이든 괜찮다. 가령 좋아하는 아이스크림을 먹은 일을 좋은 사건이라고 선택했다면 어떤 동료가 당신을 생각해서 일부러 사다 주었기 때문이라거나, 여럿이 함께 있었는데 당신이 아이스크림이 먹고 싶다고 용기를 내어 밝혔기 때문이라고 생각해도 좋다. 특별 지원금이 나온 이유도 마찬가지다. 신의 가호 덕분이라고 생각할 수도 있고 일을 잘해서 보상받았다고 생각할 수도 있다.

이렇듯 긍정적인 사건이 벌어진 이유를 글로 써보면 삶의 긍정적인 측면을 더 온전히 이해하기가 쉬워진다. 연구 결과에 따르면 한동안 저녁마다 이 훈련을 한 경우 스트레스가 줄어들고 신체 건강 지표와 삶의 질, 행복 지표가 모두 높아졌다고 한다.[17]

7장

감정을 학습의 지렛대로 사용하는 법

감정의 노예가 아닌 주인이 되어라

미국의 유명 포장 소비재 기업에서 대규모 사업부를 이끄는 한 고위 경영자 이야기를 해보자. 그는 사업부의 생산성과 수익성을 총괄하는 책임만도 막중한데 여러 프로젝트를 병행하고 긴급한 사안을 처리하느라 일상적으로 야근을 했다. 그러다 보니 그와 팀원들이 엇박자를 그리는 경우가 빈번했다. 그를 편의상 '제이슨 하트먼^{Jason Hartman}'이라고 부르자.

하트먼은 언젠가부터 회의 중에 펜으로 테이블을 두드리는 습관이 생겼다. 그처럼 전쟁 같은 나날을 보낸다면 누군들 그러지 않을까. 하트먼은 자신에게 이런 습관이 있는 줄은 꿈에도 몰랐다. 회사의 소개로 만났던 경영자코치가 지적해 주었을 때 하트먼은 비로소 이 사실을 알게 되었다. 그렇다면 코치는 하트먼 본인도 몰랐던 버릇을 어떻게 알았을까? 하트먼의 팀원이 그 습관을 콕 집어 언급한 모양이었다.

팀원들은 그간의 경험을 통해 하트먼이 펜으로 소리를 내는 게 일종의 경고 신호라는 사실을 간파했다. 하트먼은 회의가 원하는 방향으로 진행되지 않으면 좌절하고 분노하는 경향이 있었다. 자신의 의견이 반대에 부딪히거나, 발언을 무시당하거나, 자신이 반대하는 아이디어가 채택되는 상황이 그런 경우에 해당했다. 펜으로 책상을 두드리는 행위는 그의 감정 상태를 말해주는 첫 번째 증거였다. 그런데 그런 식으로 불편한 심기를 드러냈는데도 회의가 원하는 방향에서 더욱 멀어진다면? 팀원들은 하트먼이 펜으로 내는 소리를 더 듣지 않게 된다. 대신 비아냥거리는 그의 성질을 고스란히 받아내야 하리라. 심지어 하트먼은 분을 못 이겨 주먹으로 테이블을 내려칠 듯 행동했다. 이 지경이 되면 회의는 사실상 끝난 것과 마찬가지였다. 이렇듯 팀 회의에서 하트먼이 날을 세우면 리더로서의 효율은 이미 물 건너갔다. 하트먼은 가끔 파괴적인 리더로 전락하기도 했다.

하트먼은 감정의 포로가 되어 회의에서 건설적인 결과를 도출하지 못하게 막고 있었다. 코치에게서 그 사실을 지적받고 진심으로 놀란 하트먼은 이후 코치와 몇 차례 만나면서 문제를 해결하기 위해 집중했다. 하트먼은 자신의 감정적 반응과 그런 반응을 표출하는 방식에 주의를 기울이기 시작했다. 회의가 돌아가는 모양새가 마음에 안 들어 심사가 뒤틀리기 시작하면 하트먼은 자신이 외부로 발산하는 신호를 포착하게 되었다.

'오, 내가 펜으로 테이블을 치고 있군. 좌절감을 느끼는 게 확실해.'

일단 그 사실을 깨닫고 나자 그는 좌절감에 유연하게 반응하기 위해 자신이 어떻게 해야 하는지도 알게 되었다. 그는 스스로 학습과 성장을 방해하는 대신 이를 촉진하겠다고 다짐했다.

솔직히 이런 경우는 매우 흔하다. 매기 베일리스도 이따금 감정의 노예가 되곤 했다. 신중한 사람이 으레 그렇듯 베일리스는 일과 대인 관계에서 어떤 사람이 되고 싶은지와 관련해 여러 목표를 설정했다. 그런데 가끔 강렬한 감정과 씨름하다 보면 이런 목표가 연기처럼 모습을 감추었다. 베일리스는 자기도 모르게 싸움닭처럼 으르렁거리거나 주변의 모두가 알아챌 정도로 대놓고 짜증을 부리곤 했다. 주변 사람들이 어떻게 반응했을지는 빤하다. 베일리스의 심기를 불편하게 만들겠다 싶으면 솔직히 의견을 말해야 하는 상황에서도 슬그머니 꽁무니를 빼기 시작했다. 이는 베일리스에게 부메랑으로 돌아왔다. 직무를 수행하기 위해 필요한 정보를 얻지 못한 것이다. 그뿐 아니다. 베일리스도 자신의 문제를 자각했고 동료들을 대하는 자신의 행동 방식 때문에 죄책감이 들었다. 이쯤 되자 베일리스에게는 다른 선택지가 없었다. 달라져야 했다. 격한 감정을 불러일으키는 특정 상황에서 통제력을 발휘해야 했다.

매기 베일리스와 마찬가지로 우리는 자신이 오직 이성과 논리에 근거해 행동한다고 믿고 싶어 한다. 하지만 우리는 감정에 쉽게 휘둘리는 비이성적인 동물이다. 게다가 내부의 적이 가장 무섭다는 말처럼 때로는 강렬한 감정이 학습과 성장 계획에 치명타를 날릴지도 모른다. 하지만 그런 감정에도 긍정적인 측면이 있다. 강렬한 감정은 우리에게 학습이 필요하다는 중요한 신호일 뿐 아니라 잘하면 기쁨과 활력의 원천이 되어줄 수도 있다.

감정이 내부의 적이 될 때

경험 학습은 심약한 사람에게는 맞지 않는다. 학습 잠재력이 가장 큰 경험에 관해서는 1장에서 이미 알아보았다. 그런 경험의 대표적인 특징을 몇 가지만 상기해 보자. 상당히 큰 위험이 따르고, 당신의 일거수일투족이 외부에 노출될 가능성이 크며, 일과 삶에서 변화를 만들어 내야 한다. 이런 조건을 고려할 때 경험 학습에 강렬한 감정이 따르는 것은 당연하다. 경험에서 뭔가를 배우려면 위험·불확실성·갈등을 감수해야 하고 이는 다시 불안·의심·두려움 같은 감정을 유발한다. 또 그 과정에서 직면한 문제를 해결하려는 노력이 정상 항로를 이탈한다면? 좌절과 분노 같은 더욱 격한 감정이 나타나기에 십상이다.

그래서 결론이 무엇이냐고? 경험에서 무언가를 배우려 할 때 감정은 이를 방해하는 최대 복병으로 부상할 가능성이 농후하다. 온몸이 긴장하고, 머리가 지끈거리고, 입이 바싹 마르며, 두 손이 땀으로 흥건해지고, 가슴이 두방망이질하고, 아드레날린이 분출되어 얼굴이 화끈거릴 것이다. 이런 모든 현상은 파괴적인 감정이 활성화되었다는 명백한 신호다. 또 어떨 때는 기분이 처지고, 따분함을 느끼고, 산만해지거나 낙담하고, 흥미나 관심을 잃기도 한다. 덜 극적이지만 이런 반응 역시 파괴적인 감정의 징후로 봐야 한다.

이런 상태가 되면 유연성 강화 실험에서 무언가를 배우기 위해 집중하기가 매우 힘들어질지도 모른다. 그러나 이런 감정도 유용한 정보를 제공할 뿐 아니라 자세하게 분석해 볼 가치가 있다. 감정은 억누르거나 통제해야 하는 골칫거리만은 아니다. 여기서 무언가를 배울 게 있다는 신호이기도 하다. 따라서 감정이 보내는 신호를 읽을 준비가 되면 새로운 가능성이 열린다. 어째서 그런 기분을 느끼는지 이해한다면 그것 자체가 변화를 시작할 중요한 자극제가 되기 때문이다.

부정적인 감정에 잠재된 혜택을 영원히 알지 못하는 사람도 많다. 그들은 오직 감정을 억제하려 애쓴다. 그들에게는 부정적인 감정이 맞서 싸우거나 무시해야 하는 대상에 지나지 않는다. 안타깝게도 원치 않은 감정을 이런 식으로 다루는 전략은 역효과를 부른다. 자신의 감정을 수용하거나 재해석하기보다 감정을 통제하기 위해 노력하고 결과적으로 덫에 걸린 기분을 느끼기 쉽다. 게다가 감정을 완벽히 억제하기란 사실상 불가능하다. 아무리 억제하려고 해도 십중팔구 새어 나간다. 제이슨 하트먼과 매기 베일리스의 동료를 생각해 보라. 하트먼과 베일리스가 입도 벙긋 안 했지만 동료는 그들이 화가 났다는 사실을 인지했다. 가령 하트먼의 동료들은 펜으로 책상을 두드리는 소리가 들리면 곧바로 방어 기제가 작동했다. 부정적인 감정이 지속될 때 감정을 억제하려는 노력은 되레 당신의 직무 수행력과 성과에 악영향을 미친다. 통제되지 않은 감정도 나쁘긴 매한가지다. 그런 감정이 지나간 자리에는 오해와 손상된 대인관계만 남는다. 이는 다시 일이나 삶이나 지역 사회에서 당신의 능력을 더욱 약화하는 결과로 이어진다.

우리가 분석하지 않고 방치하는 감정은 무언가를 배우려는 우리의 노력을 엉뚱한 방향으로 이끌 위험이 크다. 심지어는 특정 영역에서 무언가를 개선할 수 있을지 확신할 수가 없고 그래서 그 영역의 실력을 키우겠다는 목표를 세우기조차 주저하게 될지도 모르겠다. 이럴 때는 그 문제를 무시하는 행동을 감정적으로 더 안전하다고 느낄 수도 있다. 이는 탓할 일만은 아니다. 하지만 이런 정서적 안정에는 당연히 대가가 따른다. 이런 식으로는 학습 자체가 거의 불가능하니 말이다. 이렇듯 감정에 발목이 잡히면 유연함의 기술을 시도하기조차 어려워진다.

또한 성찰을 통해 무언가를 배우려 할 때도 감정이 방해물이 되곤 한다. 성찰은 세 단계로 이루어진다. 먼저 녹화된 영상을 보듯 상황을 있는 그대로 이해한다. 그리고 그 상황에 대한 당신의 가정이 무엇이고 어떤 식으로 재구성했는지 확인한다. 마지막으로 기존 사실에 반대되는 상황을 가정하는 '사후 가정Counterfactual' 기법을 시도한다. 즉 어떻게 하면 상황을 바꿀 수 있었을지 되짚어 본다. 성찰은 복잡한 정신 활동으로 냉철한 사고가 필수다. 감정에 휘둘려 집중력이 흐트러지면 사고하기 어려워지고 효과적으로 성찰하는 능력도 약해진다.

심지어 실험 중 우리가 받는 피드백이 강렬한 감정을 촉발하는 상황도 배제할 수 없다. 가령 우리가 이해하지 못하거나 각기 다른 피드백을 받아서 혼란과 좌절을 느끼고, 부정적인 피드백 때문에 스트레스와 고통과 분노에 휩쓸릴지도 모른다. 이와 같은 격한 감정이 우리의 정신을 완전히 장악한다면 피드백에서 어떤 교훈도 얻지 못한다. 감정에 관한 마지막 경고는 제이슨 하트먼과 그의 동료들의 경험으로 대체하겠다. 격렬한 감정을 관리하지 않는다면 우리는 대인관계에서도 대가를 치를 것이다.

개중에는 비교적 수월하게 감정을 관리하는 사람도 있다. 제너럴

모터스에서 오랫동안 임원을 지낸 다이애나 트렘블레이는 '마이어스-브리그스유형지표Myers-Briggs Type Indicator, MBTI' 같은 여러 성격 유형 검사에서 감정보다 사고 점수가 훨씬 높았다. 그래서인지 트렘블레이는 상황과 경험을 처리할 때 감정이 아무런 방해가 되지 않는다. 도메인 등록 기관이자 웹호스팅업체 고대디GoDaddy에서 제품총책임자Chief Product Officer로 재직했던 스티븐 올드리치Steven Aldrich는 자칭 금욕주의자로 자신을 '감정 조련사'라고 자부한다. 그는 운동선수 시절 감정 단련법을 배웠는데 이것이야말로 긍정적이든 부정적이든 주변에서 벌어지는 일에 지나치게 반응하지 않는 능력의 원천이라고 말한다.

"나는 좋고 나쁜 일 모두에 엇비슷한 감정으로 반응하는 법을 배웠습니다."

트렘블레이와 올드리치의 성향은 예외에 가깝다. 대부분의 사람은 하트먼과 베일리스와 더 비슷하다. 우리는 격한 감정을 잘 다루지 못해 정상 항로에서 이탈하는 경향이 있다.

이제 우리는 강렬한 감정이 가져오는 문제의 본질에 다다랐다. 분노, 죄책감, 상심, 두려움 등 우리가 강렬한 감정을 경험할 때 뇌에서는 무슨 일이 벌어진다. 생각을 관장하는 뇌 영역이 원시적인 투쟁·도피·경직반응Fight, Flight, Freeze Reaction에 완전히 장악당하는 것이다. 강렬한 감정을 경험하면 일단 반격하고 싶어진다. 즉 상대가 우리를 어떻게 오해했는지 또는 그들이 무엇을 잘못 이해했는지 빨리 입증해야 한다는 긴박감을 느낀다. 한편으로는 그 상황에서 벗어나려 애쓴다. 마지막으로 우리는 그 상황에서 발을 빼지 않지만 경직된다. 감정의 문을 꽁꽁 잠그고 소통을 중단하고 만다. 만약 그대로 방치한다면 문제는 더 커질 뿐이다.

이제 우리는 그 사람과 상호 작용하는 것만이 아니라 그렇게 해야 하는 상황에 놓이는 것만으로도 불안해진다. 그래서 그 사람을 피하거나 해당 상황을 뒤로 미룬다. 또는 강렬한 그 감정을 다시 경험하지 않으려고 다른 전략을 시도한다. 우리가 이렇게 행동할 때 상대는 어떨까? 우리의 마음에서 벌어지는 이 모든 과정을 까맣게 모르는 그는 감정으로 점철된 우리의 반응을 아닌 밤중에 홍두깨처럼 느낀다. 상대는 혼란스러워하고 가끔은 상처받는다.[1]

성장의 모든 단계에서 반드시 기억해야 하는 중요한 사실이 있다. 당신 안에서 일어나는 감정을 무시해서도, 과소평가해서도 안 된다. 긍정적이든 부정적이든 이런 감정은 당신이 해결해야 하는 사안과 관련해 귀중한 메시지를 전하는 전령일지도 모른다. 예를 들면 걱정, 불안, 두려움 같은 감정은 당신이 비판의 대상이 되었거나 부정적 결과에 책임을 지게 된 경우처럼 변화와 성장에 걸림돌이 되는 위험에 직면했다는 방증일 수도 있다. 이런 위험에 어떻게 대처하느냐에 따라 당신은 직업적으로 성장할 수도, 아닐 수도 있다.

위험을 있는 그대로 바라보고, 위험을 줄이기 위한 계획을 수립하며, 제거할 수 없는 위험은 기꺼이 감수하고 받아들이기 위해 최선을 다하라. 나는 누구든 업무적으로 이런 단계를 한 번 이상 거쳐야 한다고 생각한다. 앞서 4장에서 소개했던 저명한 심리학자 에이브러햄 매슬로의 말을 새겨들어라.

"안전지대로 돌아갈지, 성장을 향해 전진할지는 각자가 선택할 몫이다. 하지만 우리는 끊임없이 성장을 선택해야 하고 반복해서 두려움을 이겨내야 한다."

이렇게 볼 때 감정은 양날을 가진 검이 분명하다. 당신이 감정을 인지하고 정직하게 다룬다면 성과에 도움이 되겠지만 강렬한 감정을 여과 없이 드러낸다면 학습에 방해가 될 위험도 있다. 감정에는 모호한 성질이 있기 때문에 관리하기 어렵고 이를 면밀히 분석해야 한다.

감정의 노예가 아닌
주인이 되어라

경험에 유연하게 대처하고 경험에서 더 많이 배우고 싶다면 감정 관리가 필수다. 감정을 관리한다면 주어진 상황에 계속 집중하고 경험을 통해 중요하고 정확한 교훈을 이끌어 낼 수 있다.

감정 관리에는 두 가지 뜻이 있다. 첫째는 특정 감정을 조절한다는 의미다. 분노, 흥분, 공포, 불안을 포함해 당신이 학습하고 성장하는 데 방해가 되는 여러 감정을 끌어올리거나 낮춘다는 말이다. 감정 관리의 두 번째 의미는 심리학계에서 '비특이적 감정Nonspecific Emotion'이라고 부르는 무언가를 관리한다는 뜻이다. 이것은 흔히 '기분'이나 '스트레스'라고 부르는 감정과 매우 흡사하다. 긍정적이든 부정적이든 감정은 그야말로 과유불급이다. 불쾌감과 분노 같은 부정적인 감정이 과도하면, 심지어 흥분같이 긍정적인 감정도 도를 넘으면 특정 경험에서 무언가를 배우는 데 걸림돌이 될지도 모른다. 반대로 생각하면 이런 감정을 잘 조절할수록 학습을 극대화할 수 있다.

심리학자들은 감정과 학습의 관계를 집중 연구해 왔다. 그들의 연구 덕에 우리는 그런 감정을 어떤 식으로 받아들이고, 어떻게 표현해야 하는지 등 자신을 통제하기 위한 다양한 전략을 활용할 수 있게 되었다. 감정이 경험을 완전히 지배하기 전에 감정을 관리하는 몇 가지 전략부터 알아보자.

상황 선택: 상황에 말려들지 마라

'상황 선택Situation Selection' 전략의 핵심은 분노나 불안처럼 피하고 싶은 감정을 유발하는 상황과 거리를 두는 것이다. 어떤 상황에 발을 담글지 신중하게 선택해 하루, 일주일, 한 달 동안 당신이 경험하는 감정을 직접 조절한다.

다만 유연함의 기술과 상황 선택 전략을 병행할 때는 특히 주의해야 한다. 자칫하면 커다란 역풍을 맞을 위험이 있다. 우리는 업무에서 무언가를 가장 많이 배울 수 있는 경험이 어떤 것인지 잘 알고 있다. 그런 경험은 강렬한 감정을 불러일으키기 때문에 그런 상황과 경험을 무조건 피하는 것은 현명하지 않다. 게다가 우리가 아무리 원해도 애초에 거리를 두기가 불가능한 상황도 많다. 때로는 스트레스나 감정을 유발하는 활동이 직무의 일부이기도 하다. 또 살다 보면 가끔은 피할 수도 없고 반드시 처리해야 하는 장기적인 사안이나 오래 헌신해야 하는 일이 생기게 마련이다.

그렇다고 유연함의 기술과 상황 선택 전략을 병행할 수 없다는 뜻은 아니다. 예컨대 동료와 의견이 맞지 않을 때 단호하고 대담하게 의견을 밝히는 능력을 개발하고 싶다고 가정하자. 이런 대인 기술을 키우기 위해서는 강렬한 감정을 반드시 다루어야 한다. 그런데 평소 두려움과 불안 같은 감정을 관리하기가 어렵다면 어떻게 해야 할까? 새로운 기술을 적용할 상황의 수를 의도적으로 제한하는 실험을 계획하는 것도 방법이다. 가령 일상 사안을 토론하는 회의처럼 대부분의 직무 상황에서는 동료에게 맞서는 실험을 하지 마라. 대신 기업윤리와 규범 같은 중요한 사안을 다루는 위원회 활동처럼 새로운 기술이 필요한 한두 가지 상황에서만 이를 실험하라. 이렇게 하면 당신은 근무 중에 격한 감정이 일어나는 상황과 거리를 둘 수 있고 당신이 마음의 준비를 미리 할 수 있는 극소수의 상황에서만 승부수를 띄우게 된다.

상황 변경: 맥락을 바꿔라

두 번째 전략은 특정한 감정이 일어날 확률을 원천적으로 차단하기 위해 아예 상황을 바꾸는 방법이다. 나는 대학원 부학장으로 재직하던 당시 '상황 변경Situation Modification' 전략을 사용한 적이 있다. 당시 내게 끊임없이 좌절감을 안겨준 직속 직원이 있었다. 그는 내 말에 도통 귀를 기울이지 않았고 매사 불평을 늘어놓으며 징징거리는 것도 모자라 언제나 상황의 어두운 면에 집중하는 듯 보였다. 나는 그 직원과 회의를 하고 나면 가슴이 답답했고 기가 다 빨려 기진맥진했으며 심지어 약간 우울하기도 했다. 분명 내 표정과 행동에 그런 기분이 고스란히 드러났을 것이다. 거두절미하고 나는 어떤 팀원과 함께 있든 이런 기분을 느끼고 싶지 않았다.

나는 그런 감정을 원천 봉쇄하고자 상황 변경 전략을 사용하기로 마음먹었다. 나는 비서에게 정말 불가피한 일이 아니면 월요일에는 그 직원과 가급적 회의를 잡지 말아달라고 요청했다. 나는 월요일이면 그의 행동이 유난히 눈에 거슬렸고 그래서 더 부정적으로 반응했다. 이런 식으로 상황만 간단히 바꿨을 뿐인데 그를 대하기가 한결 편안해졌고 일주일을 눈에 띄게 즐겁게 보내게 되었다.

이런 식으로 감정 소모가 커 하기 어려운 활동이라도 부담을 줄일 수 있는 방법은 많다. 당신이 회사나 교회나 지역 사회에서 중요한 회의를 앞두고 있다고 가정하자. 또는 자녀와 힘든 대화를 해야 한다고 치자. 이런 경우 어떤 식으로 상황을 바꿔볼 수 있을까? 그 일을 시작하기 직전에는 부정적이거나, 요구가 많거나 냉소적인 사람과 약속을 잡지 않는 것은 어떨까? 이런 식으로 중대한 경험을 둘러싼 감정의 흐름을 통제하면 학습 마인드셋을 유지하기가 훨씬 쉬워진다. 또한 그 상황이 제공하는 모든 피드백에 계속 마음을 열 수 있을 뿐 아니라 더욱 체계적으로 성찰할 여지도 생긴다.

앞서 소개했던 트위터의 경영자 섹솜 수리야파는 상황 변경 전략을 활용해 막중한 직무 스트레스를 해결했다.

"나는 숨 돌릴 틈도 없게 일정을 잡지 않습니다. 근무 중 짬짬이 여유 시간을 가지려 노력하죠. 내게는 그런 시간이 일종의 스트레스 배출구 역할을 해줍니다."

어떤 상황이 자신의 감정 버튼을 누르고, 어떤 상황에서 평정심과 이성을 유지하기 쉬운지 정확히 인식하면 상황 변경 전략으로 더 큰 효과를 거둘 수 있다. 예를 들어 당신이 중요한 프로젝트의 결과를 동료들에게 최종 보고해야 하는 입장이라고 가정하자. 당신은 그 일을 생각하는 것만으로도 머리가 욱신거린다. 여기서 당신의 자기 인식력이 진가를 발휘한다. 만약 당신이 연설을 잘한다면 대면 구두 보고가 정답이다. 하지만 연설에 자신이 없다면 결과를 서면으로 제출하는 방법을 제안해 보라. 이렇게 상황을 바꾸면 직접 얼굴을 맞대고 동료들의 질문에 대답해야 하는 상황을 최소화할 수 있다.

주의 재배치: 밝은 면을 보라

강렬한 감정을 피하고 싶지만 상황을 바꿀 능력이 없는 경우도 더러 있다. 다행히 당신이 온전히 통제할 수 있는 한 가지가 있다. 바로 당신의 주의력이다. 당신이 자신의 주의를 통제한다면 감정 역시 자동적으로 통제하게 된다.

예를 들어보자. 당신은 한 동료가 매사 부정적이고 심지어 비열하다고 생각한다. 이럴 경우 '주의 재배치Attention Redeployment' 전략을 이용하면 그 동료가 야기하는 감정에서 어느 정도 멀어질 수 있다. 회의에서 그 사람에게는 아주 잠깐만 주의를 기울이고 더 긍정적인 다른 참석자들에게 훨씬 많이 주의를 기울이면 된다. 또 눈엣가시 같은 그 동료가 짜증을 유발하는 행동을 해도 주의 재배치 전략을 사용할 수 있다. 마음속으로 그 일을 곱씹을 게 아니라 부정적인 감정을 유발하지 않는 그의 다른 행동에 초점을 옮겨라.

'또 시작이군. 저 사람이 우리 중에서 제일 똑똑한 척 나대는 게 참 싫어. 그래도 최소한 회의에 올 때마다 아주 맛있는 도넛을 준비해 오는 건 갸륵해.'

이런 식으로 주의의 초점을 옮김으로써 감정을 통제할 수 있다.

이 전략은 사춘기 자녀를 둔 부모에게 특히 요긴하다. 그들은 자녀의 퉁명스럽고 반항적인 행동이 아니라 기특하거나 사랑스러운 측면에 주의를 집중함으로써 질풍노도의 시기를 함께 헤쳐 나올 수 있다.

우리가 인터뷰했던 몇몇 리더는 더 광범위하게 주의 재배치 전략을 사용한다. 자신의 삶에서 감사하게 여기는 무언가에 집중하는 것이다. 미국 전역의 금융기관에 혁신적인 핀테크 서비스를 제공하는 HT모바일앱스HT Mobile Apps의 창업자이자 CEO인 캐슬린 크레이그Kathleen Craig는 직속 직원이 늘어나는 것에 비례해 걱정도 커졌다. 걱정으로 밤잠을 설치는 날도 다반사였고 직원들의 삶과 생계가 자신의 어깨에 달려 있다는 생각에 머리가 지끈거렸다. 크레이그는 주의 재배치 전략으로 불면의 밤을 다스렸다.

"나는 언제나 긍정적인 일들을 일부러 떠올립니다. 또한 감사하는 일과 긍정적인 비전으로 주의를 돌리죠."

많은 심리학자가 감사할 일에 집중하는 성찰의 힘을 연구했다. 그들의 연구 결과를 종합하면 크레이그의 접근법은 확실히 효과적이다.[2]

주의 재배치를 다른 전략과 병행하면 효과가 더 커진다. 로스경영대학원의 제인 더튼이 좋은 예다. 비대면 발표를 불안해 한 더튼은 상황 변경과 주의 재배치를 결합한 전략을 사용했다. 더튼은 비대면 수업이 있는 날이면 긍정적인 태도를 유지하기 위해 몇 가지 소소한 방식으로 상황을 바꾼다. 가령 마인드 컨트롤에 도움을 주는 부적 같은 귀걸이를 착용하고, 어머니가 좋아하는 색깔인 푸른색 터틀넥 스웨터를 입는다. 또 발표하는 동안 마음이 안정되도록 노트북 옆에 사랑하는 손주들의 사진을 놓는다.

"나는 긍정적인 감정을 일으키는 물건들로 주변을 채워요. 그런 물건은 내게 큰 힘이 되고 스트레스가 심한 일을 할 때조차도 나를 행복하게 만들어 주죠."

주의 재배치 전략은 감정을 관리하는 도구로도 유용하다. 하지만 주의 재배치 전략을 절대 사용해서는 안 되는 특수한 상황이 하나 있다. 커다란 실패를 경험한 다음에는 부정적인 감정을 무시하려 주의를 다른 데로 돌리고 싶어질지도 모르겠다. 하지만 실험경제학의 한 연구 결과는 그것이 실수라고 경고한다. 일단의 실험경제학자들은 피험자들에게 과제 실패에 따른 부정적인 감정에 집중하라고 주문했다. 그러자 그들은 다음번 과제에서 25%나 더 많은 노력을 기울였고 더 나은 성과를 냈다. 여기서 분명히 짚고 넘어가야 할 한 가지가 있다. 반복해야 하는 일에서 실패했을 때만 고통에 주의를 기울여야 한다는 것이다. 실험경제학자들은 이런 경우 기분이 얼마나 나쁜지에 초점을 맞추면 같은 실수를 되풀이하지 않으려 더 노력하게 된다고 주장한다.[3]

당연한 말이지만 부정적인 무언가에 주의를 집중하는 것이 반추로 변질된다면 긍정적인 효과는 사라지고 더욱 부정적인 상황만 일어나게 된다.[4] 부정적인 감정에 집중하는 이유는 실패를 검토하고 이해하기 위해서다. 이는 자신이 미래에 더 잘할 수 있다는 자신감을 심어주는 방식으로 이루어져야 한다.

인지적 재평가: 감정의 사후 관리

이제까지 설명한 전략은 모두 감정이 일어나기 전에 이를 예방하고 통제하기 위한 방법이었다. 하지만 이미 강력한 감정의 파도에 휩쓸린

다음에는 어떻게 해야 할까? 다수의 연구가 내놓은 일관된 결과가 있다. 감정 조절 전략을 빨리 사용하면 감정 조절도 더 쉽고 성공 확률도 커진다. 요컨대 조절하기 어려운 감정일수록 본색을 드러내기 전에 다루는 편이 훨씬 효과적이다.

그럼에도 불구하고 감정이 이미 우리를 압도한 후에 다루어야 하는 경우도 있다. 이럴 때는 심리학계에서 '인지적 재평가Cognitive Reappraisal'라고 부르는 전략이 가장 효과적이다. 이 전략은 무언가의 의미를 이야기로 풀어내는 인간의 선천적인 능력을 활용한다. 우리는 의미를 찾아내는 재주를 타고나며 언제나 이야기를 만들어 낸다. 우리는 녹화된 영상같이 객관적인 현실에 주관적인 이야기를 덧입힌다. 예컨대 한 상사가 직원들에게 내일 회의에 참석할 필요가 없다고 말한다면 직원들은 나름의 의미를 덧붙일 것이다. '야호, 다른 일을 마무리할 수 있는 시간을 벌었어.'라고 좋게 생각하는 사람이 있는가 하면 '내 아이디어가 성에 안 차나 보네.'라고 낙담하거나 '권력에 굶주린 인간 같으니라고. 사사건건 나를 배제하려 하지.'라며 분개하는 사람도 있다. 이렇게 추가된 이야기는 우리에게 특정한 감정을 안겨준다. 또 강렬한 감정을 경험할 때마다 상황 자체는 물론 상황이 우리에게 미치는 영향을 이해하고 싶은 욕구가 꿈틀댄다. 우리가 선택하는 이야기는 실제 벌어진 현실에 대한 정확한 설명일 수도, 아닐 수도 있다. 하지만 핵심은 그 의미가 옳은지 그른지가 아니다. 그 이야기가 우리의 감정과 반응을 지배한다는 점이다.

다행히 우리에게는 인지적 재평가라는 또 다른 선천적인 능력이 있다. 우리는 '이야기 재구성Re-Storying'이라고도 부르는 인지적 재평가를 이용해 경험의 의미를 바꾼다. 나는 다양한 행정직을 두루 거치면서 총 세 명의 학장과 일해보았다. 그중 한 사람은 고맙다는 말을 할 줄 몰랐다. 그는 아마 이렇게 생각했을 것이다.

'사람들은 자기 일을 할 뿐인데 내가 왜 고마워해야 하지?'

또한 상당히 내성적이었던 그 학장은 직원들의 일에도 왈가왈부하지 않았다. 그의 행동만 봐서는 의중을 짐작하기 어려웠다. 본인은 마음이 편했을지 몰라도 당근도 채찍도 사용하지 않는 그의 행동 때문에 부학장들은 돌아버릴 지경이었다.

내가 그의 직속 부학장 중 한 명이 되었을 때 이미 그런 사실을 알고 있던 터라 일찌감치 방향을 정했다. 내 일에 가타부타하지 않는 그의 행동을 어떻게 해석할지 의식적으로 결정했다는 말이다. 나는 그의 반응을 비난이나 무관심이 아니라 나를 전적으로 신뢰한다는 신호로 해석하자고 마음먹었다. 정말로 그랬는지 아닌지는 알 턱이 없다. 하지만 한 가지는 확실히 안다. 이런 식으로 이야기를 재구성하는 전략이 내게는 매우 효과적이었다. 진위 여부를 떠나 그가 나를 전적으로 신뢰한다고 생각하자 나는 직무에서 주도성을 발휘할 뿐 아니라 리더다운 태도를 유지하기가 한결 쉬웠다. 게다가 동료들보다 스트레스를 덜 받는 한편 권한을 부여받았다는 느낌은 강해졌다.

이번에는 가상 시나리오를 통해 인지적 재평가의 힘을 알아보자. 회의 중에 한 동료가 끊임없이 질문하고 수시로 당신의 말을 끊는다고 가정하자. 당신은 이를 당신의 아이디어를 공격하는 행위라고 확신해 아예 마음의 문을 잠근다. 그러고는 그 동료 자체는 물론이고 그가 당신에게 주려고 하는 모든 피드백에 눈과 귀를 닫아버린다. 이는 부메랑이 되어 당신의 유연성을 갉아먹는다. 이처럼 제 살을 갉아먹는 방법 말고 더 나은 대안은 없을까? 당연히 있다. 다른 식으로 해석하라. 그러면 그의 행동을 향한 당신의 반응도 달라진다. 그 동료의 질문과 의견을 공격이 아니라 아이디어를 점검하는 행위로 생각해 보자. 그렇게 의미를 선택하고 나면 선순환이 시작된다. 당신은 동료의 행동을 다르게 해석하고 결과적으로 그 행동을 향한 당신의 감정도 달라진다.

감정도 재구성할 수 있다. 예컨대 스트레스를 많이 받을 만한 과제를 앞두고 불안하거나 두려워질 때 그런 감정을 흥분이나 열정으로 재해석하는 것이다. "무척 기대가 커."라고 큰 소리로 흥분을 표현하는 단순한 방법조차도 효과가 있다. 심지어 더 좋은 성과를 낼 수도 있다. 한 연구 결과에 따르면 이런 상황에서 경험하는 강렬한 감정을 재해석할 수 있는 사람은 성과만이 아니라 심혈관 기능도 변화시켰다.[5] 마음이 평온하고 집중력이 발달하면 유연함의 기술에도 도움이 된다. 즉 당장의 과제, 자기 계발에 초점을 맞출 뿐 아니라 자신이 계획한 실험을 자신 있게 시도하며 더욱 열린 마음으로 피드백을 받아들인다.

하지만 세상에 만병통치약이 없듯 이런 식의 재해석 기법을 지양해야 하는 상황도 있다. 진실로 위험한 상황에서 섣불리 이를 재해석했다가는 역풍을 맞을지도 모른다. 온갖 야생 동물이 배회하는 황야에서 한밤에 홀로 고립된 상황을 상상해 보라. 진짜 위험한 순간을 맞이하면 우리 몸은 아드레날린을 분출한다. 아드레날린은 우리에게 위험을 경계하고 그에 대응해야 한다고 말하는데 우리가 이를 재해석한다면?

이런 극단적인 경우 말고 일과 대인관계에서 자신에 관해 무언가를 배워야 하는 일상적인 상황에서는 대부분 인지적 재평가가 매우 효과적이다. 불안을 기대나 열정이라고 해석하면 상황 자체가 당신의 아군으로 변한다. 인지적 재평가 전략의 장점은 두 가지다. 첫째, 학습의 문이 열린다. 둘째, 감정의 먹잇감이 되지 않는다.

2장의 서두를 열었던 공연제작자 더그 에반스 이야기를 다시 해보자. 에반스는 예전에 자신과 동료들을 대상으로 인지적 재평가 전략을 노골적으로 사용했다. 그가 경영했던 여러 기업 중 두 곳에서 있었던 일이다. 그는 팀이 스트레스의 지뢰밭에 들어섰을 때 혼잣말로 마음을 다잡았다.

'여긴 국방부가 아냐. 여긴 국방부가 아냐. 우리는 전쟁을 치르는 게 아냐.'

한편 주변에 이런 식으로 이야기를 재구성해 준 경우도 있다.

"여러분, 우리가 하는 일은 예술입니다. 이것은 패션 산업이죠. 여기는 브로드웨이이고 공연을 망친다고 죽는 사람은 없습니다."

그는 극단적인 감정이 들끓을 때 효과적이었던 자신의 비결을 들려준다.

"한 발짝 물러서서 '여기는 국방부가 아냐. 절대 국방부가 아냐.'라고 말하세요."

여담이지만 지금 에반스는 YMA패션장학기금YMA Fashion Scholarship Fund의 사무총장으로 재직 중이다.

부정적인 이야기를
긍정적으로 바꿔라

때로는 당신이 자신에게 들려주는 이야기가 불필요한 고통을 야기하고 성장을 저해한다. 앞으로 나아가려면 두 단계를 거쳐야 한다. 먼저 당신은 자신에게 아무 도움도 안 되는 이야기를 스스로 들려주고 있다는 사실을 인지해야 한다. 그런 다음 당신이 그 이야기를 반복하려는 순간 내용을 바꾸려고 노력해야 한다. 당신은 아주 오랫동안 반복할 수도 있는데 그럴 때마다 매번 그 내용을 바꾸려고 노력해야 한다.

우리는 모두 마음속으로 자신의 경험을 이야기한다. 어떨 때는 그런 이야기가 당신을 계속 나아가게 해주지만 어떨 때는 고통을 유발하고 성장에 걸림돌이 되기도 한다. 당신의 성장을 방해하는 이야기는 아주 다양하다. 그중 일반적인 몇 가지만 추려보자.

'난 그걸 할 수 없어!'

'내가 꼭 해야 하는 일을 그들은 무조건 반대할 거야!'

'여기서는 뭐든 시도해 봤자 어차피 안 돼!'

'그 부서의 누구에게서든 내가 배울 건 없어.'

'그런 사람에게서는 배울 게 없어.'

'그들은 나를 골탕 먹이려 작당했어!'

'이건 저번에 시도했다가 실패했어. 또 실패할걸.'

우리는 종종 '난 그걸 할 수 없어.'라고 생각한다. 물론 여기서 말하는 '그것'은 제각각이다. 어려운 대화일 수도, 팀이 지향해야 하는 목표를 설명하는 행위일 수도, 지역 사회 행사에서 설득력 있게 연설하는 일일 수도 있다. 우리가 자신에게 그렇게 말할 때 그것은 우리가 성장하는 데 부정적인 영향을 준다. 이렇게 속으로 이야기하면 우리는 아무것도 시도하지 않고 그것을 정말 할 수 있는지 없는지 끝내 알지 못한다.

심리학자들은 부정적인 내적 대화를 끊어내는 좋은 방법을 알고 있다. 그 이야기에 깔린 믿음에 의문을 제기하라. 그리고 부정적인 믿음을 당신이 납득할 수 있는 긍정적인 믿음으로 바꿔라. 그런 다음 긍정적인 믿음을 토대로 당신의 태도와 행동을 바꿀 만한 이야기를 만들어라. 수백만 환자가 도움을 받았던 인지행동치료Cognitive Behavioral Therapy(환자가 자신의 부정적 인식을 극복하도록 행동과학을 이용하는 치료법 – 옮긴이)가 바로 이런 이야기 재구성 전략에 뿌리를 두고 있으니 효과야 두말하면 잔소리다. 또한 바이런 케이티Byron Katie와 브룩 캐스틸로Brooke Castillo 같은 인생코치와 자기 계발 저자들도 이야기 재구성과 동일한 개념을 대중화했다. 그들은 아래와 같이 내적 대화를 바꾸는 구체적인 방법을 제안한다.[6]

- 당신의 내적 이야기와 정반대 상황이 진실일지 마음속으로 자문해 보라. 예를 들어 '그 부서의 누구에게서든 내가 배울 건 없어.'라는 생각에 사로잡혀 있다면 "그 부서의 누구에게든 내가 무언가를 배울 수 있을지 궁금해."라고 말하도록 노력해 보라. 이런 식으로 생각을 바꾸면 외부 정보를 더 적극적으로 받아들일 공간이 생긴다.
- 자신에게 말하는 어떤 이야기를 포기한다면 삶이 어떤 모습일지 상상해

보라. 가령 '내가 꼭 해야 하는 일을 그들은 무조건 반대할 거야!'라고 생각하는 버릇이 있다면 '내가 꼭 해야 하는 일들을 그들이 환영해 준다고 확신한다면 내 행동이 어떻게 달라질까?'라고 자문해 보라. 이 질문에 관한 대답이 당신을 건설적이고 새로운 방식으로 행동하게 할지 누가 알겠는가.

• 부정성을 완화하는 문구를 추가해서 정반대 상황을 표현해 보라. 예컨대 '내가 그걸 해낼지도 몰라.' 또는 '다음번에는 성공할 수도 있다고 믿어볼래.'라는 식이다. 이런 중립적인 문장을 사용하면 당신은 습관으로 굳은 부정적인 이야기에서 다른 가능성으로 생각의 초점을 옮기기 쉬워질지도 모른다.

자신에게 고통을 안겨주거나 성장을 방해하는 생각을 명확히 인지하고 직접적으로 의문을 제기할수록 당신은 현실을 다시 보게 된다. 그렇게 열린 사고를 하게 되고, 그 결과 새로운 길을 찾을 확률이 커진다.

무엇을 어떻게 느낄지
선택하라

감정을 관리하도록 돕는 또 다른 유익한 도구는 바로 '반응 조절Response Modulation'이다. 특정한 감정을 느낄 때 당신은 그 감정에 따른 신체 반응이나 행동을 조절하고 바꾸기 위한 조치를 취한다. 예를 들어 온몸의 근육을 특정한 순서로 반복해 수축·이완하는 이른바 점진적 근육 이완 기법을 사용하거나, 심호흡으로 감정을 가라앉힐 수도 있다. 이런 종류의 개입은 감정의 강도와 후속 반응에 영향을 미친다.

반응 조절 기법의 효과를 극대화하려면 감정이 신체 증상으로 발현된 초기에 감정을 포착하는 능력을 길러야 한다. 당연한 말이지만 감정과 관련해 무언가를 시도하려면 그 전에 반드시 해야 하는 과제가 두 가지 있다. 자신이 현재 특정 감정을 느끼는 중이라는 사실을 인지하고, 그 감정이 무엇인지 아는 것이다.

이것은 말처럼 쉽지 않다. 솔직히 고백하면 나는 오랫동안 이 숙제를 잘해내지 못했다. 두려움, 분노, 불안 같은 감정이 특히 그랬다. 내가 그런 감정을 느낀다는 사실을 알아차렸을 때는 이미 감정이 나타나고 몇 시간이 흐른 뒤였다. 내가 인지하지 못했을 뿐 나는 실시간으로, 자동으로 반응하고 있었으며 비정상적인 무언가가 벌어지고 있다는 사실을 직감했다. 또한 근육이 긴장하고 심장 박동이 빨라지는 등 신체 증상도 일어났다. 하지만 내게 무슨 일이 벌어지고 있는지 제대로 이해하지 못했다. 몇 년 동안 연구하고 배우고 성찰한 후에야 나는 깨달았다. 속엣말을 내뱉고 싶다는 강렬한 욕구가 동반된 신체 증상은 분노의 초기 징후였다.

이제 이런 반응이 나타날 때 나는 자신에게 "이건 분노야."라고 말한다. 그리고 이 감정을 생산적으로 다스리기 위한 조치를 취할 수도 있다. 매기 베일리스도 감정 관리를 나와 비슷한 맥락으로 설명한다. 그는 나이를 먹으면서 여러 교훈을 얻었는데 감정 관리도 그중 하나라고 말했다. 베일리스는 당장 행동하고 싶은 충동이 들 때마다 시간이 약이라는 사실을 터득했다. 쉽게 말해 그 감정 때문에 일어난 반응이 잦아들 때까지 기다려야 한다. 베일리스는 자신이 정말로 원하는 결과와 그 결과를 얻는 최선의 방법을 더 깊이 생각할 수 있을 때까지 기다린다. 감정을 조절하려면 자신의 신체 증상은 물론 신체가 감정을 얼마나 감당할 수 있는지를 주의 깊게 관찰해야 한다.

6장에서 소개했던 기업가이자 공학 기술자인 개빈 닐슨도 이 교훈과 비슷한 이야기를 들려준다.

"당신이 느끼는 감정의 정체를 알아야 합니다. 생각보다 복잡하지 않습니다. 당신이 40가지~50가지 감정을 동시에 느낄 리는 없으니까요. 게다가 감정의 돌림판을 돌려 무작위로 걸린 감정 하나만 느낄 리도 없죠. 대부분은 한정된 두서너 감정을 반복해서 느낍니다. 자신의 감정을 확인하는 과정을 작은 과학 실험으로 생각해야 합니다. '이제 알겠어. 나는 이 감정을 반복해서 느껴. 도대체 이유가 뭐지?' 이렇게요."

자신이 가장 자주 느끼는 감정을 인지하면 그 감정을 다스리는 능력도 발달하게 마련이다. 또한 당신은 경험에서 계속 배우고 그 경험을 토대로 지속 성장할 수도 있다.

우리가 인터뷰했던 위대한 많은 리더가 제안한 또 다른 반응 조절법이 있다. 감정이 유발하는 신체 증상을 더욱 효과적으로 다루기 위한 준비 행동을 미리 연습하라. 운동, 올바른 식습관, 충분한 수면이 대표적인 준비 행동이다. 미시간대학의 학생처 부처장인 로이스터 하퍼도 그런 리더 중 한 명이었다.

"나는 휴식의 중요성을 배웠습니다. 많은 사람이 얽힌 극히 어려운 사안을 다룰 때는 자칫하면 죽도 밥도 안 될 수 있어요. 그럴 때일수록 당신은 신체적·심리적으로 자신을 잘 돌봐야 해요. 피곤하면 최선을 다할 수 없기 때문이죠."

6장에서 소개했던 미국의 전직 외교관은 대사 시절 방대한 배경지식을 찾아 읽고 습득하는 철저한 준비로 스트레스를 다스렸다. 그뿐 아니라 그는 사전 조사 덕분에 거의 모든 환경에서 자신이 기여할 무언가를 보유했다는 자신감도 생겼노라 자부했다. 그런 준비에 더해 그는 가능한 한 잠을 많이 잤다. 충분한 수면은 고갈된 체력을 재충전해주었다. 특히 대사로 재직하면서 이동한 총 누적 거리가 64만km에 달한다는 점을 고려할 때 숙면은 매우 중요했다.

우리가 인터뷰했던 많은 리더가 효과적이라고 꼽은 두 번째 준비 전략은 감정의 기본 방향을 잡아주는 훈련으로 하루를 시작하는 것이다. 영감을 주는 글을 읽는 것도 그중 하나로 종교를 가진 사람은 경전을 읽거나 기도함으로써 영감을 얻기도 한다.

인도네시아의 유명 IT 대기업 토코피디아Tokopedia에서 제품 개발을 총괄하는 푸풋 히다야트Puput Hidayat에게는 기분을 고조하는 나름의 방법이 있다. 인도네시아의 인기 작가 데위 르스타리Dewi "Dee" Lestari의 소설 《페티르Petir》에서 특정 부분을 읽는 것이다. 인도네시아어로 '번개' 라는 뜻을 가진 그 소설의 어느 대목이 히다야트를 끌어당겼을까? 어떤 문제로 혼란스러워하던 주인공은 마침내 그 문제가 중요하지 않고, 문제를 좋게 해결하지 못해도 계속 살아갈 수 있다고 마음을 정한다. 히다야트는 그 대목을 되풀이해 읽었다. 그리고 그럴 때마다 자신 앞에 놓인 곤란한 문제를 더 넓은 시각으로 바라보게 되었다.

리처드 셰리든Richard Sheridan은 미시간주 앤아버에 본사를 둔 소프트웨어 회사 멘로이노베이션Menlo Innovations의 창업자이자 CEO이며 《사장님, 애 좀 업고 회사 가도 될까요?Joy, Inc.: How We Built a Workplace People Love?》의 저자다. 셰리든은 두 가지 전략을 이용해 자신의 감정을 관리한다. 그중 하나는 '회피' 전략으로 그는 자신이 경험하고 싶지 않은 상황을 원천적으로 피하기 위해 주의를 기울인다. 예컨대 그는 20년 전부터 지역 뉴스에 완전히 관심을 접었다.

"지역 뉴스는 살인, 화재, 범죄의 보고서 같았습니다. 나는 매일 밤 그런 부정적인 소식을 듣고 싶지 않습니다."

또 매주 약 열두 시간씩 일을 계속할 힘과 영감을 주는 글을 찾아 읽으며 감정을 관리한다.

마지막으로 소개할 반응 조절법은 '사회적 지지'다. 이 방법을 자신의 감정 관리 체계의 핵심으로 여기는 사람이 많다. 배우자, 친구, 가족, 공식적인 지지 집단 등 종류와 형태를 불문하고 모든 대인관계망이 사회적 지지의 원천이 될 수 있다. 푸풋 히다야트도 사회적 지지 덕에 커다란 도움을 얻는다고 말한다.

"혼자서 부정적인 감정을 다루면 커지기만 할 뿐이에요. 머리가 부정성에 사로잡혀 있는 데다 온갖 생각으로 부정적인 감정을 계속 살찌우기 때문이죠. 시간이 흐르면 부정적인 생각 하나가 두 개가 되고 결국 당신을 아무것도 못 하게 만들어요. 혼자서 부정성의 고리를 끊고 벗어날 방법은 없다고 생각합니다. 나는 의심이 고개를 들거나 자신감이 없어질 때마다 멘토, 직속 상사, 친구, 동료같이 내가 믿을 수 있는 누군가를 찾죠. 누구에게나 의지할 사람은 있어요. 하다못해 친구에게서 상황을 다르게 바라보는 법을 배우기도 하고요."

목사이자 어린이 프로그램 진행자로 미국의 초통령이었던 프레드 로저스Fred Rogers의 생애를 그린 〈뷰티풀 데이 인 더 네이버후드A Beautiful Day in the Neighborhood〉라는 실화 영화가 있다. 그 영화에서 톰 행크스Tom Hanks는 주인공 로저스 역을 맡아 열연을 펼쳤다. 아마 그 영화를 본 사람이라면 다들 비슷한 감동을 받았을 것이다. 어린이 시청자들을 향한 로저스의 헌신은 두말할 것도 없고 아이들에게 포용성, 사랑, 지지를 끊임없이 표현해야 하는 자신의 소임을 다하기 위한 그의 열정은 감동을 주기에 충분했다. 하지만 이토록 한결같은 감정을 공짜로 유지했을 리가 없다. 영화에서 행크스가 실감 나게 보여주듯 실제로 로저스는 삶에서 많은 희생을 치렀다. 로저스는 거의 하루도 빠짐없이 아침에 수영을 하고 규칙적으로 기도하는 등 평온함과 침착함을 유지하기 위해 많은 전략을 실천했다.

긍정적인 감정이 주는 혜택을
극대화하라

끊임없이 배우고 성장하기를 원하는 사람에게 부정적인 감정을 통제하는 일은 중요하고도 어려운 도전이다. 우리는 감정 조절을 생각할 때 대부분 부정적인 감정을 가장 먼저 떠올린다. 우리는 이 책을 집필하기 위해 저명한 사회 지도층 인사와 전도유망한 젊은 리더, 지역 사회 활동가까지 다양한 사람을 인터뷰했고 그들에게 감정을 어떻게 관리했는지 물었다. 반응은 대동소이했다. 그들은 일과 대인관계에서 부정적인 감정을 재평가하거나 억누르거나 관리하기 위해 어떻게 노력했는지 들려주었다. 하지만 긍정적인 감정도 어느 정도는 토론해 볼 가치가 있었다.

노스캐롤라이나대학University of North Carolina의 교수이자 세계적인 긍정심리학자 바버라 프레드릭슨Barbara Fredrickson은 긍정적 감정의 중요성을 설명하기 위한 노력의 하나로 '확장과 구축Broaden and Build' 이론을 확립했다.[7] 프레드릭슨이 설명하듯 긍정적 감정은 막연히 좋은 것일 뿐 아니라 보다 장기적인 회복 탄력성과 성장을 뒷받침하는 중요한 자원을 구축하는 데도 유익하다.

이는 여러 방식으로 이루어진다. 먼저 긍정적인 감정은 개인적인 성장에 동기를 부여한다. 그리고 이 동기는 유연함의 기술을 더욱 자주 시도하도록 만들지도 모른다. 예를 들어 위험을 무릅썼을 때 당신이 경험했던 자부심, 흥분, 모험심 같은 긍정적인 감정을 회상하고 음미한다면 다음번에는 위험을 감수하는 일을 덜 위압적으로 느낄 수도 있기 때문이다.

둘째, 긍정적인 감정은 가능성의 범위를 확장해 준다. 여러 실험 연구에 따르면 긍정적인 감정을 갖도록 유도된 사람은 그런 감정을 느끼지 못하는 사람에 비해 시도할 가치가 있다고 생각하는 잠재 행동의 범위가 훨씬 다양했다. 자부심이나 영감 같은 긍정적인 감정은 학습과 성장 목표를 설정하는 데도 도움이 된다. 가령 자부심은 당신이 대담한 성취를 꿈꾸도록 자극하고 얼마나 성장할지 확신하게 해 자신감을 갖게 해준다. 누군가가 위대한 일을 성취하는 모습을 보고 촉발된 영감은 고매한 야망을 추구하고자 하는 욕구를 일깨울지도 모른다. 또 당신이 어떤 경험을 하면서 느끼는 여러 긍정적인 감정은 다른 사람에게서 피드백을 구할 용기를 내도록 만들어 줄지도 모른다.

긍정적인 감정이 성찰을 자극할 수도 있다는 연구 결과도 있다. 연구가들은 '우리는 특정 경험이 불러일으키는 긍정적인 감정을 명백히 확인했다.'라는 점을 근거로 제시한다.[8] 연구 결과에 따르면 긍정적인 감정의 영향력은 시간이 흐름에 따라 커지며 상승 나선을 그린다고 한다.[9] 긍정적인 감정을 더 많이 느낄수록 삶과 환경과 대인관계에서 긍정적인 요소를 더 많이 발견하고, 이것이 또 긍정적인 감정을 더 많이 느끼게 한다는 이야기다.

프레드릭슨의 말처럼 긍정적 감정은 최적의 기능Optimal Functioning을 발휘하기 위한 필수 요소이자 최적의 기능을 촉진하는 것처럼 보인다.[10] 이렇게 볼 때 긍정적 감정은 미래에 탁월한 성과를 달성하기 위한 자신감과 자기 통찰 같은 내적 자원을 구축하는 데 도움이 된다. 심지어 긍정적 감정이 심박 변이에 미치는 긍정적인 효과를 입증한 연구도 있다.[11]

그렇다면 긍정적 감정이 제공하는 잠재적 혜택을 최대한 활용하려면 어떻게 해야 할까? 크게 세 가지 전략이 있다. 스트레스가 많거나 힘들거나 고통스러워도 가능하면 긍정적인 감정을 즐기도록 노력하라. 좌절하고 실패했을 때 억지로라도 웃는다면 엄청난 힘을 얻는다. 2001년 9·11 테러 공격 직후에 학생들을 대상으로 한 연구나 2002년 엘살바도르에서 발생한 지진 같은 극적인 사건의 생존자들을 대상으로 진행한 연구는 긍정적인 감정의 유익성을 입증했다.[12] 이런 연구 결과는 긍정적 감정이 중요하지 않다고 폄훼하는 주장을 정면으로 반박한다. 그토록 절박하고 비참한 상황에 처한 사람도 긍정적 감정을 느끼고 이를 강화함으로써 혜택을 얻을 수 있는데 우리가 그러지 말아야 한다는 법이 있을까? 긍정적 감정이 커지면 우리는 더욱 자신 있게 유연성 강화 실험을 시도하게 되고, 더 나아가 그런 실험에서 얻은 교훈에 마음을 활짝 열게 된다. 그뿐 아니다. 성찰할 때 특정 상황의 모든 측면을 똑바로 마주하는 능력도 발달한다.

긍정적 감정이 주는 혜택을 누리기 위한 두 번째 전략은 '음미Savoring' 다. 긍정적 감정을 더 오래, 더 강렬하게 경험하도록 노력하라. 이를 가능하게 해줄 간단한 방법을 하나 소개하겠다. 당신이 경험하는 긍정적인 감정을 비언어적으로 표현해 보라. 더 자주 미소 짓는 것도 좋은 방법이다. 우리는 본래 행복할 때 미소를 짓는다. 하지만 행복과 미소는 반대 관계도 성립한다는 연구 결과가 많다. 많이 웃을수록 행복감이 커진다는 말이다.

또 특정 경험에서 긍정적 요소에 관심을 기울인다면 음미를 촉진하는 효과가 나타난다. 당신을 행복하게 만들어 주는 무언가를 생각하고, 다른 사람과 그것에 관한 이야기를 나누고, 축하하고, 시간이 흐른 후 즐겁게 추억하라. 당신의 어떤 노력에 사람들이 긍정적으로 반응할 때처럼 유연함의 기술과 관련된 활동이 순조롭게 진행될 경우 당신이 느끼는 긍정적인 감정을 음미하라. 미래를 향한 낙관과 통제감, 삶을 향한 만족, 자긍심 등 주관적인 행복감과 이를 음미하는 능력이 상호 관련 있음을 증명하는 연구 결과도 여럿 있다.[13] 특히 미래를 낙관하고 통제한다는 기분은 목표를 설정하고 추구하는 능력을 더 믿게 해준다.

긍정적 감정의 혜택을 극대화하는 세 번째 전략은 삶에 관한 긍정적인 이야기에 초점을 맞추는 것이다. 당신이 자신에게 하는 이야기를 정확히 인지하고 그중 긍정적 이야기에 의도적으로 집중하라. 예를 들어 시험에서 A 학점을 받았을 때 당신은 "시험이 정말 쉬웠어!"라고 말하는가? 이는 당신의 노력을 평가 절하하는 부정적인 해석이다. 그 경험의 긍정적인 면을 강조하는 이야기를 만들어라.

"미루는 버릇을 고치고 공부 습관을 개선하려고 노력했더니 이렇게 커다란 보상을 받았네. 기분이 정말 좋아!"

긍정적인 감정이 행복, 자긍심, 삶의 만족도 등에 좋은 영향을 미친다는 사실을 입증한 여러 연구 결과를 고려할 때 당신이 어떻게 해야 하는지 분명해진다. 특정 경험을 다르게 해석하라. 단, 쉽고 간단한 방법으로 말이다. 그리고 당신이 그 이야기를 실제로 믿을 때까지 반복하라. 이것은 유연함의 기술을 시도하는 과정에서 일어나는 각종 감정을 관리하는 훌륭한 전략이 될 수도 있다.

유연함의 기술을 시도하는 일부 사람들은 경험의 긍정적인 측면에 집중하는 훈련을 한다. 게다가 이런 습관의 힘을 증명한 연구도 있다. 연구가들이 피험자들에게 매주 5일씩 5주 동안 자신의 긍정적인 면을 세 가지씩 기록하라고 요청했다. 내가 가진 귀중한 기술 세 가지, 유용한 성격적 특성 세 가지, 내가 이룬 자랑스러운 성취 세 가지, 나의 강점 세 가지 등이었다. 연구가들의 단순한 개입은 피험자들의 직무 몰입도와 대인관계에서의 영향력을 높여준 반면 직무 소진(직무를 수행하는 중 오랫동안 반복적으로 정서적 압박을 받은 결과 발생하는 신체적·정서적·정신적 고갈 상태-옮긴이)을 낮추는 효과가 있었다.[14] 매일 5분간의 긍정적인 성찰이 이토록 막대한 이득을 가져왔다. 그런데도 하루 5분을 투자하지 않는다고?

마지막으로 한 가지 아이디어를 덧붙인다. 어쩌면 기업의 일부 관리자는 너무 감상적이라 오글거린다고 생각할지도 모르겠다. 하지만 이 방법은 청소년부터 농구선수와 경찰관에 이르기까지 많은 사람에게 매우 효과적이라는 사실이 입증되었다. 바로 '자기 연민'이다. 나는 동료들과의 공동 연구에서 리더가 자신에게 판단의 잣대를 들이대는 대신 힘을 실어주고 세심하게 배려하면 어떤 이점이 있는지를 알아냈다. 무엇보다 어려운 도전에 직면한 리더는 리더라는 자신의 정체성을 더 신뢰하게 되었고 주변에 효과적인 리더라는 인상을 주는 데 도움이 되었다.[15]

우리는 삶에서 규칙적으로 도전을 마주한다는 점에서 나는 언젠가 자기 연민 전략이 감정을 효과적으로 유지하게 하는 강력한 방법으로 자리매김하리라고 본다. 7장에서 자세히 알아보았듯 우리가 직면하는 많은 삶의 도전은 우리의 정신과 마음에서 비롯한다. 즉, 그런 도전은 각종 사건에 우리가 어떻게 반응하는가에 뿌리를 둔다. 티베트의 정신적 지도자 달라이 라마Dalai Lama가 남아프리카공화국의 데스몬드 투투Desmond Mpilo Tutu 대주교와의 대담에서 했던 발언이 이를 가장 정확히 묘사해 준다.

"정신적 면역이란 파괴적인 감정을 멀리하고 긍정적인 감정을 키우는 방법을 배우는 것이다."[16]

이 지혜는 우리가 경험에서 배우고 성장하지 못하도록 방해하는 각
종 함정을 피하는 데도 도움이 된다.

8장

환경에 휘둘리지 말고
환경을 이용하라

아픈 경험에서도 교훈을 찾아라

우리는 미래의 모든 경험에 유연함의 기술을 적용할 수 있다. 위원회 의장이 되고, 워크숍을 계획하고, 중요한 계약 사항을 협상하는 등 당신이 까다로운 업무의 책임자가 되었다고 가정하자. 또는 누군가와 껄끄러운 대화를 해야 하고, 가시밭길이 예상되는 새로운 직무를 시작해야 하고, 새 상사를 맞이하고, 여러 부서와 협업해야 하는 새로운 프로젝트를 시작하는 등 직장에서 도전에 직면했다고 가정해 보자. 이런 모든 경험은 유연함의 기술을 시도하는 절호의 기회일 수 있다.

당신을 잠 못 이루게 만들거나 머릿속에서 계속 맴도는 경험은 유연함의 기술을 적용해 볼 유력한 후보다. 이런 경험에서 역량과 기술을 개발하고 교훈의 토대가 되는 무언가가 탄생한다. 업무 환경에서 변화가 일어나려 할 때 유연함의 기술은 적절하고 유익한 도구가 되며, 이루고 싶은 목표나 해결하고 싶은 문제가 있을 때 언제라도 유연함의 기술을 사용할 수 있다. 잠시 1장의 기억을 더듬어 보자. 우리는 미래의 리더에게 최고의 학습 기회를 제공하는 경험이 무엇인지 낱낱이 알아보았다. 이런 특징은 역으로 우리가 배우고 성장하기 위한 경험을 찾는 데 좋은 단서가 된다.

직무만이 아니라 개인적 삶에서 나타나는 도전도 유연함의 기술을 활용할 수 있는 좋은 토양이다. 심지어 명절을 쇠러 고향에 가는 일조차 유연성을 갈고닦을 기회로 손색이 없다. 가령 오랜만에 만난 가족을 상대로 인내심이나 경청 기술을 키우기 위한 실험을 해보는 것이다.

지금부터 당신이 유연함의 기술을 이용해 볼 만한 다양한 상황을 알아보려 한다. 이런 상황을 염두에 두고 삶의 사건들에 조금 더 계획적으로 접근하고 유연함의 기술을 더욱 자주 활용할 방법을 찾기를 간절히 희망한다.

전환과 유연함의 기술

우리는 승진, 직무 전환, 보직 이동같이 조직 내에서 끊임없이 전환을 경험한다. 직무는 동일하지만 절차와 규범이 다른 사업부로 이동하는 경우도 있고, 아예 다른 분야에서 새로운 직무를 맡는 경우도 있다. 뭐니 뭐니 해도 가장 어려운 상황은 생전 처음으로 리더가 되는 것이다.

전환은 유연함의 기술을 활용할 절호의 기회다. 일단 전환이 시작되면 직업적 자의식을 더욱 일깨우게 된다. 당연하다. 기존의 일상이 파괴된 데다 새로운 무언가에 직면하기 때문이다. 또한 전환은 종종 조직의 다른 구성원들에게 당신을 더욱 노출하고 그 반동으로 당신은 자신에게 더욱 집중하게 된다.[1] 결과적으로 당신은 성공을 향한 커다란 동기를 얻는다. 전환기에 있을 때 학습과 피드백에 더 마음을 연다는 사실을 증명한 연구도 있다. 전환기에는 환경이 혼란을 주기 때문이다. 무엇보다 성공하기 위해 어떻게 행동해야 하는지 모호해지고 당신의 정체성이나 자기감Sense of Self(자신의 감정 또는 어떤 사물이나 행동에 대해 자기만이 느끼고 판단하는 것-옮긴이)은 변하기 쉬워진다.[2]

전환기를 맞이한 사람들은 가끔 자신이 어떤 사람이어야 하고 어떤 사람이 되고 싶은지 궁금해 한다. 어떤 경영자코치는 전환기를 이렇게 말한다.

"세상이 변했고 나는 갑자기 새로운 힘을 얻었다. 이제 그 힘을 이용해야 한다."

전환기에는 새로운 행동을 시도할 기회가 생긴다. 동료, 상사, 고객, 공급자, 의뢰인 등 자신과 생각도 다르고 예전 이해관계자들과 다른 방식으로 자신을 보는 새로운 이해관계자들을 상대하기 때문이다.

조직행동Organizational Behavior 전문가 허미니아 아이바라Herminia Ibarra는 경력 전환이 잠정적 자아Provisional Self를 만들고 이를 실험할 수 있는 이상적인 조건이라고 주장한다. 아이바라는 유연함의 기술과 비슷한 탐구적이고 재미있는 훈련을 제안한다. 먼저 당신은 실험을 통해 자신의 다양한 직업적 정체성을 확인한다. 그리고 실험 결과에 관한 자신의 판단과 외부의 피드백에 근거해서 그런 잠정적 정체성을 보유할지 수정할지 결정한다.[3] 아이바라는 한발 더 나아가 동료 록산 바르

벌레스퀴Roxanne Barbulescu와 함께 "주요한 전환은 자신이 누구인지, 즉 통합된 자기 정체성을 만들어 볼 기회다."라고 주장한다. 이는 유연함의 기술을 이용하면 더욱 복잡한 새로운 정체성도 찾을 수 있다는 점을 시사한다. 우리는 유연성을 강화하기 위한 목표를 결정하고 다양한 실험을 하며 피드백을 구한다. 이 과정을 성찰한다면 가령 자신이 가장 바라는 리더로서의 자기 정체성을 형성할 수 있다.[4]

게다가 전환 자체는 유연함의 기술을 구현할 기회가 되기도 한다. 전환은 때로 예측할 수 있으며 어느 정도 규칙적으로 찾아오기 때문이다. 많은 조직에서는 사전에 결정한 일정에 맞추어 직무 로테이션Job Rotation을 지시하고 승진은 사실상 공개된 일정을 따른다. 또한 인사이동이 불가피한 부서 개편은 광범위한 계획과 토론을 거친 후에야 시행된다. 결과적으로 우리는 전환에 대비할 시간은 물론 앞서 비슷한 전환을 경험한 사람을 관찰할 기회도 얻는다. 이런 모든 요인을 종합할 때 전환은 유익한 실험을 수행할 조건을 무난히 충족한다.

우리는 사람들에게 업무에서 유연함의 기술을 언제, 어떻게 활용했는지 물었다. 승진해 리더 세상에 첫발을 들인 수직 이동이나 동일한 직급의 리더로서 단순히 자리만 옮기는 수평 이동을 포함해 전환을 언급하는 사람이 많았다. 개중에는 영감을 주는 이야기도 있었는데 몇 가지만 알아보자.

리사 샬렛은 2002년부터 은퇴할 때까지 세계 최고의 투자은행 골드만삭스Goldman Sachs에서 파트너로 재직하면서 고위직을 두루 거쳤다. 글로벌컴플라이언스Global Compliance('컴플라이언스'는 기업이 사업을 추진하는 과정에서 자발적으로 관련 법규와 윤리를 준수하도록 만들기 위한 일련의 시스템을 일컬음 – 옮긴이) 부서의 최고운영책임자^{Chief Operating} Officer, 이후 'COO'도 그중 하나였다. 샬렛은 컴플라이언스 전문가들이 포진한 그 부서에 입성하면서 이를 성장 실험의 기회로 삼아 양면 작전을 전개했다. 첫째는 외부인이라는 자신의 입장을 십분 활용했다. 그리고 자신보다 한 수 위인 사람들에게서 글로벌 컴플라이언스에 관해 배우기 위해 열심히 질문했다. 결과를 말하자면 실험은 대성공이었다.

미국 군대에서 복무한 이력을 가진 스콧 브라운은 당파를 뛰어넘는 싱크 탱크의 하나인 트루먼국가정책센터^{Truman Center for National Policy}의 사장 겸 CEO로 임명되었다. 그는 새로운 팀원들에게 동기와 영감을 주고 그들을 통합하기 위해 이라크와 아프가니스탄에서 전투를 지휘했던 경험을 적용했다. 동시에 그는 팀의 공동 사명과 행복감 사이의 균형도 맞추었다.

저명한 경영자코치 랄프 시몬은 코칭 및 리더십 개발 회사를 창업했을 때 스스로 성장을 촉진하려고 유연함의 기술을 활용했다. 그는 자신이 모든 도전에 죽기 아니면 까무러치기로 반응한다는 사실을 알게 되었다. 시몬은 그런 태도는 장기적으로 지속할 수 없다는 사실도 깨달았다. 그는 일은 줄이고 반대로 영향력을 더 키우기 위해 다양한 실험을 했다.

어떤 변호사는 과거의 경력 전환에서 얻은 교훈이 자신을 기업가로서 그리고 비즈니스 리더로서 성공의 반열에 올려주었다고 생각한다. 그는 대형 법률회사에서 파트너로 승진했을 때 새로운 책임과 도전에 직면했다.

"법률회사에서 파트너가 되면 당연히 회사가 맡기는 송무訟務를 훌륭하게 처리해야 합니다. 하지만 그것만으로는 충분하지 않습니다. 어떻게든 의뢰인을 찾거나 아니면 사건을 수임한 사람과 팀을 이루어 일해야 하죠. 그렇게 하지 않으면 파트너 자리를 지켜낼 수 없습니다."

현실을 자각하자 그가 어떻게 해야 하는지가 분명해졌다. 업무적으로는 직접 일감을 따오기 위해 새로운 기술을 개발해야 했다. 아울러 개인적으로도 해야 하는 숙제가 있었다. 자신이 스트레스를 받고 있다는 사실을 인지하고 스트레스를 다스리는 방법을 배워야 했다. 그렇게 하지 않으면 스트레스에 잠식당해도 인지조차 못 하는 지경에 이를 것이라고 생각했다. 그는 경력 전환을 기회 삼아 스트레스를 관리하는 능력을 키웠고, 이는 그가 전도유망한 스타트업을 창업하는 밑거름이 되었다.

이 모든 이야기는 한 가지를 가리킨다. 일과 삶에서 경험하는 전환은 전환 자체에 따라오는 과제와 더불어 개인적 성장 의지를 새롭게 다지게 하는 이상적인 기회다.

새로운 도전과 유연함의 기술

유연함의 기술을 시도할 기회들의 두 번째 공통점은 바로 변화다. 주변의 모든 환경이 새로운 요구와 문제와 기회를 생성하는 시점이 있다. 그렇다고 기존의 역할이 아닌 새로운 역할을 반드시 수행할 필요는 없다. 회사가 생산하는 제품의 주력 시장에서 중대한 변화가 일어나고, 당신이 참여하는 지역 사회 조직에서 핵심 리더가 떠나고, 당신이 몸담은 산업을 혁신할 새로운 기술이 개발되는 것도 변화의 범주에 들어간다. 어쨌건 당신이 속한 환경에서 변화가 나타나면 적응을 위한 변화가 불가피하다. 그렇다면 어떻게 하면 성장 가능성이 큰 변화를 놓치지 않을까? 우리는 이미 답을 알고 있다. 그렇다, 유연성 강화 실험을 하면 된다.

루시Lucy는 와인으로 유명한 캘리포니아의 한 시골에서 작은 호텔을 오랫동안 운영했다. 그런데 2020년 코로나바이러스 확산과 함께 새로운 도전이 찾아왔고 루시는 다양한 적응 기술을 발휘해야 했다. 2020년 3월 미국 주 정부들이 코로나바이러스 확산을 막기 위해 잇달아 봉쇄 조치를 내리고 사람들도 외출을 최대한 자제하며 집 안에 머물기 시작했다. 이에 루시의 호텔은 객실 점유율이 사실상 0%로 추락했다. 게다가 루시는 익숙하지 않은 많은 문제도 직면했다. 건강과 환경에 관한 새로운 규제, 종업원 해고와 실업 수당에 관한 복잡한 법규, 세금과 영세 사업자 대출에 관한 혼란스러운 절차 등이 루시의 눈앞에 펼쳐졌다. 이런 와중에 부채마저 산더미처럼 쌓여 루시를 사면초가로 몰아넣었다.

루시는 내가 아는 사람들 중 가장 긍정적인 사람이지만 이처럼 새로운 도전을 맞닥뜨리자 본래의 낙천적인 성향마저 흔들렸다. 시시각각 자신을 덮치는 불안과 분노와 슬픔을 다스리기까지 상당한 시간이 필요했다. 그래도 루시는 자기 성찰과 실험을 계획했고 차츰 희망이 보이기 시작했다. 무엇보다 루시는 사업상의 문제를 처리하는 자신의 태도가 이번 위기의 커다란 걸림돌이라는 사실을 깨달았다. 코로나 시대에는 줌^{Zoom}으로 비대면 회의를 진행하고, 지방 정부 관리에게서 방역 지침을 전달받는 등의 새로운 요구를 피할 수 없었다. 루시는 익숙하지 않은 도전에 직면할 때마다 좌절감에 휩싸이고 얼어붙었다. 루시는 이런 문제들을 할 일 목록에 넣어둔 채 뒷전으로 미뤘고 대신 익숙하고 편하게 할 수 있는 과제부터 해결하곤 했다.

"그 문제는 나중에 해결하지, 뭐."

루시는 입버릇처럼 말했다. 하지만 그 '나중'은 절대 찾아오지 않을 듯했다.

마침내 루시는 특유의 긍정적인 성향대로 피할 수 없으면 즐기기로 했다. 코로나바이러스가 가져온 위기가 자신의 약점을 극복하게 하는 좋은 기회일 거라고 마음을 바꿔 먹었다. 루시는 좌절의 순간에도 계속 나아가는 방법을 찾는다는 유연성 강화 목표를 설정했고 이내 실험을 시작했다. 매일 익숙하지 않은 문제를 하나씩 해결하기로 한 것이다. 만약 새로운 일을 정복하기 위해 무언가를 시도했다가 실패하면 잠시 휴식한 후 그 일을 하는 이유를 상기해 침체된 동기를 끌어올렸다. 그런 다음 문제를 완전히 해결할 때까지 포기하지 않았다.

루시는 새로운 접근법이 효과적이라는 사실을 깨달았다. 그렇다고 익숙하지 않은 모든 도전에 효과적이었다는 말은 아니다. 하지만 루시는 이 전략으로 많은 일을 극복했고 진정한 성취감과 나아지고 있다는 만족감을 느끼기 시작했다. 이것을 느끼자 해당 감정들은 시간이 흐를수록 더 강해졌다. 소소한 성공을 거둘 때마다 다음 도전도 잘해낼 거라 자신했고, 마침내는 외부에 도움과 자원을 요청하기도 편해졌다. 심지어 호텔 사업을 진척시키는 데에 따랐던 부담도 사라졌다.

업무적으로만 새로운 도전을 만나는 것은 아니다. 아이를 키울 때도 새로운 도전이 꼬리에 꼬리를 물고 이어진다. 한 젊은 엄마가 훌륭한 사례를 제공한다. 편의상 그를 '그레타Greta'라고 부르자. 그레타는 일과 삶 모두를 통제하고 싶어 했다. 그런데 불과 2년 사이에 그는 두 가지 커다란 도전을 경험했다. 첫 번째 도전은 그레타가 둘째 아이를 임신했을 때 찾아왔다. 그는 내려놓는 법을 배우자는 유연성 강화 목표를 세웠다. 그레타는 임신을 '중간에 내릴 수도 없고 자신이 알지 못하는 미지의 종착지로 달리는 열차에 올라탄 상황', 즉 인생을 통틀어 가장 통제할 수 없는 순간이라고 생각했다. 엎친 데 덮친 격으로 임신 과정마저 순조롭지 않았다. 그레타는 생명의 위험을 무릅쓰고 예정일보다 일찍 출산해야 했다. 그레타의 출산을 도왔던 의사가 훗날 한 말을 들어보면 당시 상황이 얼마나 심각했는지 짐작하고도 남는다.

"내 평생 혈압이 그토록 낮게 떨어졌다가 회복한 사람을 본 적이 없습니다."

죽음의 위기에서 살아남고 회복한 경험을 계기로 그레타는 귀중한 교훈을 얻었다. 가끔은 통제할 수 없는 상황을 피할 수도 없거니와 이것이 삶의 한 단면이라는 사실이었다. 그로부터 1년 후 그레타는 두 번째 도전을 맞았다. 큰아들이 초등학교에 입학하자마자 기다렸다는 듯이 심각하게 말을 더듬기 시작했다. 설상가상 입학과 동시에 코로나바이러스 확산으로 대면 수업조차 취소되었다. 그레타는 잠잠했던 자신의 통제 욕구가 다시 살아나는 것을 느꼈다. 그레타는 인터넷을 샅샅이 뒤져 아들의 증상에 관한 모든 자료를 읽었다. 마치 지식을 쌓으면 아들의 말더듬증을 고칠 수 있기라도 하듯 정보에 강박적으로 매달렸다. 결국 보다 못한 그레타의 심리치료사가 조언했다.

"그레타, 흐르는 강물을 거스르려 발장구를 치지 마세요. 그냥 잠시 강물의 흐름에 몸을 맡기세요."

이것은 그레타에게 필요한 조언이었다. 마침내 그레타는 집착에서 벗어나 유연함의 기술을 활용하기로 했다. 그레타는 자신이 무엇을 할 수 있을지 알아내고 기회가 어디에 있는지 찾는 데 집중했다. 그리고 새로운 유연성 강화 목표도 정했다. 아들과 말더듬증에 관해 이야기할 때 더 신중해지기로 했다. 아들이 긍정적인 자아 정체성을 확립하도록 도와주기 위해서였다. 또한 이 목표를 달성하기 위해 여러 실험을 시작했다. 최악의 시나리오를 상상하며 작은 일을 부풀리는 자신의 성향과 가끔은 상황이 흘러가는 대로 내버려 두는 것 사이에서 균형을 잡기 위한 실험도 했고, 친구들과 함께 고민하며 성찰도 했다. 결과를 말하자면 이 새로운 도전 상황을 극복하려는 노력이 그레타에게는 창조성과 성장의 원천이 되었다.

새로운 도전이 찾아왔을 때 유연함의 기술을 이용하는 첫 번째 방법은 이미 알고 있다. 도전 상황을 기회로 생각하는 것이다. 그레타에게는 목숨까지 위태롭게 만든 임신과 오랜 회복기가 모든 것을 포기하고 싶었을 정도의 압도적인 상황이었을지도 모른다. 그런데 그레타는 그 상황을 모두 수용했고 더 나아가 삶의 방향을 재설정하기 위한 기회로 받아들였다. 아울러 예전에 자신을 괴롭히던 소소한 많은 사안을 마음에서 내려놓고 대신 두 아이에게 더욱 헌신했다.

인간은 환경의 변화에 두 가지 방식으로 반응한다는 연구 결과가 있다. 이는 조직도 마찬가지다. 일부는 변화를 위험으로 인식한다.

'뭔가 변했어. 이런 상황은 너무 무서워. 난 이제 새로운 뭔가를 할 수밖에 없어. 내가 그걸 해낼 수 있을까? 실패하면 어쩌지? 어떤 나쁜 일이 벌어질까?'

변화를 위협으로 간주할 때 당신이 어떻게 반응할지는 짐작할 수 있다. 융통성은 줄어들고, 고집이 세지며, 정보를 향한 관심이 줄어들고, 일어나지도 않은 작은 반응을 예상해 걱정하고, 자원을 아끼려 전전긍긍하며, 행동을 통제하려 최선을 다한다. 즉 심리치료사의 표현대로 강물을 거스르려 열심히 발장구를 친다.

반면 어떤 사람들은 환경의 변화를 기회로 인식한다.

'뭔가 변했어. 이런 상황은 대환영이지. 난 이제 새로운 뭔가를 해야 해. 그렇게 하는 방법은 어떻게 배울 수 있을까? 성공하면 어떻게 될 까? 어떤 좋은 일이 생길까?'[5]

이런 관점은 포용성을 넓히고 탐구 정신을 촉발한다. 이 안에는 '무언가에 효과적으로 반응하기 위해 성장시킬 필요가 있는 기술을 탐구하는 과정'은 물론 '새로운 무언가를 시도하는 개방성'도 포함되어 있다. 부정적인 무언가에 직면했을 때 그것을 어떤 식으로 생각하는가가 이토록 커다란 차이를 만든다는 사실을 명심하라. 그러면 당신의 마인드셋을 관찰하고, 그것을 바꿀 여지가 생기며, 기회를 열심히 찾게 되고, 그런 기회에 집중하기도 쉬워진다. 또 그렇게 함으로써 얻은 혜택을 맘껏 즐기게 된다.

피드백과 유연함의 기술

우리가 인터뷰했던 사람들 중 상당수는 피드백이 개인적인 성장의 원동력이었다고 말했다. 그리고 그중 많은 경우는 부정적인 피드백이 결정적인 영향을 미쳤다고 진술했다.

미국 동부 연안의 한 금융기관에서 재직하는 고위 임원이 승진에서 누락된 직후 유연함의 기술을 활용하기 시작했다. 그는 자신이 바라던 자리의 문턱에서 좌절해 몹시 낙담했다. 그러나 이보다 더 고통스러운 일이 일어났다. 새 관리자가 그의 직무 성과를 살펴더니 직무 개선이 필요하다고 평가한 것이다. 이처럼 연이어 충격을 받으면 분노하거나 적의를 품는 사람도 있을지 모르겠다. 하지만 그 임원은 고통스러운 상황을 학습 경험으로 바꾸기로 했다. 먼저 다음 90일간 직무 성과를 끌어올리겠다는 목표를 정했다. 그리고 그 목표를 이루려면 시간 관리 기술을 개선해야 한다고 판단했고, 방법을 찾기 위해 몇몇 실험에 돌입했다. 그중에서도 그가 핵심이라고 여긴 실험은 가장 중요한 프로젝트나 과제가 무엇인지 다각도로 확인한 다음 그 프로젝트에 모든 자원을 투입해 성취해 내는 것이었다. 그는 오늘날까지도 이 실험을 계속하는 중이다.

어떤 다국적 컨설팅업체에서 고위 관리자로 일하는 스티븐 로블레스키Stephen Wroblewski도 위의 임원과 비슷한 경로로 성장 여정에 눈을 떴다. 그는 한 관리자에게서 "99% 사람."이라는 피드백을 받았다. 일을 거의 끝내는 능력은 탁월하지만 완벽히 마무리하지는 못한다는 뜻이었다. 쉽게 말해 1%가 부족했다. 이에 로블레스키는 개인 프로젝트는 물론이고 팀 차원의 프로젝트를 관리하는 더 나은 방법을 찾기 위해 실험을 시작했다. 로블레스키는 하루, 한 주는 물론 각 프로젝트를 마칠 때마다 자신과 동료들이 맡은 일을 완벽하게 끝맺었는지 확인하기 위해 성찰했고 성찰의 놀라운 힘을 체험했다.

지나가는 투로 던지는 즉흥적인 피드백조차 성장 여정을 시작하게 하는 자극제가 된다. 벤 타도스키 Ben Tawdowski가 어느 날 늦게까지 일하고 있었다. 한 관리자가 퇴근하던 길에 야근 중인 타도스키를 우연히 발견했다. 그는 싱긋 웃으며 말했다.

"이 시간까지 일하는 사람은 둘 중 하나죠. 일 중독자거나 일 처리가 서툴거나."

오늘날 한 유명 대학병원에서 핵심 부서를 이끄는 어떤 관리자도 전공의 시절에 타도스키와 비슷한 일회성 피드백을 받았다. 어느 날 그는 익숙하지 않은 문제에 직면했고 수석 전공의를 찾아가 조언을 구했다가 핀잔 섞인 말을 들었다.

"왜 스스로 해결책을 찾으려고 노력하지 않는 거야?"

그는 그 피드백을 마음에 새겼다. 이후 골치 아픈 다른 문제 때문에 그 수석 전공의를 다시 찾아갔을 때는 먼저 문제를 설명한 후 몇 가지 잠재적인 해결책을 제시했다. 이번에는 긍정적인 반응이 돌아왔을까?

"그런 아이디어가 있으면 하다못해 한 가지라도 실천해 봐야 하는 거 아닌가?"

엄밀히 따지면 두 피드백은 성격이 달랐지만 교훈은 하나였다. 무언가를 끝까지 마무리하기 위해서는 윗선의 허락이 필요하지 않았다. 그는 달라졌다. 문제가 일어나면 먼저 무언가를 배우겠다는 일념이 일었고 자신의 판단에 입각해 아이디어를 떠올리기 시작했다. 그리고 스스로 생각해 낸 해결책을 시도한 후에야 피드백을 구했다.

부정적인 피드백을 받고 기분 좋은 사람은 없다. 20세기에 활동한 영국의 극작가이자 소설가 윌리엄 서머싯 몸William Somerset Maugham이 이를 정확히 간파했다.

"사람들은 건설적인 비판을 원한다고 말하지만 정말로 원하는 것은 칭찬이다."

안타깝게도 끊임없이 칭찬만 받을 수 있는 사람은 없다. 당신이 어떻게 하는가에 따라 비판도 유익한 원동력이 될 수 있다. 성장하기 위해 비판을 이용하고, 유연함의 기술을 활용할 기회로 사용하라.

강점을 더 강하게

앞의 사례를 살펴보면 사람들은 모두 극심한 스트레스를 안겨주는 경험에 직면하거나 자신의 약점을 알게 되었을 때 유연함의 기술을 활용하기 시작했다. 하지만 꼭 그런 상황에만 유연함의 기술을 이용해야 하는 것은 아니다. 때로는 자신의 강점을 이용해 성장하고 싶다거나 강화하고 싶다는 욕구만으로도 유연함의 기술을 활용할 수 있다.

미국의 한 프로 농구 팀에서 고위직을 맡고 있는 댄 샤인먼Dan Scheinman은 어릴 적 농구 꿈나무였다. 그는 장차 명문 대학 팀을 거쳐 잘하면 프로 농구선수가 될 수 있다는 희망에 부풀었다. 미래야 알 수 없으니 꿈이 이루어질지는 모를 일이었다. 그런데 열두 살 때 참가한 농구 영재 캠프에서 샤인먼은 코치에게 신랄한 비판을 들었다.

"잘 들어. 네 실력으로는 한쪽 손만 사용하면 안 돼. 왼손도 오른손처럼 자유자재로 사용할 수 없다면 훌륭한 선수가 되겠다는 꿈은 일찌감치 접어."

샤인먼은 코치의 말을 가슴 깊이 새겼다. 아니, 너무 진지하게 받아들였다. 오른손잡이였던 그는 꼬박 1년을 왼손 연습에 쏟았다. 결과는? 왼손에만 모든 신경을 집중하다 보니 다재다능한 양손잡이 선수가 아니라 왼손잡이 선수가 되었다. 오늘날 샤인먼은 그 경험을 한 문장으로 요약한다.

"내 강점을 잃었다."

그는 자신의 상대적인 약점인 왼손 기술을 많이 걱정했고 그 바람에 자신의 강점인 오른손 기술을 유지하지도 활용하지도 못했다. 산토끼 잡으려다 집토끼까지 놓친 형국이었다.

샤인먼이 얻은 교훈은 많은 사람이 적용할 수 있다. 강점을 지니고 있으면서도 그것을 더 발전시키거나 최대한으로 발휘하지 못하는 사람이 많다. 심지어 자신에게 어떤 강점이 있는지조차 모르는 사람도 있다. 나도 경력 초반에 그런 적이 있었다. 당시 나는 교수평의회나 워크숍 같은 단체 활동을 잘 운영한다는 칭찬을 종종 받았는데 그럴 때마다 깜짝 놀랐다. 대단한 일을 했다는 생각은 전혀 하지 않았기 때문이다. 그저 내 눈에 자연스럽고 당연한 방식으로 활동을 조직하고 관리했을 뿐이었다.

이후 몇 년간 성찰하고 나서야 내 안에 숨은 보석을 알아보는 눈이 생겼다. 과거의 내가 그랬듯 '대단한 일이 아니었는데.'라고 느끼는 것

자체가 때로는 이제껏 인지하지 못한 강점을 알려주는 좋은 신호라는 사실을 깨달았다. 이처럼 스스로 인지하지 못한 강점을 발견했을 때 유연함의 기술을 시도하면 좋다. 개발하려고 노력한 적이 없는데도 이미 특정 능력을 보유하고 있다는 사실을 알게 된다면 당신은 그 기회를 그냥 흘려보낼 텐가 아니면 그것을 살리겠는가? 그 능력을 더욱 발전시키기 위해 여러 방법을 시도하라. 혹시 아는가. 그 능력을 탁월한 재능으로 바꿀 수 있을지 말이다.

내 경우를 예로 들어 보자. 타고난 리더십을 더 발전시키려면 어떻게 하면 좋을까?

'팀이 과제를 완수하도록 자원을 배분하고 조정하는 일은 지금도 잘해. 그래도 이 능력을 더 발전시키면 좋을 거야. 이참에 사람들이 존중받고 인정받는다는 느낌을 받게 하면서 동기도 강화해 주는 능력을 발달시켜 보자.'

이런 식으로 유연성 강화 목표가 자연스레 나타나고 그 목표에 초점을 맞추어 유연함의 기술을 활용하면 강점은 시간이 흐를수록 더욱 강력해진다.

긍정적인 성장 목표를 설정하는 또 다른 방법이 있다. 다른 사람을 관찰하고 그 결과에서 영감을 얻는 것이다. 친분이 있는 사람이건 세계적인 명사건 롤 모델에게서 무언가를 본받아 유연성 강화 목표를 정한 사람은 수없이 많다. 한편 친구, 동료 등 누군가의 특별한 행동에서 유연성 강화 목표를 위한 영감을 얻을 수도 있다. 때로는 아주 작은 행동 하나가 갈망에 불을 지핀다. 가령 한 친구가 아픈 누군가를 다정하게 배려하는 모습을 우연히 목격한다면 당신도 그런 측은지심을 키우고 싶다는 욕구를 느껴 방법을 찾게 될지 모른다.

99% 사람이라는 피드백을 받았던 스티븐 로블레스키의 이야기를 해보자. 로블레스키는 그 피드백을 받은 후 아주 오래전의 경험에서 마무리 기술을 개선하기 위한 영감을 얻었다. 고등학생 시절 그는 상당히 유망한 수영선수였다. 한번은 올림픽에서 개인혼영 400m 2연패를 포함해 3회 연속 메달을 사냥했던 톰 돌런^{Tom Dolan}의 훈련을 지켜보게 되었다. 그 한 번의 경험에서 로블레스키는 커다란 깨달음을 얻었다. 돌런이 연습인데도 결코 대충 하는 법이 없었고 팔 동작 하나도 허투루 하지 않는다는 사실에 주목했다. 로블레스키는 자신도 돌런처럼 훈련해야겠다고 마음먹었다. 연습을 실제 경기만큼 중요하게 생각하면서 단 한 순간도 시간을 허비하지 않겠다고 말이다. 로블레스키는 99% 사람이라는 피드백을 받았을 때 과거의 교훈을 떠올렸고 업무에도 동일한 규칙을 적용하기 시작했다. 그는 직무에 투입하는 에너지를 마지막 한 방울까지 최대한 활용하고 더 나아가 맡은 업무를 완전하게 끝맺을 방법을 찾기 위해 노력했다.

이제까지 살펴보았듯 당신은 주변의 롤 모델이나 당신이 진심으로 귀하게 여기는 가치에 근거해서 유연성 강화 목표를 정할 수 있다. 한편 조직에 효과적으로 적응하거나 특정 역할을 잘 수행하기 위해 필요하다고 생각하는 무언가에서 영감을 받아 목표를 정해도 된다. 3장에서 소개했던 로스경영대학원의 린드레드 그리어 부교수를 떠올려 보자. 그리어는 경력 전반에 걸쳐 상황과 여건에 따라 다양한 유연성 강화 목표를 설정했다. 가령 네덜란드의 대학에서 강단에 섰을 때 그리어는 네덜란드의 문화 규범이 조직의 구성원과 리더에게 무엇을 요구

하는지 알았고 자신을 낮출 필요가 있다고 생각했다. 훗날 스탠퍼드대
학으로 자리를 옮겼을 때는 반대로 그 대학만의 문화에 맞추어 영향력
있는 리더라는 인상을 주기 위해 자신을 높여야 했다.

스탠퍼드대학처럼 이미 명확한 문화가 확립된 조직이 있다. 그런
조직에서 미래 리더는 그리어처럼 오직 그 문화에 부합해야 하고, 이
를 토대로 유연성 강화 목표를 정해야 한다. 가령 구글에서 리더가 되
고 싶은 사람은 구글만의 독특한 문화에 동화되기 위해 대인 기술을
개발해야 한다.[6]

마지막으로 한 가지 더 당부하고 싶다. 기업마다 추구하는 바람직
한 행동은 다를 수 있다. 따라서 다양한 환경에서 유연함의 기술을 활
용하려면 각각의 환경이 요구하는 것과 환경에 어울리는 학습법이 무
엇인지 주의를 기울여야 한다. 업무 사안, 양육 문제, 변화하는 재정 여
건 등 당신에게 유연함의 기술을 시작하도록 촉구하는 모든 상황에서
그래야 한다.

유연성 강화 목표의 보편적인 재료[7]

더 나은 사람이 되고 싶지 않은 이가 있을까? 더 나은 사람이 되려면
어떤 기술을 개발해야 할까? 잘 모르겠다면 아래의 목록에서 영감을
얻길 바란다. 이것은 미래의 비즈니스 리더들이 코치에게 조언을 구했
던 도전 주제들이다. 당신이 발전시키고 싶은 기술과 관련 있는 주제
가 몇 개인지 확인해 보라. 새로운 유연성 강화 목표는 물론이고 다양

한 실험의 토대로 삼을 만한 주제가 있는지 생각해 보라. 어떤 것이든 좋다. 사람 일이란 모르니 이 모든 주제가 당신에게 목표나 실험의 토대가 되어줄 가능성도 배제하지 마라.

- 전략적 사고 개발
- 의사소통 기술 향상
- 경영자로서의 자질 개발
- 주변 사람들의 발전을 지원하고 코칭하기(경청, '개방형 질문하기' vs. '의견 제시', 호기심 가지기, 판단하지 않기, 함께 해결책 찾기, 이타적으로 행동하기)
- 경력 탐색(내 직업의 목적, 강점, 가치관, 의미)
- 개인과 팀의 공동 이익을 위해 협상하기
- 협업에 도움이 되고 다양한 의견을 수용하는 개방적인 사고방식 갖기
- 리더로서 회의 효율 높이기
- 의사 결정 능력 키우기
- 상사와 좋은 관계 구축
- 피드백 주고받기
- 어려운 업무 관계 관리
- 팀 역학 관리
- 팀의 총체적 역량 개발(팀원 능력 제고, 업무 수행 과정 향상, 결과 개선)
- 업무의 가치를 증명하는 방법 개발
- 조직 안팎에서 인맥 구축하기
- 자신감 증대
- 유익한 위험 감수하기

- 자기 연민
- 완벽주의 탈피
- 새로운 경력 기회 탐색
- 강렬한 감정 관리
- 신뢰 관계 구축하기

충격적인 사건과 유연함의 기술

이제까지 소개한 사례가 증명하듯 유연함의 기술의 범용성과 효과에는 의문의 여지가 없다. 어떤 도전 상황이 닥치든 유연함의 기술을 적용하면 효과적으로 반응하는 방법을 쉽게 찾을 수 있다. 또한 우리는 트라우마를 남기는 최악의 도전을 직면했을 때조차 학습하고 성장할 수 있다. 이는 학문적 연구만이 아니라 경험들이 뒷받침해 주는 명백한 진실이다. 이런 형태의 성장을 지칭하는 용어까지 있다. '외상후스트레스장애Post-Traumatic Stress Disorder, PTSD'라는 용어는 다들 들어보았을 것이다. 이것과 대척점에 있는 '외상후성장Post-Traumatic Growth, PTG'이 그 주인공이다. 외상후성장의 효과는 다양하다. 몇 가지만 살펴보면 자아감이 강화되고, 대인관계가 질적으로 좋아지며, 새로운 인생철학을 정립하고, 삶의 우선순위가 급격하게 달라지기도 한다.[8]

외상후성장의 대표 사례로 동갑내기 노부부 이야기를 해보려 한다. 90세인 샘과 로이스 블룸Sam & Lois Bloom 부부는 내가 아는 한 가장 성장 지향적인 사람들이다. 신앙심이 깊은 이 부부는 종종 하나님이 삶의 경험을 이용해 성장하라고 자신들을 슬쩍 찔러주는^{Nudge}(팔꿈치로 살짝 찌른다는 뜻으로 작은 자극을 주어 큰 변화를 유도하는 부드러운 개입을 말함 -옮긴이) 기분을 느끼곤 한다. 로이스의 아버지는 조울증을 앓았지만 당시에는 조울증에 대한 경각심이 거의 없던 시절이라 대부분 음주 문제로 치부하며 문제를 과소평가했다. 샘과 로이스가 젊었을 때는 한밤중에 가족에게서 연락을 부지기수로 받았다. 클럽이나 술집에서 아버지를 모셔 오라는 것이다. 블룸 부부는 어두운 가정환경을 긍정적으로 승화시켰다. 그들은 타인을 향한 투철한 봉사 정신을 가지게 되었고 시간이 날 때면 자원봉사 활동에 헌신했다. 그러다가 부부는 두 딸과 한 아들을 좋은 환경에서 키우고자 캘리포니아로 이주했고 드디어 남은 생애를 보낼 행복한 도피처를 찾은 듯 보였다.

그런데 1982년, 평화로운 삶이 갑자기 막을 내렸다. 아들 새미^{Sammy}가 대학 생활에 적응하지 못해 방황하다가 사이비 종교에 빠지고 말았다. 새미는 사이비 종교 단체에 가입했고 거의 한 달을 그곳에서 합숙한 후에야 샘의 손에 이끌려 세상으로 나왔다. 몸은 사이비 종교의 구렁텅이에서 빠져나왔지만 정신은 그렇지 못했다. 심리적·정서적으로 새미를 괴롭히던 근원적인 문제는 여전했다. 몇 달 후 새미는 자동차를 몰아 절벽에서 떨어져 스스로 생을 마감했다. 샘과 로이스는 아들의 자살을 어떤 식으로든 받아들이고 삶을 지속해야 했다. 세상 모든 부모가 상상할 수 있는 가장 끔찍한 상황이 자식의 자살인 것이야 두 말하면 잔소리다.

당신은 그와 같은 커다란 정신적 충격에 어떻게 반응하는가? 만약 당신이 학습과 성장을 삶의 핵심 가치로 생각한다면 그런 사건에 어떻게 반응할까? 물론 간단히 대답할 수 있는 질문이 아니다. 그렇다면 샘과 로이스는 그 경험에 어떻게 반응했을까? 어느 날 밤 몸을 뒤척이며 잠을 이루지 못하던 로이스는 마침내 잠을 포기하고 불을 켰다. 그런 다음 펜과 종이를 꺼내 자신을 괴롭히는 모든 일을 적어 내려가기 시작했다. 대답이 절실한 질문이 담긴 목록이었다. 사이비 종교는 어떻게 만들어질까? 사이비 종교가 일부 사람에게 그토록 강력한 영향을 미치고 그들을 끌어당기는 이유는 무엇일까? 사람들은 왜 자살을 생각할까? 자살로 가족을 잃은 사람은 그 비극에 어떻게 대처할 수 있을까? 커다란 고통을 경험한 사람은 하나님에게 느끼는 격렬한 분노를 어떻게 다스릴 수 있을까?

그날 밤은 샘과 로이스의 인생에서 전환점이 되었다. 그 밤은 샘과 로이스 부부가 아들 새미의 자살에 부여한 의미를 바꿔놓았고 이는 다시 그들의 삶 자체를 철저하게 변화시켰다. 물론 아들의 자살은 여전히 끔찍하고 가슴이 무너지는 사건이었다. 하지만 그 비극은 부부의 삶에 더욱 깊은 의미와 목적을 부여하는 새로운 성장의 출발점이 되었다.

샘과 로이스는 서로를 버팀목으로 의지하며 사람들을 돕는 데에 관심을 돌렸다. 그뿐 아니라 때마침 UCLA가 주도한 자살 예방 활동에도 참여했다. 부부는 자신들처럼 자살로 사랑하는 가족을 잃은 사람들은 물론이고 상담사와 전문 연구가들의 지혜에서 많은 도움을 얻었다.

특히 로이스에게 생각지도 못한 커다란 변화가 찾아왔다. 로이스가 작가로 데뷔한 것이다. 한 출판사의 편집자가 로이스에게 자살에 대처하는 방법에 관한 글을 보여주며 논평을 부탁했다. 로이스가 너무 형편없는 글이라고 솔직하게 비평하자 편집자가 로이스에게 직접 글을 써보라고 권했다. 그렇게 해서 탄생한 책이 바로《자살과 남은 자의 애도*Mourning, After Suicide*》다. 로이스가 들려준 동병상련의 조언 덕에 수천 명의 독자는 위로를 얻었다.

시간이 흐를수록 블룸 부부는 더 직접적으로 사람들을 돕기 위해 팔을 걷어붙였다. 하루는 직장 동료이자 친구가 로이스의 자리에 찾아오더니 인사차 들렀노라 가볍게 말했다. 로이스는 그에게서 뭔가 모를 이상한 기운을 감지했다. 그래서 주차장까지 그를 쫓아가며 무슨 일이든 자신이 도와주겠다고, 당신은 나에게 아주 중요한 사람이라고 달랬다. 하지만 그는 아무 말도 들리지 않는 듯했고 그저 무언가에 홀린 듯 차를 몰고 떠났다. 로이스는 퇴근 후에도 여전히 마음이 놓이지 않았다. 로이스는 그에게 전화를 걸어 우리 부부와 외식을 하자고 겨우 설득했다. 결론을 말하자면 로이스의 전화가 한 사람의 목숨을 구했다. 그 친구는 그날 밤 자살을 계획했지만, 실행하는 대신 블룸 부부와 밤 늦도록 이야기를 나누었다.

몇 년 후 로이스는 슈퍼마켓에서 그 친구와 우연히 마주쳤다. 그의 삶은 몰라보게 달라져 있었다. 결혼해 가정을 꾸렸고 쌍둥이의 아빠가 되었으며 행복하고 생산적인 삶을 살고 있었다. 로이스와 샘은 비록 아들을 황망하게 떠나보냈지만 친구의 자살은 막을 수 있었다.

블룸 부부가 아들의 자살이라는 사건을 겪은 후 보인 행동은 모두에게 귀감이 된다. 끔찍한 사건을 외면하고 도망치는 대신 그 경험을 어떻게 받아들였는지 주목하라. 당신도 특정 경험에서 오는 교훈에 마음을 열고 그것을 받아들이면 성장할 수 있다. 블룸 부부에게는 끔찍한 곤경이 주는 교훈에 마음을 열도록 깊은 신앙심이 그 틀을 제공했다. 그들은 고통스러운 삶의 경험조차 대개는 하나님의 개입이라고 받아들였다.

물론 외상적 사건을 딛고 정신적으로 성장하기 위해 반드시 전통적이거나 공식적인 종교가 필요하지는 않다. 외상후성장은 종교적 신념이 아니라 학습 지향성에 달려 있다.[9] 가족의 죽음처럼 엄청난 고통을 경험한 후에도 우리는 샘과 로이스가 걸었던 길을 선택할 수 있다. 분노로 울부짖으며 신에게 대답을 요구하는 대신 배우기 위해 노력하는 것이다. 또한 성장 여정에 중요한 출발점이 되어주는 사람에게 의지해도 된다. 우리는 자신의 경험을 곤경에 처한 타인에게 유익한 무언가로 전환하는 힘을 가지고 있다.

외상후성장의 두 번째 사례의 주인공은 블룸 부부보다 훨씬 젊다. 엘리스Elyse는 학창 시절 소위 말하는 엄친딸이었다. 대학 입학과 거의 동시에 한 여학생 클럽의 회장에 선출되었고 나중에는 대학 내 모든 여학생 클럽의 총회장이 되었다. 그러는 와중에도 엘리스는 학생회 간부를 포함해 다양한 리더 역할을 두루 맡았다. 엘리스는 대학을 졸업한 후에도 성공 가도를 달렸다. 컨설팅 회사에서 모두가 선망하는 자리를 차지한 엘리스는 20대 전문직 종사자의 치열한 삶을 즐겼다. 밥 먹듯 야근하고 걸핏하면 출장을 가야 했지만 엘리스는 언제나 씩씩했다. 짬짬이 자유 시간이 생기면 운동을 하고 친구들과 외출도 하면서 즐거운 시간을 보냈다. 매일이 행복했다. 많은 것을 성취했으며 자신의 능력을 사람들에게, 무엇보다 자신에게 증명할 수 있어 행복하기만 했다.

하지만 엘리스에게도 블룸 부부처럼 예상하지 못한 불운이 찾아왔다. 그 일은 엘리스의 인생을 송두리째 흔들어 영원히 바꿔놓았다. 어느 늦은 밤, 앨리스가 출장지에 도착한 직후 공유 차량을 타고 이동하던 중 다른 차량이 엘리스의 차를 들이받았다. 엘리스는 뇌에 심각한 손상을 입어 컨설턴트 일을 포기해야 했다. 이제껏 큰 성취와 끊임없는 활동을 축으로 돌아가던 엘리스의 지난 삶이 예고도 없이 막을 내렸다. 엘리스는 온전히 정신을 유지하기 위해 다른 방법을 찾아야만 했다.

결과를 말하자면 엘리스는 학습 마인드셋을 점진적으로 개발했다. 학습 마인드셋은 엘리스에게 생소한 삶의 방식이었지만 그것 말고 다른 선택지가 없었다. 이후 학습 마인드셋은 엘리스가 새로운 활동들을 시도할 때 존재감을 확연히 드러냈다. 가령 인근 학교에서 운영하는 미술 강좌에 등록했을 때의 일이다. 이내 엘리스는 자신의 위치를 깨달았다. 엘리스는 수강생 중 실력이 최하위였다. 예전의 엘리스였다면 아마도 곧바로 포기했을 터였다. 최고가 될 수 없는 활동을 하느라 고생할 필요가 있을까? 하지만 새로운 엘리스는 포기하지 않았다.

"나는 미술을 좋아해. 최소한 기쁨을 주잖아."

엘리스는 이렇게 자신을 다독였고 새로운 엘리스에게 그것으로 충분했다. 그렇게 시간이 흐른 후 엘리스는 재활훈련의 일환으로 컴퓨터 애니메이션 제작에 도전했다. 이번에도 엘리스는 주변 사람들보다 실력이 한참 뒤처졌다. 게다가 뇌 손상 탓에 컴퓨터 화면을 오래 볼 수도 없었다. 그래도 엘리스는 계속 노력했다. 저녁과 주말에 잠깐이나마 애니메이션 제작 실력을 향상하기 위해 동영상을 보면서 공부했다. 비록 속도는 느렸지만 엘리스는 실력이 좋아졌고 자신감도 커지는 것을 느꼈다. 물론 전문가가 보면 엘리스의 실력은 표준에도 못 미쳤지만 자신이 직접 세운 기준은 충분히 만족했다. 무엇보다 엘리스는 그 과정에서 자신이 성장하고 있으며 무언가를 성취한다는 기분을 만끽했고 그런 기분은 다시 엄청난 기쁨과 만족을 안겨주었다.

엘리스가 성공의 개념을 자기식대로 다시 정의한 이 과정은 지독한 트라우마를 경험했든 아니든 모두에게 유익한 본보기가 된다. 어쨌건 성취를 잣대로 들이대면 사실상 미흡하다고 느끼는 기술이 있게 마련이고 그 기술을 함양하기 위해 노력하게 된다. 리더십, 의사소통, 팀 구축, 동기부여 등 자신의 역할을 효과적으로 해내기 위해 필요한 소프트 스킬은 평생에 걸쳐 개발해야 할 뿐 아니라 다양한 환경에서 적용하는 법을 끝없이 배워야 할 수도 있다. 이렇기 때문에 우리는 모두 엘리스가 체득한 교훈을 배울 필요가 있다. 성취를 판단할 때 외부 전문가의 의견이나 사회적 기준은 중요하지 않다. 성취를 판단할 때는 자신이 세운 기준이 가장 중요하다. 이것이 바로 엘리스가 얻은 교훈이다.

나는 블룸 부부와 엘리스 외에도 외상후성장으로 긍정적인 변화를 경험한 사람을 많이 안다. 이 책을 집필하기 위해 인터뷰했던 사람들 중에서도 몇몇은 부모의 죽음부터 날벼락 같은 건강 악화에 이르기까지 자신에게 트라우마를 안긴 사건이 중대한 학습과 성장의 시발점이었다고 말했다. 앞서 여러 차례 소개했던 더그 에반스도 예기치 않은 사건에 충격을 받았지만 이로 인해 긍정적으로 변하기 시작했다. 에반스는 오로지 출세와 승진에 사로잡혀 앞만 보고 달렸다. 자신도 모르게 삶의 우선순위마저 바뀌었지만 에반스는 전혀 깨닫지 못했다. 그러던 중 한 친구의 갑작스러운 죽음을 계기로 에반스는 자신을 돌아보게 되었다. 에반스는 유연성을 강화하기 위한 새로운 목표를 정했다. 직업적인 성공에 계속 초점을 맞추더라도 소중한 사람들에게 더 관심을 기울이겠다고 말이다. 전문가들도 다양하게 연구해 본 결과 외상후성장이 놀랄 정도로 보편적인 현상이라는 사실을 입증했다. 예컨대 연구가들은 고위험군 신생아를 보살피는 어머니들을 대상으로 연구를 실시했다. 어머니들은 아픈 자녀를 돌보느라 스트레스를 받았고, 이로 인해 가족 관계가 더욱 끈끈해지고 정서적으로 성숙해졌으며 삶을 더욱 낙관적으로 바라보게 되었다고 주장했다.[10]

외상후성장의 강력한 힘에 관해 이야기하다 보니 한 가지 기억이 떠오른다. 전도유망한 리더들을 대상으로 진행하는 경영자 프로그램의 첫날 나는 '삶의 궤적 훑기' 훈련을 한다. 내가 그들에게 인생 여정을 되돌아보라고 요청했을 때 비즈니스 리더들이 대부분 동의한 한 가지가 있었다. 그들은 부정적인 사건, 스트레스가 많았던 시기, 실패하거나 좌절했던 순간에서 가장 많이 배우고 성장했다고 인정했다. 역설적이게도 그들은 바로 그런 경험을 피하기 위해 거의 평생을 노력했다.

오해하지 않길 바란다. 일부러 트라우마나 실패를 경험하라는 말이 아니다. 어차피 거의 모든 사람은 고통스러운 경험을 하게끔 되어 있다. 많은 것을 성취하며 충만한 삶을 사는 사람도 예외가 아니다. 다만 트라우마를 경험할 때 어떤 태도를 취하는지가 삶을 영원히 바꿀 수도 있다는 사실을 유념하길 바란다. 힘든 시기에 학습 마인드셋을 활성화하면 당신은 아픈 경험에서도 귀중한 교훈을 얻을 수 있다. 그리고 그런 교훈은 당신이 남은 생애 동안 새롭게 정의한 성공과 성취, 충만함을 추구하게 만든다.

유연함의 기술을 효과적으로 활용하기 위한 일곱 가지 지침

1. 내가 도전하리라 예상하는 미래 경험이 무엇일지 확인하라. 1장에서 정의한 학습 가능성이 큰 경험이 이 범주에 속한다. 가시성이 커 사람들의 이목을 끌고, 위험 부담이 크며, 경계를 초월하거나 새로운 사람과 상호 작용해야 하는 경험 말이다.

2. 학습 마인드셋을 선택하라. 단순히 좋은 성과를 달성하는 수준을 넘어 그 경험에서 배워야 하는 모든 것에 열린 마음으로 접근하라. 이처럼 배우는 사람의 자세로 경험하려면 어떻게 해야 할까?

3. 목표를 정하라. 그 경험에서 무엇을 이루고 싶은지에 그쳐서는 안 된다. 내가 개발하고 발전시킬 수 있는 개인적 기술이 무엇인지도 결정해야 한다. 목표의 원천은 크게 두 가지다. 먼저 현재의 고통에서 목표의 영감을 얻을 수 있다. 이것은 내가 개선할 필요가 있는 영역을 말한다. 또 내가 원하는 미래의 자아상이 목표의 토대가 될 때도 있다.

4. 몇 가지 실험을 계획하라. 미래의 경험을 이용해 내 목표를 앞당기려면 어떤 실험을 시도할 수 있을까? 실험 초기에는 어떤 사소한 일들을 시도해 볼 수 있을까? 더 크고 대담한 실험을 고려해 볼 수도 있을까? 그것은 어떤 실험일까? 실험 계획을 글로 작성하라. 그리고 가능하다면 친구처럼 믿고 의지하는 사람에게 계획을 알려라. 마지막으로 계획을 달성하기 위해 최선을 다하라.

5. 실험을 계속해야 한다는 사실을 상기해 주는 장치를 마련하라. 어떤 것이든 상관없다.

6. 경험을 하는 내내 주변의 피드백에 마음을 열고 피드백을 적극적으로 얻어라. 첫째로 사람들을 주의 깊게 관찰해 반응을 포착하라. 아울러 주변에 "내가 OO을 제대로 하고 있습니까?"라고 묻고 대답을 새겨들어라. 'OO'은 나의 목표다.

7. 체계적으로 성찰하라. 나는 이 경험에서 목표와 관련해 나의 어떤 새로운 모습을 알게 되었는가? 실험은 성공인가 실패인가? 앞으로 어떤 새로운 실험을 시도해야 할까? 다음 경험에서도 동일한 목표를 계속 추구하고 싶은가? 아니면 새로운 목표를 향해 나아가고 싶은가?

9장

유연함의 기술을 알리는 코치가 되어라

함께 성장하는 사회를 만들기 위하여

유연함의 기술을 활용할 때 가장 큰 장점은 '자기 주도성'이다. 우리는 관리 교육이나 멘토십 같은 전통적인 외부의 개입 없이도 스스로 개인적 효율과 리더십을 개발할 수 있다. 유연함의 기술은 직무 수행 기술과 관련된 새로운 지식을 일방적으로 주입하지 않는다. 오히려 개개인이 그런 기술을 독자적으로 개발하고 발전시키도록 유도한다. 말하자면 주입식 교육이 아니라 자기 주도 학습이다. 실험을 이용해 자신에게는 물론이고 지역 사회와 조직에 유익한 새로운 행동이 무엇인지 찾는 것이 유연함의 기술의 핵심이다.

지금까지 개개인이 자신의 성장을 촉진하기 위해 무엇을 어떻게 할지에 초점을 맞춰왔다. 9장에서는 주변 사람들이 성장하도록 어떻게 도와줄 수 있는지에 집중해 보자. 즉 사람들과 동반 성장하기 위해 유연함의 기술 전도사가 되는 법을 알려주려 한다. 당신이 일과 삶에서 어떤 지위에 있든, 어떤 역할을 하든, 유연함의 기술 전도사가 되는 데 아무런 문제가 되지 않는다. 당신이 팀의 리더라면 팀원 각자의 기술을 발전시키고 싶거나 더욱 효과적으로 협업하게 하고 싶을 때, 팀에 더 많이 기여하고 싶을 때 유연함의 기술을 적용해도 좋다. 인적자원을 담당하는 임원이라면 고참 리더가 유연함의 기술을 이용해 팀원들의 생산성과 창조성을 극대화하도록 힘을 보태주는 방법도 있다. 지역 사회 조직이나 시민 단체의 리더라면 유연함의 기술을 이용해 시민들을 영향력 있는 리더로 육성하고 싶을지도 모르겠다. 좁게는 이웃에, 넓게는 전 세계에 긍정적인 변화를 선물하는 리더 말이다. 부모라면 자녀가 일과 삶에서 각종 기술을 개발하려 할 때 유연성이 어떻게 도움이 되는지 알려주면 된다. 이런 모든 경우를 포함해 당신이 무슨 일을 맡았든 주변의 성장을 독려하기 위해 유연함의 기술에서 얻은 통찰을 활용할 수 있다.

코치는 성장의 산파다

코치는 성장 게임에서 주로 활동한다. 코치는 자신의 임무를 성실히 수행하거나 고도의 능력을 발휘하는 사람이 장애물이나 새로운 도전에 직면했을 때 또는 게임의 판돈을 올리고 싶어 할 때 손을 보태준다. 경영자코치, 인생코치, 진로코치 등은 업무에 갓 첫발을 들인 인턴부터 공룡 조직과 수백만 직원의 삶이 달린 사안을 다루어야 하는 〈포춘 Fortune〉 선정 500대 기업의 CEO에 이르기까지 다양한 사람을 지원하고 귀중한 지침을 제공한다. 한마디로 그들은 각종 스포츠의 코치와 매우 흡사한 역할을 한다.

위대한 코치는 사람들에게 학습과 성장을 관리하게 하고 더불어 주변 사람도 진화하도록 도와주는 지식의 창고 역할을 한다. 나는 위대한 코치의 세상과 그들의 마인드셋을 정확히 이해하기 위해 한 경영자코치와 많은 시간을 보냈다. 앞서 여러 차례 등장했던 카린 스타워키는 당시 세계적인 전략컨설팅업체 모니터에서 11년간 파트너로 맹활약했고 다양한 조직에서 경영자로 기여했다. 스타워키는 컨설팅 세계를 떠난 후 그간 쌓은 풍부한 리더십 경험을 발판 삼아 스파크리더십파트너스Spark Leadership Partners를 창업했다. 현재 스타워키는 세계의 다양한 기업과 업종에 종사하는 각양각색의 경영자와 함께 일하고, 경영자 코칭에 주력하고 있으며, 고위 리더의 사려 깊은 파트너 역할에 매진하고 있다. 2019년 스타워키는 오늘날 가장 유명하고 뛰어난 경영자코치 마셜 골드스미스가 뽑은 세계 최고 리더십 촉매자Leadership Catalyst 100인에 선정되었다.

또한 나는 세계 최대 코치 단체인 국제코칭연맹International Coaching Federation에서 코치 자격증을 취득한 샤나즈 브루섹Shahnaz Broucek도 인터뷰했다. 브루섹은 30년간 진취적인 리더이자 영세 사업체 소유주로서 살아온 경험에 뿌리를 둔 코칭법을 선보인다. 브루섹은 로스경영대학원의 최고경영자 과정에 참여한 것이 삶의 전환점이 되었다고 말한다. 그 경험을 계기로 삶에서 무엇을 가장 하고 싶은지를 다시 생각하게 되었고 결국 경영자코치로 인생 2막을 시작하자고 다짐했다. 브루섹은 옵티마이즈유OptimizeU에서 경영자코치의 세상에 입문했고 이제까지 고위 임원, 팀, 조직을 수백 건 이상 도왔다. 또한 코로나바이러스 대유행의 직격탄을 맞은 의료 종사자들의 막중한 스트레스를 덜어주고자 마음챙김같이 입증된 정신 훈련법을 제공하는 웹사이트 케어포 기버스Care for Givers를 공동으로 창업했다.

스타워키와 브루섹은 내게 위대한 코치의 세상을 들여다보게 하는 렌즈가 되어주었고 그들에게서 코치의 역할에 관해 귀중한 교훈을 많이 얻었다. 나는 서로 만난 적도 없고 고객이 겹치지도 않는 둘 사이에서 흥미로운 공통점을 발견했다. 스타워키와 브루섹이 들려준 관찰 결과와 제안에는 비슷한 내용이 많았다. 이것은 무엇을 의미할까? 나는 그들의 코칭법이 매우 타당하고 확실한 강점이 있다고 해석했다. 당신이 주변 사람들을 코칭할 때 그들의 아이디어를 사용해도 좋다. 9장 말미에 실은 코치 입문서도 활용하길 바란다. 그 자료에는 주변 사람이 스스로 성장하는 법을 배우도록 도와줄 때 적용해 볼 만한 유익한 질문을 모두 담았다.

성장 환경을 조성하라

유능한 코치는 고객이 자신에 관한 한 세계 최고 전문가라고 간주한다. 그렇다면 코치는 무슨 일을 할까? 그들은 성장 과정의 전문가다. 당신은 이 책에서 유연함의 기술을 공부했으니 유연성 강화 과정 전문가라고 봐도 무방하다. 유연함의 기술 코칭 1단계에서는 코치와 코치이Coachee(코칭을 받는 사람-옮긴이)가 상호 생산적으로 협업하도록 환경을 조성해야 한다. 이것은 2장에서 소개했던 일과 비슷하다. 잠시 기억을 더듬어 보자. 먼저 우리는 자신의 마인드셋을 점검하고 수정한다. 또한 자신을 성장하게 하는 아이디어와 가정을 촉진하고 반대로 성장을 방해하는 아이디어와 가정을 줄일 방법을 모색했다.

유연의 기술 코치로서 당신은 코치이와 양질의 관계를 구축하는 것을 목표로 두어야 한다. 긍정적이고 부정적인 감정을 포함해 다양한 감정을 편안하게 표현하고 생산적이며 개방적인 관계 말이다.[1] 그런 양질의 관계를 조성하려면 당신은 이 관계에 완전히 몰입해야 하고, 코치이를 이해하고 공감한다는 마음을 표현하며, 진심으로 코치이의 말을 경청해야 한다. 그래야 코치이가 개인적인 판단을 배제하고 성장에 호기심을 가질 수 있다. 브루셀의 말을 들어보자.

"고객이 '이 코치는 나를 인정해 주고 있어. 또 내 이야기를 잘 들어주고 내 존재를 존중해 주고 있어.'라고 생각하게끔 코칭해야 합니다. 그리고 지금 고객이 안전하다고 느끼게 도와야 해요. 이것이 코칭의 핵심입니다."

코치이가 더 빠르게 성장하도록 돕기 위해 코치는 이런 환경을 어떻게 조성할 수 있을까? 몇 가지 유익한 아이디어가 있다.

성장 공간과 시간을 마련하라

가장 먼저 코치이가 자신이 처한 상황을 편안한 마음으로 탐구하도록 안전한 공간을 만들어라. 이는 당연히 물리적·심리적으로도 안전한 공간이다. 코치이는 그 공간에서 비밀을 털어놓고, 난처하거나 고통스러운 이야기를 나누고, 약점을 고백하고, 두려움을 드러내고, 자신의

313

취약한 부분을 노출할 수 있다. 안전한 공간을 만드는 일이야말로 유능한 코치가 되기 위한 첫 번째이자 필수 단계다.

평생 그런 공간을 가질 기회가 전혀 없거나 거의 없었던 사람이 허다하다. 그들은 곤란한 상황에 처하거나 도움이 필요해도 자신을 마음 편히 드러낼 수 있는 사람이 주변에 한 명도 없다. 코치이가 조직에서 높은 자리를 차지할수록 안전감 문제는 더 중요하다. 신입 사원이 불확실성이나 불안을 솔직하게 인정하는 것과 장기 근속한 부사장, 기업가 정신이 투철한 CEO, 대학 총장이 도움을 요청하는 경우는 차원이 다르다. 후자의 경우 코치이는 당신과 상호 신뢰감을 쌓아야만 이곳이 성장을 위한 공간이라고 확신한다. 문제는 그런 신뢰를 쌓기까지 시간이 걸린다는 점이다.

카린 스타워키는 안전한 공간만큼이나 시간도 중요하다고 강조한다. 시간이 충분하지 않으면 안전감을 조성하려는 모든 노력이 수포로 돌아가는 경우도 있다. 가령 일하다가 10분 정도 짬이 생겼을 때 코칭을 시도하려고 하지 마라. 이는 안 한 만 못하다. 오직 코칭에만 집중하는 시간을 별도로 마련하라. 전화, 문자메시지 등 잠재적인 방해 요소도 철저히 차단하라. 또 스타워키는 코칭 시간을 넉넉하게 잡으라고 권한다. 코칭 시간을 30분 안팎으로 예상할 때는 아예 한 시간을 통째로 비워라. 어떤 식으로든 당신은 코치이에게 이번 대화를 중요하게 생각하고 있고 그래서 일부러 자리를 마련했다는 메시지를 전달해야 한다.

깊이 탐색하라

당신의 코치이는 코치들이 '표출된 문제Presenting Problem'라고 부르는 사안으로 대화를 시작할 확률이 크다. 표출된 문제란 그들이 당신에게서 도움을 받아 해결하고 싶은 걱정거리나 고민거리를 말한다. 물론 이것은 코칭 관계에서 중요한 출발점이다. 하지만 스타워키와 브루섹의 지적을 새겨들어라. 표출된 문제는 코치이가 해결해야 하는 진정한 문제가 아닌 경우가 많다. 코치로서 당신은 코치이가 표출한 문제가 끝이 아니며 무언가가 더 있을 거라는 생각을 가져야 한다. 표면적인 문제의 이면에 있는 근원적인 문제를 끌어내기 위해 광범위한 대화를 시작하라.

보통 코치이의 근원적 문제는 자신감 부족이다. 스타워키는 "내가 이걸 할 수 있을까?", "내가 충분히 잘하고 있을까?" 같은 문제로 혼자 속을 끓이는 고위급 리더가 많다는 사실을 알고 깜짝 놀랐다. 그런데도 그들은 그런 질문을 입 밖에 거의 내지 않는다. 스타워키는 그런 문제가 대화 속에 숨어 있다고 말한다. 브루섹도 비슷한 현상을 포착한다. 아무리 성공해도 우리 모두에게는 내면의 비판가가 존재한다는 사실이다.

"그들의 머릿속에는 '내가 지금 무슨 일을 하는 건지 모르겠어. 이게 올바른 접근법인지도 확실치 않아. 어쨌건 내가 이걸 망치면 대재앙이 될 거야.'라고 속삭이는 비판가가 있습니다."

크게 성공하고 관리 능력을 타고난 리더조차도 머릿속에는 이처럼 두려움에서 비롯한 독백이 꼬리에 꼬리를 물고 이어질지도 모른다. 그리고 그런 독백은 결국 파괴적인 반추와 과로 그리고 스트레스로 이어진다.

많은 사람은 자신의 취약한 부분을 드러내지 않으려 한다. 결국 자신감 부족에서 오는 두려움은 다양하게 위장된 형태로 표출된다. 가령 코치이는 변화를 무릅쓰기가 겁나기 때문이면서 새로운 뭔가를 시도할 시간이 없다고 말하거나, 사실은 두려워서 시도하지 못하면서 조직이 허락하지 않아서 원하는 방식으로 행동하지 못한다고 말할지도 모른다. 코치가 진짜 사안을 확인한다는 의미는 원래 의도와 다른 행동을 유발하거나 진전을 방해하는 근본적인 원인을 밝히기 위해 표출된 문제의 이면을 들여다본다는 뜻이다.

적절한 목표를 설정하라

누차 강조했듯 유연함의 기술 중 핵심은 유연성 강화 목표를 정하는 일이다. 당신은 코치로서 코치이가 적절한 수준의 목표를 찾도록 조력자 역할을 해야 한다. 스타워키의 고객이 고민하던 표출 문제를 예로 활용해 보자. 당신의 코치이는 팀원 사이에서 폴로어십 Followership(리더를 따라 조직의 목표를 수행하거나 팀원으로서 역량을 잘 발휘하는 것 – 옮긴이)을 개발하고 싶어 한다. 이럴 때 당신은 코치이와 함께 그 목표를 이루기 위해 필요한 행동의 방향을 결정하는 데 집중해야 한다. 코치이의 현재 행동 양식에서 부족한 점은 무엇이고 그 부분을 메우려면 어떤 능력을 개발해야 할까? 더욱 효과적으로 경청하는 법을 배워야 할까? 끈기를 기르거나 화를 다스리기 위해 노력해야 할까? 이런 변화 중 하나를 목표로 삼아도 좋고 아니면 비슷한 다른 행동 변화를 목표로 정해도 상관없다. 그리고 표출된 문제 이면에 있는 진짜 사안을 코치이가 확인하도록 유도함으로써 그가 올바른 목표를 정하도록 도울 수도 있다.

통찰로 이어지는 질문을 하라

코치가 사용하는 가장 강력한 도구 중 하나는 '탐색'이다. 여기서는 메타인지를 촉발하는 질문을 해야 한다. 이게 핵심이다. 코치이가 자신이 직면한 사안을 어떻게 생각하는지, 지금의 경험이 어떻게 자신을 성장시킨다고 생각하는지 정확히 이해하게 할 질문을 하라.

때로는 기본적이거나 빤한 질문을 해야 할 필요도 있다. 스타워키가 코칭했던 어떤 고객의 사례를 보자. 편의상 그를 '로사Rosa'라고 부르겠다. 로사는 회사에서 장차 큰일을 하리라는 기대를 한 몸에 받았고 기대에 걸맞은 지원을 받았다. 스타워키는 로사가 장밋빛 미래를 준비하는 과정에서 이 상황을 최대한 활용하도록 도와주는 역할을 맡았다. 스타워키는 로사와의 첫 코칭 자리에서 이렇게 물었다.

"당신이 원하는 게 뭐예요?"

스타워키는 예상치 못한 로사의 반응에 깜짝 놀랐다. 로사는 이 기본적인 질문에 답하지 못한 채 한동안 스타워키를 멀뚱멀뚱 쳐다보았다. 그러고는 마침내 인정했다.

"그건 생각해 본 적이 없어요."

스타워키는 탐색 기법을 동원했다.

"직업적 미래에 관해서는 생각해 보셨겠죠. 직업적으로 어디까지 올라가고 싶으세요? COO? 아니면 CEO요?"

이번에도 로사는 침묵했다. 로사는 밀물처럼 밀려드는 일상적인 사건을 처리하고 조직의 결정을 맹목적으로 따랐을 뿐 정작 자신에게 이런 질문을 해본 적이 없었다.

'이 조직에서 내 최종 목표는 무엇일까? COO? 아니면 조금 더 욕심을 내서 CEO 자리를 차지해 볼까? 나는 내 일에서 뭘 이루고 싶을까? 무엇이 내 삶을 충만하게 해줄까?'

스타워키와 로사는 만날 때마다 이런 질문을 자세히 탐색했고 마침내 로사가 감당할 수 있는 직업적 목표를 정했다. 결과를 말하자면 로사는 자신의 미래에 관한 통제권을 본래 있어야 하는 곳으로 돌려놓았다. 바로 로사 자신이었다. 이것은 로사에게 힘과 권한을 부여하는 중요한 변화였다.

탐색은 유연성 강화 목표를 확인하는 것 이외의 경험과 아이디어 사이에 연결고리를 만들도록 도와준다. 탐색 질문을 이용해 경험과 아이디어를 연결해라. 코치이가 자신이 직면한 압도적인 어떤 경험을 털어놓을 때는 이런 탐색 질문이 적절하다.

"당신은 이 경험에서 무엇을 배울 수 있을까요? 왜 이런 식의 일이 벌어졌을까요? 다음번에 다른 결과를 얻으려면 어떻게 해야 할까요?"

이런 식의 질문은 코치이가 스스로 결론을 도출하고 여러 경험을 연결하며 미래의 학습과 성장을 위해 유익한 아이디어를 생각하도록 만든다.

상상력을 해방하라

탐색은 혁신을 연구하는 학자들이 '아이디에이션Ideation'이라고 부르는 과정을 유도해 성장을 촉진한다. 이는 쉽게 말해 아이디어를 생각해 내는 과정을 일컫는다. 스타워키가 고객을 처음 만났을 때 즐겨 하는 질문이 있다. 바로 상상력을 자극하는 질문이다.

"지금으로부터 5년 후 당신과 내가 공항에서 우연히 만나 커피를 마신다고 가정해 보죠. 당신은 그 5년 동안 삶에서 무슨 일이 있었다고 이야기하고 싶은가요?"

이 질문을 받으면 상대는 그 상황을 머릿속으로 잠깐 경험한다. 그러면 자연스레 그 비전을 현실로 만들기 위해 당장 무엇을 시작해야 할지 생각하게 된다.

고객에게 미래를 상상하게 하는 것이야말로 그것을 현실로 만드는 첫 단추다. 상상을 통해 고객은 당장 무엇을 해야 하고 무엇을 배워야 하며 무엇을 중단해야 하는지 이해한다. 상상의 혜택은 여기서 그치지 않는다. 고객은 변화함으로써 현재의 고통을 완화할 수 있다는 사실을 깨닫고 변하지 않았을 경우 그 대가로 지금의 고통을 감내해야 한다는 사실을 더욱 예리하게 자각한다.

가정에 이의를 제기하라

코치는 고객이 부모, 교육, 환경, 사회 등에서 물려받은 부정적인 정신적 유산에서 벗어나도록 도와야 한다. 근거 없는 가정, 부정확한 판단, 정형화된 이미지와 고정관념은 학습과 성장을 방해하는 큰 장애물이다.

스타워키는 생전 처음 조직에서 임원 후보로 거론되었던 한 고객의 이야기를 들려주었다. 저스틴Justin은 똑똑했고 직업적으로도 성공했지만 편협한 자아상이 문제였다. 과거 경험과 몇몇 사람의 피드백에 근거해 저스틴은 자신이 전략형 인간이 아니라 행동형 인간이라고 생각했고 그 자아상을 철석같이 믿었다. 이런 자아상은 행동에 제약을 불러오기에 십상이다. 이 가정을 그냥 내버려 둔다면 미래의 경력이 제한될 위험이 있었다. 스타워키는 저스틴을 편협한 자아상에서 벗어나게 하는 것이 급선무라고 판단했고 가장 먼저 그가 가진 가정에 정면으로 이의를 제기했다.

"당신의 분석적이고 실용주의적인 자아를 잠깐 무시하세요. 대신 당신의 직관에 귀 기울이세요. 자, 앞으로 조직을 어떤 방향으로 이끌고 싶은지 말씀해 보세요. 조직은 미래에 어떤 전략을 추구해야 하죠?"

저스틴이 스타워키의 제안을 따르자 놀라운 일이 벌어졌다. 그는 곧바로 획기적이고 창의적인 전략을 몇 가지 생각해 냈다. 스타워키는 이 사실을 알려주며 두 번째 단계로 나아갔다. 이름하여 '저스틴의 자아상 변경 작전'이었다. 저스틴은 스타워키의 도움을 받아 전략형 인간의 정의를 확대했고 자신의 방식대로 전략형 인간이 될 방법도 찾아냈다. 자아상을 바꾸기 시작하면서 저스틴은 저절로 다음 단계로 나아갔다. 이 단계에서는 그가 예상하지 못한 방향으로 성장하는 더 큰 기회를 만났다.

이 모든 일의 출발점은 스타워키가 저스틴의 잘못된 가정에 이의를 제기해 그를 옥죄던 족쇄를 끊은 것이었다. 결과를 말하자면 저스틴은 자신의 강점을 살리고 조직에 이로운 방식으로 새 역할을 수행했다. 이후 저스틴이 어떻게 되었느냐고? 그는 단순하되 효과적인 질문을 하는 일에 갈수록 자신감이 붙었고 대인관계를 중시하는 강렬한 본능에 의지해 조직 문화를 더 효과적인 방향으로 바꾸고 업무 몰입도를 끌어올리는 방법도 이야기하기 시작했다. 그의 해박한 직무 지식과 경영자에게 필요한 제7의 감각이라고 불리는 '전략적 직관Strategic Intuition'도 톡톡히 한몫했다.

스타워키가 좋아하는 코칭 좌우명이 있다. 바로 '당위성과 의무에서 벗어나라!'이다. 스타워키는 고객에게 자신이 어떤 사람이어야 하고 자신이 어떤 일을 해야 한다고 생각하는지를 무시하라고 권한다. 대신 자신이 어떤 사람인지, 어떤 기회가 존재하는지, 앞으로 몇 주 몇 달 몇 년 안에 무엇을 이루고 싶은지를 깨달으라고 조언한다. 이와 같은 코칭 개입은 할 수 있다는 자신감과 어떤 일이든 즐기는 마인드셋을 갖도록 유도한다. 노력하는 사람은 즐기는 사람을 이길 수 없다고 하지 않던가. 이런 마인드셋은 사람들이 유연함의 기술이 주는 혜택을 최대한 활용하도록 힘과 권한을 부여한다.

실험을 촉진하라

코치는 실험을 활성화해 준다. 코치로서 당신은 코치이에게 학습 마인드셋, 피드백 추구, 성찰 같은 개념을 강조해도 된다. 또한 그들이 일과 삶에서 만나는 도전의 해결법을 모색할 때 이런 아이디어가 얼마나 유익한지도 알려줄 수 있다.

내가 조사했던 경영자코치들은 고객이 실험 아이디어를 생각해 내도록 도와주기 위해 다양하고 독특한 방식을 구사한다. 가령 브루섹은 롤 모델을 적극 활용하라고 권한다. 즉 고객에게 존경하는 리더를 떠올리게 하고 그가 하는 가장 효율적인 행동을 시도해 보라고 제안한다. 한편 스타워키는 성찰에 주안점을 둔다. 스타워키는 고객들에게 지난 삶을 면밀히 돌아보고 스스로 실험을 시도했던 때를 포착하라고 조언한다. 이렇게 하는 이유는 그들이 인지하지 못한 상태에서 무언가를 실험했을 가능성도 크기 때문이다.

"새로운 뭔가를 시도했던 때가 있나요? 그게 언제였어요? 그때 무슨 일이 벌어졌죠? 그 경험에서 뭘 배우셨어요? 그것과 비슷하게 지금은 어떤 실험을 해볼 수 있을까요?"

그뿐 아니다. 스타워키는 고객이 현실적으로 실행 가능한 실험 아이디어를 찾도록 주의를 기울인다. 커다란 아이디어에 압도당하면 무언가를 실험할 엄두조차 내지 못할 수도 있기 때문이다. 큰 아이디어를 작은 아이디어로 나누면 위압감도, 실험을 향한 부담도 줄어든다. 이렇게 하면 고객은 즐겁고 열린 태도로 실험을 적극 시도할 수 있다.

또한 유능한 경영자코치라면 고객이 실험 아이디어를 발굴하도록 돕기 위한 비장의 카드 한 장쯤은 가지고 있게 마련이다. 이 카드는 바로 '광범위한 비즈니스 경험'과 '아이디어'다. 가령 브루섹은 고객이 교착 상태에 빠진 기분을 느끼거나 둘 사이에 명백한 지식 격차가 있을 때 이 카드를 꺼낸다. 브루섹은 고객과 비슷한 상황에 처한 다른 리더들의 사례를 알려주고 실험 욕구를 자극할 만한 전략 아이디어를 제안한다. 스타워키도 컨설턴트로 일하면서 다양한 분야를 섭렵하며 축적한 경험을 회심의 한 방으로 이용한다.

"나는 경영자들과 마케팅, 제조, 공급망 등 각자의 전문 분야를 주제로 대화할 수 있어요. 비즈니스의 어떤 분야에 관해서든 이야기할 수 있죠. 조직에 관해서도 마찬가지예요. 그 이야기라면 밤을 새울 수도 있어요. 나는 그런 분야를 모두 직접 경험했기에 웬만한 건 다 안다고 자부해요."

이처럼 다방면에 걸친 코치의 해박한 지식은 고객이 잠재적인 실험을 설정하도록 돕는 비옥한 밑거름이 된다. 고객에게 실험 아이디어를 제안하는 자신감도 여기에서 나온다.

물론 당신에게는 브루섹과 스타워키에 버금가는 광범위한 비즈니스 전문성이 없을지도 모르겠다. 하지만 우리도 나름대로 비장의 무기가 있다. 각자가 가진 독특한 경험이다. 다른 누군가가 자신의 도전에 관해 생각하도록 도와줄 때 경험을 십분 활용하라는 말이다. 코치이가 아무 소득도 없이 혼자서 끙끙 앓고 있을 때 다른 관점을 제시하기만 해도 코치이는 정신적 교착 상태에서 벗어날 수 있다. 코치로서 당신은 발견 지향적이고 모든 가능성에 열린 태도를 가져야 한다. 코치이가 새로운 사고방식을 개발하고 획기적인 실험을 계획하도록 도와주고 싶다면 주저하지 말고 당신의 아이디어와 경험을 들려줘라.

성장 이야기를 쓰도록 도와주어라

코칭 관계에서 탐색이 중요한 마지막 이유를 알아보자. 탐색은 코치이가 성장에 관한 자기 서사Self-Narrative(자신의 이야기를 일인칭이나 삼인칭으로 말하면서 자신의 경험을 반추하고 이를 자신의 관점에서 재구성하는 과정 – 옮긴이)나 자아 정체성을 강화하게 한다. 코치로서 당신은 이런 질문을 할 기회를 찾아야 한다.

"이번 주에는 무엇을 배웠습니까? 당신이 요즘 공들이는 새로운 기술은 무엇입니까? 어떤 새로운 통찰을 얻었습니까? 당신은 어떻게 성장하고 있습니까?"

이런 질문은 당신이 유연함의 기술을 실천할 때 자신에게 물어도 아주 좋다. 이런 질문은 일석이조다. 유익한 대화를 위한 도약대로 효과가 좋고 코치이가 성장을 자아 정체성의 일부로 받아들이도록 유도하기 때문이다. 전문가들은 이런 성장 지향적인 자아 정체성이야말로 사람들을 성장하게 만드는 중요한 요소라고 본다.[2] 코치이가 자신을 성장 중이라고 생각하도록 도와주어라. 그리고 앞으로 나아가고 있다는 사실을 일깨워 주어라. 그렇게 하면 코치이는 무언가를 학습하고 성장하도록 만들어 줄 미래의 도전에 당당히 맞설 힘을 가질 수 있다.

장애물을 극복하고 성장하도록 도와라

유연함의 기술 코치라면 응당 코치이가 새로운 기술을 익히는 일을 방해하는 장애물에 주의를 기울여야 한다. 노련한 경영자코치인 스타워키와 브루섹은 사람들이 문제를 해결하도록 귀중한 통찰을 아낌없이 방출한다.

완벽주의에서 벗어나라

카린 스타워키는 학습과 성장을 방해하는 가장 보편적인 장애물의 하나로 '완벽주의'를 꼽는다.

"사람들은 완벽해지려고 노력을 아끼지 않죠. 어찌 보면 당연할 수도 있어요. 이제까지 성취, 외부의 인정, 재정적 안전성과 관련해 완벽주의가 커다란 도움이 되었으니까요."

모든 일을 제대로 하겠다는 단호한 결의가 적절하게 발휘된다면야 더할 나위 없다. 단언컨대 완벽주의는 눈부신 결과를 낳을 여지가 충분하다. 그런데 완벽주의는 두 얼굴을 갖는다. 주어진 과제를 가능한 한 완벽히 해결하기 위해 세세한 부분까지 철저히 관리하되, 열정을 발휘할 수 없는 일은 애초에 시작조차 하지 않게 한다. 바로 여기서 완벽주의가 기능 오류를 일으킨다. 일과 삶에서 발생하는 모든 일에 완벽주의자의 자세로 접근하면 개방형 학습과 성장, 실험은 사실상 불가능해진다. 이는 '실험'이 무엇인지 생각해 보면 답이 나온다. 실험은 '본질적으로 결과를 장담할 수 없고, 실패 확률이 클 때조차도 새로운 무언가를 시도한다.'라는 뜻이다.

완벽주의에서 벗어나려면 내면을 탐구해야 한다. 이런 점에서 코치인 당신은 코치이에게 몇 가지 질문을 해서 완벽주의의 이면에 있는 감정을 수면 위로 끌어올려야 한다.

"새로운 무언가를 시도하기 힘든 이유는 무엇입니까? 무엇을 걱정하세요? 무엇 때문에 불안할까요? 새로운 무언가를 시도했다가 실패할까 봐서요? 만약 실패한다면 어떻게 될까요? 당신이 완벽하지 못한 결과를 얻는다면 당신의 자아상에 어떤 영향을 미칠까요?"

완벽주의를 떠받치는 감정의 뿌리를 이야기하는 것만으로도 코치이는 그런 감정에서 탈출하고자 하는 동기를 얻는다.[3]

완벽주의의 사슬을 끊어내는 두 번째 열쇠는 안전지대에 있다. 완벽주의의 본능을 거슬러도 위험을 감수할 필요가 거의 없는 상황에서 실험을 계획하게 하라. 이때 당신은 코치이가 일과 삶에서 현재 직면한 도전을 솔직하고 상세하게 털어놓도록 힘이 되어주어야 한다. 우리가 수행하는 모든 과제가 중대한 문제는 아니다. 대부분은 자신의 장기적인 성공이나 평판에 위협이 되지 않는 방식으로 새 전략을 시도하고 새 기술을 연습할 기회를 찾을 수 있다. 그리고 당신은 코치로서 그들이 기회를 발견하도록 도와줄 수 있다.

부정적인 생각을 포착하고 대응하라

자신이 성장하고 학습하기 위해 시도하는 경험을 어떻게 설명하는가는 자신의 사고방식에 관해 많은 것을 알려준다. 문제는 사고방식이 행동에 심대한 영향을 미친다는 점이다. 이런 상관관계를 잘 알기에 스타워키와 브루섹도 고객이 자신의 목표와 실험을 설명할 때 말에서 무심코 표출되는 속 이야기에 귀를 기울인다.

스타워키는 근원적인 자신감 부족을 드러내는 말에 특히 관심을 쏟는다. "내가 그걸 할 수 있을지 모르겠습니다."와 "어디에서 시작해야 할지 감도 안 옵니다."가 대표적이다. 반면 브루섹은 고정된 마인드셋이 고객을 지배한다는 사실을 보여주는 단서에 귀를 쫑긋 세운다. 예를 들면 "나는 죽을 때까지 인맥 고수는 되지 못할 겁니다."와 "그 사람에게 공들이는 건 시간 낭비일 뿐이에요!" 같은 발언이다.

고정된 마인드셋이 얼마나 넓고 깊게 뿌리를 내릴 수 있는지는 알면 깜짝 놀랄 정도다. 언젠가 나는 한 명문 사립고등학교의 교장을 상담해 준 적이 있다. 그 학교는 3학년 학생을 대상으로 리더십 과목을 도입했는데 교장과 그 과목에 관해 토론하다가 나는 기함했다.

"리더십 교육을 받을 학생들을 신중하게 선정하고 싶습니다. 진정한 리더에게만 기회를 주고 싶습니다."

그 말은 학생들의 리더십 잠재력이 확고하게 정해진 데다 그것을 정확히 측정할 수 있다는 뜻이었다. 나는 겨우 열일고여덟 살짜리 고등학생들을 그렇게 생각한다는 말을 듣고 귀를 의심했다. 연구가들은 이런 믿음이 그릇된 고정관념이라는 사실을 이미 수차례 증명했다. 그런데도 이런 믿음은 여전히 널리 퍼져 있다.

유능한 코치는 고객의 발언을 비롯해 여타 단서를 예의 주시하면서 그런 부정적인 믿음을 확인하고 대안이 되는 마인드셋을 함께 찾기 위해 노력한다. 그들은 고객에게 이런 식의 질문을 던진다.

"여기서는 다른 어떤 가능성이 존재할까요?"

"당신이 바라는 방식으로 변한다고 가정할 때 이 마인드셋이 얼마나 도움이 될까요?"

"다른 마인드셋을 경험하고 결과를 확인해 볼 의향이 있나요?"

소소한 승리를 거둘 기회를 찾아라

만약 코치이가 자신의 환경에서는 아무리 노력해도 변하기 어려워 보인다며 유연함의 기술에 미온적이라면 코치로서 당신은 어떻게 해야 할까? '천 리 길도 한 걸음부터.'라는 속담을 기억하라. 가능하다면 초기에 코치이가 유연함의 기술을 이용해 쉽게 승리할 기회를 찾도록 도와라. 미시간대학의 유명한 사회심리학자 칼 웨익Karl Weick은 이것을 '소소한 승리의 심리학Psychology of Small Wins'이라고 부른다.[4] 소소한 승리란 중요도가 크지 않으면서도 구체적인 결과이다. 소소한 승리 자체

327

는 의미가 없을지 몰라도 그것이 다음번의 소소한 승리를 유발한다는 점에서 중요할 수도 있다. 소소한 승리를 거둔 후에는 더 많은 지식을 얻으려 하거나 변화를 함께 일굴 귀중한 동지를 찾는 등의 행동을 한다. 그리고 소소한 승리가 쌓이면 큰 승리가 된다. 사회심리학자로서 웨익은 소소한 승리의 누적 효과를 이용해 사회적 변화를 추구하는 일에 접목하지만 이는 개인심리학에도 마찬가지로 유익하다.

샤나즈 브루섹은 코칭할 때 소소한 승리 전략을 즐겨 사용한다.

"피드백 수집 기술을 개발하려는 고객에게는 심리적으로 안전감을 주는 사람에게 먼저 피드백을 구하라고 조언합니다. 피드백을 얻기가 차츰 편안해지면 범위를 확대하는 거죠."

카린 스타워키는 소소한 승리의 심리학을 어떻게 활용할까?

"새로운 역할을 맡거나 중대한 새 도전에 직면했을 때 근육을 넓게 발달시켜야 하는 고객들이 있어요. 나는 그들과 점증적으로 근육을 발달시키려 노력해요. 이렇게 하면 그들이 성장을 편하게 받아들이고 나중에는 거대한 근육을 움직이게 되거든요."

코치이가 모든 정보를
활용하도록 독려하라

때로는 코치이가 경험에서 얻은 특정 피드백에만 지나치게 신경을 쓰고 다른 정보는 소홀히 취급할지도 모르겠다. 가령 긍정적인 피드백은 완전히 배제한 채 부정적인 피드백에만 관심을 쏟거나 반대로 성공을 암시하는 피드백에 지나치게 관심을 기울이고 문제를 지적하는 피드백은 무시하는 식이다.

샤나즈 브루섹은 피드백에 관한 한 우리는 극단적인 성향을 가지고 있다고 말한다. 단 한 명의 이해관계자가 제공하는 피드백에만 눈과 귀가 쏠리는 경향이 있다는 것이다. 짐작하겠지만 그 이해관계자는 대개 우리의 상사다. 브루섹은 그런 함정을 피할 특단의 방법도 제안한다. 사람들이 우리를 어떻게 생각하는지 그리고 자기 계발 목표를 어떻게 정해야 하는지 알고 싶을 때는 상사, 후배, 동료까지 이해관계자 모두를 고려하라. 브루섹이 자주 사용하는 360도 피드백 기법을 사용하면 좋다. 이것은 다양한 이해관계자로부터 정량적인 정보를 수집하는 접근법이다. 그뿐 아니라 브루섹과 스타워키는 가능할 때마다 정성적 면담Qualitative Interview(정량 면담과의 반대 개념 – 옮긴이)으로 정량적 기법을 보완한다.

정성적 면담의 효과는 크게 세 가지다. 첫째, 코치는 고객의 개인적인 강점과 약점을 더욱 깊이 들여다볼 수 있다. 둘째, 다른 사람들이 그 고객을 어떻게 생각하는지 정확히 이해할 기회가 생긴다. 셋째, 코치는 사람들이 그 고객에 관해 무슨 말을 하고 무슨 말을 하지 않는지 면밀히 관찰할 수 있다. 유연함의 기술을 안내하면서 사정이 허락한다면 그런 도구가 제공하는 정보를 최대한 활용하라.

혹시 3장에서 알아본 최상의 자아 재발견 훈련을 기억하는가? 그 도구도 고려해 보길 바란다. 브루섹과 스타워키도 최상의 자아 재발견 기법을 사용한다. 최상의 자아를 재발견하려는 주된 목적은 자신의 강점을 확인하는 것이다.[5] 최상의 자아 재발견 기법의 첫 단계에서는 코치이가 직장 동료, 고객, 지역 사회 구성원, 친구, 친척 등 자신과 상호 작용하는 스무 명에게 간단한 이메일을 보내야 한다. 이메일에는 아래의 짧은 질문이 반드시 포함되어 있어야 한다.

내가 언제 가장 빛났는지 알려주세요.

코치이가 그들에게서 피드백을 받으면 그런 피드백에서 행동 성향, '페르소나'라고 하는 외적 인격의 특징, 개입 방식 등 다른 중요한 성격적 특성을 확인하도록 도와주어라. 이 활동의 궁극적인 목표는 '최상의 자아 재발견'이다. 코치이가 자신의 강점을 정확히 이해함으로써 성장 목표를 정하도록 동기를 부여하라. 최근의 한 연구 결과를 보면 최상의 자아 재발견 훈련은 개인만이 아니라 팀에도 강력한 영향을 미친다고 한다. 구성원은 각자 자신의 강점을 이해할 때 사회적 수용 Social Acceptance에 대한 걱정이 줄어드는 반면 팀 전체가 뛰어난 성과를 내기 위해 필요한 정보를 더욱 자발적으로 공유한다.[6]

다루기 어려운 감정을 관리하라

사람들이 실험을 꺼리는 이유는 다양하다. 가끔은 두려움, 좌절, 불안 때문에 실험을 주저하기도 한다. 이때 코치의 목표가 자연스럽게 정해진다. 코치이가 어려운 감정을 이해하고 극복하도록 도와주어라.

때로는 간단한 발상의 전환만으로 어려운 감정을 이겨낼 수 있다. 문제의 경험에 다른 프레임을 씌우면 된다. 쉽게 말해 그 경험을 보는 마인드셋을 바꿔라. 스타워키는 독특한 질문으로 이 과정을 촉진한다.

"속는 셈 치고 한번 해보지 않을래요?"

"당신에게 일어날 수 있는 최악의 시나리오는 무엇일까요?"

이런 질문은 사고 중심 자아^{Thinking Self}를 활성화하고 감정 지향적 자아^{Emotional Self}를 제압한다.

스타워키는 어려운 감정을 극복하기 위한 또 다른 유익한 출발점도 발견했다. 사람들에게 자신의 무거운 감정을 말하게 하고 그런 감정을 다루도록 기회를 주는 것이다. 예컨대 죄책감이나 불안 때문에 힘들어하는 CEO에게는 가끔 자신에게 허락 명령문을 제출하라고 추천한다. '나는 내게 하루 휴가를 허락한다.'라거나 '회의 중에 어떤 질문을 받았을 때 모른다고 대답하는 것을 허락한다.'라는 식이다. 이처럼 자신에게 무언가를 허락하는 문장을 직접 글로 작성해 서명까지 한다면 경우에 따라 개인적인 실험과 관련된 죄책감과 불안을 효과적으로 줄일 수 있다.

성장을 습관으로 만들어라

브루섹에게는 궁극적인 코칭 목표가 있다. 고객이 이상적이라고 생각하는 자아와 일치하는 새로운 습관을 만들게 하는 것이다.

"고객들이 해결책을 찾기 위해 실험하고 이를 어느 정도 반복하기를 바랍니다. 그러면 그들의 뇌에 중립적인 새 경로가 만들어지고 그 경로가 결국에는 자연스러운 습관으로 굳기 때문이죠."

물론 이렇게 된다면야 더할 나위 없다. 하지만 이 방법은 생각보다 성공하기가 훨씬 어렵다. 다행히도 이를 위한 강력한 도구가 하나 있다. 바로 책임 파트너를 만드는 것이다. 책임 파트너란 규칙적으로 피드백을 제공하고 격려해 용기를 북돋워 주는 사람을 말한다. 예를 들어 매주 회의에 함께 참석한 후 "오늘 회의는 어땠어요? 소감을 들려주겠어요? 내가 놓친 게 있다면 알 수 있게 도와주세요." 같은 말을 편하게 건넬 수 있는 사람이라면 당신의 책임 파트너로 손색이 없다. 당신에게 힘이 되어주고 일방적으로 판단하지 않는 온전히 당신의 편인 사람이 최고의 책임 파트너다. 자신을 향한 믿음이 부족할 때 책임 파트너가 그 사람을 믿어줌으로써 힘을 실어줄 수 있으므로 최소 한 명 이상의 적절한 책임 파트너를 찾는 게 관건이다.

가끔 자신의 고객에게 책임 파트너가 되어주는 스타워키는 이 기법에 두 가지 효과가 있다고 말한다.

"책임 파트너 기법은 당신이 리더로서 시도할 수 있는 가장 강력한 전략 중 하나에요. 당신이 학습 마인드셋을 발휘하는 순간이기 때문이죠. 당신은 팀원들이 열린 마음으로 학습하고 변하길 원하는데 사람에게는 취약한 점이 있다는 사실을 몸소 보여주는 것이지요. 또 당신의 책임 파트너도 그 기회를 살려 성장할 수 있으니 서로 좋은 일이죠. 책임 파트너는 당신과 주변의 역학에 주의를 기울이고 그 사이에 함축된 의미를 면밀히 관찰해야 합니다. 그런 다음 자신이 발견한 의미에 관한 피드백을 제공해야 하고요. 사실 이것은 모든 관리자와 리더가 개발해야 하는 중요한 기술이에요."

성장을 습관으로 만들기 위해서는 체계를 잘 만들어 이용하는 방법도 큰 도움이 된다. 코칭에는 자연스러운 리듬이 있고 이는 유연함의 기술과 환상적인 조화를 이룬다. 코치와 코치이가 매주나 격주 혹은 매달 규칙적으로 만날 때 둘은 '행동-평가-행동-평가'의 순서로 협업하고 그 과정에서 자연스럽게 성찰하고 숙고한다. 요컨대 책임 의식에 리듬이 생긴다. 또한 체계가 있으면 시도해야 하는 행동 변화를 작게 나누기도 쉬워진다. 만날 때마다 새로운 목표를 정하고, 새로운 실험을 계획하고, 필요할 경우 우선순위를 수정해도 된다.

만약 당신이 전문 코치가 아니라면 그들과 똑같은 규칙적인 코칭 관계를 구축하지 못할 수도 있다. 예컨대 당신이 어떤 직원을 코칭하는 상사라고 가정해 보자. 당신은 코치이와 매주 한 번 코칭을 위해 만날 수 없을지도 모른다. 그래도 조직의 힘을 빌리면 방법이 영 없지는 않다. 인적자원관리 부서의 주도하에 체계적인 코칭 접근법을 도입해서 조직 문화의 일부로 만들면 된다. 이 부분은 10장과 11장에서 자세히 알아보자.

당신도 유연함의 기술을 활용하라

카린 스타워키는 최고의 코치란 자기 계발을 위해 항상 노력하는 사람이라고 말한다. 무슨 뜻일까? 더 자세한 설명을 들어 보자.

"당신은 고객과의 모든 상호 작용 중 무심코 자신을 드러냅니다. 따라서 당신이 고객과의 대화에서 언제 걸림돌이 되는지 정확히 이해해야 하죠. 당신의 무의식적인 편견도 인지해야 해요. 또 당신이 고객을 몰아붙일 때 편견이 어떻게 영향을 미치는지도 알아야 하고요. 요컨대 코치는 계속 발전해야 고객에게 진정으로 도움을 줄 수 있죠."

스타워키의 메시지는 경영자코치만이 아니라 누군가가 배우고 발전하도록 도와주고 싶은 모든 사람에게 해당한다. 만약 누군가가 성장하도록 진심으로 도와주고 싶다면 당신도 성장하기 위해 더 적극적으로 노력하라.

유연함의 기술 코치 입문서[7]

코치가 자신에게 하는 질문

코칭 전후에 확인할 것들

- 코치이가 자신의 문제를 완벽히 탐구할 수 있는 안전한 공간을 조성하기 위해 나는 어떤 노력을 기울였나?
- 양질의 코칭 관계를 구축하기 위해 나는 무엇을 할 수 있을까?
- 코칭 시간에는 전화나 이메일 때문에 주의가 흩어져서는 안 된다. 어떻게 하면 코칭에만 완벽히 몰입할 수 있을까?
- 나와 코치이가 이 관계 내에서 서로에게 무엇을 기대하는지 명확히 이해해야 한다. 이를 위한 경계와 조건은 어떻게 정해야 할까? 가령 나는 코치이에게 1회 만남에 예상되는 소요 시간과 만남 주기를 구체적으로 밝혔는가?
- 나는 이제까지 코치이가 말할 때 내가 온전히 몰입한다는 사실을 어떤 행동

으로 보여주었을까? 예를 들어 나는 코치이의 말을 부연했을까?

- 코치이에게 안전하다는 확신을 주기 위해 나는 어떤 식으로 노력했는가? 가령 비밀을 유지하겠다고 약속했는가?

- 코치이가 현재의 경험을 어떤 마인드셋으로 바라보는지 짐작할 만한 단서는 무엇일까? 내가 해결할 필요가 있어 보이는 문제를 찾았는가?

코치가 코치이에게 하는 질문

코치이가 현재 상황을 정확히 인지하게 만들어라

- 당신이 가장 원하는 모습의 리더가 되기 위해 다루어야 하는 가장 중요한 사안은 무엇입니까?

- 현재 당신을 가장 고통스럽게 하는 사안은 무엇입니까?

- 명백한 피드백과 암묵적인 피드백을 살펴보았을 때 현재 주변 사람들은 당신을 어떻게 생각할까요?

- 현재 상황에서 당신은 어떤 대가를 치르고 있습니까? 대인관계에 미치는 부정적인 영향이나 정서적인 피해 등 무엇이든 말해주세요.

- 현재 상황에서 당신의 주변 사람들이 어떤 것이든 대가를 치르고 있다고 봅니까?

- 현재 상황에서 당신은 무엇을 얻을 수 있을까요? 가령 분노를 최대한 표현하지 않는다면 어떤 효과가 있을까요?

- 당신은 사람들에게 어떤 사람으로 보이고 싶습니까? 당신이 꿈꾼 리더라면 현재 상황에서 어떻게 행동할까요?

- 당신이 현재 가장 원하는 목표를 몇 마디로 간단히 표현해 보시겠습니까?

실험을 촉진하라

- 이제 어떻게 할까요? 현재 상황에서 이 사안들을 해결하고 더 나아가 목표를 이루려면 구체적으로 무엇을 해야 할까요?
- 최종 목표를 이루기 위해 몇 가지 작은 성공을 경험해 보면 좋습니다. 어떤 것들이 있을까요?
- 만약 두렵지 않다면 당신은 어떤 실험을 할 수 있을까요?
- 당신의 실험이 성공적인지 아닌지 어떻게 알 수 있을까요? 성공 여부를 측정하기 위한 척도에는 어떤 것이 있을까요?
- 당신이 이 실험을 하면서 책임감도 키우려면 어떻게 해야 할까요? 책임 파트너가 되어 당신에게 피드백을 제공하고 당신이 정상 궤도를 유지하게 도와달라고 편하게 부탁할 수 있는 사람이 있습니까?

진척 상황을 측정하고 그것을 명확히 이해하게 하라

- 당신이 개선하기로 선택한 상황을 떠올려 봅시다. 당신은 지금 어떤 기분입니까?
- 진척이 있었음을 암시하는 피드백을 얻었습니까? 새로운 도전 과제가 담긴 피드백을 받았습니까? 아무런 진척이 없다고 해석할 만한 피드백이 있었습니까?
- 당신에 대한 주변의 반응 중 예전과 다른 반응이 있었습니까? 그것은 어떻게 달랐습니까?
- 당신은 예컨대 "나는 OO('경청' 혹은 '개방성' 같은 목표)를 개선하기 위해 노력

중입니다. 내가 잘하고 있나요?" 같은 질문으로 피드백을 요청했습니까? 그랬다면 누구에게 요청했습니까?

- 다른 사람들이 안심하고 피드백을 줄 수 있는 환경을 조성하려면 어떻게 해야 할까요?
- 당신은 주변의 피드백을 얼마나 잘 받아들입니까? 당신이 언어적·비언어적으로 발산하는 신호는 피드백을 환영한다는 메시지를 전달할까요?
- 이제까지의 상황으로 볼 때 다음에는 무엇을 시도할 수 있을까요?
- 현재 목표를 계속 추구해도 좋을까요? 다른 목표를 고려해야 하는 새로운 사건이 발생했습니까? 어떤 것이든 좋습니다. 만약 그렇다면 그 사건은 무엇입니까?

자기 코칭을 시작하기 위한 질문

9장은 다른 사람이 학습하고 성장하도록 돕는 데에 초점을 맞추었다. 하지만 코치가 하는 질문들은 외부의 도움 없이 오직 혼자 힘으로 학습하고 성장하기 위해 노력하는 사람에게도 훌륭한 도구가 된다. 이제까지 소개한 질문의 상당수는 자신에게 해도 유의미한 결과를 얻을 수 있다. 아울러 탐구에 적합한 마인드셋을 갖추고 싶다면 아래의 질문으로 자기 코칭을 시작하라.

자기 코칭 시작 전 나를 파악하라

- 지금은 자기 코칭을 시작하기에 적절할까?

- 나는 내 문제를 완벽히 탐구하기 위해 자신을 연민할 수 있을까?
- 전화, TV, 이메일 등에 신경 쓰지 않고 자기 코칭에 완벽히 몰입할 수 있을까?
- 나는 내 모든 생각과 감정에 마음의 문을 열고 더 나아가 문제를 해결하기 위해 최선을 다할 수 있을까?

본격적인 자기 코칭

이제 적절한 마인드셋이 갖추어졌다면 자기 코칭을 계속하기 위해 앞에서 소개한 코칭 질문을 사용하길 바란다.

10장

유연성이
조직의 경쟁력이다

유연함의 기술을 이용한 직원 개발 프로그램

유연함의 기술의 강점과 가치의 상당 부분은 자기 계발을 향한 주인 의식에서 비롯한다. 당신은 자신의 성장과 개발에 투자하겠다고 선택할 자유가 있다. 또한 당신이 얻은 여러 교훈을 통합하고 강화하는 과정에서 성장을 촉진하고 지원하는 모든 요소를 통제할 힘도 가지고 있다. 다른 사람의 지시나 격려 없이도 그렇게 할 수 있다. 이런 종류의 자유를 누리는 것은 크나큰 행운이다. 특히 사람들이 수시로 둥지를 옮기고 기업가나 프리랜서로 독자적인 활동을 펼치는 사람이 수백만 명에 이르는 오늘에는 더욱 그렇다.

하지만 잘 운영되는 조직이라면 구성원들이 지속적으로 학습하고 자신을 개발하며 성장하는 일의 가치를 잘 아는 법이다. 그런 조직이 직원 육성의 일환으로 유연함의 기술을 채택하고 지원하며 그 과정을 강화하기까지 한다면? 말 그대로 호박이 넝쿨째 굴러 들어온다. 하지만 여기에는 전제 조건이 있다. 직원의 능력을 개발하는 방법에 관한 완전히 새로운 사고방식이 필요하다. 유연함의 기술을 이루는 근원적인 마인드셋은 전통적으로 기업과 인적자원관리 부서가 리더십 개발을 다루어 온 방식과 극명하게 다르다.

유연함의 기술을 이용한
새로운 리더십 개발 모형

조직은 리더십을 개발하는 일에 관심이 많다. 아니, 관심이 지대하다. 세계 최고의 컨설팅업체 매킨지는 2014년에 발표한 보고서에서 리더십 개발을 이렇게 설명한다.

> 수년간 조직은 관리자의 역량을 높이고 새로운 리더를 육성하기 위해 시간과 돈을 아끼지 않았다. 미국 기업들만 따져도 연간 리더십 개발에 들어가는 비용이 약 140억 달러에 이른다.[1]

하지만 이토록 막대한 투자에도 불구하고 리더십 개발의 현주소는 그리 밝지가 않다. 리더십 개발은 여전히 전 세계 조직이 인적자원관리와 관련해 직면하는 가장 큰 문제다. 또 다른 세계적인 컨설팅업체 딜로이트가 실시한 설문조사를 보면 응답자의 86%는 리더십 개발을 긴급하거나 중요한 사안이라고 말했다.[2] 게다가 500명의 경영자에게 3대 인적자본의 우선순위를 물었더니 3분의 2가 리더십을 최우선으로 꼽았다. 조직의 리더들은 모든 위치의 리더 육성이 매우 중요하다고 한목소리로 말하지만 그 일을 잘한다고 자평하는 리더는 13%에 불과하다.[3]

문제는 대부분의 조직이 리더십 개발을 위해 사용하는 방법론에서 일어난다. 그들은 이른바 '소수 차별화 전략'을 사용한다. 이는 전체 직원 중에서 잠재력이 큰 소수의 인재를 선발해서 그들이 리더십을 개발하도록 투자하는 방식이다. 이런 종류의 선택과 집중 전략은 프로그램 개발, 마케팅, 관리 같은 특정 부문에서 최고의 인재를 모집하고 채용하는 형태로도 발현한다. 이는 단기적으로 효과가 있을지 모르겠다. 하지만 조직 전반에서 리더 군단을 육성하는 데는 절대 좋은 전략이 아니다.

오늘날에는 조직 전반에서 다양한 리더를 육성하는 것이 시대의 화두가 되었다. 이런 현실이 무색하게도 인재 중심의 차별화 전략은 아직도 비즈니스 세계를 지배한다. 리더십 개발에 많이 투자한다고 알려진 기업 80곳을 대상으로 진행한 최근의 한 연구를 보면 42%의 조직은 잠재력이 큰 미래 인재가 전체 직원의 최소 1%, 많아도 9%를 넘지 않는다고 주장했다. 이는 심하게 말하면 그들 기업이 직원의 99%를 리더십 개발의 기회조차 줄 가치가 없다고 여긴다는 뜻이다. 동일 조사에서 35%의 기업은 잠재력이 우수한 직원이 전체 직원의 최대 15%에 달한다고 응답했다. 물론 기업들은 자신이 선택한 미래 인재형 직원이 누구인지 발표하지 않지만 직원 대다수는 공식적으로 언질을 받았든 아니든 자신의 위치를 잘 안다.[4] 결론을 말하자면 조직 네 곳 중 세 곳 이상, 정확히는 77%의 조직이 전체 직원 중 최소 85%에게 이렇게 소리치는 셈이다.

"우리에게 당신의 리더십은 필요하지도 않고 개발하라고 권하지도 않습니다."

과거에는 이런 전략을 사용하는 것이 어느 정도 타당했을지도 모르겠다. 산업화 시대에는 고도로 계층화된 조직이 경쟁 우위를 누렸다. 조직의 맨 꼭대기를 차지한 소수가 의사결정을 독점했고 그들의 결정이 지휘와 통제 과정을 거쳐 조직 맨 밑바닥까지 전달되었다. 이처럼 교육, 정보, 관리 기술이 소수의 전유물이던 세상에서는 이런 접근법이 효과적이었다. 하지만 갈수록 복잡하고 역동적으로 변하는 오늘날 그 전략의 운명은 정해져 있다. 백전백패다. 새로운 세상에서 조직은 복잡하고 모호하며 급변하는 문제에 반응해야만 한다. 따라서 오늘날 조직은 그런 문제에 명민하고 진취적으로 반응하는 직원이 절실하다. 가령 혁신적인 신기술에 밝은 IT 전문가, 고객 선호도와 수요에서 드러난 새로운 추세를 신속하게 포착하는 고객서비스 담당자, 직원들의 불만 사항을 정확히 이해할 뿐 아니라 직원의 사기를 떨어뜨리는 작은 문제가 큰 문제로 번지기 전에 적극적으로 대응하는 인적자원관리 담당자 등이 그 예시다. 요컨대 오늘날 조직에는 리더처럼 생각하고 행동하는 사람이 더 많이 필요하다. 소수를 선별해서 교육하는 전통적인 리더십 개발 전략을 사용한다면 다양한 리더 군단을 육성하기는 애당초 그른 일이다.

설상가상 대부분의 기업이 리더십 프로그램에 참가시킬 대상자조차 적절하게 선택하지 못한다는 증거도 발표되었다. 리더십 개발 전문가들인 존 젠거John H. Zenger와 조셉 포크먼Joseph Folkman은 세 기업의 데이터를 분석했다. 각 기업은 직원의 5%가 리더십 잠재력이 크다고 판단했다. 하지만 젠거와 포크먼이 360도 피드백을 토대로 살펴본 결과 리더십 잠재력이 크다고 간주한 직원 중 42%가 사실은 평균 이하고 그중 무려 12%는 조직의 최하 25%에 포함되었다.[5] 이런 선택 오류가 발생한 이유는 무엇일까? 젠거와 포크먼은 조직이 전문 기술 역량이 뛰어나고, 고도로 결과 지향적이며, 매우 헌신적이고, 조직 문화에 부합하는 사람을 선택하려는 경향이 이런 결과를 초래했다고 지적했다. 물론 이런 자질은 리더십에 어느 정도 영향을 미친다. 하지만 이런 자질은 일을 적절하게 위임하는 능력, 사람들에게 효과적으로 영향을 주는 능력, 필요한 변화를 주도하는 능력같이 핵심적인 리더십 기술보다 훨씬 덜 중요하다. 다수를 역차별하는 모든 기업은 사실상 리더십 잠재력이 훨씬 클지도 모를 무수히 많은 직원을 리더십 불모지에 내몬다. 정말이지 귀중한 인적 잠재력을 버리는 안타까운 상황이다.

펩시코PepsiCo의 글로벌인재평가·개발 담당 수석 부사장Senior Vice President of Global Talent Assessment and Development 앨런 처치Allan Church는 오래전부터 다른 접근법을 주장해 왔다. 그는 기업들이 학습과 성장 능력을 잣대로 직원들의 리더십 잠재력을 판단해야 한다고 말한다.[6] 나도 처치의 접근법에 한 표를 던진다. 이제는 학습과 성장 능력에 집중해 리더십 개발의 패러다임을 바꿔야 하지 않을까? 소수를 선별해서 그들에게 리더십을 발달시킬 기회를 제공하는 대신 직원들이 스스로 이를 개발하도록 지원하라. 아울러 소수에게 특혜를 주지 말고 다수를 끌어안아라. 이런 접근법은 리더십과 개인적 효율을 기꺼이 발달시키려는 사람을 제대로 평가하는 데서 출발한다. 그들이 지금 어느 위치에 있는지 조금도 중요하지 않다. 이런 접근법은 어떤 연구 결과와 맥을 같이한다. 그 연구에 따르면 리더가 되기 위해 필요한 개인의 자질 가운데 39%만이 유전적 특징과 관련 있다고 한다. 즉 대부분의 사람은 다양한 성장 잠재력을 가지고 있으며 이는 환경에 영향을 받는다는 의미다.[7]

이런 리더십 개발법과 비슷하게 리더십 기술을 배울 기회를 모두에게 개방하는 방법도 있다. 유연함의 기술에 토대를 두는 이 접근법은 모든 직원에게 자신의 잠재 리더십을 발달시킬 방법론을 알려주고 그 결과 리더십 개발을 더욱 민주적인 과정으로 만든다. 잠재적 리더라는 신분을 다수에게 확대하는 것이다. 무엇보다 이 방법은 관리자가 자신과 외모, 언어습관, 행동, 생각 등이 비슷한 차세대 리더를 선택하는 유사성 편향Similarity Bias의 효과를 무력화한다.[8] 유사성 편향은 유유상종이라는 말처럼 서로가 비슷비슷한 천편일률적인 지도부를 탄생시키고 이를 고착화한다. 그런 지도부는 갈수록 다양해지는 세상에서 급변하고 예측이 불가능한 문제에 직면했을 때 무능이라는 민낯을 드러낸다.

다수에게 리더십 개발 기회를 제공하는 이 접근법은 개인의 주체성에 의존하기 때문에 직원들은 자신의 권한과 힘이 한층 강해진 기분을 느낀다. 그들은 시간이 흐름에 따라 주체적으로 행동하는 법을 배울 뿐 아니라 자신의 전반적인 성장에 관해 스스로 책임을 진다. 이런 사실을 뒷받침하는 연구 결과도 있다.

"사람들은 자신을 적극적인 성장 주체라고 생각할 때 자발적으로 기회를 찾는다. 이렇게 자신의 성장을 주도적으로 이끈다. 반면 조직을 적극적인 주요 성장 주체로 생각하는 직원들은 훈련 프로그램이나 승진의 형태로 성장 기회가 찾아오기를 마냥 기다릴지도 모른다."

간단히 말해 더욱 적극적이고 주체적인 태도를 취하는 사람들은 리더가 될 기회를 활용할 확률이 더 크다.[9]

또한 이 접근법을 사용하면 선별된 소수에게만 리더십 개발 기회를 제공하는 전통적인 접근법의 부작용을 걱정할 필요도 없다. 투자할 가치가 없다며 조직에 손절당한 85%의 직원들이 어떻게 반응할지는 불을 보듯 빤하다. 불만과 반발심이 생기고 의욕이 감소하며 업무에 덜 몰입하게 된다. 심지어 조직의 선택을 받은 소수에게 적대감을 가지는 사람도 많을 것이다. 이런 감정은 당연히 갈등, 분노, 좌절감으로 이어진다. 이런 문제를 최소화할 방법이 있는데도 많은 조직이 나 몰라라식이다.

모든 이유에서 볼 때 직원들이 다수의 가능성을 열어주는 개발 프로그램에 끌리는 것은 당연하다. 오늘날 사람들은 이직이 잦고 업종도 수시로 바꾼다. 따라서 노동 시장의 가변성도 갈수록 커진다. 결국 사람들은 치열한 경쟁이 펼쳐지는 구직 시장에서 자신을 지속적으로 팔아야 하는 상황에 처한다. 이렇게 볼 때 리더십과 개인적 효율을 높이고 이를 개발하는 방법을 배우는 능력은 생존 측면에서도 매우 중요하다. 직원들이 능력을 개발하도록 토양을 제공하는 기업이 그러지 않는 기업보다 고용주로서도 훨씬 바람직하지 않을까?

새로운 리더십 개발 접근법을 구현하려면 두 가지 발상의 전환이 필요하다. 미시간대학 문화심리학자 크리슈나 사바니Krishna Savani의 말처럼 리더십을 소수만 가진 특출한 능력이 아니라 모두가 가진 것이라고 생각을 바꿔야 한다.[10] 또한 리더십 개발을 다른 공간으로 이동해 배워야 하는 특별 행위라고 생각해서도 안 된다. 오히려 일상적인 직무를 수행하며 직면하는 경험에서 배우는 무언가로 생각해야 옳다. 여기서 인적자원관리 부서가 지대한 역할을 할 수 있다. 직원, 관리자, 리더 모두가 유연함의 기술을 채택하게 하고 그에 따른 혜택이 모든 구성원에게 돌아가도록 적극적으로 움직여라. 이렇게 하면 위의 두 가지 발상의 전환이 촉진된다.

유연함의 기술을 이용한 온보딩 접근법

유연함의 기술은 빨리 시작할수록 좋다. 이런 의미에서 신입 사원 온보딩On-Boarding(조직에 새로 합류한 사람이 조직에 최대한 빨리 적응하고 기여하게 돕는 과정-옮긴이)은 유연함의 기술을 활용할 수 있는 절호의 기회다. 조직은 종종 신입 사원을 대규모로 채용한다. 그런 다음 신입 사원에게 다양한 비즈니스 부문을 단기간 내에 경험하게 하는 로테이션 프로그램을 제공한다. 바로 이런 로테이션 프로그램에서 유연함의 기술이 진가를 발휘할 수 있다. 기업은 첫 번째 로테이션 근무를 시작하기 전 신입 사원을 한자리에 모아 그들에게 유연함의 기술을 실행하게 하면 된다.

먼저 성장 마인드셋의 중요성을 알려준다. 또한 각자가 배치될 업무의 실무 기술을 익히게 하며 동시에 현재 단계에서 추구하기에 적절하다고 생각하는 유연성 강화 목표를 수립하도록 도와준다. 마지막으로 각자의 첫 번째 로테이션 근무에서 시도해 볼 만한 실험을 몇 가지 결정하도록 유도한다.

여기서 한 걸음 더 나아갈 수도 있다. 신입 사원들을 소규모 집단으로 쪼개 동료 코칭 팀을 구성해 주거나 동료 파트너와 둘씩 짝을 지어 자신의 성장 계획을 공유하게 해도 좋다. 동료 코치는 파트너가 유연성 강화 목표를 명확히 설정하고 실험 아이디어를 생각해 내며 학습 마인드셋을 유지하도록 도와준다. 한편 동료 파트너는 규칙적인 피드백과 토론을 통해 높은 책임 의식을 유지하게 하는 데 도움을 준다.

기업은 첫 번째 로테이션 근무가 끝난 뒤 신입 사원을 다시 한자리에 모아 체계적으로 성찰하게 할 수 있다. 이렇게 하면 서로에게 각종 성공 전략을 배울 수 있다. 또한 두 번째 로테이션 근무에서 집중할 목표도 정하면 더 좋다. 동일한 목표를 계속 추구하든 지금 단계에서 더 적절하고 중요하다고 생각하는 새로운 목표를 수립하든 이는 각자의 마음에 달렸다. 이처럼 모두가 함께 모였다가 로테이션 근무를 시작하고 그런 다음 다시 모여 성찰하는 과정을 두어 차례 반복하면 효과적이다.

마침내 로테이션 프로그램이 최종 마무리되면 신입 사원은 모두 조직 자체와 조직이 하는 일을 많이 배웠을 것이다. 여기까지는 대부분의 직무 로테이션 프로그램에 참가하는 직원들과 똑같다. 하지만 유연함의 기술을 적용한 로테이션 프로그램은 다른 장점을 더 안겨준다.

사람들은 전통적인 온보딩 프로그램보다 이런 로테이션 프로그램을 통해 자신에 관해서 훨씬 많이 배운다. 무엇보다 그들은 자기 계발의 기회를 얻고, 개인적 효율과 리더십을 키우는 방법을 찾았으리라고 장담한다. 또한 동료들 중 본받고 싶은 롤 모델을 발굴해 면밀히 관찰했고 성찰 과정에서는 그동안 수집한 피드백을 신중하게 검토했으리라 예상한다.

그뿐 아니다. 온보딩 과정에 유연함의 기술을 포함한다면 처음부터 세 가지를 강화할 수 있다. 직원이 주인 의식을 갖고 자기 계발을 주도하도록 촉진하고, 직원의 성장이 조직 전체에 중요하다는 메시지를 확실히 각인할 수 있다. 마지막으로 조직이 그 과정 내내 직원에게 필요한 자원을 반드시 제공하게 만든다.

유연함의 기술이 가미된 로테이션 프로그램은 직원들에게 장기적으로 영향을 미친다. 신입 사원들이 신입 딱지를 뗀 뒤에도 특정 집단에 참여하여 지적·사회적·심리적으로 강한 유대감을 형성하고 학습·성장·도전 경험을 공유한다. 게다가 직원이든 리더든 오랫동안 유연함의 기술을 배웠고 스스로 성장하는 과정을 잘 알고 있다는 두 가지 공통점을 중심으로 끈끈한 관계를 맺는다. 그런 관계 자체가 그들이 지속적으로 성장하도록 해주는 든든한 버팀목이 된다. 심지어 다른 직원들도 그들을 롤 모델로 모방함으로써 성장할 가능성이 열린다.

경력 전환과
유연함의 기술

이제까지는 유연함의 기술이 신입 사원에게 어떻게 도움이 되는지 알아보았다. 그런데 유연함의 기술은 신임 리더나 다른 부서, 자회사, 해외로 인사 발령이 난 직원처럼 경력 전환을 맞이한 기존 구성원에게도 강력한 도구가 된다.

앞서 살펴보았듯 전환기는 유연함의 기술을 자연스럽게 시도할 수 있는 좋은 기회다. 우리는 이때 대인관계에서 자신의 영향력, 개인적 역량 수준, 새로운 행동과 태도의 필요성 등에 더욱 마음을 열고 주의를 기울이게 마련이다. 멍석이 깔린 상태에서 조직까지 지원해 준다면 이런 태도는 더 힘을 얻는다. 전환기를 맞은 직원은 새로운 역할에 익숙해지고 자기 인식력을 높이도록 동기를 얻는다.

일단 조직이 승진, 부서 이동 등의 전환 조치를 결정하고 나면 인적자원관리 부서가 배턴을 이어받아 유연함의 기술을 이용해 직원이 성장하도록 몇 가지 지원책을 강구할 수도 있다. 이상적인 프로그램이 어떤 모습일지는 쉽게 짐작할 수 있다. 경력 전환 대상자 몇몇이 일종의 공부 모임을 만들어서 더욱 효과적인 리더십을 정의하고, 새로운 역할과 관련해 개인적으로 무엇을 해야 하는지, 그 외 각자가 직면한 개인적인 도전 등에 대해 열심히 파고드는 것이다.

또한 전환기를 맞은 사람들에게 새로운 팀과의 첫 회의, 전략 수립 워크숍, 불가피한 어려운 대화같이 성장의 원천이 될 법한 미래 경험을 구체적으로 상상하라고 요청하는 방법도 고려해 볼 만하다. 이런 식으로 미래를 미리 생각하는 접근법은 긍정적인 효과가 있다. 심지어 그것을 지칭하는 정식 명칭도 있다. 바로 '전망Prospection'이다. 연구가들이 직장인들을 상대로 '아침 출근'이라는 초단기 전환을 이용해 전망의 효과를 시험했다. 결과를 말하자면 아침에 출근하면서 자신의 직무를 명확하게 전망하라고 요청받은 실험 집단은 통제 집단에 비해 출근을 덜 귀찮게 생각한 반면 직무 만족도는 더 높고 이직률은 더 낮았다.[11] 아침 출근처럼 사소한 전환에서도 전망이 이토록 놀라운 영향을 미친다면 대대적인 조직 전환에서 전망이 어떤 영향을 미칠지 생각해 보라.

그뿐 아니다. 전환기를 경험하는 사람에게 '핵심 이해관계자 확인하고 만나기', '새로운 직무에서 성공을 측정할 기준 정하기'처럼 개인적 효율을 높이기 위해 권장하는 행동을 모두 모은 전환 점검표를 제공해도 좋다. 이 부분에서 인적자원관리 부서는 유연함의 기술을 활용할 수 있다. 학습 성향 개발 및 유지, 유연성 강화 목표 설정, 실험 결정, 피드백 요구, 성찰 같은 유연함의 기술의 핵심 요소들을 전환 점검표에 넣는 것이다. 마지막으로 앞의 온보딩 프로그램에서처럼 동료 코치와의 체계적인 성찰 과정을 활용해도 좋다.

당연한 말이지만 직업 전환을 맞은 당사자들이 새로 둥지를 트는 지역이나 처한 상황이 다를 수 있다. 혹시 이것 때문에 전환 프로그램의 효율이 떨어질까 걱정되는가? 걱정은 붙들어 매라. 엄밀히 말하면 그것은 장애물이 아니라 기회다. 직업적 전환을 맞은 당사자가 자신이 직면한 도전과 다른 도전을 경험하는 동료와 깊이 대화하며 성찰한다면 상대의 경험에서도 배울 수 있기 때문이다.

효과는 우리가 로스경영대학원에서 실험해 직접 확인했다. 우리는 미국 각지에서 하계 인턴십을 앞둔 학생들을 대상으로 학생이 인턴으로 활동하기 전에 유연함의 기술을 소개했고 초기 몇 단계를 함께 실시했다. 그런 다음에는 정보의 다양성을 극대화하고 학생들이 회사와 맺은 기밀 유지 서약을 깨뜨리지 않게 하기 위해 각기 다른 지역과 산업에서 인턴십을 계획 중인 학생들을 집단으로 묶었다. 각 집단은 인턴십 기간 내내 온라인으로 비대면 만남을 계속했고 새 학년이 시작된 후 대면 성찰 시간을 가졌다. 결과를 말하자면 그들은 다양한 간접 경험이 자신을 크게 성장시켰다고 말했다.

신임 고위 리더와
유연함의 기술

조직이 고위급 임원을 새로 영입할 때는 위험 요소가 아주 많다. 대기업의 경우 새로운 고위 임원은 수천 명의 직원과 수십억 달러의 매출이 달린 사업을 이끌어야 할 수도 있다. 비록 규모가 작은 기업이라도 고위자라는 특성상 신임 임원은 가시성이 매우 큰 지위를 차지하고, 중요한 자원을 관리하며, 말 한마디와 행동 하나만으로도 영향력 있고 상징적인 메시지를 전달하게 된다. 심지어 새 리더가 처음 몇 달간 직무를 성공적으로 수행하는지 여부가 조직 전체의 장기적인 미래에 결정적인 변수가 되기도 한다.

이런 위험 요소를 고려해 최고의 조직은 가끔 외부에서 영입한 고위급 리더가 사내에 연착륙할 수 있도록 막대한 자원을 투입한다. 한 번은 혁신적인 IT 대기업에서 인적자원관리 임원으로 일하던 동료가 최고위급의 신규 임원을 위한 온보딩 프로그램에 참여했다. 내 동료는 신임 임원이 관리하는 부서의 눈과 귀 역할을 담당했다. 쉽게 말하자면 그의 직속 직원과 동료들에게서 직접 수집한 피드백을 전달하는 역할이었다.

내 동료는 일단 그들의 이야기를 자기 선에서 여과한 다음 매주 한 차례 신임 임원을 만났을 때 그에게 도움이 되는 방식으로 이야기를 전달했다. 피드백의 내용은 놀랄 만큼 다양했다. 더러는 그들이 임원에게 직접 말하고 싶어 하지 않아 내 동료의 입을 통해 전달하는 피드백도 있었다. 또 임원의 동료들이 그에게 도움이 될 만한 의사소통 전략을 알려주거나, 리더십 전술과 관련해 상세하고 탁월한 아이디어를 전하기도 했다. 때로는 "그가 한 번씩 우리 아이들의 안부를 물어봐 줬으면 좋겠어요." 같이 단순하고 소소한 바람을 피력하는 사람도 있었다.

내 동료가 참여한 고위 임원 온보딩 프로그램은 유연함의 기술을 시도하기에 이상적인 순서로 진행되었다. 주기적인 회의와 그에 이은 실천, 또 다른 성찰 회의가 반복되었다. 유연함의 기술을 의도적으로 구현한다면 이런 회의가 유연성 강화 목표를 확인하고, 그 목표를 이루기 위한 실험 아이디어를 도출하며, 실질적인 진전과 지속되는 사안에 관한 피드백을 교환하는 기회로 전환될 수도 있다.

물론 이 과정에는 조직의 많은 자원이 집중 투입될 수밖에 없다. 따라서 이런 자원 집약적인 접근법은 최고위급 임원에게만 허용될지도 모르겠다. 하지만 고위급 임원이 조직에서 차지하는 비중을 생각하면 이런 투자는 시쳇말로 충분히 본전을 뽑는다. 유연함의 기술을 접목한 온보딩 프로그램에서 신임 임원은 경험에 집중하고 그런 경험을 리더십과 개인적 효율을 높일 기회로 바꾸어 결국 더 많은 것을 배우기 때문이다.

이질적 문화 환경과
유연함의 기술

당신이 잠깐 동안 생소한 문화권에 살며 일해야 한다고 가정해 보자. 개인적인 학습과 자기 계발, 성장을 필요로 하고 이를 촉진한다고 알려진 많은 경험은 피할 수 없다. 이는 당연히 매우 도전적인 상황이며 대인관계와 문화 측면에서 극복하기 어려운 제약이 따른다. 게다가 이런 불리함 속에서도 소통 능력과 협업 기술, 리더십을 발휘해야만 한다. 그래서 다국적 기업들은 관리자 직급을 해외 근무에 대비하게 하고 현장에서 경험을 최대한 활용하도록 지원하는 다양한 기법을 개발했다. 그런 기법을 몇 가지만 간략히 알아보자.

- **단기적 자극**: 역할극과 시행착오 훈련을 이용해 팀원들에게 특수한 기술을 개발하게 한다.
- **행동 지향적 학습**: 개인적 효율을 극대화하기 위해 팀원들에게 다양한 상황 분석 기법을 연습하게 한다.

- **자원봉사 활동**: 리더들이 국제적인 사고방식을 기르고 다양성을 수용하기 위한 노력의 일환으로 외국 문화에서의 봉사 프로젝트에 참여하게 한다.

좋은 소식이 있다. 유연함의 기술은 이 모든 기법을 보완하고 강화할 수 있다. 로스경영대학원의 케빈 톰슨Kevin Thompson은 IBM의 고위 지도부에 봉사단 아이디어를 제안했다. 미국 정부가 주도하는 평화봉사단Peace Corps의 자원봉사자처럼 IBM의 고위 임원들을 4주간 세계 곳곳에 파견하여 다양한 지역 사회를 돕는 프로젝트에 참여시키자는 개념이었다.

톰슨이 아이디어를 처음 제안했을 때 모두가 자신의 뒤통수에 대고 비웃었다고 한다. 그런데 당시 IBM의 CEO였던 사무엘 팔미사노Samuel J. Palmisano가 때마침 사내 경영진과 관리자 직급 전반의 국제적 사고방식 개발을 우선 전략으로 결정했다. 그러자 상황이 급변했다. 임원진을 해외에 파견해서 봉사 활동에 전념하게 만들자는 톰슨의 아이디어가 매우 합리적인 선택으로 들렸다.

IBM은 그 프로그램을 곧바로 시행했고 지금까지도 계속하고 있다. IBM 경영진은 봉사단 경험 덕에 세상을 더 깊고 넓게 이해하고, 종종 편협한 시야를 드러낸 자신의 사고방식에서 벗어난다. 그뿐 아니다. 상이한 문화 배경을 지닌 사람들과 긴밀히 협업하고 팀 개발과 갈등 해결에 관한 문제까지 다룰 기회를 얻는다.[12]

코카콜라Coca-Cola도 세상을 향한 폭넓은 이해가 필요한 자사 경영진을 위해 '도널드 키오 경영자 리더십 아카데미Donald Keough Executive

Leadership Academy'라는 독특한 프로그램을 운영한다. 이 프로그램은 비록 자원봉사 활동에 집중하지는 않지만 IBM 봉사단과 몇 가지 비슷한 점이 있다. 이 프로그램에 참여하는 코카콜라의 리더들은 6주간 세계 각지에서 회사 사업의 다양한 면을 심층적으로 경험한다. 리더들은 이 경험에서 새로운 기술을 개발하고 자신의 강점과 약점을 더 많이 배운다. 그뿐 아니다. 그 경험을 같이하는 동안 전우애가 싹튼 동료들과 지속적으로 유대 관계를 구축한다.[13]

IBM의 봉사단과 코카콜라의 도널드 키오 경영자 리더십 아카데미에 참여한 관리자는 국제적 역량을 자연히 키울 수 있다. 다만 나는 이런 프로그램에 유연함의 기술을 넣는다면 금상첨화라고 본다. 가령 그들을 한자리에 모아 학습 마인드셋을 기르게 하고 각자 유연성 강화 목표를 설정하도록 한다. 이제는 알겠지만 유연성 강화 목표에는 제약이 없다. 봉사하는 동안 경청 기술을 함양하든, 영향력을 키우는 법을 배우든, 뭐든 상관없다. 그런 다음 서로 책임 파트너가 되어 피드백을 제공하고 각자가 얻은 교훈을 함께 성찰한다. 이렇게 한다면 그들 사이에 얼마나 강력한 유대가 만들어지고 서로에 관해 얼마나 많이 배울지 생각만 해도 마음이 설렌다.

이제까지 사람들이 리더십 여정을 성공적으로 헤쳐 나가도록 도와주면서 확실하게 깨달은 게 하나 있다. 자신과 세상에 관해 더 많이 배우고 성숙해지는 것은 물론이고 한솥밥을 먹는 모든 동료와 더욱 친밀해지기를 갈망하는 관리자가 많다는 사실이다. 관리자들이 유연함의 기술을 활용한 문화 감수성 강화 프로그램에 참여한다면, 그리고 이 프로그램이 성공적이라면 어떤 이익을 얻을까? 자기 계발을 최우선으로 여기는 학습 마인드셋으로 확실하게 전환하는 동시에 개인적인 기술을 개발할 잠재력도 커질 수 있다.

유연성 강화 도구를
개발하라

인적자원관리 부서가 할 수 있는 또 다른 핵심 역할이 있다. 유연함의 기술을 지원하는 도구를 개발하는 일이다. 리아 키니어^{Leigha Kinnear}는 수십 년간 몇몇 기관에서 학습설계 전문가로 활동했고 주로 사람들이 학습법을 습득하도록 도왔다. 하지만 키니어는 끊임없이 좌절했다. 키니어는 사람들에게 필요한 핵심 역량이 '경험에서 배우고 그것을 더 높은 수준의 효율로 발전시키는 능력'이라는 사실을 잘 알았다. 하지만 사람들에게 그런 기술을 가르치는 것은 차원이 다른 도전이었다. 믿을 수 없을 정도로 힘들었고 도전의 연속이었다.

"나는 리더십 개발에 필요한 기본 요소를 어떻게 가르쳐야 하는지 정확히 알죠. 하지만 학습법을 어떻게 가르쳐야 하는지는 죽어도 모르겠어요."

키니어는 오랫동안 이 문제와 씨름했다. 결과부터 말하면 유연함의 기술은 키니어에게 구세주였다. 키니어는 어떤 고객을 통해 유연함의 기술을 알게 되었는데 유연함의 기술의 기본 개념을 이용해 자신이 그토록 원하던 체계를 세울 수 있었다. 유연함의 기술을 잘 알던 한 고객이 키니어에게 인재 개발 도구를 의뢰하면서 자신이 무엇을 원하는지 상세히 설명했다. 첫째는 유연함의 기술을 숙달하게 해주는 도구였다. 아울러 직원들이 유연함의 기술을 학습하도록 도울 때 사용할 수 있는 토론 방법도 요구했다. 그리하여 키니어는 다양한 훈련법, 추천 동영상과 논문, 실험 아이디어 등을 넣은 유연성 강화 지침서를 만들었다.

키니어의 경험은 직원들이 성장과 자기 계발을 위해 노력할 때 인적자원관리 부서가 유연함의 기술을 사용해 어떻게 지원할 수 있는지 보여준다. 유연하게 사고하고 행동하는 것을 직원들의 일상 업무 중 일부로 만들어 주는 도구를 제공하면 된다.

쉬운 예를 살펴보자. 인적자원관리 부서는 '리더가 갖춰야 하는 열 가지 자질과 덕목' 같은 형태로 역량 목록을 발표한다. 목록을 만드는 김에 한 걸음만 더 나아가면 리더들이 장기간에 걸쳐 자신의 역량을 높이도록 도울 수 있다. 유연함의 기술에 뿌리를 두는 전략들을 이 목록에 넣는 것이다. 역량 목록 외에도 인적자원관리 담당자는 직접 하든 외부 전문가에게 의뢰하든 유연함의 기술의 전체 체계를 넣은 도구를 개발할 수도 있다. 전체 체계를 넣는 것이 여의치 않다면 최소한 학습 마인드셋 개발, 유연성 강화 목표 선정, 실험 설계, 피드백 추구, 성찰처럼 일부 요소를 선택하고 이것에만 집중하는 도구를 개발해도 좋다.

회사의 신입 사원 오리엔테이션 프로그램과 연례 업무평가 같은 인적자원관리 부서 본연의 업무에 이를 넣을 수도 있다. 당연히 이 모든 노력의 목표는 같다. 직원들이 지속적인 자기 계발을 우선 과제로 두도록 조직이 지원하는 것이다.

영리 기업만이 유연한 구성원들을 필요로 하지는 않는다. 비영리 부문, 지역 사회 단체, 교육기관, 종교 집단을 비롯해 다양한 조직에서 도 유연한 구성원들을 원한다. 따라서 이 조직들도 사람들의 유연성을 강화하기 위해 교육하고 지원하면 직원과 조직 모두가 윈윈Win-Win할 수 있다. 또한 구성원과 관계자들이 각자 사용하도록 유연성 프로그램 과 도구를 직접 개발해 보급하는 것도 한 방법이다.

미시간대학의 로스경영대학원이 현재 이렇게 하고 있다. 생어리더 십센터는 리더 육성을 가속화하고 그 방법을 널리 퍼뜨리자는 목적을 가진 연구와 실습을 지원한다. 당연히 생어리더십센터의 구성원도 다 른 모든 조직과 똑같은 문제에 직면했다. 그들은 학업, 구직, 클럽 활 동 계획 수립 등으로 이미 시간에 쫓기는 터라 리더십에까지 신경을 쓸 여력이 없었다. 마침내 생어리더십센터는 사람들에게 리더십 개발 기회를 제공하고자 독창적인 체계를 만들었다. 이름하여 '생어 리더 십 여정Sanger Leadership Journey'이다. 이 프로그램은 학생들이 각자의 상 황에 맞추어 설계한 리더십 개발 여정에 주인 의식을 갖도록 독려하는 것을 넘어 실제로 주인 의식을 갖게 해준다. 그 비결은 무엇일까?

생어 리더십 여정의 핵심 재료는 학생 각자가 MBA 과정에서 겪는 경험이다. 학생들은 그 경험을 사용해 리더십 개발 계획을 수립하고 분석 도구를 개선하며 리더십 역량을 키운다. 5단계로 이루어진 생어 리더십 여정은 목표 수립, 실험, 성찰 등 유연함의 기술의 기본 아이디 어와 훈련 대부분을 포함한다. 이 외에도 생어리더십센터는 학생들의 도우미를 자처하면서 이 책에서 소개한 유연성 강화 방법론과 비슷한 지원 체계도 마련했다. 생어리더십센터는 학생들이 성찰 내용과 다양 한 평가 결과를 기록하도록 '여정 일지'와 학생들이 실험해 볼 수 있는 검증된 리더의 행동(심지어 증거를 기반으로 한)을 총망라한 백과사전은 물론 학생 각자의 리더십 여정을 지원하기 위해 연중 내내 동료 코칭 그룹을 운영해 지원한다.

　나는 생어리더십센터가 제공하는 일련의 방법과 프로그램이 다양한 조직의 인적자원관리 부서와 리더들에게 특정한 방향을 제시한다고 생각한다. 구성원들이 자신만의 리더십 여정을 시작하고 지속하도록 도와주는 방향 말이다.

동료 간 유연성 강화 프로그램
활용법

적절한 조건만 받쳐주면 기업의 인적자원관리 부서는 앞에서 이끄는 것이 아니라 뒤에서 밀어줌으로써 구성원들이 유연성을 기르도록 지원할 수 있다. 6장에서 잠시 소개했던 토미 와이드라는 '불도저 같은 추진력'이라는 말이 딱 어울리는 사람이다. 와이드라는 미시간대학에서 신경과학을 전공했고 남학생 사교 클럽의 회장으로 활동했다. 졸업 후에는 세계 최고 컨설팅업체 매킨지에 컨설턴트로 입사하기 위해 주말 MBA 프로그램을 들으며 학업을 이어가는 동시에 미시간대학 부속 병원 미시간메디신Michigan Medicine이 제공하는 금융개발프로그램에도 참여하게 되었다. 금융개발프로그램의 개설 목적은 두 가지였다. 미시간대학 의료 체계의 재무 부문에 기여하고 아울러 프로그램 참가자들의 개인적인 성장을 촉진하기 위해서였다.

내 웹사이트에서 유연함의 기술에 관한 글을 읽은 와이드라는 체계를 더 알고 싶다며 내게 면담을 요청했다. 그는 유연함의 기술이 금융개발프로그램 참가자의 성장을 도울 완벽한 도구라고 생각했다. 마침내 와이드라는 꿈에 부풀어 금융개발프로그램 동료들에게 유연함의 기술을 설명했다. 하지만 동료들의 반응은 와이드라의 기대와는 거리가 멀었다. 그들은 와이드라를 멍한 눈으로 쳐다보았고 몇몇은 곁눈으로 주변을 두리번거렸다. 와이드라 특유의 활기찬 열정으로도 시큰둥한 분위기를 바꿀 수는 없었다. 그래도 와이드라는 동료들에게 개인적인 성장 목표를 정하고 그 목표를 달성하기 위해 무엇을 할 수 있을지 아이디어를 공유하자고 조금 강하게 밀어붙였다. 동료들은 목표를 수립하고 몇 분간 서로 가벼운 대화를 나누었다. 하지만 와이드라의 비위를 맞추려는 시늉뿐이었고 와이드라도 가시방석에 앉은 기분이었다. 결국 그 만남은 순식간에 끝났다. 동료인 아샤 케페스^{Asja Kepeš}도 그에게서 유연함의 기술에 관해 처음 들었을 때 몇몇 동료와 마찬가지로 심란했고 별로 구미가 당기지 않았다.

"당시는 금융개발프로그램을 시작하고 얼마 지나지 않았을 때라 서로 좀 서먹했어요. 그래서인지 내 부족한 부분을 동료들한테 솔직하게 털어놓기가 썩 편하지만은 않았어요. 금융 산업 종사자로서 자신을 끊임없이 증명할 필요가 있다고 생각했죠."

와이드라의 아이디어는 케페스에게 취약점을 드러내라는 강요 같았고 그래서 몹시 불편했다. 하지만 케페스는 와이드라에게 다가가 자신이 무엇을 걱정하는지를 솔직하게 들려주었다. 와이드라는 서로의 취약점을 더 쉽게 공유할 수 있는 환경을 함께 조성하자며 손을 내밀었다. 마침내 둘은 자신들의 업무 환경과 더욱 조화를 이루는 방식으로 유연함의 기술을 설명할 방법을 찾기 시작했다. 또한 금융개발프로그램 팀원들에게 효과적인 자기 계발 기회를 제공할 프로그램도 설계했다. 그들은 그 프로그램을 분기별로 그리고 3단계로 운영할 계획이었다. 먼저 매 분기 시작 전 다음 분기에 이루고 싶은 목표를 각자 선택하고, 이후 넉 달 동안 그 목표를 달성하기 위한 구체적인 행동을 실천한 후 동료에게 피드백을 구하며, 마지막으로 분기 말에는 성찰을 하기로 했다.

와이드라와 케페스의 노력은 거기서 그치지 않았다. 팀원들의 욕구와 기질에 맞추어 유연성 강화 과정을 전면 재구성했다. 그들은 각자 자신의 취약점을 어디까지 노출할지 결정하도록 해주는 동시에 안전함을 느끼게 하고, 깊은 대화를 촉진할 방법을 모색했다. 또 유연함의 기술에 등장하는 개념들을 금융인들의 눈높이에 맞추어 새로 지칭했다. 가령 '실험'은 '전술'로, '목표를 설정하기 위한 분기별 전체 회의'는 '접근 회의'로 명칭을 바꾸었다. 그뿐 아니다. 둘씩 조를 이루어 분기 내내 서로의 책임 파트너로서 상대를 지원하는 일대일 피드백도 과정에 추가했다. 각 조가 얼마나 자주 대화하든 상관없었지만 와이드라와 케페스는 심층 탐구라는 명분하에 분기 중간 시점과 분기 말(다음 분기를 위한 접근 회의가 열리기 직전), 이렇게 최소 두 번은 반드시 만나는 것을 규칙으로 삼았다.

드디어 대망의 날이 밝았다. 와이드라와 케페스는 팀원들에게 새로운 프로그램의 개요를 발표했다. 그러자 팀원들도 밑져야 본전이라는 생각으로 유연함의 기술을 활용하기로 했다. 결과는 만족스러웠다. 한 분기가 끝나고 연 접근 회의에 팀원들은 다음 분기에 이루고 싶은 목표를 준비해 참석했다. '발표 기술 향상', '아이디어를 간단명료하게 설명하는 법 배우기', '프로그래밍 언어 정복', '다섯 사람에게 점심 약속 요청하기' 등 그들의 목표는 다양하면서도 개인적인 욕구가 고스란히 반영되어 있었다. 그들은 접근 회의 중에 서로의 경험에 관해 아는 것이 얼마나 유익한지를 실감했다. 가령 일부 팀원은 자신의 현재 목표를 다른 사람들이 이미 추구했다면 그들의 경험에서 유익한 통찰을 얻을 수 있다는 사실을 알게 되었다.

와이드라와 케페스는 놀라움과 뿌듯함이 뒤섞인 마음으로 모든 과정을 지켜보았다. 회의실을 가득 채운 에너지가 손에 잡힐 듯했다. 팀원들은 시간이 흐를수록 목소리를 더 높였고 동료들과 이야기하면서 메모하느라 손이 바빴다. 영원히 끝날 것 같지 않던 회의가 마침내 끝났을 때 대부분은 '출격 준비'가 완료되었고 에너지가 한껏 충전된 기분을 느꼈다.

금융개발프로그램 3년 과정 중 첫해에 와이드라와 케페스가 주도한 유연성 프로그램에 참여했던 사람들은 자기 인식력이 높아졌고 더 나은 자기 계발 아이디어를 생각해 냈다고 말한다. 또한 그들은 더욱 강력한 공동체 의식을 가지게 되었다. 이는 성취 성향이 강한 그들에게 개인적인 목표에도 항시 주의를 기울이도록 만드는 효과가 있었다. 케페스는 이렇게 말한다.

"우리는 커다란 삶의 목표들을 설정합니다. 하지만 그 목표에 집중하지 않는다면 일상에 밀려 중도에 흐지부지되거나 뒷전이 되죠. 유연함의 기술은 자신의 여러 목표를 통합하고, 일상에서 작은 목표들을 달성하게 하는 길잡이가 됩니다."

현재 한 조직의 관리자로 일하는 알렉스Alex는 금융개발프로그램 과정을 수료한 선배로서 와이드라와 케페스가 유연성 프로그램을 시작한 첫해 일부 팀원들에게 멘토 역할을 했다. 시간이 흐름에 따라 그는 멘티Mentee들이 변하고 있다는 사실을 포착했다. 그들의 마음속에는 예전과 다른 강렬한 열정이 일렁였고 직무 태도에서도 높은 목적의식을 감지했으며 자기 계발에 관한 주인 의식도 생긴 듯 보였다. 심지어 그들은 피드백 능력도 좋아졌다. 이렇듯 유연함의 기술의 효과를 눈으로 확인하자 알렉스도 유연성 강화 훈련을 시도하기로 결심했다.

"그 전략을 선택한 것만으로도 목표를 향해 진일보했다고 생각합니다. 목표를 이루기 위한 기본 계획을 수립한 다음 겨우 반년이나 분기에 한 번 성찰하기보다 일상적으로 그 목표에 관해 이야기하는 것이야말로 목표를 달성하는 지름길이죠."

와이드라와 케페스가 개발한 금융개발프로그램 내의 유연성 강화 프로그램은 동료 간 코칭에 크게 의존한다. 더러는 이런 접근법을 회의적으로 생각하는 전문 코치도 있다. 솔직히 전문 교육을 받은 코치와 일대일 관계를 유지하는 방법이 최선이기는 하다. 하지만 금융개발프로그램이 보여주듯 동료들이 서로의 리더십 개발에 관여하는 것도 나름의 장점이 있다. 많은 에너지가 생성되고, 올바른 방향을 설정할 수 있으며, 장족의 발전을 이루기도 한다.

인적자원관리 부서도 조직 내부에서 동료가 주도하는 유연성 프로그램을 지원하고 지도할 수 있다. 가령 조직에서 특정 집단이 그런 프로그램을 출범하도록 장려해도 좋다. 또한 경청, 안전한 공간 구축, 피드백 제공 등 중대한 코칭 기술과 관련해 물리적인 자원이나 온라인 자원을 제공하는 방법도 있다. 그뿐 아니다. 주제와 활동 내용을 제안 해도 되고 각 집단이 서로에게서 교훈을 얻도록 성공담이나 도전기를 공유할 기회를 만들어 주는 것도 고려해 볼 만하다.

칩 히스와 댄 히스Chip & Dan Heath 형제는 베스트셀러 반열에 오른 공동 저서 《스위치: 손쉽게 극적인 변화를 이끌어 내는 행동설계의 힘Switch: How to Change Things When Change Is Hard》에서 중앙 집중적인 계획 과 체계를 이용해 변화를 시도하는 것은 실수이며 실패 확률이 크다 고 주장한다. 대신에 긍정적인 변화가 진행 중인 이른바 '밝은 점Bright Spot'을 찾아 지원하고 육성하는 데 집중하라고 촉구한다.[14] 토미 와 이드라와 아샤 케페스는 동료들에게 그런 밝은 점과 같은 존재다. 인 적자원관리 부서의 가장 중요한 역할 중 하나가 조직 내에서 그런 밝 은 점을 찾아 성장하도록 돕는 것 아닐까?

인적자원관리 부서는 때로 구성원 각자의 경험에 더 많이 의존하 고, 리더십과 개인적 효율을 개발하는 데 오히려 커다란 걸림돌이 된 다며 손가락질받았다.[15] 인적자원관리 부서는 오래된 접근법에서 벗 어나 세상이 달라지고 있다는 점에 주목해야 한다. 오늘날에는 직원 각자가 더 주도적으로 자신을 개발해야 한다. 이런 세상에서 인적자원 관리 부서가 지금처럼 영향력을 유지하고 싶다면 어떻게 해야 할까? 답은 정해져 있다. 개인의 노력을 촉진하고 지원하는 최선의 방법이 무엇인지 알아내야 한다. 인적자원관리 부서가 그렇게 한다면 직원들 은 더 많이 학습하고 더 많이 자신을 개발할 수 있다. 게다가 조직 차원에서도 비슷한 효과가 촉진된다. 인적자원관리 부서가 그 도전을 어떻게 헤쳐 나갈 수 있을지는 11장에서 자세히 알아보자.

| 11장 |

학습 조직과
유연함의 기술

마이크로소프트의 사례

조직 전체가 성장 지향적인 단체로 탈바꿈한다면? 생각만으로도 가슴이 벅차다. 하지만 그러기 위해서는 문화적으로 중대한 도전에 맞서야 한다. 어떤 조직은 성취에 초점을 맞추고 실수를 거의 용납하지 않으며 조직의 문턱을 넘는 순간부터 개인적인 불안, 의심 그리고 감정을 가져서는 안 된다고 요구한다. 이런 환경에서는 서로를 비난하고 책임을 묻는 일이 다반사이며 진정으로 성장한 개인은 찾아보기 어렵다. 갈수록 복잡해지고 역동적으로 변하는 세상에서 조직은 생존을 위해 고군분투해야 한다. 따라서 위와 같은 태도는 조직에 치명적이다.

상황은 갈수록 심각해진다. 이런 환경에서는 일부 상사가 조직을 과도하게 통제하고 심지어 폭군처럼 행동하기도 한다. 다른 사람을 탓하고 비난하여 상대에게 열등감을 안겨주면 오히려 자신은 우월감을 느끼기 때문이다. 이런 조직 문화가 훗날 어떤 방식으로 진화할지는 뻔하다. 고위 경영진을 만족시키기 위해 모든 일이 흘러가기 시작한다. 모두의 눈과 귀가 고위 경영진의 심기를 맞추기 위해 집중된다는 뜻이다. 판단의 도마에 오를까 봐 모두가 걱정하기 시작하면 용기와 혁신은 살아남기 힘들다. 그리고 얼마 지나지 않아 학습과 성장의 엔진도 결국 멈추고 만다.

조직 문화에 이런 태도가 깊이 스며들어 있다면 당신의 의도가 아무리 좋아도, 아무리 정교한 전략을 수립해도 이런 태도에서 벗어나기 어려울지도 모른다. 다행히 종류와 규모를 떠나 모든 조직이 사업부와 팀에 유연함의 기술을 주입할 수 있는 방법이 있다. 또한 영리 기업이든 비영리 단체든 모든 구성원은 물론이고 전체 조직을 지속적으로 성장하는 학습 조직으로 바꿔놓을 탁월한 방법이 있다. 유연성과 학습 마인드셋을 조직의 핵심적인 특징으로 만드는 것이다.

여기서 궁금증이 생긴다. 진정한 학습 조직은 어떤 모습일까? 그들의 특징은 무엇일까?

- 능력이란 선천적인 재능이나 소질이 아니다. 노력하면 뭐든 배울 수 있다는 사실을 말과 행동을 이용해 강화할 체계적인 방법을 찾는다.
- 고위 경영진은 조직이 완성형 재능이나 능력보다 학습하려는 태도와 끈기를 높이 평가하고 보상한다는 메시지를 지속적으로 전달한다. 더 나아가 그런 태도를 지원하는 정책과 절차를 마련한다.
- 실패를 찾아내고 잘잘못을 따져 책임을 묻거나 실수를 처벌하는 것이 아니라 학습과 미래의 성공에 초점을 맞추는 피드백 체계를 구축한다.

- 관리자란 규율을 부과하고 잘못을 들추어내는 감독자가 아니다. 관리자를 학습을 위한 자원으로 생각한다.

학습 조직을 구축하기 위해서는 많은 요소가 필요하지만 학습 조직은 모든 구성원에게 지속적인 학습과 자기 계발의 본보기가 된다. 지금까지 이 책에 소개한 기술들은 개방적인 환경을 조성하는 도구로 손색이 없다.

학습 환경을 조성하라

그렇다면 학습 지향적인 문화를 구축하기 위해 유연함의 기술을 어떻게 이용할 수 있을까? 어떤 대기업은 성장에 초점을 맞춰 성공적으로 조직 문화를 바꾸었다. 그 주인공은 세계 최대 IT 기업 중 하나인 마이크로소프트다.

마이크로소프트도 다른 성공적인 기업과 같은 운명을 걸어왔다. 공룡 같은 덩치, 복잡성, 관료주의, 현실 안주는 천재도 바보로 만드는 효과가 있는데 마이크로소프트도 오랫동안 그 효과의 제물이 되었다. 하지만 2014년 스티브 발머Steve Ballmer가 CEO에서 물러나고 사티아 나델라Satya Nadella가 구원투수로 등판하면서 마이크로소프트는 변하기 시작했다. 마이크로소프트는 나델라의 지도하에 모든 악조건을 딛고 자사의 문화가 학습과 성장에 초점을 맞추도록 만들었다. 2020년 마이크로소프트는 예전의 영광을 되찾았고 또다시 진공청소기처럼 최고의 공학 인재를 빨아들였다. 그리고 그런 인재를 발판으로 전 세계에서 가장 획기적인 기술 혁신을 선도하고 있다. 최근 몇 년간 뒷걸음질하던 성장률과 수익성도 깔끔하게 반등했다.

나는 마이크로소프트의 회생 전략에 관한 정보를 여러 곳에서 얻었다. 언론 보도, 매체에 실린 사내 리더들의 인터뷰, 사티아 나델라의 리더십에 관한 런던경영대학원London Business School, LBS의 사례 연구[1], 사티아 나델라의 저서 《히트 리프레시: 마이크로소프트의 영혼을 되찾은 사티아 나델라의 위대한 도전Hit Refresh: The Quest to Rediscover Microsoft's Soul and Imagine a Better Future for Everyone》 등이 그것이다. 이런 자료와 더불어 내게는 개인 정보원도 있었다. 2020년 미시간대학 로스경영대학원을 졸업한 찰리 마셜Charley Marshall이 나의 개인 정보원이다. 마셜은 MBA 학생치고 흥미롭고 특이한 이력의 소유자였다. 어릴 적부터 목사가 꿈이었던 마셜은 대학에서 신학과 철학을 전공했지만 얼마 지나지 않아 비즈니스 세계가 자신을 부른다고 생각했다. 대학을 졸업할 즈음 그는 스타트업 세 곳과 관계를 맺었는데 이때 비즈니스에 관한 지식이 기하급수적으로 늘어났다. 이후 평화봉사단의 일원으로 에콰도르에서 자원봉사 활동을 하다가 다시 교정으로 돌아왔고, 복수 학위 프로그램을 통해 MBA 학위와 지속 가능성Sustainability(기후 변화에 대처하고 지속 가능한 세상을 만드는 방법을 연구하는 대학원 과정으로 경영, 생태계, 환경 연구, 기업 운영 등의 과목을 공부함-옮긴이)에 관한 이학 석사 학위를 함께 취득했다.

짐작하겠지만 마셜은 열성적인 학습자다. 2019년 여름 마이크로소프트에서 인턴으로 일한 마셜이 그곳에서의 경험을 들려주었을 때 나는 흥분을 감출 수 없었다. '물고기가 물을 맨 마지막에 발견한다.'라는 옛말이 있다. 이것은 우리가 사회나 조직에서 그곳의 문화에 깊이 스며들어 있어 종종 그것을 인지하지 못한다는 역설을 정확히 보여준다. 마셜은 마이크로소프트에서 외부인이었기 때문에 그곳의 기존 문화와 진화하고자 하는 사람들의 모습을 명확히 관찰하기에 완벽한 입장이었다. 미리 고백하자면 지금부터 들려주는 마이크로소프트의 이야기는 마셜의 도움을 많이 받았다.

사티아 나델라의 도전

인도 출신의 소프트웨어 개발자 사티아 나델라가 2014년 빌 게이츠Bill Gates와 스티븐 발머에 이어 마이크로소프트의 역대 세 번째 CEO가 되었다. 그가 물려받은 CEO 자리에는 고전하는 회사도 함께 딸려 왔다. 무엇보다 최고의 인재들이 유출된다는 점이 심각했다. 핵심 인재들은 구글Google과 애플Apple같이 더욱 역동적인 기업을 찾아 뒤도 안 돌아보고 짐을 쌌다. 게다가 수치로만 따지면 여전히 대단했지만 매출과 수익이 갑자기 성장을 멈추었다. 설상가상 외부인이 보기에도 마이크로소프트의 혁신 역량이 감소했다는 사실이 분명했으므로 주가도 하락하기 시작했다. 마이크로소프트는 IT 거인이라논 평판이 무색할 정도였고 직원 사기도 그야말로 바닥이었다.

나델라는 걱정이 태산 같았다. 그는 IT 산업을 집어삼킬 거대한 변화의 파도가 여기저기서 시시각각 다가오고 있다는 사실을 인지하고 있었다. 마이크로소프트가 기존의 사내 문화에 발목이 잡혀 있는 한 코앞의 변화에 유연하게 대처하기 어려울 게 뻔했다. 당시 마이크로소프트의 사내 문화는 어땠을까? 직원들은 두려움을 기반으로 움직였다. 직원들은 내부 정치에 초점을 맞추어 행동했고 각자가 모르는 무언가를 실험하기보다 자신이 얼마나 많이 아는지를 보여 능력을 입증하는 데 에너지를 쏟아부었다. 또한 자신의 무지를 드러낼 만한 무언가를 질문하기보다 자신감을 발산하기에 급급했다. 이런 상황이었으니 마이크로소프트의 혁신 엔진이 멈추다시피 했어도 놀랄 일이 아니었다.

나델라는 문제를 정확히 진단했지만 해결 방법을 알 수 없었다. 그는 CEO로 취임한 첫해에 경청하고 학습하는 태도를 유지했다. 알고 보니 직원들도 나델라와 마찬가지로 두려움에 기반을 둔 사내 문화에 불만이 많았다. 특히 소프트웨어 기술자들은 마이크로소프트가 혁신 기업이라는 예전 명성을 되찾기를 바랐다. 즉 세상의 흐름을 쫓아가는 것이 아닌 세상의 흐름을 선도하는 기업이 되기를 기대했다. 또한 그들은 의미 있고 영향력 있는 사명을 추구하는 회사에서 일하고 싶어 했다. 그나마 고무적인 사실은 이런 야심과 성장 지향적인 마음이 직원들의 마음속에 여전히 살아 있다는 점이었다. 다만 그런 마음은 휴면 상태였고 이를 깨우기 위해서는 격려와 지원이 절실했다.

이제 나델라는 자신이 최우선으로 두어야 할 목표가 무엇인지 깨달았다. 모든 직원에게 학습 마인드셋을 주입해야 했다. 직원들에게 학습하고 성장할 기회가 항상 열려 있다는 사실을 깨닫게 하는 것이 급선무였다. 아마 피터 헤슬린Peter Heslin도 마이크로소프트의 문화를 연

378

구했더라면 나델라와 똑같은 결론을 도출했을 것이다. 나는 헤슬린이 조직과 학습 마인드셋의 관계에 관해서는 세계 최고의 권위자라고 생각한다. 헤슬린은 성장 지향적인 문화를 구축하려면 두 가지가 필요하다고 강조한다. 먼저 주요 역량을 배울 수 있다는 사실을 조직이 어떤 식으로든 보여주어야 하며, 학습과 끈기와 노력을 높이 평가한다는 사실을 공개적으로 보여주어야 한다.[2] 나델라는 이를 자신이 해야 할 가장 중요하고 시급한 임무로 받아들였다. 아울러 마이크로소프트의 문화를 바꾸는 일을 자신의 개인 목표로 결정했다. 마이크로소프트를 '모든 것을 알아야 한다.'라는 경쟁 중심 문화에서 벗어나 '누구든 배우면 된다.'라는 성장 중심 문화로 변신시킬 생각이었다.

하지만 조직 문화를 대대적으로 바꾸려면 가시밭길을 피할 수는 없다. 다른 조직과 마찬가지로 마이크로소프트도 성장 중심 문화가 아니라 인재 제일주의 문화를 구축해 왔다.[3] 마이크로소프트의 관리자들은 최고의 인재를 채용하고 업무평가와 승진 체계를 이용해 최고가 아닌 직원들을 걸러내는 일을 자신의 최우선 과제라고 생각했다. 이는 직원들에게 고스란히 영향을 미쳤다. 직원들은 자신이 회사가 바라는 인재상에 부합하는지를 걱정하고 실패 위험이 있는 모든 행동을 피하느라 많은 시간을 허비했다.

하버드교육대학원Harvard Graduate School of Education의 발달심리학자 로버트 케건Robert Kegan과 동 대학원 변화리더십그룹Change Leadership Group의 부소장 리사 라헤이Lisa Lahey는 공동 저서에서 이런 문화가 어떻게 작동하는지 생생하게 묘사한다.

대부분의 조직에서 거의 모두가 돈 한 푼 받지 못하는 부가 업무에 열심이다. 자신의 약점을 감추고 최고로 보이기 위해 애쓴다. 기업에서 이보다 더 큰 자원 낭비는 없다. 결국 그 대가는 조직과 구성원 모두에게 돌아간다. 아무도 자신의 잠재력을 완벽히 발휘하지 못한다.[4]

나는 인재 제일주의 문화의 가장 극단적인 사례는 지금은 사라진 기업 엔론Enron에서 볼 수 있다고 생각한다. 엔론은 한때 널리 존경받던 에너지 기업에서 2001년 계획적으로 저지른 천문학적인 회계 부정이 발각되어 '비리의 대명사'라는 멍에를 쓰고 역사의 뒤안길로 사라졌다. 베서니 맥린Bethany McLean과 피터 엘킨드Peter Elkind는 엔론의 비극적 운명을 다룬 걸작 《엔론 스캔들: 세상에서 제일 잘난 놈들의 몰락The Smartest Guys in the Room: The Amazing Rise and Scandalous Fall of Enron》에서 인재 천국이었던 엔론 문화의 민낯을 고발한다. 엔론은 최고의 지성을 중시한 기업으로, 똑똑한 사람들 중에서도 가장 뛰어난 사람을 가려내는 것이 채용과 승진의 최우선 기준이었다.[5] 이 설명은 인재 제일주의 문화의 본질을 정확히 짚어낸다.

인재 제일주의 문화가 어떻게 그리고 왜 그토록 자주 역기능적 문제를 야기하는지 진단하는 연구가 갈수록 늘어나고 있다. 한 연구는 성장을 지향하는 기업의 직원이 인재 제일주의 문화의 구성원보다 직무에 더 열정을 가지고 있으며 성과 개선을 위해 더욱 헌신한다는 사실을 발견했다. 반면 인재 제일주의 문화가 고착된 기업에서는 직원들이 덜 협업하고, 위험 감수 성향과 혁신성도 낮았으며, 진실성은 물론 윤리를 추구하는 성향도 더 낮았다.[6] 당연한 말이지만 엔론이 부도덕

하다는 불명예스러운 꼬리표를 달고 몰락하게 된 원인이 바로 낮은 진실성과 윤리 추구 성향 때문이었다.

또한 충분히 짐작하겠지만 인재 제일주의 문화의 기업은 학습에 아무 관심이 없다. 그 기업들은 학습을 위해 필요한 심리적 안전지대를 만들지 않는다.[7] 그러니 직원들은 무언가를 경험할 때 학습 마인드셋이 아니라 전투에 나가는 듯 호전적인 자세를 취하고 생산성 목표만 열심히 추구하며 개인적 성장과 개발의 필요성을 무시하고 성찰 같은 활동을 시간 낭비로 치부한다. 요컨대 천재 문화에서 유연함의 기술을 활용하기란 하늘의 별 따기다.

내가 속한 조직은 학습 지향적인 조직일까

조직 문화는 미묘해서 인지하기 어렵다. 조직이 주입하는 신념, 가치관도 마찬가지다. '물고기가 맨 마지막에 물을 발견한다.'라는 속담도 있듯 그 문화에 젖어 있는 구성원들이 이를 인지하기는 더욱 어렵다. 다만 학습 조직에서는 몇 가지 특징을 발견할 수 있다. 당신이 속한 조직은 학습 조직일까? 아래 여섯 가지 질문에 답해보라. '그렇다.'가 많을수록 당신의 조직은 진정한 학습 조직과 동떨어져 있다.

1. 회사는 동료들보다 특출한 재능이 있다고 여기는 소수의 스타 직원이 이룬 성취를 추켜세우고 칭송하는가?
2. 직원 채용의 주된 기준이 각자의 성장 잠재력이 아니라 지원자의 측정 가능한 인지적 능력인가? 또는 IT 기술, 마케팅, 영업, 인적

자원관리, 리더십 등 다른 활동 영역에 재능이 있는지가 채용의 결정적인 기준인가?

3. 회사가 표창장, 상장, 특별 상여금 등의 형태로 개인이나 부서를 포상할 때 노력과 헌신이 아니라 정량적 성과를 주된 선발 기준으로 삼는가?

4. 회사는 직원이 실수하고 실패했을 때 그 일로 교훈을 얻을 기회를 주는 대신 잘잘못을 따져 처벌하는 데 치중하는가?

5. 직원들은 자신의 실수를 감추고, 자신의 프로젝트가 더 성공적으로 보이게 결과를 조작하고, 직무 성과가 돋보이도록 포장하느라 기를 쓰는가?

6. 직원들이 한 번 실패한 후에 큰 성과를 달성해도 앞선 실패가 반영된 업무평가를 수정하지 않고 그대로 유지하는가? 마치 한 번의 실패가 영원히 지울 수 없는 낙인이라도 되는 듯 취급하는가?[8]

마이크로소프트, 변화의 시작

나델라는 사내 문화를 바꾸기 위한 프로그램을 맹렬히 추진했다. 12만 5000명의 직원에게 새로운 정신적 가치를 주입하기 쉽지 않았지만 나델라는 열정적으로 매달렸다.

나델라는 사내 문화를 바꾸기 위해 상의하달 방식을 이용했다. 먼저 그는 평생 학습의 중요성을 강조하는 연설을 하기 시작했다. 또한 직원들에게 영감을 주기 위해 이상적인 회사 비전을 수립해 설명했다. 사회의 모든 구성원이 더 좋은 세상을 만들기 위해 필요한 기술적 도구를 제공하는 회사. 이것이 마이크로소프트의 새 비전이었다. 아울러 나델라는 관리자들에게 간곡히 촉구했다. 고객에게 무엇이 필요한지 고객들보다 우리가 더 잘 안다는 생각을 버리고, 대신 고객의 말에 더 열심히 귀 기울이라고 호소했다.

마이크로소프트의 직원들은 가랑비에 옷 젖듯 나델라의 메시지를 받아들였고 이를 직접 실천하는 직원도 나타나기 시작했다. 기업 고객을 담당하는 한 관리자는 마이크로소프트가 제공하는 기술적 도구를 이용해 경찰관들이 원격 데이터에 접근할 수 있으면 그들에게 어떤 도움이 될지를 정확히 알고 싶었다. 그래서 그는 일주일간 한 경찰관 팀과 동행하며 거리를 순찰했다. 또 다른 관리자는 의료 시스템에 눈을 돌렸다. 그는 종이를 사용하지 않는 정보 전달 시스템이 의료 종사자들에게 어떤 영향을 미치는지 면밀히 파악해 더 많은 사람이 더 좋은 건강 서비스를 받도록 돕고 싶었다. 그래서 이틀간 병원에서 의료 종사자들의 꽁무니를 졸졸 따라다녔다.

이런 사연이 회사 전체로 퍼져 나가자 마이크로소프트를 학습 조직으로 만들고 싶어 하는 나델라의 진심을 수긍하는 직원이 늘어났다. 그리고 그 관리자들과 비슷한 태도로 행동하는 직원들도 하나둘 나타났다.

한편 나델라에게는 개인적인 과제도 하나 더 있었는데 이것에도 최선을 다했다. 나델라는 지속적 학습을 강조하는 자신의 메시지를 행동으로 보여주려 했다. 그는 어떤 조직이든 최고위 임원들의 행동이 조직문화에 지대한 영향을 미친다는 사실을 잘 알았다. 하찮은 말과 행동일지라도 이는 직원들에게 중요한 가치가 무엇인지 알려주는 강력한 신호가 될뿐더러 구성원들의 막연한 가정과 태도에 미묘하게라도 영향을 미칠지 모를 일이었다.

사티아 나델라는 회사가 성장 마인드셋을 얼마나 중요하게 여기는지 확실하게 보여주기 위해 노력했다. 그는 CEO로서 전 직원에게 보내는 서한으로 그 노력을 시작했다. 나델라의 서한에는 지속적인 학습을 위해 그가 얼마나 몰입하고 있는지 고스란히 담겨 있었다. 그런 다음 그 메시지를 강화하기 위한 후속 조치로 몇몇 파격적인 발령을 포함해 첫 번째 고위자급 인사를 단행했다. 일례로 나델라는 뛰어난 협업 능력을 높이 사서 질 트레이시 니콜스 Jill Tracie Nichols를 비서실장 Chief of Staff으로 임명했고 자신의 사무실이 회사가 구축하고자 하는 문화의 본보기가 되어야 한다고 강조했다. 니콜스는 나델라가 원하는 바를 그대로 실행에 옮겨 그의 기대를 충족해 주었다.[9]

지속적인 학습에 관한 나델라의 언행일치를 가장 극적으로 보여준 상징적인 사건이 있다. 나델라는 취임 초기에 멍청한 발언을 하고 말았는데 그는 이를 학습의 기회로 받아들였다. 나델라는 컴퓨팅 분야의 여성 종사자들을 축하하는 연례행사에 참석했다. 무대 위에서 인터뷰를 하던 중 그는 기술 분야의 많은 여성이 겪는 임금 불평등 문제와 남성 동료들 때문에 경험하는 부당한 처우를 해결해 달라는 요청을 받았다. 이에 그는 성차별적인 발언을 해 여성 청중 대부분을 경악하게 만들었다. 자신들이 어떤 가치가 있고 무엇이 필요한지를 솔직하게 말해서는 안 된다고 조언한 것이다.

"임금 인상은 요구할 필요가 없습니다. 때가 되면 회사가 어련히 알아서 인상해 주겠거니 믿고 기다리시면 됩니다."

그리고 나델라는 아예 쐐기를 박았다.

"솔직히 임금 인상을 요구하지 않는 행동이야말로 여성들만이 가진 초능력 중 하나일지도 모릅니다. 그것은 좋은 업보를 쌓는 일로 언젠가 보상받을 겁니다."[10]

나델라는 무신경한 성차별적 발언으로 거센 역풍을 맞았다. 그는 자신이 얼마나 큰 실수를 저질렀는지 곧바로 깨달았다. 그는 그 일을 회피하거나 얼렁뚱땅 해명하려 애쓰는 대신 하루가 지나기 전에 공개적으로 사과했다.

"변명의 여지 없이 완벽히 잘못된 발언이었습니다. 저는 마이크로소프트와 IT업계가 더 많은 여성 인력을 기술 산업으로 끌어들이고 남녀 임금 격차를 줄이기 위해 노력한다고 믿어 의심치 않습니다. 그리고 저는 그런 노력을 진심으로 지지합니다."

그런 다음 그는 이렇게 덧붙였다.

"임금을 인상할 자격이 있다고 생각한다면 당연히 이를 요구해야 옳습니다."[11]

나델라는 자신의 사과가 입발림도 공염불도 아니라는 사실을 보여주어야 했다. 그래서 사건이 터지고 채 일주일도 지나지 않아 전 직원에게 자신의 발언을 다시 한 번 사과하는 서한을 보냈다. 그는 사람들의 성장을 방해하는 차별과 편견을 알게 모르게 과소평가했다고 인정했다. 그는 거기서 멈추지 않았다. 자신의 발언에서 드러난 편견이 사내에도 광범위하게 퍼져 있다는 사실을 잘 알았던 나델라는 마이크로소프트에서 그런 편견을 타파하기 위한 3단계 계획을 발표했다. 이 계획에는 동일 노동에 동일 임금을 지급하고, 더 다양한 사람들을 채용하기 위해 관심을 쏟으며, 포용적 문화를 촉진하기 위해 직원 훈련 프로그램을 확대하는 노력 등이 포함되었다.[12]

그뿐 아니다. 나델라는 자신의 메시지를 강화하는 더 소소한 행동을 하기 시작했다. 이것은 백 마디 말보다 더 강력했다. 신입 사원 오리엔테이션을 담당하던 젊은 관리자는 마이크로소프트의 업무 수행 방식을 가르칠 관리자 명단에 자신의 우상인 CEO도 포함되어야 한다고 생각했다. 그는 용감하게 자신의 생각을 행동으로 옮겼다. 나델라에게 직접 이메일을 보내자 놀랍게도 그는 전광석화처럼 답장을 보내왔다.

맞습니다. 이 일은 중요하죠. 나도 포함해서 스케줄을 잡아주세요.

여담이지만 마이크로소프트는 매년 2만 명의 신입 사원을 채용한다.

이처럼 크고 작은 행동을 통해 나델라는 모든 직원이 어떻게 배우고 변화하며 성장할 수 있는지를 보여주었다. 그 과정 중 난처하거나 괴로운 상황에 처하더라도 그것이야말로 학습과 변화와 성장의 지름길이라는 것을 말이다.

다양한 체계로
문화 변화를 뒷받침하라

조직 고위층의 말과 행동은 중요하다. 하지만 그들의 언행 자체만으로는 조직 문화가 광범위하게, 지속적으로 변할 수 없다. 이를 위해서는 당신이 원하는 변화를 제도화해야 한다. 이는 당신이 원하는 새로운 문화를 회사가 지원하도록 조직 내 어떤 절차나 정책, 규칙 등을 바꾼다는 뜻이다.

사티아 나델라는 이런 사실을 고려해 조치를 감행했다. 먼저 그는 회사를 학습 조직으로 만든다는 목표를 달성하기 위해 인사정책부터 손보았다. 메릴랜드대학University of Maryland 심리학과 명예교수 벤자민 슈나이더Benjamin Schneider는 조직이 부분적으로나마 변할 수 있는 조건을 하나 제시한다. 가치관, 사고방식 등 여러 측면에서 기존 구성원들과 다른 사람들이 유입되고 전통적인 가치체계를 지닌 사람들이 떠날 때 조직은 변한다.[13]

성장 마인드셋이 조직 전반으로 확산되자 인적자원 유치Attraction, 선발Selection, 소멸Attrition, 이름하여 ASA(벤자민 슈나이더가 주창한 심리 이론의 하나-옮긴이) 과정이 회사를 새로운 방향으로 이끌기 시작했다. 찰리 마셜 같은 사람들이 마이크로소프트에 둥지를 틀기 시작했는데 이는 마이크로소프트가 공개적으로 지지하기 시작한 새로운 가치에 매력을 느꼈기 때문이었다. 기술과 자사 문화를 토대로 더욱 공평한 세상을 만들겠다는 사명도 그중 하나였다. 마셜은 내게 마이크로소프트가 만들고 싶은 세상이 자신이 만들고 싶은 세상이며 마이크로소프트에서 근무하는 일은 자신에게 학교 교육의 연장선이라고 말했다. 이런 마셜의 발언은 나델라가 주도하는 문화 변화 프로그램이 확실하게 자리를 잡아간다는 명백한 증거였다. 심지어 마셜은 네덜란드의 생명공학 기업 아르젠엑스Argenx의 CEO 팀 반 하우에르메이렌Tim Van Hauwermeiren이 벨기에 겐트에 위치한 블레릭경영대학원Vlerick Business School의 졸업 축사 중에 제안했던 촌철살인의 조언을 무의식적으로 따르고 있었다.

"당신의 임금 곡선보다 학습 곡선에 더 신경 쓰세요."[14]

또한 나델라는 기존의 업무평가와 승진 체계를 완전히 뒤엎는 대담한 조치를 시행했다. 업무평가와 승진 체계야말로 모든 조직에서 가장 강력하고 전형적인 문화적 도구 중 하나다. 이것도 엔론의 사례를 통해 알아보자. 엔론의 경영진은 돈과 두려움이 사람들에게 진정한 동기를 부여한다고 생각했다. 아니, 그 자체가 유일한 동기라고 믿었다. 그들은 이런 믿음을 토대로 관리자들에게 1단계에서 5단계까지 직원들의 등급을 매기라고 강요했다. 아울러 실질적인 성과 수준과는 상관없이 직원들 중 최소 15%는 무조건 최하 등급을 받아야 한다고 강제했다. 그리고 최하 등급을 받은 불운한 15%의 직원은 2주 안에 새 직장을 구해야 했다. 이런 과정이 구성원들의 행동에 어떤 영향을 미쳤을지는 안 봐도 뻔하다.

나델라가 수장이 되었을 때 마이크로소프트도 엔론과 비슷한 순위 경쟁식의 업무평가 체계를 가지고 있었다. 최고 단계에서 최하 단계까지 직원들을 줄 세우는 상대 평가 체계로 각 단계마다 최소 10%의 직원이 포함되어야 했다. 이 평가 방식은 사람들을 성과 증명 마인드셋에 가둘 뿐 아니라 동료를 경쟁자로 의식하게 해 직원들끼리 협업할 가능성을 원천적으로 제거했다. 나델라는 그 체계를 송두리째 뜯어고 쳤다. 먼저 강제 등급화와 연례 평가 회의는 물론이고 성과 목표와 평가 자체도 폐지했다. 대신 관리자들에게 더 많은 권한을 주고 직원 코칭과 지속적인 피드백을 중시하는 체계를 도입했다.

찰리 마셜은 마이크로소프트의 새로운 업무평가 체계에 홀딱 반했다. 마셜은 그 체계가 주변 사람들이 자신의 능력과 역량을 신뢰한다는 사실을 명백히 보여주고 관리자에게서 질 좋은 피드백을 받도록 보장한다고 생각했다. 특히 마셜은 마이크로소프트가 직원들을 대상으로 분기마다 실시하는 간략한 설문조사를 높이 평가했다. 이름하여 '맥박 체크Pulse Check'다. 마셜은 정식 직원은 아니었지만 여름 동안 인턴으로 일하면서 두세 번 '맥박을 쟀다.'고 한다. 나와 대화했을 때는 이미 마지막 맥박 체크를 받고 아홉 달이나 지난 뒤였는데도 그는 당시에 받았던 다섯 개의 질문을 글자 하나까지 똑똑히 기억했다.

1. 당신이 현재 추진하는 모든 프로젝트를 설명하세요.
2. 그 프로젝트에서 당신이 어떤 진전을 이루었는지 설명하세요.
3. 당신은 마이크로소프트에서 다른 직원의 프로젝트나 성공을 어떤 식으로 활용했습니까?
4. 당신은 마이크로소프트에서 다양성과 포용성을 어떤 방식으로 구현했습니까?
5. 당신은 마이크로소프트에서 성장 마인드셋을 어떻게 실천했습니까?

마셜은 특히 세 번째 질문이 나델라 취임 전후의 마이크로소프트의 변화를 생생히 보여준다고 생각했다. 마셜은 2008년의 마이크로소프트라면 누구도 다른 사람의 일을 활용할 생각을 하지 못했을 것이라고 단언했다. 마이크로소프트는 관리자가 정기적으로 이런 질문을 하도록 만듦으로써 학습, 개방성, 성장의 방향으로 사내 문화를 더욱 강력하게 이끌 수 있었다.

나델라의 지도하에 마이크로소프트는 바람직한 문화 변화를 지원하는 조치를 잇달아 도입했다. 일례로 마이크로소프트는 부서 간 협업을 촉진하고 장려하는 여러 활동을 조직했다. 참가자가 임시로 조를 짜서 다양한 문제의 해결책을 연구하고 제안할 환경을 제공하는 일주일짜리 하계 해커톤Hackathon('해킹Hacking'과 '마라톤Marathon'의 합성어로 소프트웨어 개발 분야의 프로그래머, 그래픽 디자이너, 사용자 인터페이스 설계자, 프로젝트 매니저 등이 정해진 시간 내에 집중 작업하여 결과물을 만들어내는 소프트웨어 관련 이벤트-옮긴이)이 대표적이다. 또한 마이크로소프트는 직원들이 자원봉사 프로젝트에 함께 참가해 타 부서 동료들과 친분을 쌓을 기회도 만들었다.

그뿐 아니다. 마이크로소프트는 협업을 더욱 촉진하기 위해 자사가 개발한 독특한 도구를 활용했다. 비즈니스 협업 플랫폼 '팀스Teams'의 주간 보고서는 직원 각자가 근무 시간과 퇴근 후 이메일에 얼마나 많은 시간을 소비했는지, 누구와 가장 많은 시간을 보냈는지 등 다양한 형태의 인맥 구축 활동에 관한 정보를 알려준다. 즉 사용자가 자신이 어떻게 협업하고 협업하지 않는지 일목요연하게 확인하도록 해준다.

마지막으로 마이크로소프트는 직원들에게 풍부한 학습 기회도 제공하기 시작했다. 찰리 마셜은 특별한 학습 프로젝트에 참여할 기회가 아주 많아서 프로젝트들이 중복될 지경이었다며 좋아했다. 마이크로소프트는 그런 프로젝트를 제공하는 데에 그치지 않았고 직원들이 학습 기회를 적극적으로 활용하도록 독려했다. 이는 정작 학습 프로그램을 제공하고서도 실제로 그런 프로그램에 참여하는 직원들에게 은근한 압박을 가하는 일부 회사들의 행태와는 확연히 달랐다.

관리자들은 조직과 일심동체가 되어야 한다

조직 구성원들은 고위층의 말과 반응에 면밀하게 귀 기울이고 주목한다. 하지만 실은 자신을 둘러싼 직접적인 환경이 훨씬 강력한 영향을 미친다. 직속 상사가 직원 대부분의 태도와 행동에 가장 영향을 미친다는 뜻이다. 나는 종종 내가 가르치는 경영자 학생에게서 자기 조직의 성과 증명 문화에 관해 불평을 듣는다. 그럴 때마다 나는 그들의 역할을 강조한다. 지위 고하를 막론하고 누구나 자신을 둘러싼 문화에 반응하게 마련이다. 그런데 조직이라는 사다리를 올라가다 보면 이내 새로운 중요한 역할이 주어진다. 직속 직원들을 위해 문화를 구축하는 것이다.

나는 그들에게 묻는다. 당신은 어떤 상사냐고. 직속 직원들의 성장과 자기 계발을 지원하는 문화를 구축하기 위해 무엇을 하고 있느냐고 말이다. 직속 직원들은 상사의 일거수일투족을 관찰함으로써 회사의 핵심 가치관에 관한 중요한 정보를 얻는다. 만약 상사가 말과 행동, 보상과 처벌, 격려와 의욕을 꺾는 행위를 통해 전달하는 메시지가 조직이 구성원들에게 주입하고자 하는 가치관과 일치한다면 그 가치관은 사내에서 활짝 꽃을 피울 수 있다. 반대로 관리자들이 회사가 공개적으로 지지하는 가치관에 부합하지 않는 방식으로 행동한다면 직원들은 회사의 가치를 무시하기 십상이다.

미시간대학의 심리학자 피오나 리Fiona Lee는 동료들과 함께 관리자의 메시지가 직원들의 실험 의지에 미치는 영향을 조사했다. 이것은 유연함의 기술과 직접적인 관련이 있다. 그들은 관리자가 일관되지 않은 메시지를 보내는 것이 실험과 혁신을 방해하는 가장 커다란 걸림돌이 된다는 사실을 발견했다. 심지어 이런 일관성 없는 메시지는 일관되게 의욕을 꺾는 메시지보다 실험과 혁신을 방해하는 효과가 훨씬 컸다. 비일관성은 규칙을 예측할 수 없고 모호하게 보이도록 만든다. 이는 다시 불안과 두려움을 야기해 실험 의지를 꺾을 뿐 아니라 직원들이 새로운 무언가를 시도할 때 불가피한 위험을 감수하기보다 한 발짝도 움직이지 않고 현실에 안주하게 만든다.[15]

여기서 조직의 역할이 중요하다. 관리자들은 학습과 성장을 방해하는 장애물을 세우는 대신 학습과 성장을 지지하는 방식으로 말하고 행동하며 리더십을 발휘해야 한다. 그렇다면 조직은 그런 관리자를 어떻게 도와줄 수 있을까? 몇 가지 방법이 있다.

질문을 활용하도록 독려하라

질문은 관심과 행동을 유발한다. 1장에서 소개했던 서던캘리포니아대학 경영대학원 명예교수 모건 매콜을 기억하는가? 리더십 개발 분야의 권위자인 매콜은 특히 신임 리더가 직무에서 어떻게 성장하고 성장하지 못하는지에 관한 연구에 주력해 왔다. 한번은 그가 소수의 신임 리더와 2주에 한 번씩 연락하며 그들에게 두 가지를 질문했다.

"우리가 지난번 대화한 후부터 지금까지 당신은 무엇을 했습니까?"

"만약 그 일에서 배운 게 있다면 무엇입니까?"

매콜에게 그 두 가지 질문을 받을 것이 빤했으므로 이내 리더들은 자신이 무엇을 배웠는지에 더욱 관심을 기울이기 시작했고 그 결과 자신이 성장했다는 사실을 깨닫고 깜짝 놀랐다.[16] 관리자는 자신이 직속 직원들에게 행동의 본보기가 되어야 한다는 사실을 명심해야 한다. 또한 매콜 교수가 신임 리더들에게 했던 것과 같은 질문을 일대일 회의에서 하는 것이 조직에 필요한 지속적인 학습과 성장을 촉진하는 방법 중 하나라는 사실도 이해해야 한다. 일대일 회의에서 그런 질문을 지속적으로 받는다면 직원들은 비단 회의 때만이 아니라 일상적인 업무 중에도 지속적인 학습과 성장에 관해 생각하게 될 것이다. 이는 다시 그들이 자기 계발을 우선순위로 삼는 결과로 이어진다. 앞서 살펴보았 듯 찰리 마셜 같은 마이크로소프트의 젊은 직원들은 관리자들이 주도하는 정기적인 맥박 체크를 통해 회사가 모든 직원의 성장을 중시한다는 명백한 메시지를 읽었다.

피드백을 규칙적인 활동으로 만들어라

찰리 마셜은 마이크로소프트에서 인턴으로 일하던 중에 관리자와의 일대일 회의에서 성과와 직무 수행에 관한 피드백을 규칙적으로 받았다. 인턴에게 이렇게 하는 경우도 드물지만 더 이례적인 사실은 그 관리자가 마셜에게도 피드백을 정기적으로 요청했다는 점이다. 많은 관리자들이 이런 식으로 행동할 때 어떤 효과가 있을지 생각해 보라. 관리자가 동료와 팀원에게 "나는 요즘 잘 경청하려고 노력 중입니다. 내게 해줄 조언이 있을까요?"라고 말한다고 생각해 보라. 물론 사람마다 개선하고 싶은 기술은 제각각이다. 어쨌든 그런 질문을 받은 상대도 그 관리자처럼 자신의 목표를 솔직하게 말하며 학습과 성장으로 이어질 피드백을 환영해야 한다고 생각하지 않을까?

모든 구성원이 항상 자기 계발 목표를 수립하도록 독려하라. 앞서 언급했던 모건 매콜은 대체로 볼 때 자기 계발은 관심의 문제라면서 사람들이 언제 어디서든 학습을 머리에 각인하는 법을 배운다면 더 많이 배울 수 있다고 주장했다. 개인만이 아니라 기업도 이 원칙을 활용할 수 있다. 지위 고하를 막론하고 모든 직원이 각자의 개발 목표를 지속적으로 수립하도록 독려하면 된다. 이런 행위가 연간 행사가 아니라 사내 일상 중 일부가 되면 더욱 좋다. 한편 관리자도 정기적인 집단 대화나 일대일 대화에서 목표에 관해 이야기를 나눔으로써 힘을 보탤 수 있다. 마이크로소프트가 맥박 체크에 사용하는 종류의 질문을 참고하길 바란다. 핵심은 사람들이 자기 계발에 관심을 집중하도록 유도하는 것이다. 자기 계발에 관심을 가지기만 해도 그 목표를 달성할 확률이 크게 증가한다.

관리자는 언어에 유의해야 한다

일상적인 업무에서 사용하는 언어는 종종 성장과 학습에 관한 태도를 반영하기도 한다. 가령 성취 마인드셋Achievement Mindset을 가진 관리자는 이런 식의 문장을 즐겨 말한다.

"우리는 더 이상 실수하거나 실패해서는 안 됩니다."

"이런 문제는 최고의 인재들에게 맡겨 해결해야 합니다."

"이제는 쌀겨에서 쌀알을 가려내야 합니다."

"까놓고 말해 수익이 제일 중요합니다."

반면 성장 마인드셋의 가치를 인정하는 관리자는 말투부터 다르다.

"우리가 이런 실수를 저지른 근본적인 원인부터 정확히 진단해야 합니다."

"우리는 직원 모두가 성장하고 배우도록 기회를 주어야 합니다."

"이제는 우리가 모두 한 팀으로 힘을 합쳐야 합니다."

"과정이 올바르지 않으면 우리가 원하는 결과를 얻지 못합니다."

당연히 자신의 언어습관을 인지하지 못하는 관리자가 있다. 이럴 때는 조직이 나서면 좋다. 관리자가 자신의 언어습관을 깨닫도록 교육하고 자신이 주변에 보내는 신호를 성찰하도록 독려하면 된다. 관리자는 팀원들이 개인으로서 팀으로서 지속적으로 성장하도록 다양한 면에서 기여할 수 있다. 특히 관리자의 언어는 이런 일을 가능하게 해주는 단순하지만 중요한 도구이다.

관리자가 실패를 대하는
올바른 태도

3장에서 나는 우리가 실제 실패와 잠재적 실패를 어떻게 생각하는지가 실험을 방해하는 큰 장애물 중 하나라고 말했다. 이것을 조금 더 확대해 역으로 생각해 보자. 학습 조직을 구축하는 데는 조직 문화가 실패나 과실을 어떻게 받아들이는지가 가장 큰 영향을 미친다.

인재 제일주의 문화에서 실수를 저지르면 어떻게 될까? 그 직원은 실수에서 무언가를 배우려고 노력하기보다 자책하고 실수를 감추느라 더 많은 시간을 들인다. 조직은 이런 환경 때문에 막대한 대가를 치를 수도 있다. 실수 자체는 물론이고 실수에서 배우는 것도 용납되지 않는 문화에서 구성원은 무엇이든 새로운 일을 시도하기를 두려워하고, 그 결과 혁신이 들어설 자리는 사라진다.[17]

반면 성장 중심의 조직에서는 실패와 실수를 긍정적으로 바라보는 사고방식을 주입하기 쉽다. 물론 이런 관점에 대한 반응은 엇갈리게 마련이다. 이런 사고방식이 엉성한 일 처리와 저조한 성과로 이어질까 우려하는 사람도 있는 반면 그것이 매우 중요하다고 인정하는 리더도 있다.

세계 최고의 디자인 회사 아이디오IDEO의 창업자 데이비드 켈리David Kelley는 실패와 성공의 상관관계를 정확히 이해한다. 그는 회사에서 어슬렁거리며 직원들에게 웃는 얼굴로 "더 빨리 성공하고 싶다면 자주 실패하게!"라고 닦달하는 것으로 유명하다. 그가 이런 말을 하는 이유는 실패의 위험을 감수하는 것이 성장하기 위해 얼마나 중요한지를 확실하게 주지시키고 싶어서다.[18] 영화 제작사 픽사Pixar의 공동 창업자이자 창조성에 관한 여러 저서를 발표한 에드윈 캣멀Edwin Catmull은 실패론을 역설한다.

"실패는 필요악이 아니다. 솔직히 실패는 전혀 악하지 않다. 실패는 새로운 무언가를 시도할 때 경험하는 불가피한 결과일 뿐이다."[19]

앞서 살펴보았듯 마이크로소프트의 CEO 사티아 나델라도 실수를 기회로 만들었다. 그는 공개적으로 망신당한 후 행동을 수정하고 수정된 행동을 일관적으로 보여주어 그날의 실수를 긍정적인 학습 경험으로 바꾸어 버렸다.

이처럼 실패와 실수에 얽힌 개인적인 이야기를 과학으로 뒷받침한 연구 결과도 있다. 한 연구 결과를 보면 "실패는 학습 중 일어나는 자연스러운 일 중 하나다!" 또는 "더 많이 실패할수록 더 많이 배운다!"라는 말을 들은 피험자들은 실패를 더욱 긍정적으로 생각했고 그 결과 좌절, 죄책감, 수치심 같은 부정적인 감정을 더 적게 경험했다. 실패를 보는 새로운 관점이 그들의 인지 과정까지 바꿨고, 실패의 원인을 찾고 더 나아가 다른 해결책의 잠재적 가치를 탐구할 가능성까지 끌어올렸다. 반대로 프로젝트의 실패에 초점을 맞춘 또 다른 연구도 결론은 비슷했다. 실패를 어떤 대가를 치르더라도 반드시 피해야 하는 대상이 아니라 일과 삶에서 겪는 일상의 한 부분으로 받아들일 때 학습이 강화되었다.[20]

실수를 과정의 일부라고 생각할 때 위험을 더 감수하고 실험과 학습도 더 촉진된다는 연구 결과도 있다. 일단의 연구가들이 미국의 고등학교 1, 2학년 학생을 대상으로 '아인슈타인도 실패했다Even Einstein

Struggled'라는 제목의 연구를 진행하면서 알버트 아인슈타인Albert Einstein, 마리 퀴리Marie Curie, 벤젠을 발견한 영국의 화학자이자 물리학자 마이클 패러데이Michael Faraday같이 위대한 과학자들의 이야기를 들려주었다. 연구가들은 학생을 두 집단으로 나눠 한 집단에는 그 과학자들이 학문과 개인적인 삶에서 경험한 어려움을 알려준 반면 다른 집단에는 그들이 이룬 과학적인 업적만 강조했다. 이후 두 집단의 과학 성적을 대조해 보니 위대한 과학자들이 경험한 곤경에 관해 알게 된 학생들만이 연구 이전보다 성적이 좋아졌다.[21]

이런 모든 사례가 보여주듯 실패와 실수가 용납된다는 문화적 메시지는 구성원들이 학습 성향을 개발하고 적극적으로 실험하도록 지지한다. 따라서 이러한 메시지는 조직의 관리자들이 수용하고 실천하며 다른 사람들과 공유해야 하는 가장 중요한 가치 중 하나다. 그렇게 하면 조직 구성원만이 아니라 조직 전체가 학습하고 성장하는 결과를 얻을 수 있다.

조직컨설턴트 밥 에커트Bob Eckert는 조직이 더욱 혁신적으로 변하도록 도와주는 코칭서비스업체 뉴앤드임프루브드New & Improved의 공동창업자이자 CEO다. 2015년 에커트와 그의 팀은 구성원들이 자신의 실수에서 가치를 찾도록 팀 리더가 도울 수 있는 방법을 회사 블로그에 소개했다. 그들은 앞으로 당신의 팀이 커다란 실수나 실패나 좌절을 경험할 때 관리자로서 어떻게 해야 하는지를 알려준다. 팀 구성원을 한자리에 모아 아래의 네 가지 질문으로 사후 성찰을 시도하라.

- 당신은 이 일에서 무엇을 잘했습니까?

- 당신은 이 일에서 무엇을 다르게 할 수 있었을까요?

- 당신은 이 일에서 어떤 교훈을 얻었습니까? 또는 무엇을 다시 배웠습니까?

- 당신은 다음번에 어떤 교훈을 실천하겠습니까?

이번 성찰의 핵심은 마지막 문장의 '다음번'이라는 단어에 있다. 이것은 당신이 동굴로 숨어들고 앞으로는 새로운 무언가를 절대 시도하지 않겠다는 뜻이 아니다. 오히려 성공할 때까지 끈기를 가지고 인내하며, 계속 시도하면서 결코 포기하지 않겠다는 의지를 보여준다.[22] 나는 '다음번'의 조언을 포함해 위의 질문을 모두 좋아한다. 이 질문들이 미래에 더 잘하기 위해 좋든 나쁘든 삶의 모든 경험을 활용하자는 진정한 성장 마인드셋을 보여주기 때문이다.

상사가 주변 사람들에게 성공만이 아니라 문제, 실수, 실패에 관한 피드백과 이를 해결해 줄 만한 정보를 알려달라고 지속적으로 부탁한다면 자칫 영원히 묻혔을지도 모를 결정적인 정보를 발견할 수 있다. 특히 고객의 선호도 변화, 숨은 경쟁자, 조직의 미래에 영향을 미칠 신기술 등 그 과정에서 드러나는 각종 사안이 조직의 미래 성공에 절대적인 영향을 미칠지 누가 알겠는가. 문제는 그런 사안을 표면화하는 일이 조직 문화에 크게 좌우된다는 점이다. 지속적인 성장과 학습을 지지하는 문화에서는 각종 사안이 수면 위로 쉽게 드러나겠지만 인재 제일주의 문화에서는 이런 사안이 과소평가되고 방치되며 심지어 장기적으로 더 큰 문제로 번질 가능성이 크다.[23] 이렇기 때문에 조직의 성향이 중요하다. 학습 조직은 구성원들이 각종 사안을 제기하고 자신의 실수를 솔직하게 말하도록 장려한다. 그리하여 구성원 각자는 물론이고 조직 전체가 그런 실수에서 배우게 된다.

당신은 성장을 촉진하는 리더일까

리더는 구성원들에게 성장의 귀감이자 훌륭한 롤 모델이 되어야 한다. 그러려면 어떻게 해야 할까? 아래 여섯 가지를 실천하면 당신도 성장의 본보기가 될 수 있다.

1. 당신의 한계와 약점, 잘못과 실수를 솔직하게 인정하라.
2. 당신이 언제 어떤 교훈을 배웠는지 경험을 공유함으로써 학습에 관한 타의 모범이 되어라.
3. 팀 구성원 각자의 강점과 그들이 기여한 부분을 집중 조명하라. 그들 각자가 무엇에 기여하고 있는지 알려 강점을 장기적으로 발달시킬 틀을 놓아주어라.
4. 불확실성에 정당성을 부여하라. 무슨 일이 벌어질지 당신이 몰라도 문제가 안 된다면 그 사실을 솔직하게 인정하되 팀 전체가 힘을 합쳐 맞설 수 있다는 자신감을 드러내라.
5. 팀 구성원들의 자기 계발을 지원하라. 무언가를 배운다는 전제하에 실수해도 좋다는 메시지를 명확히 보여주어라.
6. 피드백을 구하라. 당신의 리더십에 관한 구성원들의 생각과 의견을 늘 환영한다는 점을 명확히 알려주어라.

리더의 이런 행동이 직원들의 성장과 몰입을 촉진한다는 점을 입증한 연구가 있다. 특히 마이크로소프트에서처럼 조직 전체가 성장에 집중하는 경우는 당연하고, 극단적으로 직원을 압박하지 않고 리더의 행동에 진심이 담겨 있는 경우에는 더욱 그렇다고 한다.[24]

조직 문화를 성공적으로 바꾸는 일은 긴 여정이며 성공을 측정하기도 가끔은 매우 어렵다. 하지만 현재로서는 '모든 것을 알아야 한다.'라는 경쟁 중심 문화에서 '누구든 배우면 된다.'라는 성장 중심 문화로 마이크로소프트를 바꾸려는 사티아 나델라의 노력에는 합격점을 줘도 무리가 없다. 솔직히 나델라가 마이크로소프트에 엄청난 은혜를 베푼 듯하다. 오늘날 마이크로소프트는 더 이상 IT업계의 거북이가 아니다. 지난 2년간 토끼처럼 달려 세계에서 가장 가치 있는 1위 기업의 왕좌를 탈환할 기회를 호시탐탐 노렸다. 또한 가까운 미래에 시가총액 2조 달러 이상을 달성할 것이 유력하다(마이크로소프트는 2021년 6월 애플에 이어 인류 역사상 두 번째로 시가총액 2조 달러를 달성했다-옮긴이). 요컨대 마이크로소프트는 모든 척도에서 재기에 성공했다.

경제 잡지 〈포브스*Forbes*〉의 칼럼니스트이자 기업문화분석가Corporate Culture Analyst인 카테리나 불가렐라Caterina Bulgarella는 마이크로소프트가 잠시나마 애플을 제치고 전 세계 시가총액 1위 기업에 오른 직후인 2018년 11월에 작성한 칼럼에서 마이크로소프트의 내부 변화에 관한 두 가지 통찰을 설명했다(마이크로소프트는 2018년 가장 가치 있는 기업 순위에서 애플과 아마존에 이어 3위였지만 그해 11월 장중 시가총액이 잠시 애플을 추월했다.-옮긴이). 불가렐라는 먼저 마이크로소프트가 좋은 문화를 구축한 것이 아니라면서 '자사의 새로운 전략에 필요한 역량'에 초점을 맞추었다고 주장했다. 그런 다음 이런 새로운 문화 자산이 마이크로소프트에게 재생 가능한 에너지의 원천을 제공한다는 해석을 내놓았다. 불가렐라의 말마따나 마이크로소프트가 학습하는 법을 배우고 있다면 이는 절대 고갈되는 가치가 아니다.[25]

학습하는 법을 배운다. 사티아 나델라가 마이크로소프트에 기여한 부분을 이보다 더 적절하게 표현한 말이 있을까? 불가렐라가 주장하듯 학습 마인드셋은 절대로 고갈되지도, 시대에 뒤처지지도, 닳아 없어지지도 않는 기업의 자산이다. 미래에 어떤 새로운 도전을 만나든 그런 태도가 조직을 지속적으로 재탄생시키기 때문이다.

우리는 각자의 방식으로 지속적인 학습과 개발과 성장을 자신이 속한 기업, 시민 단체, 가정, 다양한 지역 사회의 DNA에 주입하기 위해 노력한다. 학습 마인드셋만 있다면 우리는 이런 노력을 멈추지 않을 수 있다. 인도 출신의 한 소프트웨어 공학자가 있다. 그의 아들은 선천성 뇌성마비를 앓고 있다. 그 공학자는 아들이 직면하는 무수한 도전을 함께 극복하면서 공감이 무엇인지를 배웠고, 마이크로소프트 같은 공룡 기업의 문화를 일신하고, 그 기업의 심장을 다시 뛰게 만들었다. 그가 이렇게 했다면 우리가 관심을 둔 장소와 집단에서도 똑같은 일을 일으킬 수 있다. 이 사실은 당신이 개인적인 미래에 도전할 때나 당신의 조직에 유연함의 기술을 적용하려는 노력을 계속할 때 나침반이 되어줄 것이다.

성장하는 삶을 지속하기 위하여

나를 편견덩어리라고 불러도 좋다. 당신은 누군가를 향한 최고의 찬사가 무엇이라고 생각하는가? 나는 "당신은 평생토록 끊임없이 자신을 개발하고 개선했으며 성장하고 변화하고 진화했군요."라는 말을 최고의 찬사라고 생각한다. 당신이 열망하는 성장 안에 내가 '내용 중심 성장'이라고 부르는 목표를 넣어도 좋다. 코딩하는 법을 배우고, 새로운 외국어를 정복하고, 동호회를 조직하고, 공예 기술을 연마하고, 시인이 되는 활동 말이다. 하지만 당신이 가장 존경하는 롤 모델 같은 사람이 되고, 더 영향력 있는 리더가 되고, 동료들과 더 좋은 관계를 맺고, 궁극적으로 문제투성이인 세상에 긍정적인 변화를 가져다주고 싶다면 개인적인 성장은 매우 중요하다.

나는 이 책이 당신의 개인적인 성장 여정에서 출발점이 되어주기를, 당신의 삶에서 개인적으로 성장할 영역을 찾도록 동기를 심어주기를 간절히 희망한다. 개인적인 성장은 당신에게만 좋은 일이 아니다. 어떤 식으로든 주변 사람한테도 그 혜택을 확산하게 된다. 사람들에게 더욱 귀를 기울이고 그들이 자신의 의견을 당당히 말하도록 용기를 북돋울 수도, 사람들이 현명한 행동 방침을 따르도록 동기를 부여할 수도 있다. 또는 서로의 차이를 극복하고 갈등을 해결하도록 도울 여지도 크다. 이런 식으로 당신은 당신과 삶을 공유하는 모두에게 긍정적인 변화를 일으키는 존재가 된다.

이 책 전반에서 수차례 강조했지만 마지막으로 한 번만 더 말하겠다. 성장하려면 경험에서 학습하는 법을 반드시 배워야 한다. 명언 제조기로 유명한 존 맥스웰은 다음과 같이 멋지게 표현한다.

"변화는 필수요 성장은 선택이다."[1]

좋은 삶에 안주하다 보면 오히려 삶의 핵심에서 멀어진다. 당신이 모든 것의 답을 알고 삶을 완벽하게 계획했다고 생각한 바로 그 순간 당신의 대답에 의문을 제기하고 계획을 엉망으로 만드는 악재가 터진다. 예상치 못하게 해외 근무라는 날벼락을 맞고, 갑작스러운 질병이나 비극적인 죽음으로 집안에 어두운 그림자가 드리울지도 모른다. 또한 업계 상황이 변한 탓에 당신이 보유한 전문 지식이 한순간에 구식으로 전락할 위험도 있고, 뜻밖의 승진으로 생각조차 못 했던 기술이 당장 필요하게 될지도 모른다. 그뿐 아니다. 아무런 준비도 없이 다양한 새로운 경험 앞에 던져져 무기력한 기분을 느낄지 누가 알겠는가.

당신이 이런 식의 도전에 어떻게 반응할지는 오직 자신에게 달려 있다. 나는 당신이 그것을 배우고 성장할 기회로 만들기를 간절히 바란다. 물론 그렇게 하려면 용기와 단호한 결의가 필요하다. 하지만 당신이 따를 계획과 의지할 체계가 있다면 천군만마가 부럽지 않다. 그런 계획과 체계가 바로 이 책에서 소개하는 유연함의 기술이다.

커다란 혼란이나 외상적 사건을 경험하면 그것에서 학습하고 성장해야 옳다. 그렇다고 꼭 그런 상황에서만 학습하고 성장해야 한다는 말이 아니다. 우리의 업무 상황이 평소와 다르지 않고 삶이 잘 정돈되어 있다고 생각할 때도 우리는 자신을 개발할 수 있고 또 마땅히 그래야 한다. 운동을 해 건강을 지키듯 유연함의 기술을 이용해 정신과 감정을 단련하면 어떤 환경에서도 당신의 강점, 회복 탄력성, 민첩성, 적응력을 모두 강화할 수 있다. 이 특성들은 시간과 에너지를 규칙적으로 투자할 가치가 충분하다. 아리 웨인즈웨이그의 말을 새겨듣자.

"사람들은 시간이 없어 운동을 못 한다고 말하지만 운동하는 사람은 늘 시간을 만들어 냅니다. 게다가 그런 사람이 더 많이 성취하는데 기분이 더 좋아지기 때문이죠. 학습도 신체 운동과 똑같은 효과를 냅니다. 학습은 당신의 정신 건강을 위해 하는 운동입니다. 물론 학습한다고 해서 완벽해지지는 못합니다. 하지만 운동이 그렇듯 학습할 때도 신이 나고 좋은 에너지가 생성됩니다. 심지어 학습할 기회를 더 찾고 싶어지죠. 나는 보통 한 주에 80시간~90시간을 일하는데도 책 읽을 시간은 충분합니다."

가장 성공한 사람은 자신의 삶에서 끊임없이 학습하고 성장할 방법을 찾는다. 유연함의 기술이 내미는 손을 잡아 지속적인 학습과 성장을 당신의 일부로 만들어라.

유연함의 기술은 성장하려면 반드시 마주해야 하는 자신의 취약점을 다룰 때도 도움이 된다. 참된 성장 중에는 자신의 취약점을 반드시 마주하게 된다. 성장과 취약점의 관계에 관한 보석 같은 명언은 많다. 그중 나는 시인 데이비드 화이트가 들려주는 이야기를 특히 좋아한다. 그는 무한한 열정을 강요하는 우리의 허슬 문화에 관해 가장 심오한 통찰을 보여준다.

속도가 우리의 핵심 역량이자 가장 중요한 정체성이 되었다. 우리는 지금처럼 바쁘게 일하는 습관을 포기한다면 자신에게 어떤 힘이 주어질지 전혀 모른다. 게다가 우리는 진정한 모든 성장이 자신의 취약점을 마주하고 고통을 거쳐서 나타난다는 사실을 오래전에 직관적으로 깨달았다. 그렇기 때문에 우리는 자신을 바쁘게 몰아대기 시작했다. 그래야 자신의 취약점과 고통에서 최대한 멀리 떨어질 수 있기 때문이다.[2]

성장하기 위해서는 자신이 누구인지 더 깊이 탐구해야 한다. 또한 더 나아지기 위한 노력에 따라오는 위험을 감수해야 하고 자신이 덜 완벽하다고 생각해야 한다. 그리고 개선이 필요한 마음과 정신 영역을 인지하고 해부해야 한다. 학습 마인드셋으로 자신을 무장하면 가끔은 고통을 안겨주는 그런 도전을 더 수월하게 헤쳐 나갈 수 있다. 그뿐 아니다. 그런 도전 앞에서 유희적인 호기심과 탐구 정신을 유지하는 힘도 생긴다.

사람들이 성장을 통해 가장 효율적인 자아를 실현하도록 돕는 일은 나의 목표이자 내 삶을 충만하게 해준다. 물론 사람마다 효율을 다르게 정의하겠지만 말이다. 당신이 이 책에서 그런 성장을 어떻게 달성할지에 관한 아이디어를 찾았다면, 그리고 삶의 모든 경험에서 그 경로를 계속 따르도록 해줄 체계적인 방법을 찾았다면 나의 가장 큰 바람이 이루어졌다.

이제 모든 건 당신에게 달렸다. 부디 성장의 날개를 달고 화려하게 비상하기를 기원한다.

| 감사의 말 |

오래 미루던 숙제를 마친 기분이다. 지난 몇 년간 동료와 제자들이 책을 출간해서 좋은 평가를 받고 세상에 영향을 미치는 모습을 지켜봤다. 내 가슴속에도 책을 쓰고 싶다는 열망이 있었다. 그렇지만 나는 엄두를 내지 못했고 도돌이표에 갇혀 있었다. 책을 내고 싶다는 생각에 시장 조사차 서점을 찾았다가 세상에 이미 책이 넘쳐나는데 나까지 보탤 필요가 있겠느냐며 작가의 꿈을 접곤 했다. 이런 과정을 몇 차례 되풀이한 후에야 세상에 책이 많을지 몰라도 내 책은 한 권도 없고 나도 세상에 들려주고 싶은 이야기가 있다는 사실을 깨달았다. 그 길로 나는 책상에 앉아 컴퓨터를 켜고 대장정을 시작했다. 수많은 사람이 나를 도와주고 영감을 주면서 동행해 준 환상적인 여행이었다.

먼저 내가 얼마나 운이 좋은지 말하고 싶다. 나는 내 경력 중 상당 기간을 미시간대학교의 유명한 관리·조직학과의 일원으로 살아왔다.

끊임없이 성장하라고 자극하는 이곳은 그야말로 성장을 위한 온실이었다. 지난 세월 나의 최우선 목표는 훌륭한 롤 모델이었던 학과 동료들에게 누가 되지 않도록 그들과 발맞춰 달리는 것이었다. 교내에 리더십 프로그램을 퍼뜨릴 때도, 조직학 연구를 향한 긍정적인 관점을 포함해 새로운 물결을 일으킬 때도, 비즈니스 세상에 전반적인 사회적 책임을 요구할 때도 그들은 자신이 아니라 다른 사람들과 더 큰 대의에 기여하기 위해 노력했다. 내 경력의 대부분을 이토록 훌륭한 사람들 속에서 보낼 수 있었으니 크나큰 행운이다.

이번 여정에서 나의 첫 동행은 로스경영대학원 동료 스콧 데루였다. 이 책에서 이미 많이 이야기했지만 나는 그와 날것 상태인 아이디어에 살과 뼈를 붙여 실질적인 결과물로 탄생시켰다. 이 책을 구상하던 초창기의 하루하루는 내게 행복한 기억으로 영원히 남을 것이다. 조교수로 우리 학과에 합류했던 데루가 최단기간에 로스경영대학원 학장으로 취임하는 바람에 우리의 동행은 끝나버렸다. 그가 이 책의 공저자가 되지 못해 참으로 아쉽다.

그런 초창기에 엄청난 열정으로 우리를 도와준 대학생 4인방이 있다. 세라 블레겐Sarah Blegen, 그레이스 게일Grace Gale, 니콜 재블론Nicole Jablon, 매기 메이Maggie Mai다. 그들이 각자 존경하는 사람들을 인터뷰해서 들려준 학습과 성장 이야기는 많은 부분에서 이 책의 밑거름이 되었다. 참, 팀 제지세크Tim Jezisek도 한 사람을 인터뷰해서 도움을 주었다. 특히 매기 메이는 인터뷰 내용을 코드화하고 나중에 쉽게 찾을 수 있도록 체계를 구축하는 데까지 손을 보태주었다. 이 책을 쓰는 동안 그 체계가 얼마나 유익했는지 이번 기회에 꼭 말하고 싶다. 또한 경영대학원을 졸업한 그해 여름 인터뷰를 추가로 진행해서 이 책의 내용을 풍성하게 만들어준 사랑스러운 애슐리 프리먼Ashlyee Freeman에게도 감사 인사를 전한다.

자신의 귀한 시간과 지식을 나눠준 인터뷰이Interviewee에게도 고개 숙여 감사드린다. 한 번 이상 인터뷰에 응해준 이들도 있었으나 지면 관계상 책에 다 싣지 못했다. 이 점 양해를 구하고, 당신들이 들려준 이야기가 이 책의 내용과 배경 이론에 많은 영향을 주었다는 점을 알아주시기를 바란다. 당신들의 진솔함과 관대함에 절로 고개를 숙이게 된다. 한편 코칭 방법론과 유연함의 기술이 환상의 짝꿍이라는 사실을 일깨워 준 두 명의 훌륭한 경영자코치 카린 스타워키와 샤나즈 브루섹에게 특별히 고맙다는 말을 하고 싶다. 아울러 유연함의 기술의 기본 아이디어들의 가치를 알아보고 각자의 직장에서 직접 실천해 준 크리스 머치슨과 토미 와이드라에게도 심심한 감사를 전한다.

이 책은 명목상으로 스콧 데루와의 공동 연구로 시작했지만 유연함의 기술에는 내가 수십 년간 연구한 아이디어들이 모두 들어가 있다. 먼저 나는 세 사람이 없었다면 피드백의 참맛을 제대로 알지 못했을 것이다. 피드백이라는 흥미로운 활동을 탐험하기 시작한 초기에 인연을 맺은 앤 추이Anne Tsui와 그레그 노스크래프트Greg Northcraft 그리고 나중에 합류해 피드백을 향한 내 관심을 되살려 준 캐틀린 더 스토벨레이르Katleen De Stobbeleir다. 다음으로는 성장 마인드셋과 학습 성향을 리더십에 적용하도록 도와준 끈기의 화신 피터 헤슬린, 로런 키팅Lauren Keating, 줄리아 리 커닝햄Julia Lee Cunningham, 로라 손데이Laura Sonday에게 감사드린다. 마지막으로 성찰과 관련해 감사 인사를 받을 사람은 매디웅Maddy Ong과 유타 빈들Uta Bindl과 헨리크 브레스먼Henrik Bresman이다. 웅은 직무와 성찰의 관계를 깊이 탐험하는 내 여행을 처음부터 같이했고 빈들과 브레스먼은 나중에 그 여행에 동참해서 함께 완주했다. 그 여행 내내 지적인 공동체 의식, 추진력, 탁월한 아이디어, 유머 감각을 유감없이 발휘해 준 환상적인 세 짝꿍에게 진심 어린 감사를 보낸다.

이 책이 나오기까지 기여해 준 많은 사람에게도 큰절을 드린다. 그들의 노력이 없었더라면 이 책은 세상에 나오지 못했을 것이다. 개발편집자Developmental Editor 칼 웨버Karl Weber는 훌륭한 작가일 뿐 아니라 이 책을 집필하는 동안 내가 언제든 기댈 수 있는 위대한 멘토였다. 일반 독자가 쉽게 이해할 수 있게 마법을 부리며 이 책의 요소들을 바꿔 주는 그의 솜씨를 보면 감탄사가 절로 나왔다. 또한 이제야 용기를 내어 늦깎이 작가로 데뷔하는 내게 과감히 승부수를 띄운 보물 같은 에이전트 레일라 캠폴리Leila Campoli에게도 갚기 힘든 신세를 졌다. 캠폴리의 지식, 긍정적인 기운, 기개, 뛰어난 영업력이 이 책의 운명에 지대한 영향을 미쳤다. 하퍼콜린스HarperCollins 출판사에서 캠폴리 못지않게 유능한 리베카 래스킨Rebecca Raskin을 알게 된 것도 그런 운명 중 하나였다. 나는 래스킨과 손잡고 얼마 지나지 않아 내 책의 편집자가 된 것을 왜 그토록 좋아하는지 물었다. 래스킨은 뜬금없는 내 질문에 생뚱맞다는 표정을 짓더니 이내 어깨를 으쓱하고는 열정을 담아 말했다.

"난 단지 세상에 당신의 책이 필요하다고 생각할 뿐이에요!"

내게는 래스킨의 대답이 세상 어떤 말보다 큰 의미가 있었다. 래스킨의 섬세한 손끝에서 탄생한 편집본에는 늘 깊은 배려가 묻어 있었고 버릴 게 하나도 없었다. 심지어 래스킨의 문장 또는 질문 한 줄이 때로는 문단과 단락 전체를 재고하는 계기가 되었다. 게다가 이 책을 향한 래스킨의 무한한 열정에 나도 전염되었다. 래스킨과의 모든 대화는 그 야말로 즐거운 경험이었다.

내 원고는 데이비드 체서노David Chesanow가 훌륭하게 교열해 준 덕분에 새 생명력을 얻었다. 내 원고를 교열한 직후 전직한 래스킨의 배턴을 이어받은 편집의 연금술사 홀리스 하임바우치Hollis Heimbouch, 이 책의 홍보와 마케팅을 이끌었던 닉 데이비스Nick Davies와 로라 콜Laura Cole, 선임제작편집자Senior Production Editor 데이비드 코럴David Koral 등에게도 내 진심이 닿길 바란다. 그들의 뛰어난 기술과 열정과 도움에 온 마음으로 감사한다.

나는 로스경영대학원의 마케팅·커뮤니케이션 부서Marketing and Communications Department 전체에도 고맙다는 말을 하고 싶다. 그중 밥 니덤Bob Needham은 나를 볼 때마다 책이 언제 출간되는지, 순조롭게 진행되는지를 물어주었을 뿐 아니라 자신이 도울 일이 있으면 언제든 알려달라는 말을 잊지 않았다.

이 책과 직업적으로 얽히지 않은 멋진 여성 지지자 군단도 소개하고 싶다. 먼저 이 책에도 등장했던 내 세 딸은 열정으로 똘똘 뭉친 든든한 지원군이었다. 특히 나를 누구보다 믿고 엄마가 책을 쓴다는 사실만으로도 마냥 행복했던 막내딸 매디는 내가 이 책에 용기의 마지막 한 방울까지 담도록 동기를 심어주었다. 또한 책의 진척 사항을 예의 주시하면서 내가 앞으로 나아갈 때마다 제 일처럼 기뻐했다. 내 친한 친구 제인 더튼은 이 책을 준비하는 내내 끊임없는 열정과 지지를 보내주었다. 박사 과정을 시작하자마자 시작된 더튼과의 우정은 내게 더없는 축복이었고 나는 이 우정을 언제까지나 아끼고 귀하게 여길 것이다. 내가 남아프리카공화국에서 이 책을 집필하고 돌아와 코로나바이러스 때문에 집에만 머물며 힘든 시기를 보내는 동안 우리는 수시로 통화했다. 나는 더튼과의 통화에서 계속 나아가자는 힘을 얻었다. 더러는 내가 예상하지 못한 방향으로 이 책이 나아가기도 했다. 결정적인 고비마다 내 곁을 지켜준 샐리 메이틀리스Sally Maitlis는 사려 깊은 유머와 예리한 통찰로 엄청난 도움을 주었다. 수많은 프로젝트에서 나와 손발을 맞춘 새로운 파트너 브리아나 카자Brianna Caza는 특유의 밝은 성격으로 제대로 축하할 줄 아는 사람이다. 내가 카자에게서 이토록 많은 관심과 열정과 지지를 받을 자격이 있는지 잘 모르겠지만 늘 감사하게 생각한다. 카자에게 진심으로 고맙다는 말을 하고 싶다.

이 책에 나보다 더 큰 열정을 보여준 사람들에게도 깊이 감사드린다. 옛 제자들인 스콧 소넌샤인Scott Sonenshein과 애덤 그랜트Adam Grant는 연구와 과학을 실질적 지식으로 전환하는 일에서 우리 대부분보다 훨씬 앞서 있다. 그들은 절묘한 순간에 불쑥 나타나 나를 골리더니 용기를 북돋고 조언해 주었다. 그것이 내게는 엄청난 의미가 있다. 잘 키운 제자 한 명이 손님 열 명 안 부럽다 하는데 나는 그런 제자가 둘씩이나 있으니 정말 감사할 일이다. 소넌샤인과 그랜트 말고도 한결같은 믿음으로 내게 조언과 지지를 아끼지 않았을 뿐더러 귀중한 인연까지 소개해 준 사람들도 있었다. 젠과 잔피에로 페트리글리에리Jen and Gianpiero Petriglieri 부부, 허미니아 아이바라, 캐틀린 더 스토벨레이르이다. 이 책이 내게 선물한 또 다른 보석인 돌리 츄Dolly Chugh는 분초를 다툴 만큼 바쁘면서도 나를 만나 정보를 제공하려 했다. 츄의 의지는 마르지 않는 샘 같았다. 더구나 나와 레일라 캠폴리를 츄가 이어주었으니 사실상 이 모든 일이 츄에게서 시작했다고 봐도 틀리지 않는다. 동료이자 나와 같은 길을 가던 에단 크로스는 또 어떤가. 나보다 조금 일찍 여정을 마친 크로스는 자신의 모든 지식을 너그러이 나누어 주었고 무조건적인 지지를 보내주었다. 나는 이들 모두가 베풀어 준 은혜를 평생 다 갚지 못할 것이다.

집필은 외로운 작업이다. 그래서 내 작업에 따뜻한 관심을 보여준 모든 사람에게 더욱 감사한다. 나는 상대가 먼저 묻지 않으면 절대로 내 책 이야기를 꺼내지 않는다는 철칙을 고수했다. 언제 끝날지 모르는 무언가에 관해 끊임없이 말하는 사람이 되고 싶지 않아서였다. 이심전심인지 내 책에 관해 먼저 물어봐 준 이들이 있었다. 내 형제자매, 독서 클럽 회원들, 앤아버에 사는 친구들, 고등학교 동창들. 나는 그들에게 내 책에 관해 이야기할 때마다 많은 힘을 얻었다.

이 책이 나오기까지 꼬박 2년이 걸렸다. 두 해 모두 평범한 시간은 아니었다. 1년은 안식년이었고 또 1년은 코로나바이러스로 온 세상이 몸살을 앓던 시기였다. 그랬던 터라 집필에 집중할 수 있는 공간이 허락되어 얼마나 행운인지 모르겠다. 남아프리카공화국 수도 프리토리아에 있던 손바닥만 한 아파트, 안식년 중에 일과 하이킹을 병행하며 머물렀던 국립공원 외곽의 싸구려 모텔들, 캘리포니아에 있는 내 여동생 패트Pat의 집, 코로나바이러스가 대유행하고 처음 다섯 달 동안 칩거했던 앤아버의 우리 집 뒷방 침대, 마침내 일광욕실에 마련한 서재. 특히 전용 서재가 생긴 후로는 코로나바이러스로 인한 재택 기간 동안 집필에 열중할 수 있었다. 나는 장소를 특별히 여기는 사람이다. 나는 앞으로 내 책을 볼 때마다 지난 특별한 시간과 공간을 떠올리고 내게 온 행운에 감사할 것이다. 영원히.

마지막 감사를 남편 짐 Jim에게 바친다. 그와 나는 2020년 코로나 바이러스 대유행으로 사실상 외출이 불가능했던 처음 몇 달간 하루 24시간을 껌딱지처럼 붙어 지냈다. 그때 외에도 그는 내 인생의 대부분을 함께한 영원한 동반자이다. 내 남편은 팔 근육 운동 자세를 취해보라며 유연성으로 나를 놀린 첫 번째 사람이었다. 물론 마지막 사람은 아니지만 말이다. 이 책에 집중할 수 있는 공간을 만들어 준 남편에게 고마움과 사랑을 전한다. 여보, 이제 당신도 초고를 읽어볼 수 있겠어.

| 프롤로그 |
왜 유연함의 기술이 필요한가

1. 이 책에서 소개하는 사례의 상당수는 저자와 그의 제자들이 인터뷰한 사람들의 실제 경험에 토대를 두었다. 그들은 물론이고 타 관련자의 개인정보를 보호하기 위해 익명을 요청하는 경우에는 이름을 비롯해 세부 신상 정보를 수정해 표기했다.

2. 저자는 애초에 동료 스콧 데루와 함께 '마음챙김에 기반한 몰입Mindful Engagement'이라는 주제로 유연함의 기술 개념을 연구하기 시작했으며 당시 유연함의 기술은 리더십 개발로 적용 범위가 철저히 제한되었다. 저자와 스콧의 공동 연구는 다음 자료에서 확인할 수 있다. Susan. J. Ashford and D. Scott DeRue, "Developing as a Leader: The Power of Mindful Engagement," *Organizational Dynamics* 41, no. 2, 2012, 146-54. 한편 이 책에서는 리더로서 성장하는 것은 물론이고

더 좋은 배우자와 부모가 되고 자신이 가장 원하는 사람이 되
는 등 일과 삶 모두에서 목표를 이루기 위해 유연함의 기술을
다양하게 활용하는 방법을 탐구한다. 개인적 효율은 사실상
좋은 리더의 필수 조건이기 때문에 유연함의 기술은 리더십과
도 높은 관련이 있다.

3. 애자일 개발방법론에서 스프린트는 특정한 일이 완벽히 종
료되는 작업 단위로 이후에는 해당 기간 동안 개발된 기능
을 검토하고 피드백을 수렴하는 과정으로 이어진다(https://
searchsoftwarequality.techtarget.com/definition/Scrum-
sprint). 유연함의 기술에서 스프린트는 자신이 정한 목표를 달
성하기 위한 노력으로 일정 기간 동안 특정한 영역에서 자기
계발에 초점을 맞추겠다고 계획한다는 뜻이다.

4. Jerry Colonna, *Reboot: Leadership and the Art of
Growing Up*(New York: HarperCollins, 2019).

5. Abraham H. Maslow, *The Psychology of Science: A
Reconnaissance*(New York: Harper & Row, 1966), 22.

6. Andrew Nusca, "IBM's Rometty: 'Growth and Comfort
Don't Coexist,'" Fortune.com, October 7, 2014, https://
fortune.com/2014/10/07/ibms-rometty-growth-and-
comfort-dont-coexist/.

7. E. Tory Higgins, "Beyond Pleasure and Pain," *American
Psychologist* 52, no. 12, 1997, 1280.

8. Scott Sonenshein, Jane E. Dutton, Adam M. Grant, Gretchen
M. Spreitzer, and Kathleen M. Sutcliffe, "Growing at Work:
Employees' Interpretations of Progressive Self-Change in

Organizations," *Organization Science* 24, no. 2, 2013, 552–70. 567쪽에서 인용함.

9. Anne Lamott, *Dusk, Night, Dawn: On Revival and Courage*(New York: Riverhead Books, 2021), 136.

10. Sonenshein, Dutton, Grant, Spreitzer, and Sutcliffe, "Growing at Work," 567.

11. Dan P. McAdams, "The Psychology of Life Stories," *Review of General Psychology* 5, no. 2, 2001, 100–122.

12. Sonenshein, Dutton, Grant, Spreitzer, and Sutcliffe, "Growing at Work," 565.

| 1장 |
경험은 가장 훌륭한 스승: 유연한 사람만이 경험에서 배운다

1. Gail S. Robinson and Calhoun W. Wick, "Executive Development That Makes a Business Difference," *Human Resource Planning* 15, no. 1, 1992, 63-76.

2. Meena Wilson and Jeffrey Yap, "Grounding Leadership Development: Cultural Perspectives," *Industrial and Organizational Psychology* 3, 2010, 52-55.

3. Cynthia D. McCauley, Marian N. Ruderman, Patricia J. Ohlott, Jane E. Morrow, "Assessing the Developmental Components of Managerial Jobs," *Journal of Applied Psychology* 79, no. 4, 1994, 544.

4. Lisa Dragoni, Paul E. Tesluk, Joyce E. A. Russell, and In-Sue Oh, "Understanding Managerial Development: Integrating

Developmental Assignments, Learning Orientation, and Access to Developmental Opportunities in Predicting Managerial Competencies," *Academy of Management Journal* 52, no. 4, 2009, 731-43.

5. D. Scott DeRue and Ned Wellman, "Developing Leaders via Experience: The Role of Developmental Challenge, Learning Orientation, and Feedback Availability," *Journal of Applied Psychology* 94, no. 4, July 2009, 859-75.

6. Morgan W. McCall Jr., "Peeling the Onion: Getting Inside Experience-Based Leadership Development," *Industrial and Organizational Psychology* 3, no. 1, March 2010, 61-68쪽에서 발췌함.

7. Ellen J. Langer, *Mindfulness* (Reading, MA: Addison-Wesley, 1989). 15쪽에서 인용함.

8. '왜냐하면'의 영향력에 관한 내용은 엘런 랭어의 연구에 기초한다. 자세히 알고 싶다면 랭어의 두 저서를 참조하라. *Mindfulness* and *The Power of Mindful Learning* (Boston: Da Capo, 2016).

9. Bryan E. Robinson, "The 'Rise and Grind' of Hustle Culture," *Psychology Today*, October 2, 2019, https://www.psychologytoday.com/us/blog/the-right-minset/201910/the-rise-and-the-grind-hustle-culture.

10. James E. Loehr and Tony Schwartz, *The Power of Full Engagement: Managing Energy, Not Time, Is the Key*

to High Performance and Personal Renewal(New York: Simon & Schuster, 2005).

11. David V. Day, "The Difficulties of Learning from Experience and the Need for Deliberate Practice," *Industrial and Organizational Psychology* 3, 2010, 41-44. 41쪽에서 인용함.

12. Bannon Puckett, "Morehouse's President Discusses the Seeds and the Soil of Cultivating Diversity on EDU: Live," 2U, March 2, 2021, https://2u.com/latest/morehouse-president-david-thomas-discusses-seeds-soil-cultivating-diversity-edu-live/.

| 2장 |
학습을 부르는 마인드셋: 경험은 학습의 어머니다

1. 캐롤 드웩은 베스트셀러 저서 《마인드셋: 스탠퍼드 인간 성장 프로젝트 원하는 것을 이루는 태도의 힘*Mindset: The New Psychology of Success*》(New York: Ballantine, 2007)에서 자신과 세상에 관한 이런 두 가지 상반된 관점을 '고정형 사고방식'과 '성장형 사고방식'이라고 부른다. 한편 전문가마다 이와 비슷한 개념에 제각기 다른 명칭을 부여하는데 저자는 본문에서 밝힌 대로 '성과 증명 마인드셋'과 '학습 마인드셋'이라고 지칭한다. '성과 증명'이라는 말이 자신의 성취를 주변에 보여주며 이를 증명하고 싶은 강박적 집착의 의미를 더 명확히 담아내기 때문이다.

2. Peter A. Heslin and Lauren A. Keating, "In Learning

Mode? The Role of Mindsets in Derailing and Enabling Experiential Leadership Development," *Leadership Quarterly* 28, no. 3, 2017, 367-84. '프롤로그'의 주석 2번에서 말했듯 저자와 스콧 데루는 마음챙김에 기반한 몰입 과정을 논문으로 발표했다("Developing as a Leader: The Power of Mindful Engagement," *Organizational Dynamics* 41, no. 2, 2012, 146-54를 참조하라.). 헤슬린과 키팅의 이 공동 논문은 그런 몰입 과정에서 나타나는 모든 행동에 학습 마인드셋이 어떤 식으로 영향을 미치는지를 첫 번째로 설명했다. 이 책에서 저자는 유연함의 기술을 구현하는 필수 요소로 학습 마인드셋을 강조할 뿐 아니라 유연함의 기술을 구성하는 다른 모든 접근법에서 학습 마인드셋이 얼마나 중요한지 헤슬린과 키팅의 연구에 근거하여 설명한다.

3. 이 연구에 관해 최근 발표된 리뷰 논문이 있다. Don Vandewalle, Christina G. L. Nerstad, and Anders Dysvik, "Goal Orientation: A Review of the Miles Traveled and the Miles to Go," *Annual Review of Organizational Psychology and Organizational Behavior* 6, 2019, 115-44.

4. Laura J. Kray and Michael P. Haselhuhn, "Implicit Negotiation Beliefs and Performance: Experimental and Longitudinal Evidence," *Journal of Personality and Social Psychology* 93, no. 1, 2007, 49.

5. Aneeta Rattan, Catherine Good, and Carol S. Dweck, "'It's OK—Not Everyone Can Be Good at Math': Instructors with an Entity Theory Comfort (and

Demotivate) Students," *Journal of Experimental Social Psychology* 48, no. 3, 2012, 731–37.

6. Lisa Dragoni, Paul Tesluk, Joyce E. A. Russell, and In-Sue Oh, "Understanding Managerial Development: Integrating Developmental Assignments, Learning Orientation, and Access to Developmental Opportunities in Predicting Managerial Competencies," *Academy of Management Journal* 52, no. 4, 2009, 731–43.

7. Juliana G. Breines and Serena Chen, "Self-Compassion Increases Self-Improvement Motivation," *Personality and Social Psychology Bulletin* 38, no. 9, 2012, 1133–43.

8. Klodiana Lanaj, Remy E Jennings, and Susan. J. Ashford, "When Self-Care Begets Other Care: Leader Role Self-Compassion and Helping at Work"(working paper, University of Florida, 2020).

9. Jennifer S. Beer, "Implicit Self-Theories of Shyness," *Journal of Personality and Social Psychology* 83, no. 4, 2002, 1009.

| 3장 |
성과와 성장, 두 마리 토끼를 모두 잡는 법: 유연성 강화 목표에 학습 초점을 맞춰라

1. James E. Maddux and June Price Tangney, eds., *Social Psychological Foundations of Clinical Psychology*(New York: Guilford Press, 2011), 122.

2.   George T. Doran, "There's a S.M.A.R.T. Way to Write Management's Goals and Objectives," Management Review 70, no. 11, 1981, 35–36.

3.   Tamao Matsui, Akinori Okada, and Takashi Kakuyama, "Influence of Achievement Need on Goal Setting, Performance, and Feedback Effectiveness," *Journal of Applied Psychology* 67, no. 5, 1982, 645–48.

4.   Gerard H. Seijts and Gary P. Latham, "Learning Versus Performance Goals: When Should Each Be Used?," *Academy of Management Perspectives* 19, no. 1, 2005, 124–31.

5.   Gabriele Oettingen, Hyeon Ju Pak, and Karoline Schnetter, "Self-Regulation of Goal Setting: Turning Free Fantasies About the Future into Binding Goals," *Journal of Personality and Social Psychology* 80, no. 5, 2001, 736–53.

6.   Charles S. Carver and Michael F. Scheier, *On the Self-Regulation of Behavior* (Cambridge, UK: Cambridge University Press, 2001).

7.   아리 웨인즈웨이그는 비즈니스와 리더십에 관한 번득이는 통찰을 담아 총 네 권의 저서를 발표했다. *A Lapsed Anarchist's Approach to Building a Great Business; A Lapsed Anarchist's Approach to Being a Better Leader; A Lapsed Anarchist's Approach to Managing Ourselves;* and *A Lapsed Anarchist's Approach to the Power of*

Beliefs in Business.

8. 앤드루 카튼은 다수의 논문에서 기업 리더가 좋은 비전을 구축할 수 있는 비법을 소개한다. Andrew M. Carton, Chad Murphy, and Jonathan R. Clark, "A (Blurry) Vision of the Future: How Leader Rhetoric About Ultimate Goals Influences Performance," *Academy of Management Journal* 57, no. 6, 2014, 1544–70; Andrew. M. Carton and Brian J. Lucas, "How Can Leaders Overcome the Blurry Vision Bias? Identifying an Antidote to the Paradox of Vision Communication," *Academy of Management Journal* 61, no. 6, 2018, 2106–129; Andrew M. Carton, "'I'm Not Mopping the Floors, I'm Putting a Man on the Moon': How NASA Leaders Enhanced the Meaningfulness of Work by Changing the Meaning of Work," *Administrative Science Quarterly* 63, no. 2, 2018, 323–69.

9. Henk Aarts, Peter M. Gollwitzer, and Ran R. Hassin, "Goal Contagion: Perceiving Is for Pursuing," *Journal of Personality and Social Psychology* 87, no. 1, 2004, 23.

10. 최상의 자아 재발견 훈련에 관한 정보를 알고 싶다면 다음 페이지를 참조하라. https://positiveorgs.bus.umich.edu/cpo-tools/rbse/

11. 크리스 머치슨의 개인 블로그를 확인하라. https://blog.whil.com/performance/mindful-perfectionist

12. Oettingen, Pak, and Schnetter, "Self-Regulation of Goal

Setting."

13. Heidi Grant Halverson, *Succeed: How We Can Reach Our Goals*(New York: Penguin, 2010).

14. Szu-chi Huang and Jennifer Aaker, "It's the Journey, Not the Destination: How Metaphor Drives Growth After Goal Attainment," *Journal of Personality and Social Psychology* 117, no. 4, October 2019, 697-720.

15. Oettingen, Pak, and Schnetter, "Self-Regulation of Goal Setting."

16. 상동.

17. Michael S. Pallak and William Cummings, "Commitment and Voluntary Energy Conservation," *Personality and Social Psychology Bulletin* 2, no. 1, 1976, 27-30.

18. Carol S. Dweck and D. Gilliard, "Expectancy Statements as Determinants of Reactions to Failure: Sex Differences in Persistence and Expectancy Change," *Journal of Personality and Social Psychology* 32, no. 6, 1975, 1077-84.

19. John R. Hollenbeck, Charles R. Williams, and Howard J. Klein, "An Empirical Examination of the Antecedents of Commitment to Difficult Goals," *Journal of Applied Psychology* 74, no. 1, 1989, 18.

| 4장 |

내면의 과학자를 깨워라: 실험 계획 수립과 수행

1. John C. Maxwell, *The Maxwell Daily Reader: 365 Days of Insight to Develop the Leader within You and Influence Those around You*(New York: HarperCollins, 2007), 123.

2. G Oettingen, H. J. Pak, and K. Schnetter, "Self-Regulation of Goal Setting: Turning Free Fantasies about the Future into Binding Goals," *Journal of Personal and Social Psychology* 80, no. 5, May 2001, 736-53. 이 논문은 앨런 뉴얼Allen Newell과 허버트 알렉산더 사이먼Herbert Alexander Simon의 공동 저서 《인간의 문제 해결 과정Human Problem Solving》(Englewood Cliffs, New Jersey: Prentice-Hall, 1972)에서 일부를 인용함.

3. Fiona Lee, Amy C. Edmondson, Stefan Thomke, and Monica Worline, "The Mixed Effects of Inconsistency on Experimentation in Organizations," *Organization Science* 15, no. 3, 2004, 310-26; and Rosenthal, Robert, and Ralph L. Rosnow, *Essentials of Behavioral Research: Methods and Data Analysis*, 2nd ed.(New York: McGraw-Hill, 1992).

4. Jean Dahl, *Leading Lean: Ensuring Success and Developing a Framework for Leadership*(Sebastopol, California: O'Reilly Media), 65.

5. 크리스 머치슨의 개인 블로그를 확인하라. https://blog.whil.

com/performance/mindful-perfectionist

| 5장 |
성장 공동체를 구축하라: 피드백이 학습 효과를 극대화한다

1. Kent D. Harber, "Feedback to Minorities: Evidence of a Positive Bias," *Journal of Personality and Social Psychology* 74, no. 3, 1998, 622; Loriann Roberson, E. A. Deitch, A. P. Brief, and Caryn J. Block, "Stereotype Threat and Feedback Seeking in the Workplace," *Journal of Vocational Behavior* 62, no. 1, 2003, 176–88.

2. 더닝-크루거효과는 미국 공영 라디오 방송국 NPR^{National Public Radio}이 기획한 시리즈물 〈미국 보통 시민의 삶^{This American Life}〉의 하나로 2016년 4월 22일에 방송한 〈무지를 변호하며^{In Defense of Ignorance}〉에 명쾌하고 재미있게 설명되어 있다. https://www.thisamericanlife.org/585/in-defense-of-ignorance

3. David Dunning, Judith A. Meyerowitz, and Amy D. Holzberg, "Ambiguity and Self-Evaluation: The Role of Idiosyncratic Trait Definitions in Self-Serving Assessments of Ability," *Journal of Personality and Social Psychology* 57, no. 6, 1989, 1082.

4. William R. Torbert, *Action Inquiry: The Secret of Timely and Transforming Leadership*(San Francisco: Berrett-Koehler, 2004).

5. Steven P. Brown, Shankar Ganesan, and Goutam

Challagalla, "Self-Efficacy as a Moderator of Information-Seeking Effectiveness," *Journal of Applied Psychology* 86, no. 5, 2001, 1043.

6. 이 애플리케이션에 관해 자세히 알고 싶다면 카이젠의 홈페이지를 참조하라. https://kaizen.app

7. Brené Brown, "Taken for Granted: Brené Brown on What Vulnerability Isn't," *WorkLife with Adam Grant*, February 22, 2021, https://podcasts.apple.com/us/podcast/taken-for-granted-bren%C3%A9-brown-on-what-vulnerability-isnt/id1346314086?i=1000510270643.

8. https://kaizen.app

9. Douglas Stone and Sheila Heen, *Thanks for the Feedback: The Science and Art of Receiving Feedback Well (Even When It Is Off-Base, Unfair, Poorly Delivered, and Frankly, You're Not in the Mood)*(New York: Penguin, 2015).

10. 리사 도는 스탠퍼드대학교 경영대학원이 소개하는 동영상 〈실수에서 배우다Learning from a Mistake〉에서 자신의 이야기를 자세히 들려준다. https://drive.google.com/file/d/1U5fGyYMzJawMkwYFC6fBuRr_VGWlVK43/view

| 6장 |
경험에서 의미를 찾아라: 멀리 내다보며 체계적으로 성찰하라

1. John William Gardner, *Self-Renewal: The Individual and the Innovative Society*(New York: W. W. Norton,

1995), 13.

2. David Whyte, *Crossing the Unknown Sea*(New York: Riverhead Books, 2002), 128.

3. Jerry Colonna, *Reboot: Leadership and the Art of Growing Up*(New York: HarperCollins, 2019).

4. Ari Weinzweig, *A Lapsed Anarchist's Approach to the Power of Beliefs in Business*(Ann Arbor, Michigan: Zingerman's Press, 2016).

5. Adam L. Alter, and Hal E. Hershfield, "People Search for Meaning When They Approach a New Decade in Chronological Age," *Proceedings of the National Academy of Sciences* 111, no. 48, 2014, 17066-70.

6. Karen Brans, Peter Koval, Philippe Verduyn, Yan Lin Lim, and Peter Kuppens, "The Regulation of Negative and Positive Affect in Daily Life," *Emotion* 13, no. 5, 2013, 926-39.

7. D. Scott DeRue, Jennifer D. Nahrgang, John R. Hollenbeck, and Kristina Workman, "A Quasi-Experimental Study of After-Event Reviews and Leadership Development," *Journal of Applied Psychology* 97, no. 5, 2012, 997.

8. Aldous Huxley, *Texts and Pretexts: An Anthology with Commentaries*(New York: W. W. Norton, 1962).

9. Peter A. Heslin, Lauren A. Keating, and Susan J. Ashford, "How Being in Learning Mode May Enable

a Sustainable Career Across the Lifespan," *Journal of Vocational Behavior* 117, March 2020, 103324.

10. William Burnett and David John Evans, *Designing Your Life: How to Build a Well-Lived, Joyful Life*(New York: Knopf, 2016).

11. Amir Erez, Trevor A. Foulk, and Klodiana Lanaj, "Energizing Leaders via Self-Reflection: A Within-Person Field Experiment," *Journal of Applied Psychology* 104, no. 1, 2019, 1.

12. Ethan Kross and Ozlem Ayduk, "From a Distance: Implications of Spontaneous Self-Distancing for Adaptive Self-Reflection," *Current Directions in Psychological Science* 20, no. 3, 2011, 187–91; Igor Grossmann and Ethan Kross, "Exploring Solomon's Paradox: Self-Distancing Eliminates the Self-Other Asymmetry in Wise Reasoning About Close Relationships in Younger and Older Adults," *Psychological Science* 25, no. 8, 2014, 1571–80. 에단 크로스의 최근 저서 《채터: 당신 안의 훼방꾼 *Chatter: The Voice in Our Head, Why It Matters, and How to Harness It*》 (New York: Random House, 2021)도 참고하면 좋다.

13. Heather C. Vough and Brianna Caza, "Where Do I Go from Here? Sensemaking and the Construction of Growth-Based Stories in the Wake of Denied Promotions," *Academy of Management Review* 42, no. 1, 2019.

14. Heslin, Keating, and Ashford, "How Being in Learning Mode May Enable a Sustainable Career Across the Lifespan."

15. Reverend James Wood, ed., *Dictionary of Quotations* (London, New York: Frederick Warne & Co., 1899), and Bartleby.com, 2012, https://www.bartleby.com/345/authors/110.html#2. Accessed February 21, 2021.

16. Lanaj, Foulk, and Erez, "Energizing Leaders via Self-Reflection: A Within-Person Field Experiment."

17. Joyce E. Bono, Theresa M. Glomb, Winny Shen, Eugene Kim, and Amanda J. Koch, "Building Positive Resources: Effects of Positive Events and Positive Reflection on Work Stress and Health," *Academy of Management Journal* 56, no. 6, 2013, 1601-27.

| 7장 |

감정을 학습의 지렛대로 사용하는 법:
감정의 노예가 아닌 주인이 되어라

1. 투쟁·도피·경직반응에 관한 아이디어는 하버드대학교 경영대학원의 로빈 일리^{Robin J. Ely} 교수가 시카고에서 여성 임원들에게 리더십 개발 교육을 제공하는 '최고의 여성 경영자들^{Leading Women Executives}' 프로그램의 일환으로 강연한 동영상에 자세히 소개되어 있다. 재계 여성 임원 확대를 위해 노력하는 독보적인 이 단체에 관한 정보는 홈페이지를 참조하라. https://leadingwomenexecutives.net/ 또한 로빈 일

리에 관해 더 많은 정보가 필요하다면 다음 페이지에서 확인할 수 있다. https://www.hbs.edu/faculty/Pages/profile. aspx?facId=7287

2. 주의 재배치 접근법이 업무에 미치는 효과는 6장 주석 17번에서 소개한 공동 논문에서 찾아볼 수 있으며 관련 리뷰 논문도 있다. Alex M. Wood, Jeffrey J. Froh, and Adam W. A. Geraghty, "Gratitude and Well-Being: A Review and Theoretical Integration," *Clinical Psychology Review* 30, no. 7, 2010, 890–905.

3. Noelle Nelson, Selin A. Malkoc, and Baba Shiv, "Emotions Know Best: The Advantage of Emotional Versus Cognitive Responses to Failure," *Journal of Behavioral Decision Making* 31, no. 2, September 2017, 40–51.

4. 반추의 부정적인 효과에 관해 자세히 알고 싶다면 아래의 논문을 포함하여 수잔 놀렌-혹서마Susan Nolen-Hoeksema의 여러 논문을 살펴보라. "The Role of Rumination in Depressive Disorders and Mixed Anxiety/Depressive Symptoms," *Journal of Abnormal Psychology* 109, no. 3, August 2000, 504–11.

5. Elizabeth Baily Wolf, Jooa Julia Lee, Sunita Sah, and Alison Wood Brooks, "Managing Perceptions of Distress at Work: Reframing Emotion as Passion," *Organizational Behavior and Human Decision Processes* 137, November 2016, 1–12.

6. Christopher M. Barnes, Jared A. Miller, and Sophie Bostock, "Helping Employees Sleep Well: Effects of Cognitive Behavioral Therapy for Insomnia on Work Outcomes," *Journal of Applied Psychology* 102, no. 1, 2017, 104; Aaron T. Beck, *Cognitive Therapy and the Emotional Disorders* (Oxford, Uited Kingdom: International Universities Press, 1976); Andrew C. Butler, Jason E. Chapman, Evan M. Forman, and Aaron T. Beck, "The Empirical Status of Cognitive-Behavioral Therapy: A Review of Meta-Analyses," *Clinical Psychology Review* 26, no. 1, 2006, 17–31; Byron Katie, *Who Would You Be Without Your Story?: Dialogues with Byron Katie* (Carlsbad, California: Hay House, 2008); Fidelma Hanrahan, Andy P. Field, Fergal W. Jones, and Graham C. Davey, "A Meta-Analysis of Cognitive Therapy for Worry in Generalized Anxiety Disorder," *Clinical Psychology Review* 33, no. 1, February 2013, 120–32; Katherine M. Richardson and Hannah R. Rothstein, "Effects of Occupational Stress Management Intervention Programs: A Meta-Analysis," *Journal of Occupational Health Psychology* 13, no. 1, January 2008, 69.

7. Barbara L. Fredrickson, "Positive Emotions Broaden and Build," *Advances in Experimental Social Psychology* 47, 2013, 1–53.

8. Klodiana Lanaj, Trevor A. Foulk, and Amir Erez, "Energizing Leaders via Self-Reflection: A Within-Person Field Experiment," *Journal of Applied Psychology* 104, no. 1, January 2019, 1–18.

9. 상동.

10. Barbara L. Fredrickson and Thomas Joiner, "Reflections on Positive Emotions and Upward Spirals," *Perspectives on Psychological Science* 13, no. 2, 194–99, https://doi.org/10.1177/1745691617692106. 196쪽에서 발췌함.

11. Bethany E. Kok, Kimberly A. Coffey, Michael A. Cohn, Lahnna I. Catalino, Tanya Vacharkulksemsuk, Sara B. Algoe, Mary Brantley and Barbara L. Fredrickson, "How Positive Emotions Build Physical Health: Perceived Positive Social Connections Account for the Upward Spiral between Positive Emotions and Vagal Tone," *Psychological Science* 24, no. 7, 2013, 1123–32; Bethany E. Kok and Barbara L. Fredrickson, "Upward Spirals of the Heart: Autonomic Flexibility, as Indexed by Vagal Tone, Reciprocally and Prospectively Predicts Positive Emotions and Social Connectedness," *Biological Psychology* 85, no. 3, 2010, 432–36.

12. Carmelo Vázquez, Priscilla Cervellón, Pau Pérez-Sales, Diana Vidales, and Mauricio Gaborit, "Positive Emotions in Earthquake Survivors in El Salvador(2001)," *Journal of Anxiety Disorders* 19, no. 3, 2005, 313–28.

13. Joanne V. Wood, Sara A. Heimpel, and John L. Michela, "Savoring Versus Dampening: Self-Esteem Differences in Regulating Positive Affect," *Journal of Personality and Social Psychology* 85, no. 3, 2003, 566-80; Fred B. Bryant, "Savoring Beliefs Inventory(SBI): A Scale for Measuring Beliefs About Savoring," *Journal of Mental Health* 12, 2003, 175-96.

14. Lanaj, Jennings, Ashford, "When Self-Care Begets Other Care: Leader Role Self-Compassion and Helping at Work"(working paper).

15. Lanaj, Foulk, and Erez, "Energizing Leaders via Self-Reflection: A Within-Person Field Experiment."

16. Dalai Lama, Desmond Tutu, and Douglas Carlton Abrams, *The Book of Joy: Lasting Happiness in a Changing World*(New York: Avery, 2016), 83.

| 8장 |
환경에 휘둘리지 말고 환경을 이용하라:
아픈 경험에서도 교훈을 찾아라

1. Nigel Nicholson and Michael West, *Managerial Job Change: Men and Women in Transition*(Cambridge, United Kingdom: Cambridge University Press, 1988).

2. Blake E. Ashforth, David M. Sluss, and Alan M. Saks, "Socialization Tactics, Proactive Behavior, and Newcomer Learning: Integrating Socialization Models,"

Journal of Vocational Behavior 70, no. 3, 2007, 447-62; Blake Ashforth, *Role Transitions in Organizational Life: An Identity-Based Perspective*(New York: Routledge, 2012).

3. 전환기 중에 나타나는 정체성 변화에 관해 알고 싶다면 런던경영대학원의 허미니아 아이바라의 논문을 추천한다. "Provisional Selves: Experimenting with Image and Identity in Professional Adaptation," *Administrative Science Quarterly* 44, no. 4, 1999, 764-91. 또한 이런 아이디어를 리더십에 적용하는 방법은 아이바라의 저서 《아웃사이트: 변화를 이끄는 행동 리더십*Act Like a Leader, Think Like a Leader*》(Boston: Harvard Business Review Press, 2015)에 자세히 나와 있다.

4. Herminia Ibarra and Roxana Barbulescu, "Identity as Narrative: Prevalence, Effectiveness, and Consequences of Narrative Identity Work in Macro Work Role Transitions," *Academy of Management Review* 35, no. 1, 2010, 135-54.

5. 환경 변화에 관한 이런 상반된 반응은 2장에서 소개했던 경영 자코치 카린 스타워키가 들려준 내용이다.

6. Scott Sonenshein, Jane E. Dutton, Adam M. Grant, Gretchen M. Spreitzer, and Kathleen M. Sutcliffe, "Growing at Work: Employees' Interpretations of Progressive Self-Change in Organizations," *Organization Science* 24, no. 2, 2013, 552-70.

7.   출처: 경영자코치 샤나즈 브루섹

8.   Lawrence G. Calhoun and Richard G. Tedeschi, "The Foundations of Posttraumatic Growth: An Expanded Framework," *Handbook of Posttraumatic Growth: Research and Practice*(Mahwah, New Jersey: Lawrence Erlbaum, 2006), 3-23. 외상후성장이 업무적으로 어떻게 이루어지는지는 다음의 논문이 자세히 알려준다. Sally Maitlis, "Posttraumatic Growth: A Missed Opportunity for Positive Organizational Scholarship," *The Oxford Handbook of Positive Organizational Scholarship*, edited by Kim S. Cameron and Gretchen M. Spreitzer (New York: Oxford University Press, 2012), 909-23.

9.   이 주장은 나이를 잘 먹는 '웰 에이징Well-Aging'과 성장 마인드셋의 관계에 주목하는 최근의 현상과 상당히 일치한다. 이것에 관해 자세히 알고 싶다면 다음의 논문을 참조하라. Peter A. Heslin, Jeni L. Burnette, and Nam Gyu Ryu, "Does a Growth Mindset Enable Successful Aging?" *Work, Aging and Retirement* 7, no. 2, April 2021, 79-89.

10. Glenn Affleck, Howard Tennen, and Katherine Gershman, "Cognitive Adaptations to High-Risk Infants: The Search for Mastery, Meaning, and Protection from Future Harm," *American Journal of Mental Deficiency* 89, no. 6, 1985, 653-56.

| 9장 |

유연함의 기술을 알리는 코치가 되어라:
함께 성장하는 사회를 만들기 위하여

1.　Jane E. Dutton and Emily D. Heaphy, "The Power of High-Quality Connections," *Positive Organizational Scholarship: Foundations of a New Discipline*, edited by Kim S. Cameron, Jane E. Dutton, and Robert E. Quinn (San Francisco: Berrett-Koehler, 2003), 263–78.

2.　상동.

3.　비전문 코치인 당신의 능력으로는 해결할 수 없는 뿌리 깊은 문제가 포함된 경우에는 코치이가 전문 심리치료사의 도움을 받는 것도 고려해 봐야 한다.

4.　Karl E. Weick, "Small Wins: Redefining the Scale of Social Problems," *American Psychologist* 39, no. 1, 1984, 40–49, https://doi.org/10.1037/0003-066X.39.1.40.

5.　최상의 자아 재발견의 정의와 훈련 과정 그리고 구체적인 활용법에 관한 정보는 다음 페이지에서 확인할 수 있다. https://positiveorgs.bus.umich.edu/cpo-tools/rbse/I

6.　Julia Lee Cunningham, Francesca Gino, Dan Cable, and Bradley Staats. "Seeing oneself as a valued contributor: social worth affirmation improves team information sharing." *Academy of Management Journal* ja (2020).

7.　유연함의 기술 코치 입문서의 초안을 작성하는 데 도움을 준 경영자코치 카린 스타워키에게 감사의 마음을 전한다.

| 10장 |

유연성이 조직의 경쟁력이다:
유연함의 기술을 이용한 직원 개발 프로그램

1. Pierre Gurdjian, Thomas Halbeisen, and Kevin Lane, "Why Leadership Development Programs Fail," *McKinsey Quarterly* 1, no. 1, 2014, 121-26.

2. Adam Canwell, Vishalli Dongrie, Neil Neveras, and Heather Stockton, "Leaders at All Levels: Close the Gap Between Hype and Readiness," *Global Human Capital Trends: Engaging the Twenty-First-Century Workforce*, edited by Cathy Benko, Robin Erickson, John Hagel, and Jungle Wong(West Lake, Texas: Deloitte University Press, 2014).

3. 상동.

4. Allan H. Church, Christopher T. Rotolo, Nicole M. Ginther, and Rebecca Levine, "How Are Top Companies Designing and Managing Their High-Potential Programs? A Follow-up Talent Management Benchmark Study," *Consulting Psychology Journal: Practice and Research* 67, no. 1, 2015, 17.

5. Jack Zenger and Joseph Folkman, "Companies Are Bad at Identifying High-Potential Employees," *Harvard Business Review*, February 20, 2017, https://hbr.org/2017/02/companies-are-bad-at-identifying-high-potential-employees.

6.	Allan Church and Sergio Ezama, "PepsiCo's Formula for Leadership Potential," ATD(Association for Talent Development), *TD Magazine*, https://www.td.org/magazines/td-magazine/pepsicos-formula-for-leadership-potential을 참조하라.

7.	Richard D. Arvey, Zhen Zhang, Bruce J. Avolio, and Robert F. Krueger, "Developmental and Genetic Determinants of Leadership Role Occupancy Among Women," *Journal of Applied Psychology* 92, no. 3, 2007, 693.

8.	유사성 편향은 관리자를 선택하고 임원을 선출하는 경우를 비롯해 다양한 상황에서 결정적 역할을 한다는 사실이 많은 연구에서 증명되었다. Geoff Eagleton, Robert Waldersee, and Ro Simmons, "Leadership Behaviour Similarity as a Basis of Selection into a Management Team," *British Journal of Social Psychology* 39, no. 2, 2000, 301-8; James D. Westphal and Edward J. Zajac, "Who Shall Govern? CEO/Board Power, Demographic Similarity, and New Director Selection," *Administrative Science Quarterly* 40, no. 1, March 1995, 60-83.

9.	David V. Day and Hock-Peng Sin, "Longitudinal Tests of an Integrative Model of Leader Development: Charting and Understanding Developmental Trajectories," *Leadership Quarterly* 22, no. 3, 2011, 545-60.

10.	크리슈나 사바니의 논문은 2017년 3월 15일에 개최된 런던

경영대학원의 '마인드셋과 조직 혁신Mindsets & Organizational Transformation' 회의에서 소개되었다.

11. Jon M. Jachimowicz, Julia Lee Cunningham, Bradley R. Staats, Francesca Gino, and Jochen I. Menges, "Between Home and Work: Commuting as an Opportunity for Role Transitions," *Organization Science* 32, no. 1, October 2020, 64-85.

12. 케빈 톰슨이 IBM에 가져다준 놀라운 변화에 관해 자세히 알고 싶다면 다음의 사례 연구를 참조하라. Christopher Marquis and Rosabeth Moss Kanter, "IBM: The Corporate Service Corps," *Harvard Business Review*, March 27, 2009, Harvard Business School Case 409-106, 22.

13. Rick Wartzman, "Coke's Leadership Formula: Sending Its Rising Star Execs Away for Six Weeks," *Fortune*, May 14, 2015, https://fortune.com/2015/05/14/coke-leadership-program/.

14. Chip Heath and Dan Heath, *Switch: How to Change Things When Change Is Hard* (New York: Random House, 2010).

15. Morgan W. McCall Jr., "Recasting Leadership Development," *Industrial and Organizational Psychology* 3, no. 1, 2010, 3-19.

| 11장 |

학습 조직과 유연함의 기술: 마이크로소프트의 사례

1. 마이크로소프트에 관한 이런 통찰은 런던경영대학원의 허미니아 아이바라가 동료들과 공동으로 발표한 사례 연구에서 많은 도움을 받았다. Herminia Ibarra, Aneeta Rattan, and Anna Johnston, "Satya Nadella at Microsoft: Instilling a Growth Mindset," London Business School, June 2018, https://krm.vo.llnwd.net/global/public/resources/WIN_Engage/143/LBS128p2_SR_CS_20181024.pdf.

2. Peter A. Heslin, Donald Vandewalle, and Gary P. Latham, "Keen to Help? Managers' Implicit Person Theories and Their Subsequent Employee Coaching," *Personnel Psychology* 59, no. 4, 2006, 871–902.

3. 인재 제일주의 문화에 관한 정보는 두 가지 출처에서 확인했다. Mary C. Murphy and Carol S. Dweck, "A Culture of Genius: How an Organization's Lay Theory Shapes People's Cognition, Affect, and Behavior," *Personality and Social Psychology Bulletin* 36, no. 3, 2010, 283–96; Elizabeth A. Canning, Mary C. Murphy, Katherine T. U. Emerson, Jennifer A. Chatman, Carol S. Dweck, and Laura J. Kray, "Cultures of Genius at Work: Organizational Mindsets Predict Cultural Norms, Trust, and Commitment," *Personality and Social Psychology Bulletin* 46, no. 4, 2020, 626–42.

4. Robert Kegan and Lisa Laskow Lahey, *Immunity to*

Change: How to Overcome It and Unlock Potential in Yourself and Your Organization(Boston: Harvard Business School Publishing, 2009).

5. 베서니 맥린과 피터 엘킨드의 공동 저서 《엔론 스캔들: 세상에서 제일 잘난 놈들의 몰락*The Smartest Guys in the Room: The Amazing Rise and Scandalous Fall of Enron*》(New York: Penguin, 2003)에서 인용함.

6. Elizabeth A. Canning 외 다수, "Cultures of Genius at Work."

7. Amy C. Edmondson and Zhike Lei, "Psychological Safety: The History, Renaissance, and Future of an Interpersonal Construct," *Annual Review of Organizational Psychology and Organizational Behavior* 1, no. 1, 2014, 23-43.

8. Peter A. Heslin, Gary P. Latham, and Don VandeWalle, "The Effect of Implicit Person Theory on Performance Appraisals," *Journal of Applied Psychology* 90, no. 5, 2005, 842-56, https://doi.org/10.1037/0021-9010.90.5.842.

9. 질 트레이시 니콜스의 인터뷰는 허미니아 아이바라와 동료들의 공동 사례 연구에서 발췌했다. "Satya Nadella at Microsoft: Instilling a Growth Mindset".

10. Selena Larson, "Microsoft CEO Nadella to Women: Don't Ask for a Raise, Trust Karma," *ReadWrite*, October 9, 2014, https://readwrite.com/2014/10/09/nadella-women-dont-ask-for-raise/.

11. Eugene Kim, "Microsoft CEO Satya Nadella Apologizes: 'If You Think You Deserve a Raise, You Should Just Ask,'" *Business Insider*, October 9, 2014, https://www. businessinsider.com/satya-nadella-apologizes-women-pay-2014-10#:~:text=Microsoft%20CEO%20Satya%20 Nadella%20Apologizes,Raise%2C%20You%20 Should%20Just%20Ask'&text=%22Without%20a%20 doubt%20I%20wholeheartedly,and%20close%20 the%20pay%20gap.%22.

12. "Microsoft CEO Satya Nadella Apologizes Again in Internal Memo," *NBC News*, October 17, 2014, https:// www.nbcnews.com/tech/tech-news/microsoft-ceo-satya-nadella-apologizes-again-internal-memo-n228211.

13. Benjamin Schneider, "The People Make the Place," *Personnel Psychology* 40, no. 3, 1987, 437–53.

14. 팀 반 하우에르메이렌의 해당 발언은 이 책에 소개되어 있다. Marion Debruyne and Katleen De Stobbeleir, *Making Your Way: The (Wobbly) Road to Success and Happiness in Life and Work* (Tielt, Belgium: Lannoo, 2020).

15. Fiona Lee, Amy C. Edmondson, Stefan Thomke, and Monica Worline, "The Mixed Effects of Inconsistency on Experimentation in Organizations."

16. Morgan W. McCall, "Recasting Leadership Development," *Industrial and Organizational Psychology* 3, no. 1, 2010, 3–19.

17. 일레인 엘리엇Elaine S. Elliott과 캐롤 드웩은 1988년에 발표한

공동 논문에서 사람들이 성과 중심 목표Performance Goal를 채택하는 이유는 자신의 무능력이 드러나는 것에 관한 두려움과 이렇게 무능함이 들켜서 자신이 사기꾼으로 낙인찍히는 것에 관한 걱정 때문이라고 주장한다. Elaine S. Elliott and Carol S. Dweck, "Goals: An Approach to Motivation and Achievement," *Journal of Personality and Social Psychology* 54, no. 1, 1988, 5. 한편 드웩은 1985년 밴듀라M. Bandura와의 미발행 논문, 1988년 엘런 L. 레깃Ellen L. Leggett과의 공동 논문에서 사람들은 조직에서 성과 중심 목표를 채택하는 경향이 있다.'라고 말했다. M. Bandura and Carol Sorich Dweck, "The Relationship of Conceptions of Intelligence and Achievement Goals to Achievement-Related Cognition, Affect and Behavior," unpublished manuscript, Harvard University, 1985; Carol S. Dweck and Ellen L. Leggett, "A Social-Cognitive Approach to Motivation and Personality," *Psychological Review* 95, no. 2, 1988, 256.

18. 데이비드 켈리의 이 슬로건에 관한 자세한 내용은 경제지 〈이코노미스트Economist〉 2011년 4월 호를 참조하라. https://www.economist.com/business/2011/04/14/fail-often-fail-well

19. Edwin Catmull and Amy Wallace, *Creativity, Inc.: Overcoming the Unseen Forces That Stand in the Way of True Inspiration*(New York: Random House, 2014)

20. Dean A. Shepherd, Holger Patzelt, and Marcus Wolfe,

"Moving Forward from Project Failure: Negative Emotions, Affective Commitment, and Learning from the Experience," *Academy of Management Journal* 54, no. 6, 2011, 1229–59.

21. Xiaodong Lin-Siegler, Janet N. Ahn, Jondou Chen, Fu-Fen Anny Fang, and Myra Luna-Lucero, "Even Einstein Struggled: Effects of Learning about Great Scientists' Struggles on High School Students' Motivation to Learn Science," *Journal of Educational Psychology* 108, no. 3, 2016, 314.

22. "Finding the Value in Your Mistake," New & Improved, January 16, 2015, https://newandimproved. com/2015/01/16/learning-value-mistakes/.

23. 동료들에게 조직의 사안들을 납득시키는 방법을 알고 싶다면 다음의 두 논문에서 확인하라. Jane E. Dutton, Susan J. Ashford, Regina M. O'Neill, Erika Hayes, and Elizabeth E. Wierba, "Reading the Wind: How Middle Managers Assess the Context for Selling Issues to Top Managers," *Strategic Management Journal* 18, no. 5, 1997, 407–23; Susan J. Ashford and James Detert, "Get the Boss to Buy In," *Harvard Business Review* 93, no. 1, 2015, 16.

24. Bradley P. Owens and David R. Hekman, "Modeling How to Grow: An Inductive Examination of Humble Leader Behaviors, Contingencies, and Outcomes," *Academy of Management Journal* 55, no. 4, 2012, 787–818.

25. Caterina Bulgarella, "Learning, Empathy and Diversity Have Put Microsoft on a Path of Unstoppable Growth," *Forbes*, December 4, 2018, https://www.forbes.com/sites/caterinabulgarella/2018/12/04/learning-empathy-and-diversity-have-put-microsoft-on-a-path-of-unstoppable-growth/#2694c5ea4d8f.

| 에필로그 |
성장하는 삶을 지속하기 위하여

1. John C. Maxwell, *The Maxwell Daily Reader: 365 Days of Insight to Develop the Leader within You and Influence Those around You* (New York: HarperCollins Leadership, 2007), 123.
2. David Whyte, *Crossing the Unknown Sea: Work as a Pilgrimage of Identity* (New York: Riverhead, 2002).

유연함의 힘 유연함으로 쓰는 새로운 성장 공식

초판 1쇄 발행 2023년 5월 10일
초판 32쇄 발행 2025년 1월 17일

지은이 수잔 애쉬포드
옮긴이 김정혜
펴낸이 고영성

책임편집 이지은 디자인 강지은 저작권 주민숙

펴낸곳 주식회사 상상스퀘어
출판등록 2021년 4월 29일 제2021-000079호
주소 경기도 성남시 분당구 성남대로 52, 그랜드프라자 604호
팩스 02-6499-3031
이메일 publication@sangsangsquare.com
홈페이지 www.sangsangsquare.com

ISBN 979-11-92389-07-3 03320